一段未被记录的历史：
E.M.福斯特的人生

A Great Unrecorded History:
A New Life of
E.M. FORSTER

【美】温蒂·莫法特 著
Wendy Moffat / 王 静 译

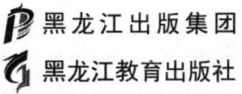

版权登记号：08-2017-006

图书在版编目（CIP）数据

一段未被记录的历史：E.M.福斯特的人生 /（美）温蒂·莫法特
（Wendy Moffat）著；王静译.
-- 哈尔滨：黑龙江教育出版社，2017.2
ISBN 978-7-5316-9111-2

Ⅰ.①一… Ⅱ.①温… ②王… Ⅲ.①福斯特（Forster, Edward Morgan 1879-1970）
—传记 Ⅳ.①K835.615.6

中国版本图书馆CIP数据核字（2017）第031327号

A Great Unrecorded History: A New Life of E.M.Forster by Wendy Moffat
Copyright © 2010 by Wendy Moffat
Simplified Chinese edition copyright © 2017 by Heilongjiang Educational Publishing House
ALL RIGHTS RESERVED

一段未被记录的历史：E.M.福斯特的人生
YIDUAN WEI BEI JILU DE LISHI：E.M.FUSITE DE RENSHENG

丛 书 策 划	宋舒白
作　　　者	〔美〕温蒂·莫法特（Wendy Moffat）著
译　　　者	王　静译
选 题 策 划	吴　迪
责 任 编 辑	宋舒白　杨佳君
装 帧 设 计	冯军辉
责 任 校 对	张爱华

出 版 发 行	黑龙江教育出版社（哈尔滨市南岗区花园街158号）
印　　　刷	三河市华东印刷有限公司
新 浪 微 博	http://weibo.com/longjiaoshe
公 众 微 信	heilongjiangjiaoyu
天 猫 店	https://hljjycbsts.tmall.com
E－mail	heilongjiangjiaoyu@126.com
电　　　话	010—64187564

开　　　本	700×1000　1/16
印　　　张	28.5
字　　　数	410千
版　　　次	2021年1月第1版第2次印刷
书　　　号	ISBN 978-7-5316-9111-2
定　　　价	66.00元

目 录
Contents

序言 "事实上，他是一名同性恋" / 001

第一部分 成为一个 "成年人" / 001

第一章　奇特的时刻 / 003

第二章　国王学院与使徒会 / 022

第三章　少数派，而非孤立派 / 044

第四章　路途中的火花与黑暗 / 068

第五章　平凡而深情的男人 / 095

第六章　与体面分道扬镳 / 128

第七章　一段伟大却又未被记录的历史 / 163

第二部分 随着年龄增长，幸福终将到来 / 191

第八章　"不要忘记你曾经的朋友" / 193

第九章　"汤姆和迪克" / 218

第十章 "有点像结婚了" /251

第十一章 "最后的英国人" /271

第十二章 "我亲爱的美国" /299

第十三章 "我不喜欢坦诚相待" /321

第十四章 "永不死去的虫子" /352

致谢 /381

参考文献 /387

序 言

Forster

"事实上，他是一名同性恋"

身后的木门"砰"的一声关上了，约翰·雷门顺着山路开凿出的台阶走下去。下行二十英尺左右，一栋小巧的现代建筑依山而立。走进客厅，迎面而来的是一种身处室外的离奇感——即使是在11月雾气迷蒙的清晨，这间房屋仍然显得宽敞明亮。在圣塔·莫尼卡最北端，却让人感到了加利福尼亚的野性和纯真。从房间向外望去，草木葳蕤，景色美得令人难以置信。拱形的金属顶盖下，一幢有着都铎风格的尖顶小房屋掩映在枝繁叶茂的桉树、槲树和松树丛中；再往下，排列成曲线形或方形的扁平屋顶一水儿向下延伸，就像一幅塞尚风景画，映射在远处对面峡谷的峭壁上。越过雷门的左肩向远处眺望，太平洋灰色的洋面在薄雾中闪着微光。这是1970年的感恩节前夕。

克里斯托弗·伊舍伍德（Christopher Isherwood）把他找来。伊舍伍德和雷门已有近四十年的交情。20世纪30年代初，两人初次相见于弗吉尼亚和伦纳德·伍尔夫夫妇位于布鲁姆斯伯里的霍加斯出版社那间潮湿的办公室里。雷门当时是伍尔夫的助手，他说服了伍尔夫夫妇出版伊舍伍德的小说《纪念碑》（*The Memorial*）。伊舍伍德和雷门是一对儿——两个移居国外的英国同性恋，性格却截然相反。六十多岁的伊舍伍德身材矮小，看起来有点孩子气，但魅力不减当年，"人们不能不被他吸引[1]。"

---

[1] 约翰·雷门（John Lehmann），《属于我的时光》（*In My Own Time*），第120页。

伊舍伍德那双明亮的蓝眼睛炯炯有神，棕色的头发厚重地贴在前额上，眉毛因年龄的增长而变得稀少花白。雷门则有着截然不同的魅力，他身材高大，魁梧强健，比伊舍伍德高出整整一个头。他比伊舍伍德小三岁，但看起来却像他的长辈。雷门在年轻时就有一种权威的气场，近乎狂妄。还不到三十岁，他就已经满头白发。他讲话时语速不紧不慢，一副准确而又坚定的男中音，"像是外交部专家的口吻。"

雷门那双"灰暗、半眯着的、探究式的眼睛[①]"发现了大批的青年政治作家，彻底改变了30年代的写作风格。他把布莱希特（Brecht）和洛尔迦（Garcia Lorca）的作品呈现给英国读者，斯蒂芬·斯彭德（Stephen Spender）和塞西尔·戴·路西斯（C.Day Lewis）也因雷门对其作品的推荐而变得家喻户晓。威斯坦·休·奥登（W.H.Auden）的诗歌《放下你沉睡的头颅吧，我的爱人》（*Lay Your Sleeping Head My Love*）和乔治·奥威尔的散文《猎象记》（*Shooting an Elephant*）首次发表于雷门汇编的选集《新作集》（*New Writing*）中。他催生了伊舍伍德的柏林故事集，包括《我是一个照相机》（*I Am a Camera*）和《卡巴莱歌舞剧》（*Cabaret*）等。他能抓住20世纪初期出生的这一代英国作家的活力和写作类别，这一点，当时的任何人都无法与之媲美。

然而，他的影响力逐渐消失。雷门曾是小说和诗歌出版界的主力军，但最新一代的愤怒作家是像奥斯本（Osborne）、品特和奥顿（Orton）这样的剧作家——他们和雷门没有什么联系。曾经，他的出版品牌是最新畅销书的标志，如今却失去了威信，也无法吸引投资。出版事业宣告失败后，雷门不得不前往美国寻求出路。在美国，他在各个高校进行巡回演讲，滔滔不绝地讲述自己漫长的、令人印象深刻的文学生涯。每学期，他都会开始一段新的恋情，但往往以悲剧收场。对象大多是崇拜他的美国年轻男子，几个月后光环褪去，感情便随之淡了下来。尽管曾经在奥斯汀、圣地亚哥和伯克利这些城市居住过，

[①] 克里斯托弗·伊舍伍德，《克里斯托弗与他的同类》（*Christopher and His Kind*），第97页。

但他内心仍然是一名地道的英国人。

很久以前，克里斯托弗·伊舍伍德就对英国不再抱有任何希望。1939年1月，他和威斯坦·休·奥登移居美国，两人既是朋友，也曾是情人。伊舍伍德，这位将"英国小说的未来掌握在手中①"的人，却因为在战时抛弃了自己的祖国而备受指责。奥登留在了纽约②，而伊舍伍德却继续往西，在他的"性爱故乡"洛杉矶定居。1946年，他加入美国国籍，在南加利福尼亚度过了三十年的快乐时光。从山中小屋往外可以看到，下方有一片海滩，在那里，他遇到了此生挚爱——年轻的艺术家唐·巴查迪（Don Bachardy）。他们共同生活了近二十年。但是今天下午，他有事向认识了大半辈子的老朋友请教。尽管克里斯托弗有些时候觉得雷门的自大很没意思，但他还是很看重雷门做编辑的天赋。克里斯托弗有个秘密，想听听约翰的建议。

还有一段信息来自剑桥大学国王学院。直到去世前，摩根·福斯特才将它们重组在一起。这位叙事界的伟大"建筑师"揭开了最后那段信息的神秘面纱。

爱德华·摩根·福斯特，人们常常亲切地称"这位大师③"为摩根，他是上一代作家中唯一令人发自内心钦佩的。表面看，他似乎是一个古怪的文学导师。福斯特生于1879年，是同时代作家中的年长者，比其他人大二十多岁。他在"一战"前已小有名气，三十岁时已经出版了一部短篇故事集和《天使惧于涉足的地方》《最漫长的旅程》《看得见风景的房间》以及《霍华德庄园》这四部广受欢迎的小说。与乔伊斯或伍尔夫这些伟大的革新派相比，福斯特早期的小说显得中规中矩。但是对约翰和克里斯托弗来说，这些作品对沉闷的英国生活进

---

① 《弗吉尼亚·伍尔夫的日记》(The Diaries of Virginia Woolf)，第185卷，1938年11月1日。弗吉尼亚·伍尔夫通过萨默塞特·毛姆记录下这一评论。

② 克里斯托弗·伊舍伍德在1973年10月29日的日记条目，参见《克里斯托弗·伊舍伍德》(Christopher Isherwood)，《失去的岁月：回忆录》(Lost Years: A Memoir)，凯瑟琳·巴克奈尔(Katherine Bucknel)编。

③ 克里斯托弗·伊舍伍德，《克里斯托弗与他的同类》，第105页。

行了细微讽刺,令他们深受启发却捉摸不透。克里斯托弗很欣赏摩根这种"微妙的写作手法",他将幽默和讽刺、洞察力和理想主义结合起来,如同在刀刃上找平衡。"他削弱了嘲讽辛辣的语调,听起来像是母亲间的闲聊,而不是高调渲染大场面[①]……实际上,他关注的更多是微不足道的事情,而不是宏大的场面。"这几部小说都是从一个复杂的视角看待生活,在英国人悲惨盲目的自满中寻找一种阴暗的社会喜剧风格。尽管小说中描写的英国人十分敏感,但他们却有着非凡的才智。

摩根出版了最初的四部小说后便销声匿迹,鲜有作品发表。他呕心沥血,用了十多年的时间来完成最后一部小说《印度之行》,该书出版于1924年。这部小说具有他早期小说的所有特点,但摩根的洞察力却磨炼成了一种悲剧性的智慧。现在,他以一个印度人的口吻问道:"是否能跟一名英国男子成为朋友[②]?"尽管摩尔夫人和菲尔丁、阿齐兹博士和戈德博尔教授想要跨越种族和文化的障碍在一起,但是,福斯特笔下这些复杂而又开明的人物却注定要面对一个意志破灭、令人痛苦和心碎的世界。在《印度之行》出版后,他又陷入一段异乎寻常的沉寂期。作为当时最杰出的小说家之一,摩根在四十五岁的时候停止小说创作似乎过早了。在接下来近五十年的时光中,摩根再也没有创作新的小说。

福斯特以记者和评论家的身份继续生活着,他倡导作家的自由。尽管"福斯特腼腆得让[③]人感觉很尴尬",但他却成了一名辛辣的社会批评家。他认为,西方民主对第三世界有很深的误解,坚信只有实行包容和开放政策,民主才能得以维持下去,尤其是当这些品质威胁到国家安全的时候。在克里斯托弗认识的所有人中,唯有摩根依靠个人信念为生。克里斯托弗钦佩摩根的正直,钦佩他把自由信念融入日复一日的道德实践中的能力。他宣称摩根"比自己认识的任何人都要明

[①] 克里斯托弗·伊舍伍德,《狮子和影子》(*Lions and Shadows*),第173—174页。
[②] 爱德华·摩根·福斯特,《印度之行》,第5页。
[③] 斯蒂芬·斯彭德,《给克里斯托弗的信》(*Letters to Christopher*),第57页。

智①……他很坚强,不像我们总试图成为一言不发的禁欲主义者,因此他从未被击垮"。

五十多年来,福斯特站在失败者的立场参与政治斗争。几乎每周都能读到一封以他特有的口吻写给编辑的信,内容简洁,文笔犀利。他反对法西斯主义、反对审查制度、反对共产主义、反对"犹太人意识"、反对英国占领埃及和印度、反对种族歧视和侵略主义,反对任何带有典型英国人特质的事情。然而,摩根的呼声并没有引起太大轰动。他战战兢兢地发出呼声,却常常形单影只,因为他不喜欢随波逐流,人云亦云。

作为自我标榜的男同性恋,伊舍伍德和雷门采用了这个美国新词(gay)。这个词来自石墙暴动中抵抗警察的男同性恋者,他们拥护同性恋自由,拒绝"homosexual"这个医学术语。几十年来,"homosexual"一词给他们贴上了"物种"的标签。他们在态度和用语方面经历了重大改变,于是他们对摩根的事业断档之谜有着犀利的见解。他们知道,或者说怀疑,1910年摩根出版《霍华德庄园》后厌倦了虚伪的礼仪社交。未遭受破坏的乡村风光、身穿白色亚麻西服的英国人还有机智的对话构成了他小说的情节。早在1911年6月,他就在日记中吐露出他"厌倦了自己只写男欢女爱的主题②"。1924年《印度之行》出版后,他完全放弃了这个主题。

摩根去世于6月初,已经过去了五个月。这个伟大的老人活到了九十一岁。他是伊舍伍德和雷门的指路人,是他们的知己和文化启蒙者。

11月的日子美好而又短暂。神秘包裹③藏在走廊尽头摆满书籍的书房里,雷门"很不情愿地"走过去坐下,让伊舍伍德的情人唐·巴查迪给他画张人像。唐·巴查迪是一位技艺精湛的画家,他有着与众不同

---

① 克里斯托弗·伊舍伍德,《在那里参观》(Down There on a Visit),第175页。
② 爱德华·摩根·福斯特,上锁的日记,1911年6月16日,剑桥大学国王学院现代档案馆(King's College Modern Ardrives, Cambridge University),以下简称"国王学院档案馆"。
③ 约翰·雷门,《克里斯托弗·伊舍伍德》,第121页。

的、亲昵的创作风格；他只画写生，在自然光线下即时写生；作画时，他习惯贴近创作对象，近得可以感觉到对方的呼吸，一气呵成完成画作。伊舍伍德和巴查迪相识于近二十年前，那时巴查迪只有十八岁，而伊舍伍德已经四十九岁了。他们的浪漫爱情富有戏剧性和不现实因素，就像巴查迪位于山腰的小工作室一样，似乎注定要以悲剧收场。但是这对同性恋情侣却无视这种结局，用漫长的相伴重新书写了他们的故事。回顾他们漫长的同居生活，巴查迪情不自禁地、淘气地咧着嘴笑了起来。伊舍伍德开心地说道，"带着一个小男孩①，把他塑造成自己的模样。这正是这个男孩想要的，他的生命也因此而绽放。"

光线暗了下来，肖像画上的颜料还未干，巴查迪悄悄地溜出去和朋友们吃晚饭。雷门和伊舍伍德坐在客厅里的两张椅子上，一年前，大卫·霍克尼（David Hockney）曾在这里给唐和克里斯托弗摆好姿势画双人像。在他们的谈话深入前，"科学怪人的新娘"（《科学怪人的新娘》是一部电影）爱尔莎·兰彻斯特（Elsa Lanchester）来了。这位女演员是另一位移居好莱坞的英国人，在峡谷里，她的住处离克里斯托弗最近。查尔斯·劳顿（Charles Laughton）家这位孤独的寡妇有个"让人不舒服的习惯②，她喜欢越过树篱不请自来"。得知雷门来了，她决定前来拜访。

兰彻斯特独自生活了十年。她酒量很好。一双大大的棕色眼睛显露出悲伤之情。但是那晚，她的眼神"十分深情、温和③"，她回忆起约翰的妹妹——她的朋友贝特丽克斯（Beatrix）——也是一位演员，很久以前在英国时，两人曾在一起工作。男士们很体贴地将兰彻斯特送回家后，最终在伊舍伍德的书房安顿下来时，面向大海的窗户开始暗了下去。

克里斯托弗设计了一个巨大的金色工作台，占据了靠窗的整面墙

---

① 由蒂娜·马斯卡拉（Tina Mascara）和吉多·桑蒂（Guido Santi）执导的影片《克里斯和唐》（Chris and Don）中的唐·巴查迪。
② 赖特（Wright），《约翰·雷门：一个异教徒的冒险》（John Lehmann: A Pagan Adventure），第236页。
③ 约翰·雷门，《克里斯托弗·伊舍伍德》，第121页。

壁，现在，上面摊着一部"财宝"，一页一页。房间里，秋天的光线暗淡了下来，然后天就黑了下来，两个男人（克里斯托弗和约翰）一言不发，安静得令人吃惊。他们花了好几个小时从中仔细地筛选。福斯特把《莫里斯》这部同性恋小说隐藏了近六十年，这部小说的最终打印稿此时就摆在他们面前。

《莫里斯》是一部革命性的新流派小说，讲述了一个关于同性恋的爱情故事，结局很美满。这部小说是摩根内心的呐喊。对他来说，"一个美满的结局是必要的①。我本不应该花费心思另写一部。我下定决心，在虚构小说中，两个男人无论如何都要相爱，小说允许它永远停留在这种状态。"如同之前的《霍华德庄园》，《莫里斯》的内容也是关于社会阶级的束缚的，也渴求"唯一的联系"，寻找勇气去理解、去爱那些不同于我们的人。故事的情感力量反映出摩根的性觉醒，小说本身却是一种乌托邦式的幻想。莫里斯·霍尔是一名股票经纪人，对他的角色塑造却和摩根本人大相径庭："外表英俊帅气、身体健康、富有魅力②，但精神上却迟钝呆板，他虽不是一个奸商，却是一个势利小人。"亚力克·斯卡德是一名猎场看守人，"比大卫·赫伯特·劳伦斯（David Herbert Lawrence）笔下脾气暴躁的猎场看守人的年纪还大。"他聪明朴实，但不懂礼数，完全受制于他在战前英国的地位。莫里斯"之前的一个不忠实的情人"克莱夫·达勒姆曾经有一段关于柏拉图式恋爱的谈话，什么甘于牺牲了，坚定沉着，不露感情了，这些古板乏味的无稽之谈一直笼罩在莫里斯心头，亚力克的到来驱散了它们③。他紧紧抓住莫里斯，让他对他们的未来充满信心。"他知道这算什么④，也知道答案。他们将不被社会所接受，与其他人断绝关系，没有金钱；他们只有彼此，相依为命生活、工作。但是英国属于他们……她的空

---

① 爱德华·摩根·福斯特，《莫里斯》中的注释，第216页。
② 同上，第209页。
③ 克里斯托弗·伊舍伍德，《克里斯托弗与他的同类》，第127页。
④ 爱德华·摩根·福斯特，《莫里斯》，第207页。

气,她的蓝天都属于他们,而不属于那些胆小古板、心胸狭窄却没有灵魂的人。"

克里斯托弗和约翰一页页轻抚过这一大厚本新的打印稿。从头到尾都是新修订的版本,页面空白处的旁注都是福斯特细长的字迹。这个版本的措辞比克里斯托弗几年前看的那份草稿更直截了当。摩根听取了他的建议:直率、有性爱场面的全新版本比原先的版本更加丰满、生动。并且,他的决心也更加坚定。几年前摩根拿给克里斯托弗看的草稿中,亚力克移民到南美洲,留下莫里斯独自一人期盼重逢。但是在新的手稿中,这对情人最后拥抱在一起——在英国,在任何地方,在任何时候,在"一战"前。在最后的草稿中,亚力克坚定地对莫里斯说:"现在,我们再也不分开了[1]。"

雷门低头看着这堆杂乱的稿纸,他"震惊"地发觉,《莫里斯》修订版的打印稿仅仅是一个开始。还有大量关于同性恋这一主题的新故事都有着非凡的力量和深度。其中一个是发生在殖民地地主和他的下属兼情人之间的一段令人望而生畏的情事,这个故事可以被看作重复了《印度之行》中阿齐兹博士和菲尔丁先生的那段没能实现的友谊,只是它的描述更加黑暗,也更加性感。由此看来,摩根并没有停止写小说。的确,他坚持创作,一直到年纪老迈。克里斯托弗十分开心[2],约翰则"不知所措"。摩根遵守了他的承诺。克里斯托弗觉得,小说的未来和摩根生活的真实意义就在他的手中。

就在摩根去世的几个星期前[3],克里斯托弗还前往剑桥大学国王学院,朝圣般地去探望他。并不是说看起来他将要死去。诚然,他已经九十多岁了,但一直慢悠悠地平静地生活着。3月的拜访[4]始于一次独特而滑稽的糊涂碰面。克里斯托弗在前往福斯特家的路上,在楼梯

---

[1] 爱德华·摩根·福斯特,《莫里斯》,第207页。
[2] 约翰·雷门,《克里斯托弗·伊舍伍德》,第121页。
[3] 克里斯托弗·伊舍伍德,《克里斯托弗与他的同类》,第104—106页。
[4] 弗班克(Furbank),《爱德华·摩根·福斯特》(E.M.Forster),第2卷,第324页;马克·兰卡斯特(Mark Lancaster)访谈,詹姆斯敦,美国罗德岛,2007年2月24日。

间无意中碰见了福斯特。摩根像见到幽灵一样大叫道,"这真是太神奇了!"伊舍伍德问道,"我的变化有那么大吗?"福斯特恢复了正常,坚定地答道,"更厚实了!"为了证明他的观点,一进屋,摩根就认认真真从上到下审视了一番克里斯托弗的身体,确认他的脖子尤其"厚实"。

淡淡的春日阳光透过哥特式窗户倾洒进来,摩根坐在炭火前,仿佛回到了爱德华时代。巨大的黑色壁炉台已被从这幢房子的餐厅里撬走,直到1945年母亲去世,他和母亲一直住在这里。墙壁上挂着一些"戴着帽子的女人们①和打着领带的男人们的画像"——壁炉左边是一幅康斯特布尔风景画的摹仿画,是一位远房表亲画的。红木书柜里放满了皮面装订的书,已被压得摇摇欲坠。地上铺着来自印度和埃及的破旧地毯。一把可调节的座椅,被地毯上散落的书籍和稿件的阴影环绕着,这把椅子就成了他小小宇宙的中心。这是加利福尼亚的世代积淀。

尽管摩根的精神和幽默感都如常,但克里斯托弗第一次觉得摩根看起来有点"驼背、虚弱无力②"。他的内心似乎快要崩溃了。他俩出门到小教堂前面的空地散步,摩根停留了一会儿。他弯下腰,将身体几乎弯成了两半,坐在一把长椅上,就像是一幅漫画。但是,当听到一个有意思的八卦消息时,他那红润的脸颊依然露出喜色。他保持愉悦,依然很敏感,还很狡猾,就像一只"浣熊"。③

克里斯托弗和摩根接受了艺术家马克·兰卡斯特的邀请,他们穿过庭院,前去参观他那巨大的圆形工作室,工作室建在一座18世纪吉布斯建筑的上方。马克回想起"在1968年,他就像'公开的同性恋者'一样④"。从那一年开始,在英国,两情相悦的同性恋行为不再算是犯罪:根据拉布歇尔修正案,奥斯卡·王尔德曾被判定为"严重猥亵罪",但最终该修正案被废除。作为学院首位常驻艺术家,他给国王学院里稳

---

① 《爱德华·摩根·福斯特:访谈和回忆》(*E.M.Forster: Interviews and Recollection*)中的《爱德华·摩根·福斯特的记忆》,J.H.斯戴普(J.H.Stape)编,第87页。
② 克里斯托弗·伊舍伍德,《克里斯托弗与他的同类》,第106页。
③ 与唐·巴查迪的访谈,圣塔·莫尼卡,加利福尼亚,2007年11月5日。
④ 马克·兰卡斯特,《常驻艺术家》(*Artist in Residence*),第16页。

定不变的半开放的同性恋传统增添了一点调味剂。在学院里，福斯特的同性恋倾向是一个半公开的秘密。甚至还有传闻说，有一份秘密手稿。但是一周周过去了，马克在餐厅的贵宾席守口如瓶，也从没有发问。同样，一直谦逊有礼的摩根也没有告诉过任何人。

不到三十岁，兰卡斯特就画了一系列巨大的蓝绿色的抽象帆布油画。他从纽约返回英国，在纽约，他曾在"工厂"与安迪·沃霍尔（Andy Warhol）工作过。实际上，"工作"一词似乎不正确，因为它无法表达出进入那种创造性的旋涡中的感觉。安迪对所有事情都同样好奇。他的开解方式是释放。在他奇怪、警惕的目光下，种种经历摆脱了"工厂"外面的世界强加给他们的责难和污名。他温和文雅的举止促使事情被还原成本来的样子，没有被归为异类。1964年，沃霍尔为兰卡斯特和杰拉德·马兰加（Gerard Malanga）拍了一部电影，里面只有无止境的亲吻镜头。他把这部电影命名为《亲吻》（Kiss）。沃霍尔还把其他电影中情侣间的亲吻，各种类别的情侣和各种形态的亲吻，睁着眼睛的、闭着眼睛的、好奇的、消极被动的、激发性欲的，等等，都拼接在一起。这种道德上的平淡无聊的效果很奇怪。它为观众竖起了一面镜子。荧幕上唯一一个描写性爱的色情场景是同性恋人的亲吻，一些观众看后万分窘迫，专门挑出这个场景大肆辱骂。"在沃霍尔的'工厂'的氛围中[①]，兰卡斯特第一次感觉这很"正常"，甚至觉得"作为同性恋很有优越感"。与"工厂"相比，兰卡斯特发现英国的生活方式非常死板僵硬，墨守成规，英国同性恋的生活"（必然）偷偷摸摸，无法言说"。

沃霍尔沉着镇定。就像一个来自火星的人类学家，他面无表情地看着这一切。有时候，在他和朋友们面对大众对同性恋的恐惧和憎恶时，这种沉着镇定的举止恰恰暴露出他实际上是多么野蛮和粗暴。曾有一次，马克因为穿了一件粉色衬衫，被诺曼·梅勒（Norman Mailer）

---

① 马克·兰卡斯特，与作者的通信。

一拳击中腹部——"女性化的、软弱无能的英国佬"——安迪装腔作势地摆出一副哀怨羡慕的样子,气喘吁吁地问道,"我怎么才能[①]让诺曼·梅勒也揍我的肚子?"兰卡斯特也是半开玩笑式地发起火来,穿这件衬衫没有任何抵制美国的意思。马克是在布鲁明黛百货公司买的这件衬衫。

兰卡斯特改造了国王学院高处的房子。只要他没"把门关上",他的门就是敞开的——关上他房间外的公共门就表示他在工作。为了改造成一个真正的工作室,原来套房里的墙壁都被拆除了,露出了庭院墙壁中间那一扇巨大的半月形窗户,透过窗户就是一片绿地和那个哥特式的花边影壁,它们将学院与城镇隔离开。墙上固定着一个油漆过的壁炉架,看起来极不协调。摩根摇摇晃晃地走向四楼兰卡斯特的工作室,克里斯托弗十分耐心地走在他的旁边。令人眼花缭乱的光线,不知为何让人感觉十分陌生。是的,摩根的一位最亲密的朋友、政治哲学家戈兹沃斯·洛斯·迪金森(Goldsworthy Lowes Dickinson)曾在这里住了几十年。但是自从1932年戈尔迪(Goldie)(戈兹沃斯·洛斯·迪金森的昵称)去世后,摩根再也没有来过这里。兰卡斯特得知时很惊讶,摩根回答说,这间屋子后来的主人是历史学家弗兰克·以斯拉·爱德考克(F.E.Adcock),"他非常令人讨厌[②]。"

克里斯托弗和摩根并肩而坐,这两位伟大的文人非常愉快地回忆起兰卡斯特的种种好处。他们亲切地聊天欢笑,喝着茶,吃着点心,兰卡斯特偷偷按下快门,记录下这个时刻。摩根弯腰坐着,身形颇像一个"之"字,双手笨拙地握在一起,他的头发花白厚重,像蒲公英一样柔软脆弱。他俩离开后,兰卡斯特把这张照片摆放在壁炉架上,挨着另外一张非正式的摄影照片,照片上是一位年轻瘦弱的拜访者,坐在摩根的那把椅子上,一双蓝色的大眼睛和他的牛仔衬衫十分相称。黑色的头发勾勒出他脸庞的轮廓,神态忧郁,神似"是谁"(The Who)

[①] 马克·兰卡斯特访谈,2007年2月24日。
[②] 马克·兰卡斯特,《常驻艺术家》,第16页。

乐队的吉他手皮特·汤森（Pete Townshead），照片看起来就像一幅莫迪利亚尼（Modigliani）的肖像画。

在那个春天的早晨，像往常一样，摩根看起来很普通，无可挑剔，就像那个"来这里调整时间的人①"。这是一种精明的伪装。20世纪20年代，国王学院的朋友利顿·斯特雷奇（Lytton Strachey）给他起了一个绰号，叫"灰褐色的家伙"，这是个法语单词，意思是"鼹鼠"。尽管当时他已经是一位伟大的文人，但他总是身穿一件肥大的花呢西装，头戴一顶布帽，悄悄地溜进人群，或是不动声色地坐在聊天人群的边上。他这种不爱引人注意的做法并不是没有原因的。1895年，王尔德的审判给当时刚刚性发育成熟的福斯特留下了阴影，他从中吸取了教训。自然而然地，他变得十分害羞腼腆，有意识地颠覆了王尔德那种大胆的女人气形象。不同于王尔德——在他之后是斯特雷奇——华丽耀眼的形象，福斯特让自己销声匿迹。王尔德的妙语变成了有名的警句，而福斯特选择刻画人物内心，让人物对自己敞开心扉，而他依然保持神秘。可一旦跟他交流起来，就会被他那颠覆性的魅力所吸引。这种强烈的、得到重视的感觉会让人变得更加真诚、敏锐，让人成为更好的自己。摩根一贯的监督考验着朋友们的精神承受力。西格夫里·萨松（Siegfried Sassoon）发现，这"总是会让自己变成一个话匣子②"。摩根的关注让克里斯托弗感觉"虚假、狡猾③和尴尬"，他总是不得不克制住扮演小丑的冲动，去逗弄摩根消除他那种沉着、感同身受的道德压力。

摩根的一生中，朋友们竭力分辨出摩根身上那种难以形容的品质，正是这种品质使他如此与众不同。他那双暗淡无光的蓝色眼睛高度近视，但是每个接近他的人都注意到，任何事都逃不过他那双眼睛。

---

① 威廉·普洛默（William Plomer）致弗班克，《爱德华·摩根·福斯特的性格》（*The Personality of E.M.Forster*），第61页。
② 《西格夫里·萨松的日记》（*Siegfried Sassoon Diaries*），哈特-戴维斯（Hart-Davis）编，1923年7月10日，第61页。
③ 克里斯托弗·伊舍伍德，《克里斯托弗与他的同类》，第106页。

"钢架眼镜的后面……有着一副评头论足的精明样,实在令人惊奇①。受到欢迎的同时还要接受评判,这是一种很奇怪的感觉。"在克里斯托弗看来,摩根的眼睛使他看起来像"一个记得②前世的婴儿,发现自己投胎转世到新环境中,更多的是开心而非沮丧"。在生活和写作中,摩根更喜欢探索深层的东西,给自己留下更多的惊喜。甚至是最普通的对话,他都能"让一句话③朝意想不到的方向发展,使人惊讶不已"。

在福斯特的生活里,每个人都像小说里的人物,人物角色的动机和情感都体现出他们丰富的内心生活,像这个世界的规则一样运转着。他无时无刻不在仔细观察着,甚至对最清晰明了的事物都要赋予一个解释。过度的洞察力似乎令他对现实生活深感绝望。一个朋友称他是"梦想家",并劝告他应该"面对事实"。摩根明确地回答:"面对事实是不可能的④。它们就像一个房间里的墙壁,围绕在你的周围。如果你面对其中一面墙壁,就必须背对其他三面墙壁。"他的超精确思维有时让人觉得荒谬可笑:一次,有人问福斯特是否在下雨,他慢慢走到窗户边,回答道,"我将会试着决定⑤。"

去年7月,兰卡斯特刚刚在国王学院定居,他发现自己一人住在一个八角形的房间,壁炉前一台放在茶具车上的黑白电视机勉强建立起他与外部世界的联系。隔壁是"研究生高级联合室",里面紫红色的墙上挂着学院杰出人物的肖像——他们都是摩根已逝的朋友——向下看:鲁伯特·布鲁克(Rupert Brooke),一幅罗杰·弗莱(Roger Fry)的自画像,还有邓肯·格兰特(Duncan Grant)的画作"约翰·梅纳德·凯恩斯(John Maynard Keynes)"。与此相反,兰卡斯特居住的这个小房间勉强

---

① 罗摩·拉乌(Rama Rau),《爱德华·摩根·福斯特:访谈和回忆》中的《追忆爱德华·摩根·福斯特》,J.H.斯戴普编,第133页。

② 克里斯托弗·伊舍伍德,《克里斯托弗与他的同类》,第106页。

③ 潘特-唐斯(Panter-Downes),《金士曼》,第62页。

④ 爱德华·摩根·福斯特致乔茜·达林(Josie Darling),1914年,弗班克,《爱德华·摩根·福斯特》。

⑤ 克拉夫特(Craft),《爱德华·摩根·福斯特:访谈和回忆》中的《剑桥大学的茶》,J.H.斯戴普编,第25页。

能容纳下两把扶手椅和一对玻璃柜，玻璃柜放在哥特式窗户的两侧，里面放着古陶器。十点左右的时光平淡无奇，英国广播公司正在播放第一次登月的相关报道。几十年后，兰卡斯特仍然清晰地记得当时的场景。摩根"拖着脚步走来，问我[①]这是什么。他在旁边的扶手椅坐下，专心致志地观看"。他神秘兮兮地向马克探过身去，"我不确定他们是否应该那样做。"他悄悄说。

1932年9月，克里斯托弗第一次见到摩根[②]，那时他就渴望做他的"门徒"。一个同性恋导师、一个小说家，他发现了"整个写作艺术的关键[③]"。克里斯托弗钦佩摩根的写作技巧，又对他的谦卑感到敬畏。摩根让克里斯托弗想起一位禅宗大师。对福斯特来说，他被这位年轻男子的写作勇气和清晰的思路吸引。《纪念碑》引起了他的注意。该书由老朋友伍尔夫出版，给他推荐这本书的人是威廉·普洛默，是一位志同道合的新朋友，也是小说《茶道》（*Sado*）的作者。《茶道》讲述了一个移居国外的人（很像普洛默）和一个日本男孩的同性恋爱情故事。伍尔夫也出版了这本书。

《纪念碑》的副标题是"一个家庭的画像"，但是克里斯托弗暂定的名称是"战争与和平"。该书讲述了英国一个中上层阶级家庭的故事，记录了"一战"遗留的伤疤。它非常像克里斯托弗的自传。1915年，克里斯托弗才刚满十岁，父亲在伊普尔被杀死。在克里斯托弗的一生中，他那个寡妇母亲在精神上控制着他，对此他深恶痛绝。但是，小说中黑暗的人物形象和克里斯托弗也就只有一点点相似。爱德华·布莱克的人物设定是一个石破天惊的创作：他是一名同性恋者、一位老兵、患有战斗疲劳症，他风趣幽默，却命运悲惨。在一个场景中，小说以爱德华的视角叙述，他把枪口放进嘴里，扣动扳机，不料却搞砸了这场自杀。这本小说把战后一代的心态完美地混合在一起：引人注

[①] 马克·兰卡斯特，《常驻艺术家》，第16页，马克·兰卡斯特访谈，2007年2月24日。
[②] 克里斯托弗·伊舍伍德，《克里斯托弗与他的同类》，第105页。
[③] 同上。

目、冷酷无情和讥讽嘲笑。克里斯托弗的文笔清晰简明,实事求是,人们甚至误以为他从事了一辈子的新闻工作。

克里斯托弗十分擅长性爱描写。年轻人对这个严肃的主题却感觉耳目一新。爱德华通过引用"我们对邻居的责任",向他公认的女友玛格丽特提出上床的要求。玛格丽特同意了,大笑着威胁他:"想一想,爱德华,我能够治愈你。"

> 因此,一天晚上①,在一场特别疯狂的晚会后,他俩在工作室发生了关系。这真的非常有趣,一点也不令人厌恶,但是非常糟糕。他俩坐在床上,笑了又笑。"噢,爱德华!"玛格丽特大笑道,因为她也很紧张,"我绝不可能再跟一个男的上床。在关键时刻我总是会想起你。"……"同样的赞美回敬你,回谢你的赞美。"爱德华说。

小说的最后,爱德华·布莱克找到了他的归属之处:在柏林,与一个唯利是图且性感魅惑的德国男孩同床共枕。

克里斯托弗非常期待与摩根的第一次见面,他在给斯蒂芬·斯彭德的信中半开玩笑地写道,"我会用整个早晨②来梳妆打扮。"并不是说他要涂睫毛膏,而是要整理他那最珍贵的材料:柏林男孩酒吧里的诱人故事。此外,他还有一些关于马格努斯·赫希菲尔德(Magnus Hirschfeld)博士和他性行为科学研究所的故事可讲,那个博物馆里全是情趣玩具和(性)幻想图片。赫希菲尔德有着一副典型的德国科学家形象:一个"愚蠢严肃的老教授③,留一撮小狗似的胡子",戴着一副厚厚的眼镜。他和秘书兼情人卡尔·吉斯(Karl Giese)住在商店楼上。赫希菲尔德笃定的信念里包含一些辛酸和目中无人,他认为,性是一个

---

① 克里斯托弗·伊舍伍德,《纪念碑》,第210页。
② 克里斯托弗·伊舍伍德,《克里斯托弗与他的同类》,第104页。
③ 同上,第17页。

合法的研究对象，并开展了倡导男性双方自愿发生性行为合法化的公共运动。他也为此付出了代价，曾两次在街上被纳粹暴徒打得头破血流。对于克里斯托弗来说，在柏林，无须担负假装异性恋的"责任"。去了德国后，他觉得自己逃脱了那个被他称作"英国"的监狱，那里全是虚伪、清教主义和装腔作势的体面。

他们二人在摩根位于布伦瑞克广场的公寓里见面，几年前，为了偶尔逃离郊区母亲的监视，摩根租下那间公寓。房屋坐落于十分破旧的维多利亚式排屋中，里面的布置非常朴素。起居室的墙上挂着一个护身符，象征着摩根和充满异域风情、时髦的托马斯·爱德华·劳伦斯（Thomas Edward Lawrence）的友谊——一个阿拉伯男孩的原始插画，没有护套的刀，是受委托印制的《智慧七柱》（*The Seven Pillars of Wisdom*）私人印刷版的原始插画。克里斯托弗对此十分折服，以至于无法回想起他们的谈话内容。然而，显而易见的是，受邀进入特殊圈子是一件令人非常开心的事情。劳伦斯送给福斯特一部珍贵的《智慧七柱》副本，福斯特把它借给伊舍伍德，这是一种象征亲密行为的做法。这本书是战后劳伦斯在中东开展运动的精彩实录，讲述了他对与阿拉伯人并肩作战的厌恶之情，内容十分精彩，以至于一些读者认为，这是一位东方学者的幻想。书中描写既有英勇事迹，亦有悲惨痛苦的场景。在一个令人恐惧的场景中，劳伦斯描写了他被掠为土耳其人的俘虏，在德拉受尽欺凌和折磨。克里斯托弗从公寓离开时，双手"紧紧握住这本有魔力的书卷[1]"，面部也因为激动和敬畏而变得通红。

如果克里斯托弗想要成为一名信徒，那么就在那时，摩根发现自己同样需要一名信徒。对摩根来说，那是一个特别脆弱的时刻。他的情人和挚爱鲍勃·白金汉[2]不久前结婚了，他才努力调整好自己的心态

---

[1] 克里斯托弗·伊舍伍德，《克里斯托弗与他的同类》，第106页。
[2] 鲍勃·白金汉（Bob Buckingham），《爱德华·摩根·福斯特书信选》（*Selected Letters of E. M.Forster*），拉戈（Lago）与弗班克编，第2卷，第112页，爱德华·摩根·福斯特致塞巴斯蒂安·斯普罗特，1932年10月4日，国王学院现代档案馆。

去面对这个事实。与这些年轻的朋友们、这些同性恋知识分子和作家的接触使他的痛苦稍微有所缓和。他需要陪伴，需要坦诚的交谈，需要开怀大笑，但不需要性。对他来说，扩展知己圈和朋友圈是一种度过情感瓶颈期的独特方式。

在与摩根第一次见面的六个月之后，克里斯托弗返回伦敦，因为他身处的柏林世界轰然倒塌，变成废墟。新当选的纳粹政府打着清理犯罪活动的旗号，他们关闭男孩酒吧，逮捕聚集在一起的男同性恋。恶毒的暴徒们打碎窗户，放火烧了赫希菲尔德的研究所，赫希菲尔德和吉斯被迫逃走。克里斯托弗意识到，德国已不再是他曾经想象中的天堂。一些他认识的同性恋①宣布自己是纳粹的支持者，他们认为这样做能够保护自己，但是，克里斯托弗对这些"自欺者们"的悲剧感到悲哀。他十分关心如何能为他留在那里的情人海茵茨·尼德迈尔（Heinz Neddermeyer）找到一个安全场所。

第二次拜访时，摩根把《莫里斯》的打印稿拿给克里斯托弗看，这是一种亲密关系的表示。像约翰·雷门和克里斯托弗四十年后那样，摩根和克里斯托弗在布伦瑞克广场的酒吧里并肩而坐，两人中间放着珍贵的手稿。他在想什么，摩根会想要知道吗？学生被这位大师吸引，不知所措。事实上，这个年轻男子觉得，摩根关于性的描写听起来②有些老套拘谨。当听到莫里斯宣布他和亚力克上床时，克里斯托弗感到十分尴尬。摩根编造了一个荒谬可笑的委婉语来替代"做爱"一词——分享。

　　　　"我和亚力克一起分享了。"③莫里斯沉思了一会，然后说到。
　　　　"分享了什么？"
　　　　"我所有的一切。包括我的身体。"

---

① 克里斯托弗·伊舍伍德，《克里斯托弗与他的同类》，第125页。
② 同上，第126页。
③ 爱德华·摩根·福斯特，《莫里斯》，第212页。

但是，小说里偶尔出现的谬误几乎离题。摩根来自一个不同的时代。一个以"分享"一词来代替做爱的男人，很难期望他自称为同性恋。摩根的一生都在抵制这一标签，这跟谨慎或者懦弱没什么关系。无论它的语言表达方式是什么，《莫里斯》都充满热情，十分真诚。克里斯托弗被摩根如此勇敢且孤独的想法打动，"受缚于战前偏见的枷锁①，把这些难以想象的想法用文字表述出来。"他理解小说中摩根所表达的对于30年代的一名同性恋男子的一种父亲般的联系。克里斯托弗为摩根那无边的孤独感所震惊。他认为这本小说耽搁得太久了。他很担心地问克里斯托弗②："要标上日期吗？"克里斯托弗的回答完美地结合了同情和真诚。"为什么不呢？"他坚定地回答到。"眼中饱含泪水③。"这个年轻的追随者告诉摩根，自己非常欣赏这部小说，这是一次创新，他认为这本书写得非常精彩也很勇敢。听到这些评价，摩根探过身去，轻轻地吻了吻克里斯托弗的脸颊。这一刻加深了他们两人一生的友谊。

但总的来看，勉强同意克里斯托弗想要出版该书的愿望又是另外一回事。他无法区分出摩根是出于怯懦还是自我保护。克里斯托弗一整个夏天都在苦心研究国外的来信。海茵茨试图进入英国，但没能成功，表面上他是受雇于克里斯托弗，做他家的仆人，但在哈里奇，他却遭遇审问并被驱逐出境。奥登是该事件的证人，他猜想这个恶毒的海关官员是"一只眼睛明亮的小老鼠④"，也是"我们其中之一"。因此，克里斯托弗离开了英国，"他致力于走遍世界⑤，直到找到一处地方，让他俩都能安顿下来，不用受移民检查和海关官员的骚扰。"有一段时间，这理想之地是加那利群岛。

---

① 克里斯托弗·伊舍伍德，《克里斯托弗与他的同类》，第126页。
② 同上。
③ 同上，第127页。
④ 帕克（Parker），《克里斯托弗·伊舍伍德》，第277页。
⑤ 同上，第282页。

摩根给身处这个温暖天堂里的克里斯托弗写信，这让他觉得，自己小说中的情人们似乎都真实地生活在这个世界上。摩根向这个年轻男子倾吐真心，鲍勃结婚后他一直很难受，反复思考着一个问题：对于忠诚和亲密关系，他能期待些什么？根据修改小说的策略盘算着这次讨论，但显然，该想法代表着他自己的情感状态。

> 我认为，可能发生的事①是一种永久的关系，但是关系边缘有各种各样的异常行为、恐惧、疾病、干扰和争吵，这需要花费很长时间来描写。或许有人会把它缩减，如果一个人让他们立下誓言，莫里斯能做到，但我却怀疑亚力克，就像怀疑我自己一样。我们俩都很有可能回顾过去，并且意识到，毕竟，我们为完成这件事情已经牺牲的够多了。

尽管将与海恩茨的关系搞得一团糟，但克里斯托弗向摩根保证，《莫里斯》应该出版，这么做的话将会鼓舞那些同性恋读者们。但是，福斯特没有改变他的态度。他一点也不确定，这么多年来，人们对待同性恋的态度是否已经有所改善。

这个年轻的男子起了带头作用。伊舍伍德在1938年、1948年和1952年都极力劝说摩根出版这部小说。摩根受宠若惊，但他还是没有做出让步。他告诉伊舍伍德，"对于逃避出版这件事，我感到十分惭愧②，但是，反对声太可怕。"他主要担心他是同性恋的消息会伤害到那些他爱的人。随着时间的流逝，摩根身边年轻的朋友们加入到克里斯托弗的劝说行动中。一个朋友举出安德烈·纪德（Andre Gide）的例子，他公开出版了同性恋回忆录，福斯特非常钦佩他。但福斯特反

---

① 《爱德华·摩根·福斯特书信选》，拉戈与弗班克编，第2卷，第118—119页，爱德华·摩根·福斯特致克里斯托弗·伊舍伍德，1933年4月27日，亨廷顿。
② 爱德华·摩根·福斯特致克里斯托弗·伊舍伍德，1948年6月25日，亨廷顿。

驳道:"可是纪德没有母亲!①"战争结束后②,摩根的母亲去世了,他(又)担心如果这本书出版了,鲍勃·白金汉会受到"骚扰和伤害"。

伊舍伍德二十年来的劝说和强烈要求取得了颇具说服力的胜利。随着年龄的增长,福斯特对于坦白他的性取向这一想法变得更加从容。他想象自己死后的传记会是"简洁而辉煌的文字记录③"。到1952年年初,他终于同意在死后出版《莫里斯》一书,并且为了妥善保管这份珍贵的打印稿,他将采取一些措施,安排稿件送至伊舍伍德的手中。

不过,摩根先前关于人们对同性恋容忍度的怀疑④是有充分依据的。1952年10月,克里斯托弗的第一份打印稿由可靠的朋友们亲手从剑桥护送到伦敦,再到纽约、芝加哥和洛杉矶,他们都是男同性恋。他们选择这种递送方法不单是为了保护这本书,也是为了保护其作者。冷战加剧了大西洋两岸对同性恋者的忠诚和爱国主义的担心,政府设立机构来收集证据、诱捕同性恋男子。在美国,非美裔运动委员会开展了一项"薰衣草恐慌"行动,目的是根除政府中的同性恋者,因为他们的性生活使其容易遭受敲诈勒索,所以他们被视作一种安全隐患。美国邮政部长重新启用有着八十年历史的康斯托克法,以此起诉那些用邮件传播"淫秽、粗俗、下流或是肮脏污秽"材料的男同性恋。在伦敦,警察针对男同性恋的诱捕行动使事态进一步恶化,遭到逮捕的男同性恋常常发现,他们的个人文件被毫无理由地没收。为了强调他们暗中进行的阴谋诡计,摩根打趣地称,装有打印稿的包裹⑤是"主要物品"。他打下每一个"i",撰写成一份合同,里面明确允许克里斯托弗享有在美国的著作权,并正式要求他的遗著保管人有特殊豁免权。

---

①帕克,《阿克利》(Ackerley),第338页。
②《爱德华·摩根·福斯特书信选》,拉戈与弗班克编,第2卷,第159页,爱德华·摩根·福斯特致克里斯托弗·伊舍伍德,1938年8月28日,亨廷顿。
③同上。
④关于"二战"后的几十年里同性恋起诉事件的详细讨论参见希金斯(Higgins)的《异性恋的专政》(Heterosexual Dictatorship)和约翰逊(Johnson)的《薰衣草恐慌》(The Lavender Scare)。
⑤爱德华·摩根·福斯特致门罗·惠勒(Monroe Wheeler),1952年10月15日,拜内克。

安排快马邮递的那些人并没有变成偏执狂。即使是非常有名的人物，只要是同性恋，就会受到起诉和羞辱。在诱捕行动中，演员约翰·吉尔古德爵士在公共厕所被抓，当时他正处于伦敦戏剧事业的巅峰。就在《莫里斯》手稿使加利福尼亚受到鼓舞的几个月前，著名数学家艾伦·图灵（Alan Turing）在这场诱捕中被抓，图灵对纳粹恩尼格玛编码机的破解为同盟国赢得战争提供了极大的助力。为了避免1895年判奥斯卡·王尔德有罪的同一法律带来的牢狱之灾，他被强制注射女性荷尔蒙来"治愈"自己的同性恋欲望。几周后，图灵自杀了。在这些危险关头，没有一个朋友希望冒着失去《莫里斯》或其作者自由的风险。因为仍有许多"畜生和白痴……他们在黑暗中徘徊，时刻准备着胡言乱语和毁灭"。

深秋的夜晚，克里斯托弗和约翰·雷门在克里斯托弗的书房①里商讨在美国出版《莫里斯》的运作方式。想到摩根的死就会唤起一点黑色幽默：约翰嘲讽似的把这些纸页称作福斯特的"文学遗骸"。但是他们都尊重②这本小说在同性恋遗产中的地位。长久以来，这份打印稿真让人忧心忡忡，许多人在小心谨慎地保管着它。它关乎一段秘密的历史，因此，稿子的分量很重。六十年来，福斯特秘密培育着它，煞费苦心地修订、增加章节。他委托两个特别指定的女打字员——琼斯（Jones）夫人和斯奈琪福德（Snatchfold）夫人分段抄写这份违禁的手稿。他仔细地对每份副本的去处保持记录，要求选中的读者在安全的中间地带——通常是在改革俱乐部，归还副本。在晚年，福斯特将近八十五岁时，他回顾自己一生的努力："这个社会把同性恋当作犯罪，为此浪费了我很多时间，我真是很恼火③。种种借口、自我意识本是可以避免的。"

《莫里斯》出版的希望很大。但即便在1960年摩根为这本小说写作

---

① 约翰·雷门，《克里斯托弗·伊舍伍德》，第121页。
② 菲利普·加德纳（Philip Gardner）的编辑在给《莫里斯》（1999）的阿宾杰（Abinger）版本的介绍中讲述了《莫里斯》各种各样的手稿的历程。
③ 爱德华·摩根·福斯特，上锁的日记，国王学院档案馆。该附录没有标明具体的日期，但摩根的注释写着"他快要八十五岁了"，可以粗略地估算出时间是在20世纪60年代中期。

者笔记时，他对小说的未来依旧十分不确定。表面看来，英国同性恋男子的生存环境似乎终于有所改善。六年前，一个由约翰·沃尔芬登（John Wolfenden）爵士领导的政府委员会开始审议是否要修订或废除反对"同性恋犯罪"的法律。1957年，《沃尔芬登报告》建议，采取一些措施使部分成年男子间的自愿性行为合法化。尽管在青年时期福斯特希望"见闻可以带来理解[①]"，但他在晚年意识到，在这漫长的一生中，公共态度只是从"无知和恐惧"转变为"熟悉和轻蔑"……摩根头脑清晰，还多少有点愤怒，他无法想象这个世界能如同他小说中写得那么理想，即使是在遥远的未来。同性恋"只能通过议会合法化[②]，议员们有义务考虑或似乎在考虑它的合法性。因此，沃尔芬登的建议将无限期被拒，警方的起诉还将继续，克莱夫法官还将继续对被告席上的亚力克宣判。莫里斯也许能免受刑罚"。摩根对此感到十分失望。

摩根认为，法律变革的过程痛苦而又缓慢，他的观点是正确的。1967年7月，在摩根八十八岁时，《性侵犯法案》（Sexual Offenses Act）最终被通过。男性间相互渴望、独处于一间房中并且两人都超过二十一岁的性行为是合法的——条件是这两名男子都没有入伍或加入商船队伍。最后，这项新法律只适用于居住在英格兰和威尔士的男子。

伊舍伍德和雷门知道，他们正在打破一个地下读者神秘圈。几十年来，福斯特在最亲近的朋友间相互分享《莫里斯》的手稿已经变成一件约定俗成的事。现在，这个秘密将对外开放。就像在《暴风雨》（The Tempest）的最后普洛斯彼罗折断他的手杖一样，伊舍伍德希望打破这一魔咒，不再让福斯特是同性恋这个秘密被长久地隐藏下去。

他们知道自己冒着风险，去得罪甚至是曝光一些福斯特依然健在的朋友们。但是伊舍伍德觉得，这是一种正直的行为，他的冒失也是一种荣誉勋章。他向雷门抱怨，福斯特在英国的遗著保管人正在阻挠他的工作，交给他的是劣质的副本，在许可在美国版本中附上福斯特

[①] 爱德华·摩根·福斯特，《莫里斯》，第220页。
[②] 同上。

坦率且有反省意义的作者笔记时推三阻四。他将自己的真诚与他眼中福斯特英国朋友们的沉默寡言做了强烈的对比。对于伊舍伍德来说，在福斯特去世后，护送福斯特这部同性恋小说印刷出版既是一种神圣的责任，也是一次政治冒险。他相信，福斯特作为同性恋题材小说的先驱，这本书的出版将会赋予他第二次生命。出版《莫里斯》一书是克里斯托弗开展庆祝性自由、批判同性恋恐惧症、批判虚伪的长期运动的一部分。

作为20世纪的文学巨人和自由人文主义之父，福斯特享有盛誉，在某种程度上，这一声誉来自他数十年如一日地隐瞒自己是同性恋这一事实，而这在伊舍伍德看来就是一种讽刺。用这一良好声誉使朋友口中的"支持同性恋的政策"合法化，对此他们十分开心。美国作家格伦韦·威斯考特的情人门罗·惠勒把手稿从伦敦带到纽约，威斯考特希望"一个被社会普遍接受的作家[①]"能得到"国教信徒对第一部结局圆满的同性恋爱情故事的支持"。

放弃他们的特殊身份标志着伊舍伍德和雷门完成了他们各自的旅程。几十年前，他们都还是年轻的同性恋者，被摩根激昂而又坦诚的宣言所打动——"男子之间能够有真正的爱情[②]，没有任何限制，无须任何借口。"福斯特——老一辈——总是无可救药地看起来比他们老。如今，克里斯托弗和雷门一个六十六岁，一个六十四岁。他们赶上了他的脚步——如今，他们也老了。克里斯托弗站起来，他的目光穿过房间，凝视着对面摆满书籍的墙。那里有几十本书是关于摩根的。他正在考虑以后的日子。他转过身，面对约翰，脸上满是得意之色。"当然，这些书[③]都要被重新改写。"他说道，"除非你在最开始就说明一个事实——他是同性恋，否则没有什么事是好的。"

克里斯托弗在将近三十五年前的11月那天大致翻阅的部分手稿，

[①] 格伦韦·威斯考特（Glenway Wescott）致克里斯托弗·伊舍伍德，1971年9月20日，亨廷顿。
[②] 克里斯托弗·伊舍伍德，《克里斯托弗与他的同类》，第126页。
[③] 约翰·雷门，《克里斯托弗·伊舍伍德》，第121页。

他甚至都不清楚，除此之外摩根还有多少秘密手稿。尽管摩根点燃了伟大而又短暂的篝火，但他小心翼翼地保护着关于他同性恋生活的记录。成千上万页未出版的信件、日记、文章，还有照片都讲述着他隐藏于公众视野之下的生活。有一些被分散放在各个档案馆，有一些放在引人注目的藏身处——伦敦起居室里的一个巨大的橡木橱柜里，还有新英格兰谷仓里的一个掩埋在老鼠粪堆中、毫不起眼的鞋盒中，它们都被人们巧妙地发现并带回这个世界。摩根的许多依然健在的朋友们都是第一次开口讲述他们的故事。自摩根去世后，他的私人日记就被封存起来，2008年是福斯特的私人日记限制观看的最后时限，那一年，他的私人日记向读者公开。在摩根漫长的一生中，他一直生活在一个对同性恋充满偏见的世界里。奥斯卡·王尔德入狱那年，他十六岁，石墙事件发生后的第二年，他去世。

　　几乎在一个世纪以前，福斯特致力于把《莫里斯》奉献给"一个更快乐的年代"。或许，就是现在。

第一部分
成为一个"成年人"

第一章
奇特的时刻

这只是莉莉（Lily）和摩根的故事，本来并没有计划要写他们的事。

爱丽丝·克拉拉·维切罗（Alice Clara Whichelo），也被称为莉莉，与一位年轻有为的建筑师订了婚，八个星期后，两人就结婚了，这一年她二十一岁，丈夫爱德华·摩根·福斯特是一位牧师的儿子。婚后，莉莉和埃迪（Eddie）定居于伦敦多塞特广场附近，这个地方距摄政公园的玫瑰园不过几个街区，是年轻夫妇建立家庭的理想之地，并且这里距离克拉珀姆又很远——埃迪那些举止高贵的亲戚们住在那里——这样一来，这对年轻人就有了喘息的空间。这一年是1877年，埃迪二十九岁，这时候开始自立谋生似乎有些晚。从剑桥大学三一学院毕业后，他步入一条轨迹稍显不正的道路，渐渐地让家人的期望落了空，因为家人希望他成为一名教区牧师。他的事业刚刚起步时，家里给予他经济上的支持。姐姐劳拉（Laura）继承了一笔财产，她要在萨里郡建一栋砖砌的高档乡间别墅，于是委托弟弟埃迪为这个房子设计图纸。

莉莉并不知道丈夫为劳拉·福斯特设计西海克斯特的房子这件事，然而劳拉支付的设计费让她在很长一段时间里过着幸福安稳的生活。结婚数周后，她就怀孕了，然而他们的孩子却胎死腹中。第二年春天，当她还没缓过神来时，却发现又有了身孕。鉴于生产前莉莉在公共场合走动有些不得体，于是埃迪带她到法国开开眼界。莫尼姑妈（Aunt Monie），那位令人生畏的家族长辈出资赞助了他们的旅行。不过，她相当另类地为莉莉安排了一位"男性同伴"，泰德·史塔菲尔德（Ted Streatfeild），埃迪的大学朋友。他陪着这对夫妇度过了两人迟来的蜜月。莫尼姑妈刻薄地写道，史塔菲尔德几乎是一位女性同伴，"我承认是这样，不过也就是那么一点点而已①。"莉莉在酒店休息的时候②，两个男人便出去散散步，聊聊天。他们对巴黎并不陌生，埃迪讲起法语来也是"伶牙俐齿"。

等他们返回伦敦时③，莉莉的孕相已经很明显了。1879年1月1日，她和埃迪一起庆祝了儿子的降生，并且也给他取名为爱德华·摩根。不过，这个名字源自洗礼池的一次失误——神情恍惚的魔力和对社会排斥的担忧在福斯特身上上演了最早的喜剧。出于对莫尼姑妈的尊重，这对夫妇早先决定给孩子取名为亨利·摩根——亨利这个名字既是纪念莫尼姑妈的父亲亨利·桑顿（Henry Thornton），也是纪念埃迪的兄弟亨利，一位"闪耀着光芒"的人，他在埃迪十八岁时就去世了。所以他们在官方给孩子登记的是这个名字，然而在孩子接受洗礼时，牧师在残缺的纸片上看到的却是埃迪本人的全名，原来埃迪"心不在焉"地把儿子的名字误写成了自己的名字。为了与他父亲的名字区分开，他们用中间名来称呼儿子。孩子出生不久后，埃迪染上重病，后来咳嗽得很厉害，整整一年他都未能摆脱感冒的折磨。而在他"倦怠和生病④"的十八个月里，莉莉"没能够认真对待他的病情"。她的重心都放在照顾孩子身上，并且她"习惯于⑤先让年纪小的人存活下来"，私下里，福斯特夫妇和埃迪的娘家人——桑顿夫妇给了她不少忠告，当然也有一些责备。

老实说，莉莉身上有一种盲目的乐观，但这种乐观却给了她很大的帮助。与丈夫一样，她家里也有十个孩子。维切罗一家精力充沛——她的兄弟姐妹们都身体健壮，"喜欢享乐，慷慨大方⑥，没什么远

---

① 玛丽安·桑顿致爱丽丝·克拉拉·福斯特，引自爱德华·摩根·福斯特的《玛丽安·桑顿》（Marianne Thornton），第285页。
② 同上，第287页。
③ 同上。
④ 同上，第287、289页。
⑤ 同上，第287页。
⑥ 同上，第278页。

见""五官端正……品位不俗和精神饱满。"而福斯特一家则体质孱弱，埃迪是第八个孩子，之前他已经目睹了五个兄弟姐妹死于肺结核。他们一个接一个地倒下，长子约翰三十四岁那年去世，其他的都是十几岁或二十几岁时就离开了人世。直到1880年夏末，莉莉才意识到必须慎重对待埃迪的病情。她在伯恩茅斯租了一栋大房子，能看到大海，她把埃迪和婴儿接过去，让他们呼吸一下海边咸爽的空气。然而，此举为时已晚。1880年10月30日，埃迪因肺结核离开人世，那时距他三十三岁生日只剩十天。如此一来，儿子还不到两岁时，二十五岁的莉莉就成了寡妇。后来摩根写道，"她感觉①自己的生活还没来得及开始就匆匆结束了。"描述这种使人麻木的悲痛感时，她说："我希望过了今晚②，不要再看到明天，但愿我能一直睡下去，能这样就太好了。"现在，摩根就是她的全部了。

这样一来，莉莉没有了经济来源。她的父亲曾经是个绘画师，身材高大却不务实，他的收入勉强维持生计。莉莉十二岁时，父亲突然去世，留下母亲路易莎，她是一位执着而睿智的女性，想尽一切办法将孩子们抚养成人。作为家里的老三，也是最大的女孩，莉莉变得愈加勇敢坚强，少有抱怨，也懂得照顾自己。1872年，她买了一个日记本，在日记里她这样自嘲道，"一个了不起的女人③……十七岁的年龄，七十一岁的举止，襁褓中便有了沧桑的心态。"不久，通过家庭医生的介绍，莉莉成为桑顿家人的同伴和家庭教师，负责教他们朋友的孩子。借着这层关系，她遇见了埃迪，因此，在埃迪去世后，她依然与桑顿家保持着联系。埃迪留给她一小笔遗产——七千英镑，这些钱足以让她过上简朴的中产阶级生活。埃迪去世后，莫尼姑妈——玛丽安·桑顿对莉莉的生活也有着不容小觑的影响。

---

① 玛丽安·桑顿致爱丽丝·克拉拉·福斯特，引自爱德华·摩根·福斯特的《玛丽安·桑顿》，第288页。
② 爱德华·摩根·福斯特，"1945年母亲去世后，我销毁了书信书籍的记录。"国王学院档案馆，爱丽丝·克拉拉·福斯特致迈美·辛诺特（Mamie Synnot），1882年。
③ 弗班克，《爱德华·摩根·福斯特》，第1卷，第3页。

摩根·福斯特后来渐渐明白，桑顿家族有一种世代相传的禀赋：他们"总是知道什么是最好的"①——这成为他们生活品质的一部分"。至于莫尼姑妈，上了年纪，"这种品质在她身上愈发明显。"摩根出生时，她已经八十二岁了，她声称，她所宠爱的侄孙的未来不仅需要经济实力和道德力量来扶持，更需要有强大的历史背景来引导。桑顿家族享有尊贵的地位和广泛的社会影响力，而这些正是维切罗家族所缺乏的。他们的家族在克拉珀姆地区世代跻身于名流之列。玛丽安的父亲，亨利·桑顿是克拉朋联盟（The Clapham Sect）的创始人之一，克拉朋联盟是一个基督教传教士团体，19世纪早期由一群政客组成，他们脾气暴躁，做事雷厉风行。

亨利·桑顿的财产来源于银行业。起初他经营得很好，后来稍有逊色。家庭祈祷成为"清规戒律"②，后来摩根写道，"克拉朋教派通常是听道、祷告、吃饭，然后赚钱——一如既往地拼命挣钱，也一如既往地慷慨捐助，这两方面的投入都非常多。"桑顿家族是不折不扣的道德卫士，尽管周围反对声一片，他们依然捍卫着自己认为正确的事。年复一年，对于议会推出的利于社会和谐美好的议案，亨利·桑顿向来给予大力支持，这些议案包括：为精神失常者建立精神病院；推动议会改革，以遏制尸位素餐和贪污腐败现象；巩固稳定银行业体系，因为银行业存在管理混乱、放任自流的现象，常常发生金融泡沫和崩盘。最知名的是，在长期的废除奴隶贸易运动中，桑顿成为威廉·威尔伯福斯（William Wiilberforce）身边重要的伙伴。桑顿为人谦和，神情严肃，一副中规中矩的样子。[他的朋友汉娜·摩尔（Hannah More）曾一本正经地给他的两只猫起名叫"绝不抵抗"和"乖乖顺从"。]等到埃迪去世后，对于什么最适合莉莉和小孩这方面，玛丽安将那种桑顿式的宗教热忱发挥到了极致。

莉莉在莫尼姑妈伦敦南部的大宅子里住了一年，这一年晦暗的生

---

① 爱德华·摩根·福斯特，《玛丽安·桑顿》。
② 爱德华·摩根·福斯特，《为民主喝彩两声》（Two Cheers）中的《亨利·桑顿》，第194页。

活令她窒息，苦不堪言，于是她做了一个大胆的决定。她开始抗拒莫尼姑妈的意愿，挣脱她的管束，并带着摩根搬出来，开始了独立的生活。1882年秋，她在伦敦北部找到一栋18世纪建造的红砖房子，占地四英亩。这栋房子是一座小岛，更是一个世外桃源，似乎静止在时间和空间里。它既不在乡间，也不完全在城郊，"鸦巢"位于史蒂夫尼奇镇的村子边缘。

摩根和莉莉在"鸦巢"生活了十年。这里曾经有一个小村庄和农场，起名为"鸦巢"，而如今，村庄和农场早已消失不见，对房子而言，带上这个名字感觉像一个幽灵。这是一栋两层的山形墙结构的房子，窗户简洁大方，屋顶中间和一侧各立着一根大烟囱。这栋房子既不宏伟壮观，也没什么历史。摩根第一部像样的作品就是关于"鸦巢"的回忆，他十五岁时写下这部作品，寻常的英式风格似乎赋予了它一种神秘感，将它与过往的历史联系起来，而此时这些往事正在被伦敦城郊的发展快速湮没。步行到村子约有一英里的路程。"鸦巢"边上的草地里有一种古老的榆树，很久以前，村民们将野猪的獠牙插进树皮里，据说，"村民咀嚼几块这种树皮就会治好牙痛，因此会在这里虔诚地摆点供品。[①]" 隔壁挨着富兰克林农场，可以跟孩子和小马驹在农场里玩耍，也可以在堆满了甜秆的谷仓里捉迷藏。果菜园大到难以修理。莉莉修整了一下草坪，用来打网球。有两名用人照顾他们的生活起居，一个在室内干活，一个照看室外。这栋房子周围仿佛有条壕沟，将他们的小家与世隔绝。多年以后，他在一部小说里将这栋房子和对它的感情永远地定格下来，这部小说就是《霍华德庄园》。

在《霍华德庄园》里，经常出没房子的不是幽灵，倒像是守护神。若是埃迪的魂灵在这里游走，这意味着一个失落的世界可能已被姑母和曾姑母们这些"老夫人们的阴魂[②]"取而代之，或至少二者相抵消，这些维多利亚时代的主妇们是唯一和莉莉相处融洽的朋友。摩根所理

---

① 爱德华·摩根·福斯特，《霍华德庄园》，第346页。
② 弗班克，《爱德华·摩根·福斯特》，第1卷，第28页。

解的这个失落的世界是一个心照不宣的地方，在那里的都是男性，而且是同性恋者。他在七十五岁左右时，准备为玛丽安·桑顿作传，摩根回想起自己身上的一些顽固的怪癖，它们遗传自英年早逝的埃迪。他在美学、时尚和装饰艺术方面有着非同一般的兴趣，其追求品位与奥斯卡·王尔德及他在牛津大学的装束颇为相似。对待婚姻，埃迪"并不像莉莉那么狂热①，但他有整整七年的时光里被幸福包围着，容光焕发，脸上总是能看得出一些'端倪'……"什么端倪？为何性情怯弱的泰德·史塔菲尔德会陪着他们夫妇去巴黎度蜜月？为何莫尼姑妈担心埃迪"晚上在意式风格的林荫道上散步时会忘乎所以②"？这是一种奇怪的同伴关系，类似于他那年轻时髦的叔叔佩西·维切罗和一位军人出身的老绅士之间的非正式领养关系。回顾起这些，摩根觉得"这其中的隐情已经不言而喻③"。这足以令他发现自己家族历史上同性恋关系的根源。

在"鸦巢"，莉莉和福斯特建立了一种贯穿其余生的家庭模式：她和儿子过着一种与世隔绝的生活。她从此没有再婚，在这片世外桃源里，她和儿子不问世事，相依为命。摩根五岁时郑重其事地拍了一张照片，暗示着两人的力量均势。这张照片看起来是维多利亚中期风格，尽管拍的时候距那时已经三十多年了。照片里，摩根穿着一件天鹅绒的礼服，蕾丝的袖口和衣领，脚上穿着玛丽珍鞋（搭扣带的低跟女鞋）和袜子，背后的长发如同瀑布一般倾泻下来，样子很像不男不女的方特勒罗伊小爵爷（Lord Fauntleroy）。尽管他长得比较结实，但莉莉对他倍加呵护，仿佛儿子很娇弱一般。母亲站在他身后，不到三十岁的她还在服丧期，编好的长发盘成一个优雅的发髻。她的右手一直牵着儿子，满怀爱意地看着他。而此时摩根睁着一双蓝色的大眼睛，直勾

---

① 法勒夫人致劳拉·福斯特，1876年10月7日，出自爱德华·摩根·福斯特的《信件记载》(Record of letters)，国王学院档案馆。
② 爱德华·摩根·福斯特，《玛丽安·桑顿》，第286页。
③ 弗班克，《爱德华·摩根·福斯特》，第1卷，第31页。

勾地盯着镜头，神态像极了一个女仆。

莫尼姑妈曾经给摩根起了①一个昵称——"重要人物"，实在"令人唏嘘"。随着时间的流逝，名字的讽刺意味越来越淡。摩根已经习惯成为众人关注的焦点，但奇怪的是，这并没有转化成自恋。他很有孝心，性情敏感，他能够意识到自己之于母亲的重要性是她活下去的动力。还是个小男孩时，他便常常一脸庄重，处事不惊。他饶有兴致地观看女士们优雅地跳舞，而她们则必须迎合男人的欣赏。摩根实际上已经成了莉莉的女伴。母子俩的关系非常亲密，难舍难分，似乎连性别也渐渐趋同了。他笨拙地模仿着莉莉娇养的习惯以及对优雅得体的社交礼仪和社会地位的浓厚兴趣。他有两个玩偶，赛勒·多拉尔（Sailor Dollar）和赛勒·邓肯（Sailor Duncan），他会给它们讲冗长而又复杂的故事，借此告诉它们什么可以做，什么不可以做。一天午后，五岁的摩根和莉莉专心致志地玩起"常玩的比奇克纸牌游戏②来，摩根玩纸牌时把赛勒·邓肯夹在胳膊下，这大大影响了他玩纸牌。后来，他一脸严肃地说'我跟它玩得很不开心。您觉得它是不是不太愿意学习玩纸牌？'"

学习玩纸牌对如何生活很重要。因为整个世界就是由一套规则构成的，如果你没权没势，你就得小心跟人协商沟通，似乎这样做才能有法子稍稍保全自己，独善其身。摩根四岁时，曾经跟母亲说过，他"宁可当一个懦夫③，也胜过做一个勇士，因为一旦你变得勇敢时，人们就会伤害到你。平日里，似乎不管你付出多少努力，对一个人的定位总是取决于你能否选对时机装装样子"。然而，他那不合时宜的打扮和极度敏感的举止令他看起来有些"不男不女④"，莉莉抱怨道，"但愿他能多些男子气概，不要轻易哭鼻子。"有一次，一个仆人把他误认成女孩，于是母亲叫他回去纠正误解。他乖乖回去，认真地宣布："我是个

---

① 爱德华·摩根·福斯特，《玛丽安·桑顿》，第289页。
② 弗班克，《爱德华·摩根·福斯特》，第1卷，第21页。
③ 同上，第20页，这些内容出自爱德华·摩根·福斯特的信件，1945年，母亲去世后，他将这些信烧毁，引自爱德华·摩根·福斯特的《信件记载》，国王学院档案馆。
④ 爱丽丝·克拉拉·福斯特致玛丽安·桑顿，弗班克，《爱德华·摩根·福斯特》，第1卷，第23页。

第一部分
成为一个"成年人"

小男孩①。"结果，仆人回答道："是，小姐。"

　　他很聪明，在四岁时，就发现自己能够阅读。从那以后，他开始竭力捍卫自己的精神生活，他指责莫尼姑妈的女仆"在光线好的时候打断我读书，实在令人心烦②"。阅读让他看到了独立生活的远景③——一种脱离真实生活的状态，他在一部有关青少年的小说中将其描述成"秘密的地方"，在这里，人们才有可能放慢手中的事情，有时间去思考，放大自己的情感，并在脑中周而复始地进行，也能仔细琢磨种种奇异的关乎生命和情感的内在真理。多年以后，他将这些洞察结果凝结成一篇有趣又可悲的文章，即《英国人性格琐谈》。他在文章中写道："英国人并非不会感受，而是害怕去感受。"④英国人喜欢"量化自己的情感……仿佛这些情感是马铃薯一般"，这是他们的本质性格。还是个小男孩时，摩根已经深陷其中，可他又能对这种性格的奇怪之处评头论足。年仅四岁时，摩根花了好几日兴致勃勃地研究一本专为儿童所写的礼仪书籍，这本书叫作《不要做！》(Don't!)。

　　他是一个聪慧敏捷的学生，乐于广泛汲取各种知识。女性往往会两种语言，她们私下里的谈话和她们谨慎、恶毒、拐弯抹角地运用社会权利。还有梦想中的知识，一种魔法般的、咒语的方式发现已知的真理。在《莫里斯》里，他写道，"莫里斯在大学有两个梦想，这两个梦想则可以诠释他本人。"这些影响或代表着被动无助的摩根的愿望主要集中于对男性的爱慕。这种对亲密关系的渴望，既热情洋溢又无迹可循，仿佛是黑暗中的一声呼唤，一旦这种渴望表现出来，忧惧、喜悦和痛苦便随之而来。仅细想一下可能没什么，可一旦发生关系就不一样了。

---

①爱丽丝·克拉拉·福斯特致玛丽安·桑顿，弗班克，《爱德华·摩根·福斯特》，第1卷，第19页。
②爱德华·摩根·福斯特，《玛丽安·桑顿》，第300页。
③《诺丁汉蕾丝》(Nottingham Lace)（未完成的片段），出自《北极夏日和其他小说》(Arctic Summer and Other Fiction)，第14页。
④爱德华·摩根·福斯特，《英国人性格琐谈》(Notes on the English Character) (1926)，出自《阿宾杰收获集和英格兰的欢乐土地》(Abinger Harvest and England's Pleasant Land)，第5页。

因此,摩根执着于在真空状态下弄清楚自己的状况。他最早的自我认知是关乎性的,并带着对同性的渴望。在"鸦巢",这个没有其他男性的孤岛,他寻找到一个伙伴,安塞尔,一个打理附近花园的男孩,摩根向他吐露心声,享受着男孩的抚摸,而这种抚摸是常人无法理解的。几十年后,五十几岁的摩根创作了一本没有标注日期的《性恋日记》。"我们在草垛和树篱中间搭建了一个小房子,我们经常躺在里面,枕着彼此的胳膊,相互挠痒,尖叫打闹。"① 十一岁时,一个神秘的生意人向他讲述了父亲去世时的场景:

> 我们全家来到伯恩茅斯,我记得一个奇怪的时刻。我站在客厅里,望着外面的路,路上空无一人,并在想"这完全取决于第一个经过的路人是男还是女"。正想着,右边走来一位留着棕色胡须的绅士,心里有了一种如释重负的感觉……这是我回想起来的第一次有意识的对性别的偏好。②

这种如释重负的感觉或许是有意识的,然而这怪异的场景却令人有种命中注定的感觉。不知从何时起,摩根已经明白自己喜欢男性。

在"鸦巢",莉莉的能力很快就不能教他了③,五岁的摩根专横地教艾玛,家里的女仆,学习植物学、天文学和"关于贝壳"的生态学,直到艾玛被他折磨得失去耐性,宣布不学了。于是莉莉到史蒂夫尼奇村找一位赫维先生——他是个年轻又浮夸的爱尔兰人,经营着一所普通的日校,并冠以"庄园"的名字。莉莉委托赫维先生不仅给摩根上课,还带他参加一些能够磨炼男子气概的活动,诸如登山。然而摩根自己却利用树进行手淫:

---

① 爱德华·摩根·福斯特,《性恋日记》(Sex Diary),国王学院档案馆。在上锁的日记中,这篇被分离出来,单独成章。内部参考可追溯到19世纪30年代中期的性解放运动,那时福斯特五六十岁。
② 同上。
③ 爱德华·摩根·福斯特,《玛丽安·桑顿》,第304页。

第一部分
成为一个"成年人"

> 过去我常常骑在树杈上，双腿交缠，一起一落。好一会儿后，一股快感沿着腿部油然而生，之后我停下来，滑下树，紧接着会产生一种疲惫感……当我的老师站在我身旁——准备教我攀爬时，我也曾经出现过这种感觉。他笑着说，"他真是到处乱踢！"我对自己说："你怎会知道！"①

有时，这种不为人知的生活会给他一种仿佛能够驾驭成人世界的感觉，但更多的是产生种种神秘而又让人大吃一惊的效果。实际上，这位赫维先生留着一撮儿猥琐的小胡子，身材肥胖，而且心理阴暗，他常常给这个小男孩灌输情色强烈的思想。"赫维先生来到不久后②，我白日里便会进入一个梦境：他的生殖器很长，像白色的通心面，填满了大厅和餐室，这个场景令我异常兴奋。其实，我从未见过他的生殖器，而且我认为这个东西只有我有，别人都没有，因此，这个梦实在怪诞。"

在幻想中探索自己的欲望是一种安全的方法，这成了摩根一辈子的生活模式。过了几十年，他才寻觅到那种他一直渴求的亲密关系和性接触。他进入一种幸福的状态，他认为性接触是经由大脑而不是身体，在体会真实的感受之前，要先聆听一下自己的心声。

这个世界和圣言合谋起来，让他困惑不已。摩根四岁的时候，他老老实实地告诉母亲，自己发现了一个"小把戏"，即将包皮"前后"摩擦。而莉莉则告诉他，这个把戏是一种"下流之事"，并且要求他"马上……向上帝祈求③'帮助我脱离这个把戏'"。莉莉不知道的是，他的祈祷却是母子间产生隔阂的开始。这件事让摩根有了警惕，他意识到了有些事是不能说出来的，即便是面对他最爱的母亲。因此，摩根向母亲隐瞒了自己是同性恋的秘密。一位朋友这样描述这种微妙的关系：

---

① 爱德华·摩根·福斯特，《性恋日记》，国王学院档案馆。
② 同上。
③ 同上。

"摩根从未走出自己的密室[1]，因为他想要保护母亲。等到他能够走出来的时候，却发现已经毫无秘密可言了。"

他曾经想要在书中寻找确凿的证据来印证自己为数不多的几次性体验。然而，在《史密斯古典词典》(*Smith's Classical Dictionary*)中根本查找不到其他人的"下流之事"，并且在《金斯利的英雄们》(*Kingley's Heroes*)里，插图里凡是出现性行为的场景都被布遮上了。然而，性幻想和由此产生的感觉令他更加满足。

> 我对书中描写的男孩子们非常感兴趣[2]，特别是欧内斯特，那个《海角乐园》(*The Swiss Family Robinson*)里一本正经的二儿子……"我不能容忍欧内斯特长大成人，总觉得他才十三岁，我无法接受十年后《海角乐园》的大结局，我只好假定欧内斯特和其他人物被魔法变回了小男孩。"

摩根内心的想法被莉莉误解，只是他并未向母亲纠正。"母亲说，'我相信杰克（三儿子——生性活泼）才是你的最爱'。"通过这件事他才明白，原来莉莉会在文学作品里寻求心灵慰藉。他没有成为母亲心中所期望的那种男人，但莉莉无须知道这一点。

讽刺的是，主日学校里所讲的故事成为他同性恋幻想的大好机会。维多利亚时代的圣公会教区教堂里的彩色玻璃上，基督像无处不在——举止儒雅，心肠慈悯，如同成熟的方特勒罗伊小爵爷。基督还出现在许多带有色情内容的故事中，"这些故事篇幅冗长[3]，在其中一则故事里我扮成基督，引导着身边的同伴。"摩根身上真实地反映出了爱德华时代人们的所思所想，他接下来的性幻想还融合帝国主义和基督

---

[1] 对莫利·巴杰(Mollie Barger)的采访，汉普斯特德，2001年7月24日。
[2] 爱德华·摩根·福斯特，《性态日记》，国王学院档案馆。
[3] 同上。

教色彩,"与一个全身裸露的黑人男子睡在山洞里①",还有"新几内亚移民皈依基督教"。

当时社会上曝出一些性丑闻,例如在克利夫兰街丑闻中,威尔士王子的儿子阿尔伯特(Albert)被曝和一家同性恋妓院有牵连,还发现一些英国高级官员在都柏林城堡与一名娈童发生关系,可是并没有记载或发现来证明这些同性恋丑闻是否传入了摩根耳中。当他还是一个孩子时,一些出于对男性友谊的文化忧虑纷纷见诸报端,而摩根却在幻想中将此重塑成同性恋情节。性问题也开始在法律中有了硬性规定②:起初,议会在私人问题上一度保持沉默,后来却将它们公开化,规定法定结婚年龄,限制拐骗妇女逼良为娼,甚至在1885年颁布了拉布歇尔修正案,将男人间的"严重猥亵"等类似行为列为违法行径。也正是这则法案将奥斯卡·王尔德这位伦敦最有名、最成功的作家送进了监狱,那时摩根十六岁。那些基督教改革家们曾经推动立法以期保持社会的纯洁性,而现在,公众对男性关系的一些调查则令他们大失所望。但这种大众新认知将人们之前的认识狭隘化,男人之间的关系可以被认为是无罪的、无目的的、私下的或者模棱两可的,许多无辜行为可能会遭到曲解。有人痛惜道,"再多一些奥斯卡·王尔德的案例③,我们应该就会发现,男性伴侣关系的自由化可能会给人类种族带来严重的永久性危害。"

赫维先生出现时,莫尼姑妈离开人世,享年九十岁。在她病重的日子里,母亲十分尽心,经常带摩根去看望她,但摩根却不记得此事。"消息传来"时说得非常委婉,莉莉和摩根则这样表述:

> 我得知(莫尼姑妈)生病④是在一个阴沉的午后,我和母亲正

---

① 爱德华·摩根·福斯特,《性恋日记》,国王学院档案馆。
② 《周报》(Weeks),《成果》(Coming Out),第14—15页。
③ 《周报》,《性、政治和社会》(Sex, Politics and Society),第10页。
④ 爱德华·摩根·福斯特,《玛丽安·桑顿》,第322页。

> 走在回家的路上……我向母亲询问莫尼姑妈的情况,母亲的声音带着一丝紧张,令我自然而然地想到了死亡,"她会比以前更好。"——"她的身体好吗?"我问她。"是的。"这句郑重其事的答复让我的眼泪夺眶而出。流泪的原因很复杂……我流泪是因为哭泣对我来说并不难,而且这样做会讨母亲的欢心,因为这次我面对的是生死问题。

过世的莫尼姑妈给摩根留下了一笔遗产,数额远远超过埃迪留给他们母子的,这笔遗产用来资助摩根完成学业。不久,莉莉将他送进了学校。从此以后,他开始成长并接触外面的世界。

进入学校意味着离开莉莉,同时一个崭新的世界也残酷地摆在了他面前,刚毅的男性气概是这个世界的传统。他极度不能适应公学里的氛围,包括学校的等级权力制度和对男子体育运动的推崇,很快,他开始无比憎恶这种氛围,一直到他晚年。1890年,他被送进伊斯特本的肯特家族学校,按当时的社会标准,学校虽规模不大,但校风较为开明。学校只有三十名男生,校长有些书呆子气,心肠很好,只是以一个极度敏感的男孩的角度来看,他却有点愚钝。摩根在学校里饱尝思家之苦,而且大多数男生都冷落他,讥诮他是"小老鼠"。他们无视摩根那异乎寻常的智力。摩根在学校里要忍受各种各样的侮辱,尤其在公共浴池洗澡,让他颜面尽失,其中一个男生嚷道,"你们见过福斯特的小鸡鸡吗[①]?褐色的,简直小得不行。"他一下子学到一个新词,并体会到受人排挤的伤害。

最重要的是,离家上学教会摩根懂得了独处的艺术。到了第二个学期,他大大松了口气,因为可以不用去参加体育运动了,并且可以到唐斯走走,权当锻炼。在那里,他遇到一个恋童癖者。这在男孩的成长过程中实属一桩重要事件,但却不是人们期望的那些理由。摩根

[①] 爱德华·摩根·福斯特,《性恋日记》,国王学院档案馆。

开始了他的《性恋日记》，以此来追溯他作为一个男人和作家的源头，他坚信同性恋倾向是自己生命中最重要的事实。四十多年过去后，与那个恋童癖者相遇的细节依旧令他刻骨铭心，历历在目。

那天是1891年3月，山坡上残留着片片冰雪。摩根出发去了唐斯，在那里碰见了一位四五十岁的男人，"留着浓密的胡须，身穿灯笼裤，头戴猎鹿帽，胳膊上搭着橡皮雨布。"在靠近山顶的地方，他毫无顾忌地在金雀花丛中解手。

> 他过来跟我搭讪①，后来我不记得为何他停下来跟我说话，接着走到我身旁，在灌丛中铺开那块橡皮雨布，让我坐在上面。他在我的左边坐下来——接着解开了裤前的开口，我记不清这些发生得有多快，后来他叫我握住他的阴茎。"亲爱的小家伙……摆弄它吧……亲爱的小家伙……把它拉长。"我按照他的话去做，心里既没有愉悦，也没有不情愿。那时我并没有别的情绪波动，只是诧异于他那红红的家伙（我自己的龟头即便在立起来的时候也包着一层包皮），还有一些黏稠的白色精液滴了出来。很快，他对我失去了兴趣，问了问我住在哪里（"赫特福德郡"），并给了我一先令（"没有说声谢谢"）。他并没有试图搞定我，于是我悄悄地离开了。

这次的遭遇并没有给摩根造成严重的伤害。由于"他没有将它与自己的感觉联系起来"，因此并没有给"他的成长"造成太多的影响②。然而，离开那个男人后，摩根心里产生一个复杂的道德问题，他不知道是否应该把自己的遭遇告诉别人，这个男孩心里陡然升起一股紧张的情绪。"下山的时候，我变得很沮丧，琢磨着要是我接受了他的东西，我会把它扔到那一片雪里。"于是，他决定给莉莉写信，将这件事告诉她。

渐渐地，这件事不再是秘密，种种可预知的途径扩大和恶化了这

---

① 爱德华·摩根·福斯特，《性恋日记》，国王学院档案馆。
② 同上。

件事的后果。莉莉向当地教区牧师的太太请求建议,得到的建议是摩根应该一五一十地把情况报告给校长,哈钦森(Hutchinson)先生。摩根在《性恋日记》中写道,"我沉浸在另一种情绪中,一本正经,冷酷无情。"对待发生的这一切,他决定采用一种比较男人的态度。"您了解自己的肠胃吧?先生。(摩根问道。)他回答说是的,我描述了一下这个男人的肠胃是怎样出现问题的。我们在餐厅里靠近壁炉的地方进行这次交谈。我们去警察局报案的时候,同样觉得难为情的还有哈钦森先生。"

哈钦森先生也在寓言中寻求一种解释,他垂头丧气地告诉摩根,"我们可以从《圣经》中找到某些确凿的证据①,在《圣经》中有亚当和夏娃的例子……男孩之间的结合可能会给他们自己造成巨大的伤害。"他问我,下次是否还能够认出那个男人。为了向那个人报复,我说自己应该可以认出他来,但他却警告我不能随意指控陌生人——一旦我看到了自己所怀疑的人,就应该悄悄地告诉老师。"但是我们总会通过这种毛病认出他来的,先生。"哈钦森先生没有回应,他那张脸长长的,酷似马脸,陷入了沉默,由于我满怀好奇和兴奋,他失去了一个开导我的大好机会……

最终没有认出也没有找到那个男人。哈钦森先生甚至让这个男孩节省了给警察提供证据的必要。然而,这次遭遇给摩根上了重要的一课,让他深刻明白了羞耻和恐慌是那么容易被控制,即便是对于一个有着重度癔症的少年。福斯特的小说探究的是社会舆论——在《印度之行》中称为"群居本能",他对遭受残酷而无法挽回的伤害有着深刻的洞察力。他精通于描绘男性愚钝表现的一种特殊类型,从倒霉的懦夫到十足的恶人。他还擅长将读者们置身于一种充满同情的复杂情绪中,甚至在当时他也是这样做的。那个恋童癖者给那些无知的当权者们上

---

① 爱德华·摩根·福斯特,《性恋日记》,国王学院档案馆。

了一课①，看着他们用可以想到的方式来予以阐释和打击。它仿佛下了一道无情的命令，使得人们之间相互疏远。从此之后，他不再跟莉莉或其他人讲那些触动他内心的事情。而他从中所学到的东西则见于一本已经遗失的日记，他在日记上写了一个词。"我把这个词——无事，写在日记的开头②，以此提醒我所发生的一些事。"

这次匪夷所思的遭遇不仅令人恐慌，而且不容抗拒，通过标注一个字面上的谎言，摩根才能铭记这些复杂难懂的教训。之所以用这个单词注明出来，是因为摩根明白，一旦写出实话将会带来极大的危险，即便如实地描述也可能会对他的发展造成伤害。这个事件本身是一种隐喻，既意味着一个作家的自我发现，又暗示着当下社会中自我信仰的迷失。如同亚当和夏娃被上帝逐出伊甸园，如此一来，他再也不跟莉莉交流，也不再信赖她。"后来，母亲在学期中来看我③，她告诉我，当时在给哈钦森先生写那封信时，她有多么心痛，并且询问我是否治愈了那'下流的把戏'。我告诉她并没有如她所愿，她看起来忧心忡忡，我下决心不再跟她提及此事，这令她非常担忧。这件事以后，我们便不再是无话不谈的关系了。"同时，他也放弃了基督教信仰。他认为自己不可能成为一名基督徒，因为《圣经》中从来没有证据表明耶稣基督也如此有幽默感。

这段插曲很快地结束了摩根在伊斯特本学校的学习。他回到格兰奇的家中，因为他那差强人意的成绩，赫维先生给他补课。然而，此时"鸦巢"的租期已经到了，于是莉莉决定搬到另一个地方，附近有一所不错的学校，允许摩根当走读生。所以他们就搬到了汤布里奇，在

---

① 简单举几个例子，莫里斯的校长，杜契奇先生是个胆小怯懦的人，他给学生们上一节直白的生活课，但（一看到有女士走过来）便迅速地将画在沙地上的解剖图擦掉。《印度之行》中有一位英国官员，他看到阿齐兹医生遗落的衣领口子就断定对方"懒惰"和穿着不得体，而真正的原因是这位医生将纽扣借给了他的英国朋友，菲尔丁先生——如假包换的懒人。在《霍华德庄园》中，亨利·威尔考克斯得知年轻的店员伦纳德·巴斯特失去工作时反应冷淡，尽管他对此负有责任，是他曾经给了错误的建议导致这位年轻人失业。

② 爱德华·摩根·福斯特，《性态日记》，国王学院档案馆。

③ 同上。

那里他们加入到许多家庭中，这些家庭利用学校章程中一条模棱两可的规定做了一个比原来更为划算的安排。相对于传统的公学，汤布里奇学校算得上是后起之秀；由19世纪一种只接收中产阶级男孩子的公会学院转型而来，作为一名后来者，它必须竭力证明自己的价值。这里的议会、长官以及整套煞费苦心的制度都在讨好高年级的男生。并且还吸引来一位自命不凡的校长，意图在此施展抱负。

摩根眼中对汤布里奇最好的描述莫过于在《最漫长的旅程》中对索斯顿的辛辣描写，这与在这两年中他对学校强烈的厌恶之情分不开。中年时期的摩根曾有过一个妙不可言的幻想，自己竟然受邀去监督摧毁一所寄宿学校，他欣喜若狂地接下这项工作。他结交了一群自以为上流社会的人，摩根假装操着一口高贵的口音，向他的听众们致辞。

宣泄这些话的同时，摩根也正在专心整理创作他的《性恋日记》。而这些苦恼的事曾令他倍感舒心。

> 女士们，先生们，男生们，双性恋同学们：在学校生活的日子是我一生中最痛苦不堪的时光，它在我身上使出的一种最糟糕的把戏，就是它假扮成一个微型社会，阻碍我发现这个世界的美好、快乐和简明易懂。借着中年之平台，阅历之宝座，智慧之祭坛，人性之支架，希望之灯塔，腐朽之门槛，最后我想要跟你们说："一个更好的时代正在降临。"①

可是现在，摩根却遭受到了一生中最残酷的凌辱。20世纪50年代，有人向汤布里奇的一位男校友打听摩根，而对方心底却平生一股恶意，他回忆道："福斯特？那个作家②？哦，我记得他。那个小娘娘腔。告诉你吧，我们把他折磨得筋疲力尽。"至于摩根自己当时的想法，几乎没留下什么证据。埃德蒙·戈斯（Edmund Gosse）的信有可能

---

① 爱德华·摩根·福斯特，《破碎》（Breaking up），引自《观察家》（The Spectator），1933年7月28日。
② 弗班克，《爱德华·摩根·福斯特》，第1卷，第42页。

是指少年摩根，"有一位备受折磨的年轻人的处境①无异于将一个神志清醒的大活人生生埋葬掉，而且被剥夺了话语权。"

然而，摩根还是挺过了汤布里奇的生活，虽然他觉得自己既不是为了去剑桥，也不是为了生活。在学校里，他取得了拉丁文和地理学的奖学金，尽管他的学识还没有达到鹤立鸡群的地步，然而1897年10月，他被国王学院录取了，那一年他才十八岁。

这位前往大学深造的年轻人其实远没有自己想象的那么面目丑陋。他的身高接近六英尺（约1.83米），双手修长，会弹乐器。他在弹奏钢琴时激情澎湃，琴艺不凡。他早已学会利用羞怯来获得优势，设计一些别出心裁的法子躲避目光，不去引人注意。他在穿衣打扮上比较拘谨，看不出有什么特点，年轻的摩根将自己扮成一位英国中产阶级，普通得有些夸张。看上去极其端庄内敛，毫无架势。身材瘦长、年纪轻轻的他甚至有点驼背，看上去有些优柔寡断。然而，朋友眼中的摩根却风趣诙谐，喜欢突发奇想，心潮澎湃，难以捉摸。就像他的杰作《霍华德庄园》中的威尔考克斯太太一样，他的外表很普通，心思却很缜密，远胜于常人。

只是在性问题上，他却天真得不可思议。经历了伊斯特本学校那次挫败后，摩根做了最后一次尝试，他试图和莉莉沟通，将《圣经》教导和性知识融合，而这些则是他从哈钦森先生那里获得的。

从《圣经》中获知一些奇怪的内容②，我认为"躺在一起"意味着一个男人的腹部抵着一个女人的腹部，当这个男人使这个女人兴奋起来时会产生一种危机——可能会生育一个孩子，但是对此我并不是很确定。假期里，我告诉母亲，现在我已经知道什么是犯通奸罪。她看上去很忧愁，说道："因此你知道，现在提及这种

---

① 巴特勒（Bartlett），《那个男人是谁？》（*Who Was That Man?*），第80页。戈斯致约翰·阿丁顿·西蒙兹（John Addington Symunds），1980年3月5日。

② 爱德华·摩根·福斯特，《性恋日记》，国王学院档案馆。

事是多么可怕,特别是还有一位绅士在场。"我从未将这个过程与自己的性预感联系在一起。我曾有机会猜测得那么接近事实,然而却没有进一步发展下去,直到我三十岁时,我才真正明白男女结合的过程。

他将生活一分为二,并开始把这种教训应用到社会行为中,不过起初并不是有意识地那样做。真正的天真无邪是这种情感的核心,它能够将自己、朋友和读者一起带入一个充满想象的世界,在这个世界里,行为的极限和表达的可能性比物质世界更为宽泛、更为真诚,也更为深奥。摩根教会了自己如何运用纯真的力量去感知身边的一切,这份纯真既强烈又迟钝。

他如同一株芦苇,植根于国王学院这片绿色的汪洋中。

第二章
国王学院与使徒会

摩根来到剑桥大学时，这里正处于过渡期。二十年前，像他这样的男孩可能不会被国王学院录取。那时的大学青睐这样一类年轻人——他们将"剑桥大学"一词慢吞吞地念成"大学"。这些"愚蠢懒散"的家伙[①]"获得了学士学位，在足球场上咆哮"，他们"在划船比赛结束后坐在哈默史密斯公路的中央，喝得醉醺醺的不省人事"……小伙子们不费吹灰之力，直接从伊顿公学升入国王学院，快得就像一阵风。

四百多年来[②]，伊顿公学一直是国王学院的生源地。几个世纪以来，学校创始人原本美好的意图发生了变化，有些黯然失色。亨利六世是阿金库尔战役的胜利者（亨利五世）年少的儿子，1441年，他作为王位继承人创立基金来教导年轻人为圣职而训练。整个学院秉承七十种精神：根据圣·卢克（St. Luke）的说法，这也是耶稣门徒的数量。学院里奇特的哥特式教堂的石头上雕刻着一些人物雕像，它们都呈跪拜状，与这些人物一样，亨利的手下奉行"沉稳地朝圣"，他们从伊顿公学（国王学院靠近温莎宫的慈善学校）来到国王学院，除非死去或结婚，他们才会中断学业离开这里，去往天堂。

18世纪中期，这项计划发展成一种体制，在这种体制下，年轻的绅士们享有特权，能够轻而易举地得到提升。校园里出现越来越多的伊顿人，他们出身名门，世俗并且富有。这里没有入学考试；学生"无须参加考试就有权得到学位"；学位一旦被授予，就能终身享受奖学

[①] 爱德华·摩根·福斯特，《戈兹沃斯·洛斯·迪金森》(*Goldsworthy Lowes Dickinson*)，第87页。
[②] 威尔金森（Wilkinson），《国王学院的一个世纪》(*A Century of Kings*)，第1页。

金。以此类推，伊顿公学的所有毕业生和硕士都能在国王学院享受终身庇护。

19世纪80年代，面对社会需求，学校中世纪的体制也做出相应的调整，开始培育专业人才来满足快速发展的社会需求，对帝国公务员的需求尤为迫切。在亚洲和美索不达米亚、印度和锡兰、埃及和南非以及今天的国际大都市伦敦都需要专业化的人才。这些人才聪明睿智，做事有条不紊，有商业头脑。他们个个精神饱满，善于交际，运筹帷幄。国王学院的一些人崇尚"团队合作……爱好板球运动[①]"，发扬学院的精神；还有一些人相信"他们之间的坚毅、自满和愚昧……构成了人类的保护壳"。

在大学内部，因为国王学院既符合学校的严格要求，又能满足现代化的需要，所以它开始赢得特殊的地位。1869年，国王学院开始要求所有本科生参加文学学士荣誉学位考试，这是大学里获取荣誉学位的一种考试，含金量很高。国王学院的学生在古典文学方面取得最高荣誉不受名额限制，摩根也选了古典文学专业。结果导致一些毕业生更愿意去考取公务员或做学问。有的学生当了校长、牧师、教授、律师、医生或外交官，但很少有学生成为股票经纪人或商人。在学院录取的学生中，来自伊顿公学的越来越少。学院开始接纳一些"古怪粗鲁的人[②]"，"这些人从未接受过公立学校的教育，他们有的接受的是不正规的教育，有的甚至没有接受过教育。"

摩根的父亲埃迪曾是三一学院的学生，但在与家族交情不错的朋友们的建议下，摩根选择了三一学院隔壁、校风良好的国王学院。国王学院接纳了摩根这个来自二流学校、家住郊区的男孩。就像《最漫长的旅程》一书中的瑞奇·艾略特一样，摩根从公立学校进入大学，期间经历了"冷漠、孤独[③]和愚昧"。1897年米迦勒节期间，摩根和其

[①] 威尔金森，《国王学院的一个世纪》，第22页。
[②] 同上，第23页。
[③] 爱德华·摩根·福斯特，《最漫长的旅程》，第5页。

他四十七个男孩进入国王学院,开始了为期三年的学习生涯。学院虽不大,但校风文明,有不到两百名的本科生和十八名同性恋住校。当时,十八岁的摩根又高又瘦,出奇的腼腆,十分青涩,但却聪明得超乎想象。

国王学院的氛围有助于摩根更加笃信不可知论。国王学院废除了其他学院保留的必修课和宗教考试,同时也放宽了强制性去教堂的规定;错过了礼拜仪式的学生只需早晨八点在花名册上签字即可。摩根和许多年轻人穿着拖鞋和长袍慢吞吞地走到门卫室签字。大一时,摩根寄宿的地方靠近如今的市政厅。"每天,人们都能看到摩根在圣·爱德华大道上行色匆匆[1],与从学院里涌出的人流混杂在一起。"

更重要的是,国王学院废除了一项规定,即同性恋者必须认同英国国教中关于信仰的教义,这曾经是剑桥大学几个世纪以来聘任教师的一个条件,同时也废除了与之相关的独身的规定。新来的大学教师有进步的思想观点,在他们的影响下,有关希腊和拉丁语的历史、文学以及自中世纪就存在的哲学等传统课程得到拓展,其中包含更多现代课程,例如:首先是现代历史和政治以及自然科学;其次是现代语言。不过,国王学院一直强调,大学生活应当完全属于本科生。一些老师给年少的摩根在精神上和智力上留下深刻的印象,他们自己很少发表作品,更愿意倾听年轻人的想法。

要想有听众[2],你必须有能够说出口的东西;那时的摩根过于年少无知、呆若木鸡,不擅侃侃而谈。他凭借入学考试的成绩获得了一小笔奖学金。在社交和学术方面[3],他认为自己在第一学年是"困惑迷惘的"。摩根似乎是从外部条件衡量自己的。1897年11月,摩根进入剑桥大学一个月后,莉莉向他要了一张照片,照片里的摩根头戴帽子、身

---

[1] 爱德华·摩根·福斯特,《致剑桥人文主义者的校长演讲》(Presidential Address to the Cambridge Humanists)。
[2] 弗班克,《爱德华·摩根·福斯特》,第1卷,第51页。
[3] 威廉·普洛默,《福斯特传记对话录》,杜伦大学(Durham)。

穿长袍。但摩根对自己的衣着并没有信心①,也担心自己的发型——"一旦戴上帽子,我感觉发型就不重要了。"两个月后,他挑战了一个并不适合自己的新角色:有生以来第一次和汤布里奇学校的熟人们一起打高尔夫。他一共挥了一百三十三杆,却只进了八洞。接下来的一星期,他的成绩变得更差。

  对许多年轻人来说,离家去上大学是成年人成为独立个体的时刻,他们会经历徘徊和迷茫,也会捕捉或揣测成年人的动机。通过磨炼和世故能彻底地想清楚自己真正信奉的和已知的事情,年轻人就能成为真正的自己。因此,摩根慢慢地也成了一个独立的个体,独自一人时,他对自己的认识最为透彻。几年后,他说道:"对于一个毛头小子来说……认识到走出敞开着的门就能获得自由,这是困难的。"

  对摩根来说,骑自行车穿过学校大门就能获得自由的感觉。摩根车技娴熟,这个来自郊区的男孩②第一次感受到自己已经发现了传统的根系,认识了真实的英格兰。剑桥的地貌代表一种精神上的景观,穿过幽闭狭窄的地域便能欣赏到自由开阔的景象。摩根在剑桥镇漫步或骑单车时,会穿过学院建筑石墙间狭窄潮湿的小路,顺着康河边狭窄的小路向下,或者在学院门房前突然停下。穿过这些狭小的空间,他经常毫无征兆地沉醉在一片令人诧异的宽阔场景中,帕克公园、耶稣草坪、仲夏公地,还有学院后面的湿地,湿地上方广阔的天空如同悬挂着一幅荷兰画。湿地上方的天气就像一部快速放映的电影,变化多端。从国王学院后面的小桥上可以看到这样的场景:一群温顺的奶牛在吃草,当骑自行车的人和学生们熙熙攘攘地经过时,奶牛就抬起头来。学院间彼此挨得很近,前面是街道、超市和小镇,后面是一望无际的渍水草甸,远处能看到的只有格兰切斯特的教堂塔尖。

---

  ① 爱德华·摩根·福斯特,《建国日评论》(*Comments at Founder's Day*),1952年12月2日,国王学院档案馆;爱德华·摩根·福斯特致爱丽丝·克拉拉·福斯特;《书信精选》,拉戈与弗班克编,第1卷,第16页。

  ② 爱德华·摩根·福斯特,《戈兹沃斯·洛斯·迪金森》,第22页。

第一学年的春天①，福斯特骑着自行车离开学校，独自一人来到小镇西部开阔的乡村。在马丁雷（Madingey）附近，他偶然发现了这里的奇特之处，在一块废弃、空旷的白垩矿场上，一片松树林长出了嫩芽。在四周都是树林的小谷地里②，他觉得自己仿佛进入了一个与世隔绝的神奇世界。摩根以一种优美的语言记叙道："走进古老的白垩矿场③，树木已经抽出嫩芽。"但十年来，这种感觉逐渐成熟，发展成一种记叙性的文字："入口处的绿色浅滩④遮住了道路，也遮住了整个世界。"从这个圈子里，"仅仅能看到雪白色的堡垒和四季常青的冷杉树叶。"

在《最漫长的旅程》一书中，摩根将回顾并利用在剑桥所学的东西，将年少时的自己塑造成一个焦虑、自负的人物——瑞奇·艾略特，这时的瑞奇·艾略特在一个安全位置"详细地讲述⑤了许多关于我的出生、门第和教育的事情"。更重要的是，小说中的瑞奇并不孤单。摩根使与自己性情相投的朋友们也住到小山谷里，让气氛变得热闹起来。小说的前三分之一是献给剑桥大学的情人节礼物。

那年夏天的长假里，摩根和莉莉一起寻找出租屋，自他离开汤布里奇的学校后，就没再打算回去了。莉莉在汤布里奇威尔斯安顿下来，住在一间半独立式的房子里。对摩根而言，汤布里奇威尔斯比汤布里奇更单调乏味。回到剑桥后，摩根心情愉悦地住进了学院的中心区。他的房间位于伯德里公寓顶层，窗外景色美不胜收——在卧室能一览无余地欣赏到王后学院花园，从客厅能远远地看到北边的草坪、国王学院和卡莱尔学院里的小桥、曲折蜿蜒的小河，也许还能看到一头神态自若的奶牛，这头奶牛再次出现在《最漫长的旅程》的第一个场景里，年轻人躺在炭火前的地毯上，讨论这头奶牛究竟是真实的，还是他们想象出来的。伯德里公寓是一幢仿哥特式的建筑，建成于1893

---

① 爱德华·摩根·福斯特，日记，1898年5月，国王学院档案馆。
② 爱德华·摩根·福斯特，《最漫长的旅程》，第27页。
③ 爱德华·摩根·福斯特，日记，1898年5月，国王学院档案馆。
④ 爱德华·摩根·福斯特，《最漫长的旅程》，第27—38页。
⑤ 同上，第21页。

年；它的石墙与教堂金色的侧翼相得益彰，但却没教堂那么阴冷潮湿。伯德里环境舒适，在这些房间里，摩根有生以来第一次感受到自己交友的天赋。

在W7楼，楼道一头①住着一位英俊、友善的年轻人，他皮肤白皙、发色深暗，棱角分明的眉毛显示出他那精密的批判思维。他就是休·欧文·梅雷迪斯（Hugh Owen Meredith），是剑桥新生中最聪明的人之一，人们经常用他名字的首字母HOM来称呼他。梅雷迪斯的父亲是一位爱尔兰速记员，为教育长子付出了大量心血。他的智慧、英俊和优雅让摩根为之着迷。梅雷迪斯是学院里的一位学者，一人包揽了从古典文学到各类运动的奖项。他对自己的信仰有着惊人的自信，这很不符合他那自我省察甚至是自我憎恶的习惯。梅雷迪斯是《看得见风景的房间》的主人公乔治·爱默生和《莫里斯》里的克莱夫·达勒姆的原型，他热衷于"使心胸狭窄的人感到惊愕"。

梅雷迪斯认识摩根区区几个星期后②，就大胆地宣称自己是无神论者，并让摩根也远离基督教信仰。很显然，对HOM而言，不仅教会的假冒伪善是谎言，就连每一条教义也都是谎言。与日后成为20世纪最伟大的经济学家的约翰·梅纳德·凯恩斯一起，HOM打着世俗主义的旗号，公开抨击学院对伦敦东部贫民窟传教活动的赞助。与本科生的许多政治性抗议一样，无神论者们"真诚且气势汹汹的"抗议活动近乎一出闹剧。他们派了一位代表③陈述不满，伺机扰乱贵宾席上的祈祷者。院长刚刚吟诵完"奉主耶稣基督的名"，大厅就起了混乱，结果粗鲁的使者被送离大厅，一位大学教师大声说道："你介意把马铃薯递给我吗？"叛教者们当天获得了胜利。最终决定建立一个世俗化组织来完成学院与伦敦穷人间的工作。

在休·梅雷迪斯的影响下，摩根"安静并且迅速地"放弃了自己的

---

① 弗班克，《爱德华·摩根·福斯特》，第1卷，第61页。
② 爱德华·摩根·福斯特，《致剑桥人文主义者的校长演讲》。
③ 威尔金森，《国王学院的一个世纪》，第47页。

信仰。

　　神道成肉身（耶稣）来拯救世人，这种观点①对任何一个有心人来说都有强大的冲击力。那时我意识到，这个世界需要帮助。但我从未有过多少罪恶感，当我认识到神化身成耶稣的目的并不是停止战争、消除痛苦或贫困时，我对它不再感兴趣，最终，我放弃了这种信仰。

　　通过研读福音书来了解耶稣的品格，能够永久性地解决这个问题："人们纷纷远离世俗转向布道和传播凶兆，愈发重视信徒和精英，知识分子的力量愈发薄弱……如此缺乏幽默感和乐趣使我变得麻木。"

　　HOM的无神论使梅雷迪斯家族受到诽谤，但当摩根"得意扬扬地"宣布自己放弃了信仰时，莉莉的反应却很冷静。尽管摩根很真诚地模仿这种叛逆行为，但结果却有些差强人意。"恰巧②……我的父亲曾仓促地放弃他三十多年来的信仰，又在短时间内恢复。家人们认为我会重蹈覆辙。"

　　放弃信仰为摩根探索新的哲学扫清了道路。很难想象，如此善良、聪明、敏感的摩根，到了二十岁时还没有真正地体验过友谊，但这就是事实。因为"缺乏经验③"，摩根只好随机应变。他遇到了聪明、俊秀的休，发现了他身上古雅典式的美好思想。通过思想和心灵方面的锤炼，他开始尝试探索人性"温情"中所蕴含的伦理道德。

　　希腊文化是摩根迈向个人主义哲学的媒介。许多人认为，对于一个处于维多利亚后期的人来说，古希腊和古罗马文化就像一面绝佳的镜子。如果你对帝国统治感兴趣，那么研究古希腊可以让你在诸多地方笃定信念，比如英国富强的必然性、古希腊思想的正确性以及统

---

① 爱德华·摩根·福斯特，《致剑桥人文主义者的校长演讲》。
② 同上。
③ 威廉姆斯（Williams），《文化与社会》（Culture and Society），第334页。

治世界的正义性。像摩根一样的年轻人纠结于"如何做"和"如何变优秀"这两个问题，他们发现"尤其是雅典人①已经清楚地表达了我们的困难，这种清楚程度是我们自己所达不到的"。对同性恋而言，希腊文化既是一种理想，也是一种伪装。从约翰·阿丁顿·西蒙兹到奥斯卡·王尔德，他们通过援引古希腊繁荣时代的例子来证明自己需求的合法性。摩根进入国王学院的两年前，王尔德站在被告席上，利用《圣经》中三巨头的例子、希腊式的实践和莎士比亚本人为自己与少年阿尔弗雷德·罗德·道格拉斯（Alfred Lord Douglas）的爱情辩护：

> 在这个时代，一位年长者和一位少年之间的强烈感情，就像大卫与乔纳森（Jonathan）之间的情感，几乎无人敢称其为爱情②，但柏拉图将它当作自己的哲学基础。你还可以在米开朗琪罗和莎士比亚的十四行诗中发现这种情感。这是一种心灵深处的爱恋，纯洁、完美……它美好、奇妙，它是一种最高贵的爱恋。这种爱恋没有任何不自然的地方。

王尔德认为，他在与世隔绝的麦格达伦学院的同性恋生活在公众世界也能行得通，这是他最大的错误，国王学院的学生不会犯同样的错误。虽然对同性的渴望和迷恋只能藏在心底，但拥有这种情绪的主人却泰然自若。《莫里斯》中描述剑桥大学的教程时，摩根展示出大学教师们在知识上刻意回避这个话题："他们去听院长的翻译课③，当有人不知不觉地表现出兴趣时，康沃利斯先生（Mr. Cornwallis）就会用没有声调的语气说道：'省略：希腊人难以说出口的恶习。'"

诸类行为令国王学院的师生对同性恋的理解偏离了友情的概念。学院里最著名的教师奥斯卡·勃朗宁（Oscar Browning）说："看到国

---

① 爱德华·摩根·福斯特，《戈兹沃斯·洛斯·迪金森》，第106—107页。
② 海德（Hyde），《审判奥斯卡·王尔德》（*The Trials of Oscar Wilde*），第236页。
③ 爱德华·摩根·福斯特，《莫里斯》，第37—38页。

王学院有成为新雅典人的潜质①。"实际上，这意味着他既热爱希腊文学，又迷恋英俊的男孩。勃朗宁对年轻男性的敬重既古怪又明显。1876年，他背负着惊人的丑闻躲进国王学院，原来他宣布了自己的同志情后紧接着就被伊顿公学解雇。那时候勃朗宁四十岁，早就有了一个滑稽的绰号——"O.B."，他极度骄傲自大，这使他成为本科生的杂志中辨识度比较高的漫画人物。勃朗宁与柯曾勋爵（Lord Curzon）十五岁的儿子乔治之间有一段招摇的风流韵事，这距离他担任高贵的印度总督一职已经过去了数十年之久，经伊顿的同事证实，这样的风流韵事还有很多。并不是说这就是一种公开的性关系，勃朗宁从来没有将手搭到英国小伙的身上。他把心留给了度假时遇见的希腊和印度小伙们，他们身材矮小，却也更为可靠。他那纯洁的恋童癖用"心灵触动②"来解释再好不过。他在国王学院稍微年长的学生身上继续发展这种癖好。摩根理解并欣赏勃朗宁身上那种倔强的力量：他发现勃朗宁是"镭的沉淀物③，是一大团可疑的火焰。"勃朗宁身上产生了许多形容词，根据他同事的列表，这些形容词包括"福斯塔夫式的、伤风败俗、充满深情、自私自利、宽容大度、势利、民主、幽默诙谐、懒惰、无趣、世俗、学术"，后来摩根又加上了"流氓和说谎的人④"来形容勃朗宁。尽管勃朗宁有这些缺点，但是摩根相信，"不管他身上有哪种不好的品质⑤，他确实在努力地去教导年轻人。"

勃朗宁是"莎士比亚一部迷失戏剧里的男主人公⑥"。他的同事和学生的回忆录中穿插了一些奇特的插画。不管是与本科生在康河嬉戏，还是脱了衣服在房间里就地办公，"人们发现他那肥胖的身体一直

---

① 弗班克，《爱德华·摩根·福斯特》，第1卷，第54页。
② 威尔金森，《国王学院的一个世纪》，第19页。
③ 爱德华·摩根·福斯特，《戈兹沃斯·洛斯·迪金森》，第25页。
④ 同上。
⑤ 同上。
⑥ 威尔金森，《国王学院的一个世纪》，第13页。引言出自纳撒尼尔·韦德（Nathaniel Wedd）的国王学院回忆录。

处于一种原始裸露的状态。"他习惯选择英俊的年轻男士做秘书，其实这些男士的能力并不突出。据学生（后来也是摩根要好的朋友）戈兹沃斯·洛斯·迪金森回忆，他曾看到勃朗宁一丝不挂地"睡在套房①的一个屏风后面，他当时正在起床。身旁的秘书正根据他的口述写信，另一旁，一个男孩在拉小提琴"。勃朗宁曾经是个顽固不化的人，但年轻的同事纳撒尼尔·韦德则始终为他辩护，给那些伪善之人以警告。韦德尖锐地评论说，"伊顿解雇O.B.②是为了澄清一些事，而学校现在却因这些事感到扬扬得意。"

国王学院里全是男性、与世隔绝，勃朗宁在这里备受约束。学院完全孤立于外界，晚上九点大门就关闭了。在这里，过度厌恶女性在一定程度上界定了自由的含义。只有在这个排外的空间里，年轻人才能真真切切地感受到无所不能和自我的重要。如果你可能上学迟到并且身无分文地徘徊在大雾天里，那么学院的门卫总是乐于为你提供打车的零钱；那些外来者，例如著名的弗吉尼亚·伍尔夫会从你眼前的草坪上快速地闪开。学院里的女学生不到十分之一，她们的学历不被承认，就读于城市边缘的女子学院；勃朗宁为了赚更多的钱去为这些女生批改试卷，他声称，女生写出的最好文章也比不上男生最差的文章。他为自己对女性的无知感到得意。如果有人问他是否认为波提切利手下的维纳斯栩栩如生，勃朗宁会说，自己无法回答这个问题，因为他未见过身体赤裸的女性。

同样的，在这个城市里，女性③的特权也遭受不合理的剥夺。学校的规则取代了英国的习惯法，也适用于所有的居住者。根据伊丽莎白时期建立的规则，大学的学监有权逮捕"有邪恶嫌疑的"女性（也就是那些被认为是妓女的女性），他们无须告知民政当局或这些女性的家人

---

① 爱德华·摩根·福斯特,《戈兹沃斯·洛斯·迪金森》，第26页。这些话是福斯特直接引用于戈兹沃斯·洛斯·迪金森后来未发表的回忆录中的。
② 威尔金森,《国王学院的一个世纪》，第18页。
③ 温斯坦利（Winstanley），《维多利亚时代晚期的剑桥大学》（*Later Victorian Cambridge*），第92页。"一战"期间，温斯坦利在亚历山大城担任福斯特身边的研究员。

就可以拘留她们，然后把她们监禁在私人监狱里，也就是著名的纺纱之家。19世纪90年代，剑桥大学①因诉讼案件被告上刑事法庭，两位年少无知的少女以非法监禁为由控告学校。结果，简·埃尔斯登（Jane Elsden）和黛西·霍普金（Daisy Hopkins）败诉，大众舆论向政治施加压力，要求限制大学控制公民生活的权利。摩根离开国王学院时，纺纱之家的庭院已经被国会法案废除。

对摩根来说，在国王学院的生活是一种解脱，因为这里与莉莉和姑妈主宰的世界完全不同。的确，他沉浸在爱德华时代文化中值得反思的厌女症里。当任何一种关系发生矛盾时，他都会认为"女人一如既往地②制造了这些麻烦"。但是他已经习惯于这种偏执，也发觉了自己对女性的无知。几年后，他开始探究为何强求自己憎恶女性是证明一个人为同性恋的代价。在《最漫长的旅程》一书中，当艾格尼丝·彭布洛克去参观国王学院时，摩根将瑞奇·艾略特描写得迟钝又无礼。《霍华德庄园》中，施莱格尔姐妹是所有小说人物中形象最复杂又最富有同情心的两个人。1904年12月，摩根许下的新年愿望之一是"对女性的认识不再那么肤浅③"。

进入国王学院第二年后，摩根写的日记就像是济慈年轻时候写的信：他专注于各种不同的思想，如饥似渴地阅读，只是没有意识到整个世界并不只有艺术和文学。那时候，布尔战争（The Boer War）刚刚开始，但摩根并不关注政治事件。他把所有的注意力都放在拓展自己的朋友圈上。他的朋友西德尼·沃特罗（Sydney Waterlow）在伊顿时就留长胡子，不可思议的是，他看上去像是一个中年人。沃特罗十分健谈，辩论的时候他可能会加入任何一方，有些时候他甚至正反两方都加入。（沃特罗晚年卷入两起同时发生的诉讼案件：第一起是他的婚姻关

---

① 《维多利亚时代晚期的剑桥大学》，第121—143页。
② 爱德华·摩根·福斯特，上锁的日记，1910年9月，国王学院档案馆。
③ 爱德华·摩根·福斯特，日记，1904年12月31日，国王学院档案馆；弗班克，《爱德华·摩根·福斯特》，第1卷，第122页。

系被宣布无效；第二起是他那怀了孕的情人提起的毁约案件。）摩根还认识沃特罗的朋友爱德华·登特（Edward Dent），登特与摩根分享自己对HOM不求回报的迷恋，也分享了自己热爱的音乐。登特是一位才华横溢的音乐理论家，他密切关注着欧洲每一位新崛起的作曲家。他与摩根一起弹钢琴，并邀请摩根参加大学里每周举行的独奏会。还有马尔科姆·达林（Malcolm Darling），他为人慷慨大度，不久将在印度民政机构任职（他邀请摩根前来）。达林脾气好、不世俗，也是一个坚定的同性恋者。当他的两个朋友被驱逐出伊顿并乘同一辆车离开学校时，达林"不理解为什么①这两个人的朋友会用米饭攻击他们"。

摩根伯德里公寓的房间里总是朋友不断，音乐不断，欢声笑语也不断。摩根每天在小镇里长时间地漫步，每天和朋友探讨艺术或争论有关艺术的话题。摩根将自己对HOM的爱恋升华，看着他主导热情洋溢的讨论。每天的生活都是某种现代古希腊式的酒宴。

> 1899年11月5日（星期天）②，与斯宾塞、蒙西和加德纳一起吃了早餐。与梅雷迪斯一起吃了午餐……下午见了王尔德内斯……11月20日……安斯沃斯（Ainsworth）来访并一起吃了培根；之后他与梅雷迪斯一起讨论关于美的话题。遇见马克姆恩并与他一起走上亨廷顿路……与史蒂芬女士（弗吉尼亚·伍尔夫的姑妈）一起喝茶，谈到田纳西州和勃朗宁。与卢伯克一起喝咖啡：咖啡厅有装修精美的房间和精装的书籍；罗伯特·路易斯·史蒂芬森（Robert Louis Stevenson）的仰慕者……11月27日……辩论正在进行："三一学院太大了。"梅雷迪斯加入他们，再一次讨论美。

摩根很幸运，纳撒尼尔·韦德被指定为他的导师。韦德在一则坏消息和一种对他全面的认知之间做了平衡，其中坏消息是指摩根在汤

---

① 弗班克，《爱德华·摩根·福斯特》，第1卷，第171页。
② 爱德华·摩根·福斯特，日记，国王学院档案馆。

布里奇学校所接受的教育并没有教会他如何思考，因此他很有可能在即将参加的文学学士荣誉考试中表现得很差；全面的认知是指他的学生摩根头脑聪慧、智力超群、前途无量。摩根后来写道，"我承认这种觉醒已经在我的身上降临，韦德功不可没①。"

韦德是一位完美的导师。他给摩根的第一印象就像是年轻时候的靡菲斯特②。韦德烟抽得很凶，蓄着大胡子，扎着鲜红色的领带。韦德那时只有三十五岁，距离他推行激进的费边主义的日子刚过去不久。1882年，作为国王学院的本科生③，韦德为了激励学院的前辈，邀请了萧伯纳来国王学院做讲座。他还提醒教务长，只有萧伯纳立下书面保证，即不打算"炸毁"国王学院，才能同意举办这次活动。至于这位极具煽动性的演讲者来到国王学院的目的，校方则要求韦德去查探一下这个人的"道德准则"。萧伯纳及时写信回复韦德，说自己的道德准则与韦德一样，这回复看起来既彬彬有礼又模棱两可。

作为一名大学教师④，韦德保持一贯的"愤世嫉俗和上进心"，他还反对神职人员干预政治。当他看到排队进教堂的人时，会夸张地朝地上吐唾沫。他随意地咒骂和亵渎上帝，甚至还教唆他那温良恭谦的同事戈兹沃斯·洛斯·迪金森诅咒上帝。摩根认为，"这对一个年轻的大学教师而言是一种令人满意的成就⑤。"

韦德"将所有的时间和精力⑥都献给了本科生，每晚都和他们一起待在家里，鼓励、安慰、逗弄"他们。他鼓励摩根不要只写学术文章，还要为《贝兹里昂》(*Basileon*)以及其他剑桥本科生杂志写些小文章。摩根采用了培尔·金特(Peer Gynt)这个笔名，易卜生笔下的这个人物对自己的身份进行了苦苦探索，却以绝望告终，最后他还是将头埋在

---

① 爱德华·摩根·福斯特，《戈兹沃斯·洛斯·迪金森》，第61页。
② 歌德所著《浮士德》中的魔鬼。——译者注
③ 威尔金森，《国王学院的一个世纪》，第24页。
④ 爱德华·摩根·福斯特，《戈兹沃斯·洛斯·迪金森》，第61页。
⑤ 同上。
⑥ 威尔金森，《国王学院的一个世纪》，第24页。

母亲的膝盖上。尽管有了一个庄重的笔名，但摩根临时写的文章就像是微不足道的蜉蝣："关于骑自行车""关于辛苦工作"，这是一篇异想天开的讽刺文，以《阿伽门农》为蓝本。在写给莉莉的信里，他已经展现出一种对文学与众不同的敏感，他告诉莉莉，自己正在读萧伯纳的剧本，剧本中的人物"非常聪明、有趣①，但沉迷其中后，这些人物又使我感觉十分糟糕"。在为自己的演讲和文章写摘要时，摩根如饥似渴地从阅读中寻找快乐。他研究弥尔顿和莎士比亚、索福克勒斯和品达、罗伯特·布朗宁和罗斯提、豪斯曼关于诗歌的新书《什罗普郡少年》(*A Shopshire Lad*)、丁尼生、梅特林克、皮尼罗（Pinero）和易卜生以及所有18世纪伟大的英国小说作品。

倘若能自己选择主题，摩根便能掌握诀窍，写出一篇引人注目的文章。第二学年结束时，摩根因一篇叙述小说历史的现代风格论文赢得了一项学院奖。但第三学年他要面临残酷的文学学士荣誉考试，韦德对摩根能取得好成绩没什么信心。他在1899年5月的期中考试中表现不佳，致使其没有资格获得家乡公务员这份上等的工作，这份工作与他的朋友伦纳德·伍尔夫将在锡兰从事的工作类似。摩根向莉莉写信说道，韦德"建议我考虑新闻业方面的工作②，把它作为一项我可能从事的工作进行考虑……可我认为自己不够优秀"。虽然他可以依靠莫尼姑妈的遗产节约地生活，但很明显，他必须开始选择某种职业。文学学士荣誉考试的成绩宣布后，摩根松了一口气，因为他获得了实实在在的二等荣誉。但他该干点什么呢？他既没信心，也没工作。

谨慎即大勇。福斯塔夫③一边咕哝着这句话，一边试探性地将剑捅向豪斯博尔的尸体。由于对未来缺乏实际想法，摩根决定在国王学院再待一年，他将专业换成历史。虽然摩根希望和韦德共事，但是奥斯

---

① 爱德华·摩根·福斯特致爱丽丝·克拉拉·福斯特，1899年11月5日，国王学院档案馆；《书信精选》，拉戈与弗班克编，第1卷，第35页。
② 同上，1899年4月23日，星期日。
③ 莎士比亚作品中的喜剧人物。——译者注

卡·勃朗宁执意求他不要这样做，他坚持自己来指导摩根的阅读。然而，大多数学生一致认为，勃朗宁风趣幽默，待人毫无恶意，但作为导师，他其实起不到什么作用：当学生念出他的文章时，他会用一块有红点的手帕盖住脸，然后睡着。读声中断，勃朗宁就会被惊醒，然后他会惊叹道："我的宝贝啊，你真是一个天才！"[1]

摩根后来充满善意地写道，"我见证了奥斯卡·勃朗宁最后的[2]光荣，我再也没有与他的人生轨迹分开。"也就是说，当他们遇见彼此时，勃朗宁六十多岁，摩根只有二十一岁，对于这个老男人来说，摩根既不够性感，也没有青涩到被勃朗宁那狡猾浪漫的恋男思想所引诱。勃朗宁的指导在任何情况下都作用不大。摩根生日的时候，劳拉·福斯特姑妈送给他一个令人感动又出乎意料的礼物，那就是为他买下伦敦图书馆的终身会员身份。摩根在国王学院的最后一年里，韦德和HOM为他提供了很多新机会。

关于韦德教会了自己什么以及他是如何激发自己渴望知识的，后来的几年里，摩根已经记不起太多。"在一节我们所知的超过所思的课上[3]，韦德随意地发表评论，以此来'帮助'我。""我心里极其渴求寻求解脱和获取知识，当知道他了解的东西没有他表面装出来的多时，我内心挣扎了良久。"韦德温柔低调地鼓励摩根：

> 他告诉我，我应该写作[4]也能够写作，我可能成为一名作家。我虽然感到很惊奇，但没有被吓到。就像其他优秀的教师一样，韦德总对已经存在的事物指手画脚。他给予我的不仅是帮助，还有快乐。我当然能够写作——这并不是说人人都会读我的文章，那并不重要……我拥有特别的、不同寻常的天赋，是韦德让我意

---

[1] 威尔金森，《国王学院的一个世纪》，第12页。
[2] 爱德华·摩根·福斯特，《戈兹沃斯·洛斯·迪金森》，第25页。
[3] 爱德华·摩根·福斯特，《我与我的书》(My Books and I)，国王学院档案馆。
[4] 同上。

识到它们……

这段清晰的文字记录了摩根受到启迪的时刻,三十年后他将这段话大声地读给朋友们听。事实上,当摩根的作家生涯刚刚开始时,发生过一件令人很心酸的事,他的创作可能不合富有同情心的读者的胃口。摩根曾想象过这种情况,也对此表示理解。有一段时间,他想写的东西无法出版。摩根开始理解,从异性恋方面讲,他们对同性恋的憎恶来源于一种特殊的焦虑:"公众对同性恋的真正憎恶之处[①],不是这件事本身,而是不得不考虑这件事。"几十年后,摩根这样写到。所以,莫里斯用一种委婉的方式向他的家庭医生坦白,他希望巴里医生能够理解他:"我和奥斯卡·王尔德是一种人,这令我难以启齿[②]。"巴里医生是从小看莫里斯长大的,十分了解他,他不想听到这样的事。他躲闪地对莫里斯说:"胡说八道,胡说八道![③]……是谁将这些谎话放进你的脑袋里的?我所看到的和了解的你都是一个得体的家伙!我们永远都不要再提这件事了。不,我不会再讨论了。我不会讨论了。我能对你做的最糟糕的事就是和你讨论这件事。"这类作品成卷地无法发表,丧失了活力。但没有人读他的作品这个事实"并不重要"。不管怎样,他都会继续写作。

1901年2月9日,摩根被选入剑桥大学秘密精英社团,这个社团也被称为使徒会。使徒会建于1820年,剑桥大学交流社团是它的专有名称,建立使徒会的目的是使年长的本科生与年轻的大学教师加入一个非正式的社团,发展学术友谊。整个大学每年只有十二名新成员被选入使徒会,因此就有了秘密精英社团这样的绰号,但之前选入的成员也可以参加聚会。休·梅雷迪斯是上一年被选入使徒会的,他从秋季就开始竭力要求他的兄弟们考虑摩根,还正式地赞助摩根竞选,并且

[①] 爱德华·摩根·福斯特,《莫里斯》,第220页。
[②] 同上,第134页。
[③] 同上。

第一部分

成为一个"成年人"

成效显著。

丁尼生和他最好的朋友亚瑟·哈勒姆（Arthur Hallam）就是在这个社团中建立起友谊的，丁尼生的《悼念集》（In Memorian）就是献给亚瑟·哈勒姆的。那些欢迎摩根加入他们圈子的年轻男性纷纷投入到伟大的事业中——梅纳德·凯恩斯，创立了新经济学，使欧洲和美国走出大萧条；弗吉尼亚的丈夫伦纳德·伍尔夫是一名出版商和政治作家；罗杰·弗莱是一名艺术批评家和大学教师，他将塞尚和马蒂斯介绍给了英国的画家；哲学家伯特兰·罗素（Bertrand Russell）和G.E.摩尔（G.E.Moore）两个人都已经二十八九岁了。然而，使徒社的重点是阐明成就本身，他们抛开美德和真理的所有外在评判标准，远离整个维多利亚时代资产阶级对金钱、勋章和名望的垂涎，摒弃一切功利主义和世俗主义价值观，避开任何"与行动、成就或结果有关[①]"的事情。

还有一件令人开心的事。在其他任何一种兄弟会中，摩根都无法获得应得的成员资格。他第一次见利顿·斯特雷奇是在历史学家G.M.特里威廉（G.M.Trevelyan）的三一学院宿舍里，当时摩根被一位土耳其人绊倒，恰好摔在利顿的身旁。利顿很有才华，喜欢嘲讽他人。他面色苍白，就像一只吸血鬼，不拘泥于琐事，使人印象深刻。

使徒会里所有的年轻人都激情四射，豪放不羁，这个群体以外的人可能无法忍受他们。伦纳德·伍尔夫在三一学院的朋友们无法忍受使徒会的成员，他们尤其谴责斯特雷奇，说他对虔诚信仰上帝的人表现得没有教养。正因如此，凯恩斯回头解释道，"我们正处于一种行为举止受信仰影响的年龄[②]，对中年人来说，他们很容易忘记年轻人的这种特质。"一群年轻人聚集在炭火前，脱掉鞋子，吃着土司上的凤尾鱼。他们运用苏格拉底问答法来讨论真理的所有方面，尽管这有些晦

[①] 伦纳德·伍尔夫，《播种》（Sowing），第160页。这里他引用了约翰·梅纳德·凯恩斯的观点。
[②] 约翰·梅纳德·凯恩斯，《我的早期信仰》（My Early Beliefs），第81页。

涩难懂:"鳄鱼是最好的动物吗?①""自责像死亡一样糟糕吗?②""事情是真实的吗?""任何事都像人一样美好吗?""奶牛在这里吗?"

他们劝慰自己说,得出结论运用的方法非常合理,经得住推敲,并且只能由个体"朴素的常识"决定。这个词源自G.E.摩尔对伦理学的分析。尤其是对伍尔夫和凯恩斯而言,摩尔1902年出版的书《伦理学原理》(*Principia Ethica*)将鳞屑、圈套和灾难这些晦涩的累积物猛然掀起③,第一次揭示了真理与事实、善与恶、品质与行为的本质,取代了耶和华、基督、圣保罗、柏拉图、康德和黑格尔将我们卷入的宗教与哲学上的噩梦和幻觉。

实际上,这些年轻人对自我、真理和美的信仰形成一种新柏拉图式的宗教。然而,后来,凯恩斯承认道,"我们本应对这种现象充满愤怒④,然而我们却将这一切看作全然合理,符合科学。"

如果摩根看起来不像是接纳这种方法的年轻人,那么,他在这个圈子里就会觉得十分自在。因为朋友们认识到,除了通过纯理性的谈话,摩根还借助其他方式获悉人性的秘密。只有个体才能决定道德行为是使徒会的教义,这一教义强调审慎、正直、乐于听取他人的意见。在满屋子高谈阔论的人群里,自始至终的沉默寡言使他看上去像一个特立独行的天才。利顿写道:

> 给他起了"灰色的家伙"这个绰号⑤,一方面是因为他长得有点像鼹鼠,但更主要的原因是他的思绪有时候会飘到大家都看不到的地方,然后又出人意料地带着一些细致入微的观察或妙语连珠的嘲讽突然出现,这些都是他从大千世界或内心世界的深处发现的。

---

① 尼古拉·博曼(Beauman),《摩根》(*Morgan*),第85页。
② 同上。
③ 伦纳德·伍尔夫,《播种》,第161页。
④ 约翰·梅纳德·凯恩斯,《我的早期信仰》,第86页。
⑤ 伦纳德·伍尔夫,《播种》,第188页。

梅纳德·凯恩斯将摩根称作"一匹黑马生下的难以捉摸的小马[1]"。连伦纳德·伍尔夫也兴致大发，说道："他有些古怪、难以捉摸、总是躲躲闪闪[2]。有时你可以轻而易举地拉近跟他的距离，与他交谈，但有时他又可能突然地退回到自己的世界里；尽管身体还在那里，但你已经从他的脑海中渐渐消逝，最终你郁闷地发现，他也从你的脑海中渐渐消逝了。"

伍尔夫惊喜地发现，摩根在发表自己的观点时总是带着"一种奇特的幽默感"。当气氛凝重到了极点时，摩根才会亮出王牌：众人就会一下子爆发出阵阵笑声，接着这笑声又突然变成抑制不住的捧腹大笑。

有人认为，这群男同性恋者年纪轻轻，人数众多，在他们中间谈论手足情谊，可能会点燃一场激情的狂欢，实则不然。因为使徒会当时还不是布鲁姆斯伯里团体，对于同性恋这个概念，他们的心态无疑比父辈们更加宽容，但是他们全然秉持了爱德华时代的特点，以一种精妙、高尚和学术的方式拼搏进取。使徒会中的同性恋者，例如乔治·特里威廉，"对同性恋持一种理想主义的态度。"但斯特雷奇至今都没有对朋友展开一系列的诱导。凯恩斯从他们的谈话中捕捉到一种古怪的声调，大胆却又严厉："斯特雷奇发出了一则通告[3]，通告表示某些有关性的拉丁术语可以作为正确用语来使用，回避这些术语是一个重大错误。在一个鱼龙混杂的集体中，回避这些术语或使用其他同义词的做法既愚蠢又粗俗。到了1903年，这些术语在日常交谈中已经不再深奥难懂了。"

利顿和梅纳德最大的成就是运用一种实用主义原则来选取新成员，"诱骗英俊年轻的男性"加入[4]协会。

---

[1] 约翰·梅纳德·凯恩斯，《我的早期信仰》，第81页。
[2] 伦纳德·伍尔夫，《播种》，第187页。
[3] 约翰·梅纳德·凯恩斯，《我的早期信仰》，第84页。
[4] 威尔金森，《国王学院的一个世纪》，第51页。

戈兹沃斯·洛斯·迪金森既不英俊也不年轻。在摩根住校期间，接近四十岁的他已经是国王学院的讲师了。在摩根加入使徒会之前，他们彼此知之甚少。就像朋友所了解的那样，戈尔迪有着迷人的脸庞和优雅的举止。在学院就读期间，他发现通过阅读雪莱，自己的心灵和思想得到彻底的转变。纵观其一生，他对待政治始终保持着一丝浪漫主义色彩。他受过古典文学教育，政治观念深受柏拉图和亚里士多德的影响。与学院的其他人相比，戈尔迪创立了一门新学科——政治学。1919年，《凡尔赛条约》签订后不久，在他的推动下，国际联盟得以成形并发展，戈尔迪因此成为重要的公众人物。然而，能够影响个体并引发共鸣，则是这份影响力的深远之处：他开设了"当代法国""当代英国向民主的过渡""民主主义下的行政机构""法律与政府理论"等课程，教导着一代代年轻人，而这些年轻人则将他的课程带进大众视野。

说到洛斯·迪金森，摩根①认为这位成年人的性情和自己最为相像。戈尔迪的生活并没有什么"戏剧性"。他"倾向于在精神上融入大学②"。成年后，他一直住在吉布斯大楼的一套房间里，这幢建筑位于国王学院的中庭。与使徒会里的韦德一样，比起发表文章，洛斯·迪金森把更多的精力放在教学上。他的教学方法是"说服学生从一些令人困惑的难题上获得感悟③"；他可能"更多的是在解释问题本身，而不是告诉学生解决方法"，这种平等主义方法"令他那些能力较弱的学生感到不安，他们希望老师指明自己错在哪里"。他会用温和而坚决的口吻告诉学生，"现在还不到时候。"然后让学生再次修改。

洛斯·迪金森最为深远的影响都存留在学生的记忆中，这些学生与他成了亲密的朋友。摩根发现，导师的身上有一种难以言喻的品质，它解释人生阅历中最真实、最珍贵的一面。1934年，他打算为戈

---

① 爱德华·摩根·福斯特，《戈兹沃斯·洛斯·迪金森》，读者序。
② 同上，第28页。
③ 同上，第83页。

尔迪写一部传记。摩根把这本传记献给了"弗拉特姆协会"和兄弟会，因为他就是在这里第一次深入了解戈尔迪和关于兄弟情谊的思想的。在理解一个人的生活方面，这本书可以作为价值外在衡量标准虚假性的研究案例。这本书描述了一位男同性恋者的生活，他不计回报，内心充满难以言喻的爱，摩根认为他是一个典型人物。

戈尔迪的作品本身对于保存人性的温暖之处并无作用。写作打开了他的自我意识，这些自我意识让他天生的好脾气变得扭曲和模糊，"他坐下来打字的时候，自己与纸张间如同隔了一层忧郁的面纱①。"他的手稿字迹模糊，难以辨认，常常令他受到一些糟糕的、令人忍俊不禁的误解。一位绅士的妹妹参加了戈尔迪在英格兰中部组织的拓展课，期间，这位女孩感觉自己的名誉受到了侮辱，于是这位男士给他写了一封恐吓信，信的开头是："我妹妹要与你争辩②，迪金森先生！"原来，戈尔迪在空白处写下的评语——"优秀"字迹非常潦草，这位学生和她的哥哥将其误读成"愚蠢"，事实证明，这种呆板的交流方式并不可靠。作为"唯一颠倒日晷类型的人③"，戈尔迪失去了大好名声，变得臭名昭著。

用摩根的话来说，戈尔迪有着"启发他人"的天赋④。也就是说，他起着助产士的作用，在人与思想间、人与自己最佳状态下的愿景、智力与心灵间架起桥梁。他去过很多地方，喜欢中国和日本文化，特别擅长于将异国文化介绍到英国。他的书《关于生活的希腊式观点》(Greek View of Life)于1909年出版，这本书将雅典人的思想普及给大众读者。在《约翰中国人信札》(Letters from John Chinaman)一书中，他描述了中国人对西方的态度，大部分评论家认为，这本书不像是出自一个欧洲人之手。戈尔迪对待晚辈如同朋友一般，并能以同辈的姿态接纳他们那

---

① 爱德华·摩根·福斯特，《戈兹沃斯·洛斯·迪金森》，读者序。
② 同上，第46页。
③ 弗班克，《爱德华·摩根·福斯特》，第1卷，第79页。
④ 爱德华·摩根·福斯特，《戈兹沃斯·洛斯·迪金森》，第89页。

令人不可思议的能力,这令摩根非常羡慕。洛斯·迪金森是一个伟大的人,也是一名伟大的教授,因为"教和学是无法分离的①"。

加入使徒会四个月之后,摩根平静地告别了剑桥大学。他知道,这些朋友将会伴随自己一生。他在文学学士荣誉考试历史科目中仅得了2:1的成绩,这意味着他无法像HOM那样成为大学教师,也不可能像朋友乔治·巴杰(George Barger)一样到爱丁堡大学教化学。眼下的工作前景和生活规划并没有出现奇迹般的转机。

1901年,摩根利用夏天的时间来思考下一步的计划。他开始着手写一部还没有题目的小说,这部小说描写了一个来自乡下的年轻人,举止十分拘谨,后来,摩根只写了一些片段就弃笔不写了。接着,他把纸、书本、起皱的花呢西服、学位袍和学位帽收拾起来,与莉莉开始了一次短暂的访亲之旅。他们到西海克斯特探望了劳拉姑妈和他父亲最年幼的弟弟,诺森伯兰郡的威尔叔叔。他买了一本小册子打算学习意大利语,并当即决定与母亲一起去意大利旅行。他借助一本旅行指南计划了这次旅行,他们将离开英格兰长达一年多的时间。

---

① 爱德华·摩根·福斯特,《戈兹沃斯·洛斯·迪金森》,第85页。

第三章
少数派，而非孤立派

与其说这是摩根与莉莉的一次游学旅行，不如说这是一次爱德华时代中产阶层的出行。就其全面、细致而言，即便没有细致入微的情感，他们这次意大利之旅也算是规模宏大。每所教堂，每座纪念碑，每幅壁画，每处景点都列在旅行清单中，并且标注了出来。摩根向韦德这个温文尔雅又热衷冒险的人坦承，自己的旅行完全来自一本书的启发，他说："《贝德克尔意大利旅行指南》（*Baederker-bestarred Italy*）[①]……我还没有全部看完。"他给最亲密的笔友戈尔迪写信抱怨道，"我们的生活无非就是吃饭睡觉[②]，在意大利领略的浮光掠影仅仅是些意外收获。"

如果一起旅行的不是莉莉，那么在旅途中他可能就会有不同的举动。他们的到来带有一种责任感，这使摩根在一开始就感到心神不宁；他写信给登特，"这些旅馆虽然舒适[③]，却很昂贵，我讨厌这点。"相比之下，登特的旅行要自在得多。一家意大利的家庭式旅馆，里面一切都是遵循英格兰郊区的习惯，不过稍有点不那么讲究：房间贴着壁纸，地毯和椅子套散发着一股淡淡的酸臭味。他们到当地的圣公会教堂听一场枯燥乏味的讲道，布道的是牛津大学的一位平庸的牧师，早餐是炖干梅子，晚餐是煮牛肉。斯密家庭旅馆位于亚诺河岸边，或许

[①] 爱德华·摩根·福斯特致纳撒尼尔·韦德，1901年9月1日，国王学院档案馆，引自编辑对爱德华·摩根·福斯特的介绍，《看得见风景的房间》。
[②] 爱德华·摩根·福斯特致戈兹沃斯·洛斯·迪金森，1902年3月25日，国王学院档案馆，引自同上。
[③] 爱德华·摩根·福斯特致爱德华·登特，1901年10月22日，国王学院档案馆，《书信精选》，拉戈与弗班克编，第1卷，第46页。

还可以提供一间能看得见风景的房间，但这不太可能，因为这间房已被操着一口伦敦腔的女房东租了出去。

即便透过这门上的锁眼看出去，仍然能深深地被这里的意大利文化所震撼，这点毋庸置疑。稍作些许观察便能慢慢地渗进摩根的想象中：一位意大利侍者穿过法式玻璃门迈进绿廊时那英俊的面孔，一阵疾风扫过山坡树丛的轨迹，闷热天气里闪烁着的微光，火车疾驰而过扬起沙尘刺痛眼睛的感觉。在贝德克尔的旅行指南中，摩根吸取了他笔下朴素的诗意。在出版的第一部小说《天使惧于涉足的地方》中，他捕捉到一种百科全书式的语气，讽刺道："菲利普总是满怀感染力地读出[①]'日落时陡崖的景色是最美的'这句话。"

他们的行程从未间断，在佛罗伦萨、罗马和米兰待上一个月甚至两个月，到锡耶纳、比萨和那不勒斯待上一个星期，到了夏日炎炎时再到阿迪杰去避暑，这次旅行似乎在一定程度上修复了母子间的隔阂，然而这只是一种假象。数月前，与朋友们出行时，摩根还和大家争论过美的意义。而这会儿，他出门会带上旅行手册、嗅盐和遮阳伞。莉莉感觉有些地方怪怪的，"摩根的性情比去剑桥大学前安静了许多[②]。"她在给母亲写信时说。爱德华·登特在意大利遇见摩根和莉莉，与他们一起参观时，登特曾注意到，莉莉责备起儿子时非常严厉。他并不认同摩根过于怯懦的表现。登特自己也有一位威严的维多利亚式的母亲，他心底非常清楚：他"可以陪她去买黄油碟子[③]，但他从未也绝不会陪她到意大利旅行"。

对于莉莉来说，她从未见过任何人生活能力差到她儿子那般地步[④]，错过火车，走路看错方向，乱扔手套，乱丢旅行手册，地图走哪儿落哪儿。每天都要将几个小时前乱放的物品重新收拾好之后，他们

---

① 爱德华·摩根·福斯特，《天使惧于涉足的地方》，第12页。
② 爱丽丝·克拉拉·福斯特致路易莎·维切罗，1902年5月19日，国王学院档案馆。
③ 卡伦·阿兰戴尔（Karen Arrandale）致作者，2008年5月6日。
④ 爱丽丝·克拉拉·福斯特致路易莎·维切罗，1901年11月3日，国王学院档案馆。

才能出发。莉莉去世很久以后，七十多岁的摩根回想起那时母亲眼中的自己一脸倒霉的样子：

> 如今我上了年纪[1]，也更加理解母亲当时的郁闷……我时常想起在母亲面前做过的错事，或者说是一种态度上的不端正，而这些本来是可以避免发生的。我觉得她过于为琐事操心，我自己还不是一个顶天立地的男子汉，既不能安慰她，也不能让她开心起来。我注视着她那美丽的脸庞，即使不再年轻，可我还是觉得，要是能再为她做点什么就好了。我们俩真是一桩经典案例。

不过，青年摩根只能凭感觉意识到有些事情错过了。过于精细的准备反倒会让每一次的体验变得令人失望，来的时候满怀期待，最终却败兴而归："我并没有错失任何事物——钟楼、架在干涸河床上的曲桥、清一色湛蓝的天空，还有群山映在湖里的紫色倒影，这些景色我通通没有错过[2]。但我知道，自己须等候多日方能清楚它们之于我的意义或带给我的愉悦。"甚至在旅行伊始，对于接下来要创作的两部意大利小说的主题构思，他隐隐约约地有了打算：物质是意大利教给英国人最好的东西。他所见过的艺术形式看起来令人心醉神迷，理性尽失。米兰天主教堂里曼坦尼亚的圣母玛利亚像"周身环绕着一圈正在高声吟唱的小天使，没有曲调歌词，他们伸出舌头，张开口，仿佛鸟儿一般啁啾吟鸣"。意大利人一直延续着古典主义的理想典范："珍爱身体[3]，才能珍爱灵魂。这是希腊人的信条。借助苦修消磨体力，以此达到震颤灵魂的效果，然而这种信条从未真正为世人所接受。"当地政府在天主教堂内安设了卫生间，教堂的上方则可以看到穹顶上的圣母像和小

---

[1] 爱德华·摩根·福斯特，日记，1953年1月22日，国王学院档案馆。
[2] 同上，1901年10月10日。
[3] 爱德华·摩根·福斯特，克齐内里安诺博物馆（Museo Kichneriano），国王学院档案馆。

天使。这些旅游场所①毫无矫揉造作之感,大方实用。

1901年冬季,由于"非常不满意"《诺丁汉蕾丝》的小说片段,他放弃了青年埃德加和他那乱管闲事、阶层意识强烈的母亲的故事。这次尝试曾一度支配着他的审美目标,不过还是未果而终。他向戈尔迪解释道,"我曾经试图创造现实主义②,若你能明白我的意思:不去复制曾经邂逅的人和事,而是尝试去想象那些同样平凡的人,将两种方法混淆在一起。我本以为那就是所谓的艺术了,然而却一无所获。我觉得我应当尝试一种纯粹的想象……"

他并没有一开始就构思文章,来描述自己对意大利的印象。他竟将自己那不讨喜的自我意识衍化成一种美德。现在,每一处目的地都成为他将来创作的源泉。可是一些地方早已被人写过了。"要是西蒙兹没有为它写那篇文章的话,佩鲁贾可能会更出名③。"1902年3月,他向戈尔迪抱怨道,"旅行中无法好好写作④。我写了几篇关于意大利的抒情散文,并且计划写一部新的小说。"于是,在他奋笔疾书了好长一段时间之后,小说《看得见风景的房间》终于问世。

在意大利的时候,摩根频频遭受身体上的侵扰,这种倒霉事总是突如其来,令人毫无防备。1月底,他扭伤了脚踝,窝在一家靠近特维喷泉的小旅馆里,数日里独自神伤,黯然憔悴。他仿佛被孤立在无人小岛上,"全都是女人⑤,真没意思。"一周后,他又在参观罗马圣彼得大教堂的途中摔伤了一只胳膊,他本打算与剑桥的好友们结伴而去的希腊旅行只好搁浅。这第二次的受伤使他完全陷入失落无助之中。莉莉不得不来帮他洗澡,每天早上醒来,身上都是跳蚤咬的红斑。所有的事像商量好了似的,把他推进无力挣扎的深渊。

---

① 爱德华·摩根·福斯特,日记,1901年10月20日,国王学院档案馆。
② 爱德华·摩根·福斯特致戈兹沃斯·洛斯·迪金森,1901年12月15日,国王学院档案馆。《书信精选》,拉戈与弗班克编,第1卷,第51页。
③ 同上。
④ 同上,1902年3月25日。
⑤ 爱德华·摩根·福斯特致纳撒尼尔·韦德,1901年12月1日,引自《看得见风景的房间》中编辑对爱德华·摩根·福斯特的介绍。

春天里,他的身体渐渐康复,而那不勒斯温暖的气候竟以另一种方式扰乱了他:他开始着迷于幻想男人和男人性爱的场景,整日魂牵梦萦。虽然这种幻想的苗头刚刚开始,但却是那么让人迫不及待。他并不渴望理解其中的内容,他只是单纯地享受那种强烈的感觉——"重要的不是梦里发生了什么①,而是能够感受到彼此的力量,这种感觉实在是太美妙了。"然而,几年以后,他在《莫里斯》中这样写道:

> 梦境是描述一切晦涩模糊且难以形容的②事物最适合的比喻。莫里斯有两个梦境……它们将会阐释出他的心境。(在第一个梦里)他正在踢足球,碰到了说不上是什么来历的人,他正恼火这家伙的出现时……他却摇身一变成了修理花园的男孩。但他不得不小心翼翼,生怕他再次出现。(这个男孩)却踏着草地朝他走来,光着身子,跃过柴垛……
>
> 第二个梦更加难以阐释。梦里什么也没有发生。他仅仅看到一张脸,听到一个声音说,"这是你的朋友。"然后就结束了,这让他倍感美好,并且使他变得柔情款款。

即便是在梦境中,摩根依然小心翼翼,保持着灵魂和肉体的界限。在一个个独自入睡的夜晚,那个裸体男孩和那温柔的男性声音都曾闯入他的梦境。不过,他仍然没有停止对同性恋爱的冥想,5月中旬时,一股强烈的、出人意料的力量将他唤醒。夏日里的一个清晨,摩根独自在拉维罗的乡间散步,眼前除了几棵在微风吹拂下摇动着的小树,再没有别的,远处的小镇映衬在深蓝色的海面上。这时,一则故事涌上他的脑海:"我想带一些中产阶层的英国人③到一个偏僻的地方举

---

① 弗班克,《爱德华·摩根·福斯特》,第1卷,第91页。
② 爱德华·摩根·福斯特,《莫里斯》,第12页。
③ 爱德华·摩根·福斯特,《戴维山》(*The Hill of Devi*)中的《三个国家》(*Three Countries*),第290页。

行野餐会，我要揭露他们粗鲁的举止，我要让他们变得人心惶惶，不明所以，我还要发展接下来的情节，让他们明白自己遭遇和冒犯了潘神（牧羊神）。"接下来的两天里，摩根把自己关在旅馆里写作，并完成了《一则恐慌的故事》(*The Story of Panic*)。他从前不会"像一群蚂蚁围着一个蚁冢一样，专注并局限于一个主题①"。

在故事形式上，他继承了古罗马诗人奥维德的风格。这个故事是一次关于蜕变的纯粹幻想。然而，故事设定了一个压抑的叙事者——已婚男性，中产阶层，人近中年，是摩根的独创。一颗平庸乏味的心从不会邂逅饮酒狂欢的种种魅力。

这则故事情节简单却不失神秘。一股不可名状的恐慌侵袭着整个旅游团——很快地，他们将保护年幼者的念头抛在脑后。经常发脾气的学生尤斯塔斯就这样被大家落在后头。等到叙事者和其余的人找到他时，他已经被牧羊神的情欲之灵改变了形象：脸上挂着"令人不安的微笑②"，"像一个野蛮的印第安人……呼哧呼哧地"走来，他像狗一样狂吠着，在一家狭小的旅馆里哼着跑调的曲子——"五指练习曲，赞美诗歌的调子，零零散散的瓦格纳曲子。"然而，更加令人不安的是，在公开场合里，尤斯塔斯开始肆无忌惮地展示自己的身体，他找到旅馆里的意大利侍从，给他一个拥抱。在故事的结尾，这个意大利侍从莫名其妙地猝死，而尤斯塔斯则逃进了意大利的茫茫黑夜中。然而，对于到底发生了什么，故事的叙事者一直困惑不解。

《一则恐慌的故事》捕捉到许多主题，它们渗透到摩根之后创作的每一部小说中。意大利人或印度人闹哄哄的热情和英国人冷冰冰的心态形成了鲜明的对比。他那天才般的轨迹既让他备受鼓舞，又使他心怀忧虑，这成为他的创作源泉。内在自我的发现突如其来，这种发现令人既感到奇怪，又感到很陌生。好像突然间摩根就已经掌握了如何

---

① 爱德华·摩根·福斯特，出自1947年版的《短篇小说集》(*Collected Short Stories*)的介绍，在《机器休止》(*The Machine Stops*)上。
② 爱德华·摩根·福斯特，《一则恐慌的故事》，出现在《机器休止》上，第8、11、15页。

去运用自己复杂的同理心，韦德曾经把同理心比作摩根的"感官"，而他在置身于因循守旧、贪图享乐的英国文化的同时又表现出这种状态是多么的荒谬。

这样的创作开端对于一位年仅二十三岁的作家来说，显得有些气势不凡。然而，这也在不知不觉中掩饰了摩根自身的性恐慌。剑桥的朋友们看了《一则恐慌的故事》后，他们的直接反应令青年摩根感到"惊恐"和"恶心"。还有人把手稿交给梅纳德·凯恩斯看，而凯恩斯又分享给了查尔斯·塞尔（Charles Sayle），一位身上散发着巴洛克时代女人气的大学图书馆管理员。"天哪，我的天哪，这就是年轻的国王学院学生的作品？"塞尔问到，脸上带着故作惊恐的表情。"然后，他向梅纳德讲述故事的大致内容①。被旅馆的侍从强奸后，尤斯塔斯在山谷里和一头山羊进行兽交。接下来的章节，他告诉那个侍从那种感觉多么有趣，他们俩尝试鸡奸对方，以此为乐。"这样，这种无底洞似的行为在男性中，例如在塞尔和利顿·斯特雷奇之间展开，他们称同性恋者是"鸡奸者"，并对此感到满意和自豪。而摩根，即使多年以后，也不愿将这个单词在作品中拼写完整。

二十多年后，也就是19世纪20年代中期，摩根才以一种超然物外的心态正视自己创作的《一则恐慌的故事》，故事正是描述了自己性焦虑的状态。他在剑桥大学结识了一些好友，大多是使徒社成员，他们善解人意，富有同情心，摩根给他们读了一些作家和评论家对自己作品的无稽之谈。不过，摩根从未将这部作品发表出版。直到四十岁，摩根才意识到那个年轻气盛、一本正经的自己是多么可笑。塞尔那充满情欲的解读曾令二十三岁的摩根"惊恐不已"，及至成年后，他却发现那令人难以接受的解读其实跟现实相差无几。曾经的他在构思故事时，"脑海中没有任何关于性的想法"②，可是回头再看，他承认"在写

---

① 爱德华·摩根·福斯特，《我与我的书》，国王学院档案馆。誊写在《最漫长的旅程》中，第300—306页。

② 爱德华·摩根·福斯特，《我与我的书》，国王学院档案馆。

这个故事时自己非常激动，而令塞尔津津乐道的片段也正是令我最兴奋的章节"。尽管如此，他还是不能原谅塞尔仅从字面上进行拙劣地解读。他总结道，一位像塞尔那样的读者，其行为是不可能得到认同的，"因为他终日所思所想[1]就是等到日落之后悄悄溜出去，戴着他那厚厚的眼镜……偷窥一眼穿睡衣的男人。"摩根晚年认识到，他的创作源泉来自性的种种力量。然而，作为一位艺术家，他不愿过分关注那些如同上帝造人一样"神圣而神秘"的事。

长期的意大利旅行似乎推迟了他的人生规划。到秋天时，他兴冲冲地回到伦敦，向登特吐露心声，"连我也不喜欢自己身上那股迟钝劲儿[2]，可我还是要找点儿事情做。"幸运的是，乔治·特里威廉提供了一个吸引人的权宜之计："你是否有兴趣[3]10月份的时候来工人学院授课？"这个工作令人非常期待，尤其是摩根有了近距离接触休·梅雷迪斯的机会，梅雷迪斯正在伦敦政治经济学院攻读经济史，而且他就住在吉尔福德街工人学院附近。

1902年9月，摩根与莉莉返回伦敦。母子俩在伦敦没有自己的房子，于是他们便住进了金斯利节制酒店，酒店对面刚好就是大英博物馆。店如其名，真是非常节制。酒店里挤满了房客，他们一年到头住在这里，定时交着膳宿费：贵妇、热情的学生、女性长辈伴在左右的淑女们。比起波西米亚人的场地，布鲁姆斯伯里显得非常特别，几年后，利顿·斯特雷奇、范妮莎·史蒂芬和她的妹妹弗吉尼亚·伍尔夫搬到了戈登广场附近破旧的联排式住宅区。旅馆对于摩根来说没有丝毫隐私可言，不过这座城市正在召唤他。大英博物馆里少不了各种奇观：古希腊美丽的裸体雕像，一对雕刻在石头上的巨型亚述双翼公牛，设计了两种观察角度——正面看公牛有四条腿，侧面看有五条腿。在

---

[1] 爱德华·摩根·福斯特，《我与我的书》，国王学院档案馆。誊写在《最漫长的旅程》中，第300—306页。
[2] 爱德华·摩根·福斯特致爱德华·登特，1902年1月25日，国王学院档案馆。
[3] 1902年5月9日，在剑桥大学三一学院里，乔治·特里威廉致爱德华·摩根·福斯特，引自弗班克，《爱德华·摩根·福斯特》，第1卷，第94页。

小说《莫里斯》中，有一个场景就发生在这里，在两只"巨兽"中间[①]，猎场看守人亚力克·斯卡德将股票经纪人莫里斯·霍尔逼到角落里，企图敲诈勒索他，不过没有得逞。

到了月末，摩根到大奥蒙德街的工人学院教拉丁语课，每周一次。摩根在那里结识了乔治·特里威廉、H.O.梅雷迪斯，还有其他崇尚理想主义的剑桥青年。他又申请了一个大学讲师的职位，到伦敦郊区的城镇开展教育推广服务。他还打算开设一门关于意大利城邦历史概况的课程。当下有事可做，尤其还有一群朝气蓬勃、魅力四射的男学生陪伴在身边，摩根心底终于松了一口气。他在写给登特的信中说，他觉得自己不是一个称职的老师。"我担心只有自己享受其中[②]，而学生却没有这种感觉。"

工人学院是基督教社会主义者的理想主义的产物。早在四十年前，一位名叫F.D.莫里斯的人创建了这所学院，为工人阶级提供一种类似大学的教育模式。虽然社会上已经有致力于职业教育的技校，但这并不能满足F.D.莫里斯对于通识教育的想象。难道工人就不能自发地渴求知识吗？难道工人就不应该享受大学校园的友谊吗？于是，他将工人学院的课程设定为一面可以折射自我意识的镜子，这也是当时最先进的课程设置：系统地学习有争议性的政治课题、伟大的文学作品和艺术。他们的建校理念注重"教育与理性享受和辛勤工作相结合[③]"，鼓励校职员和学院之间"建立友谊"。建立友谊的机会主要集中在男性的爱好上——拳击及其他运动项目。对于少数不擅长运动的学生来说，学校还有一个图书馆可供他们联谊。

尽管学院想要招收来自工人阶层的学生，但实际上，大部分学生的社会地位都在工人阶层之上。他们有的是普通职员，有的是级别较低的专业人士——像《霍华德庄园》里的伦纳德·巴斯特，或者像

[①] 爱德华·摩根·福斯特，《莫里斯》，第193页。
[②] 爱德华·摩根·福斯特致爱德华·登特，1902年10月30日，国王学院档案馆。
[③] 戴维斯（Davies），《工人学院的工作》（*The Working Men's College*），第30页。

休·梅雷迪斯的父亲那样，每天工作时间长达十二个小时，在现代化的新型公司里整理账目，录入索引，或者用乌黑的手指画掉商业文件的复本，以此维持生计。改革者们发现，体力劳动者"需要更多的实用课程①"。他们不需要阅读罗斯金的《威尼斯的石头》(*Stones of Venice*)，他们需要的是立足于这个社会。

有关摩根在大学里授课的记载非常少，这基本上是他一个人安安静静地享受快乐的一段时光。不过，他在此期间结识了一位与其相伴一生的密友，E.K.班尼特（E.K.Bennett）。班尼特是摩根的学生，年轻有为，天资聪颖，之前是克罗斯和布莱克维尔腌制厂的职员。他常被人称为弗朗西斯，为人安静，谦和有礼，有同性恋倾向。尽管同性恋倾向足以毁掉一个人的声誉，然而班尼特一生称得上一个传奇：他在短短的时间里从一名学生成长为工人学院的一名教师。在乔治·特里威廉提供资金设立奖学金后，班尼特成为凯斯学院主攻近代德国文学的研究员，开始了他的辉煌事业。在工人阶级出身的大学教师中，班尼特这样的先驱人物并不多见。

就这样，1902年10月，摩根在一个阴湿的天气中结束了旅行，在罗素广场对面住了下来，生活里一边是工人学院那样的男性世界，忙碌而喧嚣，一边是金斯利酒店的生活。他像是坐在书桌前的简·奥斯汀，只是他几乎挤不出时间来创作，甚至连私人空间都无从谈起。那时，他正在写一部新的意大利小说。小说的女主人公露西是一位游客，有着一双铜铃般的大眼睛，在小说中扮演摩根的替身。他计划要将这部小说献给H.O.梅雷迪斯。

此时，梅雷迪斯住进布鲁姆斯伯里并重新开始自己的学术生涯，当一名经济史学家可以让他跻身于曼彻斯特的上流社会，最终进入贝尔法斯特女王大学。他依然保持着以伦敦工人阶层的视角创作浪漫诗歌，如

---

① 菲尔德豪斯（Fieldhouse），《近代英国成人教育史》(*A History of Modern British Adult Education*)，第31页。

《工作日诗歌集》①。他的性格优柔寡断，自我批判意识强烈，乐于追求常人做不到的事情。或许是不经意间，或许是他内心的阴暗和非凡的智慧结合起来的缘故，离开国王学院之后的很长一段时间里，他始终在所有朋友面前保持一股类似性欲的强烈吸引力。这些年里，他徘徊在冷漠爱情的俗套剧情里。登特发现休有结婚的念头时真要崩溃了。然而，或许因为是家里的骄子，休"害怕被家人依赖的感觉"。②

1902年圣诞节前夕，梅雷迪斯和摩根变得亲密起来。一开始，理论上两人是兄弟情谊，随后两人的关系演化成了一种奇特的、令人不安的恋情。对于相关细节，两个男人都小心谨慎地保持沉默。而与此事最接近的记载就是《莫里斯》中塑造的人物形象克莱夫·达勒姆，摩根是在走出梅雷迪斯柏拉图式爱情以及意识到同性之间的局限性所带来的痛苦之后才创造出来这样的一个小说人物。两个年轻人之间表达爱意的方式羞怯而笨拙——长久而热切地和衣相拥，毫无杂念地接吻，高谈阔论希腊式友谊典范。两人的邂逅深深地唤醒了摩根。两年后，摩根在日记中回顾起他年轻时的两个重大发现：一是自己离弃了基督教信仰；二是自己迷恋上了男人，而这两者都离不开梅雷迪斯的影响。这些离经叛道的观念在当时非常危险，直到1904年年底，他才隐晦地写道："我曾有两个发现③——关于宗教的那个发生在四年前，而另一个则发生在1902年的冬天，然而，想要重新来过几乎是不可能了……"

可是，梅雷迪斯却从这亲密的二人世界里抽身退出，然而，他内心仍残留着一丝失落和脆弱。1903年，他取消婚约。之后那一年里，他几乎精神崩溃。随后，摩根前往曼彻斯特探望他。在那里，摩根只

---

①《工作日诗歌集》(Week-Day Poems)是梅雷迪斯文集的题目，出版于1931年，他的诗歌创作灵感源自工人学院里工人学生们的经历，还有伦敦的大街小巷，他所写的诗歌题目都是：《公共汽车》(The Motor-Bus)、《银行假日》(The Bank Holiday)、《薪水》(Wages)、《在公园里》(In the Parks)、《车站所见》(Seen in a Railway Station)。诗歌《男人的各个年龄段》(Ages of Man)的开头：我们的孩子/住在拥挤不堪的房子/忍饥挨饿/我们在街上游走，在垃圾中寻觅食物；我的兄弟们死了，我的姐妹们也死了/我渐渐长大，吃着鸡胸，怀揣不甚友好的骄傲，伴着饥饿和口渴，诅咒一切。
② 休·欧文·梅雷迪斯致罗素，弗班克，《爱德华·摩根·福斯特》，第1卷，1903年7月，第140页。
③ 爱德华·摩根·福斯特，日记，1904年12月31日，国王学院档案馆。

是默默地陪他散步数小时，他一概不问任何事情，只是默默地陪在他身边。在自己跌入低谷时，梅雷迪斯才认识到，摩根是一位多么宝贵的朋友。他忧郁地向梅纳德·凯恩斯吐露心声，"我现在真的是如同行尸走肉①。或许应当这样说，及至现在我才意识到，两年前发生的事情对于别人来说不过是平常事一桩。自遇到福斯特起，我的生命才得以暂时地复苏。"

1903年春，摩根与韦德等国王学院的一行人前往希腊旅行。一年前，摩根摔伤胳膊，旅行计划搁浅，如今得以再次出发。这次他把莉莉送到意大利，两人相隔甚远，自己得以脱身去旅行。如果说，当年意大利的失落是由于自己的过度期待，那么，到了希腊兴致全无则证实了他早先对自己的认知。《一则恐慌的故事》的翻版，即他第二部伟大的短篇小说就是在这里诞生的。《科隆努斯之路》的结尾辛辣尖刻，老年卢卡斯否认自己深受希腊式灵感的触动。在去往科隆努斯的路上，他偶然发现一座天然的"神龛"，一股水流从一棵树的树皮里涌出来，霎时间，他意识到"一种难以想象、无法定义的东西②使曾经忽略的事情变得明了而美好"。只是，他对这种想法还是心怀抵触。他返回英格兰乡下，不为那短暂的神迹奇事所动，而是"暴躁地"埋怨"令人无法忍受的"邻居和狂吠不止的狗。然而，那神秘的水流声却一直萦绕在他的耳际。摩根有些像卢卡斯先生，在意大利经历的重演给了他一种似曾相识的难堪："俯视着廉租房里的桌子③，虔诚地笃信自己绝顶聪明，这就是我日复一日所做的事"，实在令人沮丧不已。

夏季临近尾声，摩根与莉莉返回伦敦，他们开始审视自己的现况。旅店生活已经没有了吸引力；他们发现了一处公寓，是第一次去南肯辛顿时，在"宅邸"中间发现的，"宅邸"一词用来含蓄地描述伦敦

---

① 爱德华·摩根·福斯特致约翰·梅纳德·凯恩斯，弗班克，《爱德华·摩根·福斯特》，第1卷，1906年4月，第141页。
② 爱德华·摩根·福斯特，《科隆努斯之路》(The Road From Colonus)，出自《机器休止》，第78页。
③ 爱德华·摩根·福斯特致J.T.谢泼德(J.T.Sheppard)，国王学院档案馆。引自《看得见风景的房间》中编辑对爱德华·摩根·福斯特的介绍。

西部迅速崛起的建筑物，整洁干净但没什么名气，摩根曾在那里驻足片刻。他在卧室里摊开小说《看得见风景的房间》的草稿，但当时没有潜心写完。他每个星期都要出城，去哈普敦和洛斯托夫特教授意大利城邦史。在剑桥大学，他去戈尔迪住的国王学院宿舍时，总能得到他的热情欢迎，登特亦是如此（也正是此人介绍他成为使徒社成员的）。他经常参加使徒社的聚会，定期去听音乐会。

戈尔迪、罗杰·弗莱和乔治·特里威廉曾创办过一本叫作《独立评论》（*The Independent Review*）的小型杂志，摩根最早的游记就是在这本杂志上发表的。这是一个敢于印刷发表的地方，杂志的内容大多指向政治话题，"在外国事务上主张保持理智，①并提出建设性的方针"来对抗活跃在国内政治舞台上的张伯伦式的侵略主义和帝国主义。杂志的编辑一直保持谨慎的立场，不与国内任何政党结盟："与其说这是一种自由派的主张，不如说是左派追求更完善而对自由主义的一种呼吁。"从《巴兹尔登》到《剑桥评论》（*Cambridge Review*），再到《独立评论》，在这些国王学院朋友们的支持下，摩根为自己的作品找到了归宿。

1903年12月，由于对"露西式小说"的结构不太满意，他断断续续地埋头创作了一年多，进行了大篇幅修改。他打开一个笔记本，上面标上"新露西"。不同于"旧版露西"的草稿，在新的版本里，摩根让露西·霍尼丘奇和她那可怜不幸的表姐兼女伴夏洛特·巴特利特从意大利回到了英格兰的家中。露西是一个鲜活的道德主体，因而需要真实的选择机会，需要借着真实的反对声来唤醒自己那狭隘的、处处设防的世界观。因此，在"旧版露西"的基础上，摩根在这群稳重的淑女身上增添了不少鲜活生动的个性，并且加进了新的角色：热衷于打破旧习、直言不讳的爱默生父子，性取向不明、富有洞察力的毕比牧师，还有西塞尔·维斯，一位后来遭露西取消婚约的审美家，他是一个令人惊讶又令人同情的绅士。小说情节的基本假设延续了简·奥斯汀小

---

① 爱德华·摩根·福斯特，《戈兹沃斯·洛斯·迪金森》，第96页。

说的构想:露西会嫁给谁?但在新版本中,作者将女主人公置于随时变动的近代社会中,原因正如他在工人学院课堂上所解释的那样,"与早期维多利亚时代的女性相比,现今时代的女性[1]早已大不相同,两者已不能同日而语。"

在小说的下半部分里,返回"温蒂之角"的露西倍感心安[2],这座房子建于维多利亚时代,坐落在苏萨克斯,露西在这里度过了备受宠爱的童年,这里有皮姆的茶杯,草地网球场,椅子背罩,总之,这里能满足人们对一处理想住所的所有憧憬。然而,此时,一些来自别墅区的时髦的另类事物悄然兴起,即使在夏季大街教区也不例外,露西就置身于这些新事物中,不过,这些叫作茜茜或艾尔伯特的别墅听上去有些矫揉造作。爱默生父子搬到了附近居住。对于银行职员、铁路职员或商人,或像乔治·爱默生这样的自由思想者来说,来自伦敦的铁路和自行车的出现则更是"重大的进步",这意味着想要阻止家乡诸郡中最为僻静的地区变成"人间天堂"是不可能的。这些另类的地方时常传来迷人的情歌,只是露西和夏洛特不会重蹈《科隆努斯之路》中卢卡斯先生的覆辙。摩根在小说中让主人公们返回英国,以此来检验一下意大利的所见所闻对一群忠于传统的英国人所产生的影响。即便有了这种概念上的进步,也还是有一些东西阻碍了小说的最终完成,即一种颤抖着、抽搐着的自我意识,一种"不是真正的艺术家"的感觉。

一个月后,摩根二十五岁。很难讲清楚他曾经是个什么样的人,可是我们可以轻松地断定他不是哪类人或不可能成为哪类人。如今,摩根再也不是那个被母亲送进国王学院的孩子了。他再也不会假装自己是个大学毕业生了。他不是一位绅士。他不是一位出版作家,或者一位正经的大学教师,或者从事任何职业的一类人。他不会像西德

---

[1] 爱德华·摩根·福斯特的《小说中的悲观主义》,发表在由汤姆逊主编的《阿尔伯格·恩培多克勒》(*Albergo Empedocle*),第135页。
[2] 爱德华·摩根·福斯特致罗伯特·特里威廉,1905年10月28日,《书信精选》,拉戈与弗班克编,第1卷,第83页。

尼·沃特罗、乔治·巴杰、马尔科姆·达林、乔治·特里威廉这些朋友一样，一个接一个地步入了婚姻。甚至连夏季前刚刚取消了婚约的梅雷迪斯也开始有了再次结婚的计划（后来计划夭折），似乎免不了成为一名丈夫。几年以后，摩根毅然决然地拒绝走上与朋友们相同的人生之路。他确定了不同于他们的身份特征，在日志中写道，"我不愿意人云亦云①。"然而，已经二十五岁的摩根，仍然不情愿果断从事。

在一个恪守既定规则的社会中，茶桌上一个不得体的擦拭果酱的动作就能招来犀利的目光，摩根在这个安静的封闭空间中迸发了一个令人叹为观止的创作高峰。几乎没有艺术家能够像1904年的摩根那样，在短短的十二个月中，他把《看得见风景的房间》的手稿暂时放在一边，构思完成了第一部小说《天使惧于涉足的地方》，接着，他又有了第二部小说的计划——《最漫长的旅程》，后来，他又修改、创作和出版了《一个迷人的女人》(The Story of a Siren)、《永恒时刻》(The Eternal Moment)、《科隆努斯之路》《一则恐慌的故事》，他还把其余大部分的短篇小说收录在《天国选集》(The Celestial Omnibus)中。同时，他动笔写了一些同性恋主题比较明显的短篇小说，只是这些小说在他死后才能出版。摩根的朋友，弗吉尼亚·伍尔夫在大量日记中记录了自己迸发的种种想法和反复闪现的创意，还有她的每一个修改策略。而摩根则相反，他很少在每一次文思泉涌和灵光乍现时留下只言片语的记录，只在日记中略记了一点儿在创作过程中产生的看法。他甚至没有提到《天使惧于涉足的地方》的完成日期以及小说出版的日期。

离开剑桥的日子看起来有些无所事事，踟蹰不前，然而实际上却是硕果累累，反馈良好。从他早期的小说来看，严格来讲，它们不属于自传，然而里面却涵盖了自青春期以来困扰着他的三个问题，即他是谁，他将来会做什么，他的性取向是什么样的，这三个问题一直在纠缠着他。在这丰产的一年，这三个问题的答案一下子就都有了。

---

① 爱德华·摩根·福斯特，日记，1907年12月13日，国王学院档案馆。

正如塞尚一遍遍地勾勒着圣维多利亚山的轮廓，或像简·奥斯汀那样，在"小小的两寸象牙上"①描绘着乡村家庭的生活，阐释自己的道德观念，摩根则发现了他全部作品的丰富性和复杂性，他对审美的所有追求体现在一个主题上：探寻人和人之间真诚的联系。尤其适用于一些跟自己不一样的人。他在作品中一次次重申这个主题。他很清楚，这是一种精神传承，继承自之前的女性作家，他采取了她们的基本模式来展现自己的道德世界。他习惯把情节设定在家庭范围内，奥斯汀和乔治·艾略特已经在这方面做了颇多的探索。他利用她们的主题来关注自己本身：在婚姻方面明智的选择，礼仪和个人自由之间的较量，一个内在生命的道德复杂性，小群体施加于个体道德行为的压力。他并不需要憧憬未来，但他会重新定义那些陈规陋习。尽管他的成长环境非常封闭，性格也有些怯懦，但他仍然找到了一种方法来取代这些长久以来备受推崇的故事情节的核心。他借助一些方式打破了读者原有的思维定式，这些方法包括从不同的视角观察一个问题，思考不同的人物之间的一致性——如一位印度医生，一个为获得教育机会而奋斗的底层职员，一位任性固执的年轻寡妇，冲动地错爱上一个男人。他会复杂地运用"总是和自己探讨的问题②"——如"我是不是一个循规蹈矩的人"。这个问题的答案一般非对即错。

他的平常生活中处处存在约束，但又对生活充满想象，在这两者的紧张角逐中，他总是保持警觉。他始终幻想着有一个美好的世界，在这个世界里，他可以爱上别人，也可以收获他人的爱情，这幻想仿佛海市蜃楼一般召唤着他。1904年，在大英博物馆里，他看着那些青年男子的人体像陷入了沉思，一时间仿佛与那个幻想不期而遇，"每次在大英博物馆看着那些希腊艺术品时③，他们看起来美得不可方物，却

---

① 迪尔德丽·勒·费伊（Deirdre Le Faye）主编的《简·奥斯汀书信集》（*Jane Austen's Letters*），纽约，牛津大学出版社，1997年，第323页。
② 爱德华·摩根·福斯特致乔治·巴杰，1899年7月28日，《书信精选》，拉戈与弗班克编，第1卷，第31页。
③ 爱德华·摩根·福斯特，日记，1904年3月13日，国王学院档案馆。

又令人如此绝望透顶……那位俊美的断臂男孩,我觉得应该称他甜美男孩,因为他是新希腊雕塑。他立在午后温暖而耀眼的阳光下,静静地散发着光芒……"尽管他坚信,基督教教义将灵魂和肉体享乐截然分离,尽管他相信激情是拯救英国灵魂的良药,他还是带着一种青年人的坚决和自信写道:

> 我想,我最好还是泯灭自己的灵魂吧[①],因为深知自己不能主导它。即便不是一个孤立派,那我也注定是一个少数派,那我最好还是坚持自己的立场吧。因为在这里没有卑劣可鄙的事,也没有冷嘲热讽。我也有甘甜之水,但我从未饮用过。我能够体会别人干渴的心情,只是他们不能理解我的节制。

挫败和失落仿佛泉水一般喷涌而出,点燃他的创作欲望。如果他不能亲身体会爱情,那他至少可以在作品里"复制"爱情。

这一段选自摩根最私密的日记,意义重大。作为一个英国爱德华时代的同性恋者,摩根选择了"少数派"这个字眼来描述自己的"处境"。在当时的主流文化中,人们憎恶同性恋者,视同性恋为非法,甚至连持有这种想法的人也"羞于启齿",而摩根则借用这个字眼批判了这种主流文化。然而,摩根之所以选择这个字眼,也是在抗议他所熟知的同性恋方面的措辞形式太少。不管是盛气凌人的唯美主义者,如奥斯卡·王尔德和查尔斯·塞尔,还是布鲁姆斯伯里那群放荡不羁的人,如利顿·斯特雷奇和画家邓肯·格兰特,他们觉得摩根很虚伪,但不是因为他想法天真或拘泥礼节。虽然王尔德的公众形象和斯特雷奇敢于打破传统的精神太过于珍贵,过于聪明,过于重要,过于理智,自我借鉴价值也很深,可这些反而没有引起摩根情感上的共鸣。这种在循规蹈矩和打破习俗之间摇摆不定的性格深入其骨髓,难以改变。

[①] 爱德华·摩根·福斯特,日记,1904年3月21日,国王学院档案馆。

他至今还没有找到改变的方法，然而，至于他自己，还有像他这样的人所渴望的东西，他还从来没有在这个世界上见到过。他渴望亲密关系，渴望爱情，还有像婚姻那样的家庭生活。

摩根深入思索过自己的"处境"，因为他认真地考虑过自己的性取向所暗含的道德问题。当然，他的"节制"源于谨慎小心，害怕冒犯到母亲。不过他设法用自己的语言来表达自己。他选用了"少数派"这个词，避开使用进步人士中流行的科技术语，如变性者、两性人、第三性别、同基因的、同性恋——这些抓人眼球的理论解释了为何男人之间会产生奇怪的吸引力，这些科学家和医生创造的科技术语得到知识分子们的欣然认可，甚至热烈追捧。摩根本人很排斥鸽洞式的医学标签，他也无意成为一桩"研究案例"①，就像J.A.西蒙兹成为哈夫洛克·埃利斯那部突破性的《性的颠倒》（*Sexual Inversion*）中的案例一样。对于种种关于同性恋起因的解释，不管是德国人K.H.尤里奇斯（K.H.Ulrichs）和R.冯·克拉夫特艾宾（R.Von Krafft-ebing）提出的性格相似的"病态倾向"理论，还是英国人的，摩根都深表疑虑。（后来，他自己也渐渐疏远了弗洛伊德的理论。）

在日志中，摩根想象着自己置身于两种对立的误解中，一边是无法苟同同性恋观念的人，另一边是像利顿那样的同性恋者。他发现自己所谓的"节制"是那么懦弱不堪，可笑至极。然而，摩根不敢想象自己被完全孤立的样子。即使在悲哀地捍卫自己"处境"的时候，他依然幻想自己的性取向能够得到群体的理解。毋庸置疑的是，他会成为"少数者"，但却不会是"孤立者"。他把使徒社处理个人关系的理念嫁接到了情人和朋友之间的爱情理想上，这种爱情理想不同于他自身的看法。因为他幻想的内容既涉及修理花园的男孩和工人，也包含职员和面色黝黑、瘦骨嶙峋的人。自从去了工人学院，他认为的爱情既可以表现为一种欲望，也可以是一种宽容，并且这种浪漫的观点通过一种

---

① 克洛赛克斯（Grosskurth），《约翰·阿丁顿·西蒙兹回忆录》（*The Memoirs of John Addington Symonds*），第19页。

特殊的形式体现了出来。这既是一种常规的比喻——王尔德和工人阶层的男孩搞暧昧，也是一种非常规的修辞——象征着摩根的品性和个人哲学观。

　　写完这篇日志数月后，在1904年7月的一个周末，"一部完整小说的构思①——一个人发现自己有一个私生子兄弟的故事——成型。"即便在他们寻找新住处时，他依然没有搁笔，继续将这个故事写了下去。比起南金斯顿那幢沉闷的公寓，摩根和莉莉想要找一处能长期居住并能经得起检验的房子。在找房子的途中，摩根和莉莉稍作停息，决定前往威尔特郡探望迈美·艾尔沃德，她既是埃迪家族里的表亲，又是莉莉在生摩根之前就结识的好朋友。迈美·艾尔沃德住在索尔兹伯里附近，"那地方位于盆地中间②：奇尔特恩丘陵，北部丘陵和南部丘陵自此向外辐射。"巨大的石块圈起来的巨石阵刚好矗立在小城外部，不远处就是宏伟的尖塔教堂。"英格兰的全部性情③都集中到了威尔特郡。"摩根这样认为。这个地方既能隐居避世，又可以被视为家园。

　　7月中旬，留下莉莉和迈美在家聊天，摩根只身前往威尔特郡，欣赏当地的美景。漫步在长长的乡间小路上，是一种普遍流行的娱乐消遣。自从华兹华斯的诗歌发表后，一百多年以来，在淳朴天然的乡间生活中找寻自我、找寻真正的英格兰成为浪漫的文人雅士进行文学创作的习惯。自从进入国王学院起，A.E.豪斯曼的诗集《什罗普郡少年》和马修·阿诺德的《吉卜赛学者》(*The Scholar Gypsy*)就对摩根产生了深刻的影响。自己不过是个居无定所的乡下人，对于土地和过往的密切联系，摩根内心存有十分矛盾的情感。在索尔兹伯里以东三英里处，摩根登上山丘的古堡垒，这堡垒建于铁器时代，看上去就像一圈圈波浪状的同心堤，约十二英尺高，里面长满了高高的"又灰又硬"

---

① 爱德华·摩根·福斯特，日记，1904年7月18日，国王学院档案馆。
② 爱德华·摩根·福斯特，《最漫长的旅程》，第126页。
③ 同上。

的杂草①。这些古迹看起来②正合摩根心意,"能引起人的好奇心却又不那么令人瞩目"。摩根向环形堡垒的中间走去,那里孤零零地立着一棵树,摩根觉得眼前的一切就是"这个乡村的全部格局③"。在那片小小的树荫下,摩根偶遇了一个牧羊童,他的一只脚有点跛。突然间,摩根觉得自己仿佛是在拉维罗,"所有的景象"都"充溢着情感"。

从空中俯瞰,费格斯伯里麦田圈形状似煎蛋,中间躺着一个偌大的蛋黄,不过,这是一个十五英亩左右的煎蛋。两个同心圆圈中,每个环形在东边和西边都有一个进入的缺口。人类的意志力会在自然风景上得以最好的体现——这麦田圈仅是这星罗棋布的环状物的冰山一角,这些环状物被压进或刻在索尔兹平原的白垩丘陵上:墓地,石堆,巨石阵,旁边的一条大道直通到埃文河,还有老萨勒姆堡垒遗址——索尔兹的第一大景观。这些景象无不揭示着曾被征服而留下的伤疤,尽管这一次次的征服已淡出人们的记忆。罗马人曾侵占老萨勒姆,在城堡与城堡之间修路,以便于调动军队。其中一些构成大动脉的干要道路,有的倾斜,有的笔直,有的坚固,及至后来的征服者入侵时依然能够使用。而其余的则大都长时间废置不用,横七竖八地斜插到农场里。相隔越久,这些外来入侵留下的伤疤越是清晰可辨。获取费格斯伯里麦田圈图像最好的方式是人造卫星拍摄。

一旦站到堡垒的顶处,就会发现人类的工作是多么精妙。不过,眼前的景象会让你产生一种矛盾的感觉,搞不清楚人类到底是在驾驭这个世界,还是在它的荫庇之下。摩根把这种感觉称为④人与自然关系的"体系"认知。整个威尔特郡的布局就像是特意的启示,既有上帝视角下的大自然,也有人类的改造:森林和农田,蜿蜒曲折的河流和晴天下宏伟的尖塔教堂。当你踏上这长长的堤坝时,就会被所有前来的人

---

① 爱德华·摩根·福斯特,《最漫长的旅程》,第125页。
② 同上。
③ 爱德华·摩根·福斯特,《我与我的书》,国王学院档案馆。
④ 同上。

群淹没。

对于摩根而言,躺在麦田圈会让他再次体验那种浩瀚无际的感觉,这种感觉曾在马丁力的白垩圈出现过。而这次不经意间的邂逅将这处充满魔力之地的神秘性无限放大。福斯特与牧童交谈的时间不超过一刻钟。这不是一个引人注目的情节。坐在这棵孤零零的古树的树荫下,他们谈论着"无关紧要的事——依旧是我最爱的话题之一[1]"。小男孩非常和善友好,没有什么谄媚之意:他从不恭恭敬敬地称呼摩根为"先生"。虽然脚有残疾,但他看起来过得快活自在。他的慷慨打动了摩根,他还把自己的烟斗递给摩根吸[2]。摩根没有吸烟的习惯,于是婉拒了男孩的好意。等到摩根起身离开时,他送给男孩一枚六便士硬币,不过被对方断然拒绝了,只是这种拒绝并没有什么恶意。

没有什么比人性闪现的温暖更能打动人心了。摩根"在麦田圈被点燃了激情[3]"。"在思想和心灵的交汇处闪现着创造的冲动",这正是这个男孩给他带来的触动。这次的感觉更加美妙,胜过《一则恐慌的故事》中转变尤斯塔斯的牧羊神大帝之灵。摩根心中涌现了一股找到归宿的情绪。那个男孩自发流露出的友好使摩根相信"英国人会是[4]世界上最伟大的人:他比意大利人更仁慈高尚;别人不敢嘲笑他那孩童般的天真无邪"。这种家庭观酝酿出一个代理家庭的想法,包括一直以来所向往和缺失的兄弟,还有那因不被接纳、流离漂泊而无比渴望的归属感。对于他的小说而言,他就是一个父亲的角色,只不过这个角色更加积极乐观、热情洋溢,不再是机械的模仿,更不是做爱。几十年后,他在总结这个开创性的时刻时写道,"创造,接纳,重塑。"[5]与此同时,因为牧羊男孩的出现,《最漫长的旅程》中斯蒂芬·温哈姆这一人物得以诞生。

其实,摩根早就开始构想一个与自己类似的人物,一个聪颖却腼

---

[1] 爱德华·摩根·福斯特,《最漫长的旅程》(1960年)中的作者介绍。
[2] 同上。
[3] 同上。
[4] 爱德华·摩根·福斯特,日记,1904年9月12日,国王学院档案馆。
[5] 爱德华·摩根·福斯特,《最漫长的旅程》(1960年)中的作者介绍。

腆的青年，在"求真务实、勇敢无畏的剑桥精神"下得以转变，剑桥大学……"是本世纪我最早认识的地方"①。然而，现在他才意识到，剑桥大学不过是一部恢宏的故事里的部分章节而已。孤儿里基·艾略特——摩根在小说中的替身，偶然间发现自己有一位私生子兄弟，史蒂芬。斯蒂芬完美无缺，而里基则相反——酗酒，放羊，种地，自学成才，脾气火爆，漠视一切的他过得舒服自在。他身上有一种手足情谊，这种情谊来自使徒社成员对希腊文化的热爱和彼此间的关爱，是一个典型的普通英国人的特点。因此，生活和艺术自此交织在一起："费格斯伯里麦田圈被虚构成凯德伯里麦田圈②，脚下的温特伯恩河谷变成了康河……《最漫长的旅程》就这样诞生了。"值得注意的是，摩根在小说中将畸形足的特征从自强不息的斯蒂芬身上转移到了里基的身上。这个记号预示着他既与众不同，又美中不足。里基的身上既有大都市人的气概，又有点胆小柔弱，身体上的残疾使得他脱离群体，在学校没法和大家一起参加体育项目，甚至在步入那不幸的婚姻生活之后，面对健康的孩子时，他似乎天生不适合当父亲。

麦田圈的偶遇仅过了一天，摩根的自我意识就开始蚕食他的信心。他仔细地剖析自己对那个牧羊男童的所作所为，发现自己是那么呆板和愚笨，竟然做出施舍钱财这样侮辱人格的事情来。第一次在私人日志中记载这件事情的时候，他的内心早已被一种后知后觉的情感所萦绕——"我再次走到费格斯伯里麦田圈"③——他开始了自己的解释。在进行自我贬低的同时，他美化了牧童的动机，直到他变为一种符号象征，不仅仅代表一次友好的邂逅，还象征着农民的"智慧"、国民气质和英国精神。摩根决定，"不管他明白与否"，这个男孩都是"平生所遇见的最伟大的人物之一"。

按照他一贯的作风，摩根站在这个男孩的立场上仔细地考虑了当

---

① 爱德华·摩根·福斯特，《最漫长的旅程》（1960年）中的作者介绍。
② 爱德华·摩根·福斯特，日记，1904年9月12日，国王学院档案馆。
③ 同上。

时的场景。在摩根看来，拒绝接受钱财是一种"伟大智慧"①和"淳朴勇气"的表现。"我只是不想显得自己没有同情心。"9月份，摩根在日记中总结了当天的心情，"不管我当天有没有施舍出那六便士，从他的回绝中我感受到一丝安慰。"回顾那天的情景，在克服了欲望、内疚和焦虑后，摩根用意大利语描述出了内心强烈的感受："Vorrei cercario—ma come si puó vivere quando si domanda sempre'cosa fa?'"（我依然想要再去寻找他，可是又有谁愿意整天有人在你身边追问"你在做什么？""你要去哪里？"）

有那么两回，在周一②和周二，摩根再次回到那个地方，想要看看是否还能再碰到那个男孩。（有人推测，摩根整个周末都一直在焦躁地计划这件事，在被莉莉和迈美问到"你去哪里"时想到一个脱身的借口。）然而，想要再一次体验那种轻而易举的同步性所带来的喜悦却不大可能。男孩赶着羊群去了威尔顿，距此处六英里。他第三次去找寻时，从男孩的父亲那里得知了这个消息，他父亲也是个牧羊人，"衣着整洁"，态度友善，但比起儿子来"总感觉少了点灵动之处"。但不管是老牧羊人还是他的儿子，都没有称呼摩根为"先生"，这点让摩根感觉很舒服。

后来几年里，摩根一直竭力强调自己对那个牧羊男孩没有做出任何非礼的行为。查尔斯·塞尔，那个剑桥大学的图书管理员，此人可能还是对《一则恐慌的故事》背后的意图心怀戒心，但摩根认为，他一定误解了这个牧羊男孩的故事，"查尔斯·塞尔擦干净他的眼镜③，只是任何观察者对我们的见面都不感兴趣。"实际上，绝大多数情况是：摩根格外注重得体的举止。不过，他的内心却充斥着丰富的情感，那时候自己的一举一动仿佛都在暗示那次邂逅有着一股充满情欲的魅惑力——掺杂着炙热如火的性欲和云淡风轻的爱情。他从未在写作中承

---

① 爱德华·摩根·福斯特，日记，1904年9月12日，国王学院档案馆。
② 同上。
③ 爱德华·摩根·福斯特，《我与我的书》，国王学院档案馆。

认自己跟牧羊男孩的偶遇是学生时代遭遇的重演——当时在唐斯丘陵地区遭遇恋童癖者的性侵。然而,这两次事件有着神似之处:一个男人和一个小男孩;一方在给另一方钱时遭到拒绝;激动兴奋;敏感的一方急于详述和解释自己的清白。

多年以后,摩根不太情愿地发现,①尽管那件事"丰富了"他的小说,然而"检验这份神奇"无疑会令人失望:"麦田圈依然存留……那棵树依旧还在。"然而,当他的朋友,利顿·斯特雷奇去参观时,面对此情此景却没有产生情感上的共鸣。他"不会与幻想中的移情产生共鸣"。20世纪20年代初期,在游历威尔特郡期间,他一直在思考权衡这件事,他竭力思忖着这份意识的重要性究竟在多大程度上源自内心的憧憬和幻想。在一次长时间的散步中,他再次遇见那个男孩,认出了跛着脚的他,"因为他以前是,或许将来也是一位脏兮兮的农夫②。摩根心里既没有喜悦,也无伤感,只有一种渐渐消逝的幻觉,感觉自己所遇见的所有人、所有事物都是那么的不真实。"摩根既没有与他说什么话,也没有表现得过于冷淡,只是后来他"将《最漫长的旅程》版税中自己所得的那份报酬让了出去"。

---

① 爱德华·摩根·福斯特,《最漫长的旅程》(1960年)中的作者介绍。
② 爱德华·摩根·福斯特,《我与我的书》,国王学院档案馆。

第四章
路途中的火花与黑暗

月底,摩根和莉莉回到伦敦,他的脑海里始终有个尚未成形的想法,那就是创作一部新小说。经过几个月的寻找,"我们找到了房子①,房子很小,也没有花园。"他们签了租约,以每年五十五镑的价格租下了这幢半独立式住宅,它位于威布里治的一个小村庄里——威布里治处于伦敦的西部边缘,将被建造成一个通勤城镇。这里有一条铁路线,滑铁卢车站离这里仅有半小时的车程。从车站到村庄脚下步行仅需二十分钟,途中会穿过树林和乡间小路。这幢房子"很小,而且还有几分土气②",他和登特说道,不过好在"并不雅致"。房子坐落在村庄繁华街道的边缘,对面是一家古老的马车驿站。这个村庄布局紧凑,吸收了维多利亚时期的精华,颇为优雅:仿哥特式建筑——圣·詹姆斯教堂只有几十年的历史,却建在教堂的墓地里。通往威河的路上有尚未成材的树木和田地,威河是泰晤士河的一条支流,天气晴朗的时候,摩根和莉莉就会一起去那里划船。距那里不到一英里之处有一块美丽的湿地,叫作彻特西草地,那里栖息着许多鸟类。

这栋三层高的砖砌房子正面有一面阁楼山墙和一扇宽敞的窗户。透过窗户能看到只有邮票大小的格林纪念碑。一根高大的大理石柱子耸立在草地上,这根大理石柱是为了纪念汉诺威时期的一位女资助人而建立的。人们将这根石柱从伦敦附近臭名昭著的七晷区运送到安全

---

① 爱德华·摩根·福斯特致罗伯特·特里威廉,1904年8月25日,《书信精选》,拉戈与弗班克编,第1卷,第61页。

② 爱德华·摩根·福斯特致爱德华·登特,1904年10月1日,国王学院档案馆。

的郊区避难所。"石柱上有一处题词，大意是①做善事需要花费很多心血"，最后一行是"登记在上述场地里"。在写给罗伯特·特里威廉的信中，摩根向他展示了房子的草图。房子后面能看到一块田地——"田里到处都是胖乎乎的小雏鸡②。"从会客厅可以看到阴茎状的纪念碑。"这幢郊区住宅……有很漂亮的黄铜框架的门阶，这是上一位房客留下的，邻居家都没有这样的门阶。"

和伊甸园中的亚当一样③，摩根搬进房子后的第一件事就是给它起名。这幢房子建于三年前，它有一个响亮的名字——格伦多尔，这个名字"十分令人厌烦"。摩根将它称作哈纳姆。越过渍水草甸可以看到索尔兹伯里大教堂，还能看到靠近威尔顿市东南部的山脉，这里的景色真是奇妙无比。因此，福斯特一家将古英格兰的风格运用到这幢郊区的新居中。莉莉或许会发现，格伦多尔这个名字会令她想起迈美。对摩根而言，这个名字与他第一次遇见牧羊男孩的地点有着隐秘的关联。

哈纳姆虽不是洛克斯奈斯特，但"从某个角度来看，它还是很漂亮的"④，它比莉莉和摩根在肯辛顿住的公寓要宽敞得多，散发出一种爱德华时代的舒适感。房子的一楼是放着一架钢琴的客厅、餐厅和厨房，二楼是摩根和莉莉的大卧室和盥洗室，阁楼上有三个小房间——一间住着露丝·金史密斯（Ruth Goldsmith），她是莉莉居住在汤布里奇时的厨师；还有一间住着客厅的女侍艾格尼丝·道兰德（Agnes Dowland）；最后一间是摩根的工作室，那时他还处于创作初期。楼下是纯粹的维多利亚时期的中产阶级家庭模式；而楼上，更为现代化的事情正在酝酿着。这间小书房是摩根的地盘：透过窗户，他可以看到草地和公路。摩根早晨起得晚，他把一天分成两部分，一部分时间练琴；另一部分

---

① 爱德华·摩根·福斯特致罗伯特·特里威廉，1904年8月25日，《书信精选》，拉戈与弗班克编，第1卷，第61页。
② 同上。
③ 爱德华·摩根·福斯特致爱德华·登467，1904年10月1日，国王学院档案馆。
④ 爱德华·摩根·福斯特致罗伯特·特里威廉，1904年8月25日，《书信精选》，拉戈与弗班克编，第1卷，第61页。

是在阁楼上的小房间里完成小说《露西》的写作。后来，他将这部小说称为《看得见风景的房间》，还创作了另外五部小说。在之后的二十一年里，他和莉莉一直都住在这里。

1904年12月，距他第一次大幅修改《露西》的草稿已经过去一年，写到塞西尔·维斯与露西·霍尼丘奇开始一本正经地约会时，他又一次把这本小说搁置起来，暂停手头的工作。摩根很快构想出一部全新的小说，小说基于一些谈话的片段、1902年第一次游览意大利时他听到和评论过的"一些没用的废话①"和一则小道消息，关于一位年轻的英国寡妇与比她年轻的意大利男人之间的一段不幸的婚姻。

如果亨利·詹姆斯稍微有一点幽默感，他可能就是《天使惧于涉足的地方》的作者了。与《露西》的草稿一样，这部小说的构思体现了英国中产阶级与意大利普通人之间的文化冲突。福斯特将这本书暂时起名为《营救》(The Rescue)：菲利普·赫里顿是个意大利迷，他的妹妹哈里特性格保守，而母亲则非常严厉。母亲派兄妹两人去从基诺·卡梅拉的手中解救他们兄弟的遗孀莉莉娅。卡梅拉是蒙特利亚一位牙医的儿子。莉莉娅那位倒霉的女仆卡洛琳·阿伯特没能阻止成功，等到菲利普到达时，莉莉娅已经与卡梅拉结婚了。

小说的故事情节以一种出人意料的方式展开。赫里顿夫人那令人厌恶的责任感起初并没有得到读者的理解，但最终表明她是正确的，这段婚姻的确使莉莉娅很痛苦。结局才是真正悲惨的：莉莉娅死于难产。莉莉娅的英国亲属营救男婴实际上是一次绑架，中途婴儿意外死亡。当时，载着婴儿的马车翻了，菲利普的胳膊也骨折了。基诺发现自己的孩子死了，拧着菲利普骨折的胳膊折磨他。(后来摩根坦言，这一幕曾经性爱般地搅动他的心："我不知道也不想知道这是为什么②，即便我听说过受虐狂，实际上我也并没有否定两者间的联系。")这两位来自英国的不速之客，一瘸一拐地从蒙特利阿诺逃跑，他们怀揣正义

---

① 爱德华·摩根·福斯特，《戴维山》中的《三个国家》，第291页。
② 爱德华·摩根·福斯特，《我与我的书》，国王学院档案馆。

而来，却造成了如此大的伤害。在小说的结尾部分，菲利普感觉这次经历改变了他，于是决定必须向卡洛琳表达爱意。而卡洛琳也从这次痛苦的经验中得到教训，她向菲利普坦承自己爱的是基诺。菲利普利用一种詹姆斯式（隐忍式）的舍弃方式，隐瞒了自己对卡洛琳真实的感情。最终，究竟是谁被营救或从什么中被营救已经不那么清楚了。

　　福斯特"几乎是靠体力支撑①"完成了这部小说，他仅用了短短一个多月的时间就完成了十个篇幅较短的章节的写作。最早的读者们不知道如何理解这部小说。劳拉姑妈年长的朋友，维多利亚时期的批评家斯诺·维奇伍德②发牢骚说，她"反对这个故事的根本原因在于，摩根一开始就没有决定好这个故事究竟是悲剧还是喜剧。这对摩根来说像是一种新观念……即从某种意义上说，一个人应该对自己的意图有一个设想。我认为，在一部悲剧作品中，一切都应该用来暗示某种悲剧性"。但人们应该对菲利普荒谬狭隘的生活——或他的牺牲进行嘲笑或感到可悲吗？如同奥斯汀的小说，在福斯特的第一部小说里，即使是小偷和心胸狭窄的暴君也拥有其道德观：摩根回想到"发现奥斯汀的小说《曼斯菲尔德庄园》中的伯特伦女士也有道德观时，一开始我感到很震惊"。他并没有意识到艺术的可靠性③，他在《备忘录》一书中吐露道，"这种可靠性使艺术得以保存，总是让她和哈巴狗一起窝在沙发上。"

　　在《天使惧于涉足的地方》一书中，摩根试图传达他那标签式的"断断续续的知识"，这是"在不知不觉中拓宽或削弱我们感知的能力④……这是小说形式的优势之一……我们在感知生活的过程中也有相同的情况：在某些时候，我们可能很愚蠢"。罗伯特·特里威廉严厉地批判了这部小说，认为小说的情节变化应当清楚地表现出来，人物应当

---

　　① 爱德华·摩根·福斯特，《戴维山》中的《三个国家》，第290页。
　　② 斯诺·维奇伍德（Snow Wedgwood）致劳拉·福斯特，1906年4月27日，《天使惧于涉足的地方》中的编者简介，。
　　③ 菲利普·加德纳，《备忘录》（Commonplace Book），第15—16页。
　　④ 菲利普·加德纳，《备忘录》，第12—13页；罗伯特·特里威廉致爱德华·摩根·福斯特，日期不详，引自《天使惧于涉足的地方》，第150—151页。

更富有同情心，英国文化的背景应当更加"有趣"。摩根则竭力为这部小说辩护，他回应道，道德就是人们能做出多少改变。

> 这本书的目标①是描写菲利普的进步，我的确希望这种进步是一种惊喜……我不喜欢指向牌，也无法忍受……插入"除此之外，再给菲利普加入其他东西这样的想法：观察他"的观念……我应该考虑这种建议，一本书必须有一点学究气。生活是实实在在的，它的冷热交替变化总是很吸引我。

1905年的新年，摩根生日那天，他告诉伦纳德·伍尔夫，他已经完成了小说的手稿并寄给了布莱克伍德（Blackwood），希望能连载出版。虽然他已经完成了一件重要的事，但却承受着缺乏自我价值感的重压。摩根在日记里冷静地叙述着自己的生活。坐在楼顶的小房间里，他感觉生活了无希望：

> 现在，我的生活变得②极其凄惨，想必也非常无聊，就像我看我们自己那样，我想把自己和生活记录下来。我身上不会再发生任何好事了。我已经有了两个发现——一个是大约四年前有关宗教的；另一个是1902年冬天有关同性恋的——这种自我的重建实质上已经结束了……我可能在我那漂亮的客厅里年复一年地坐着，目睹着事物变得越来越不真实，因为我害怕被人们议论……我依旧满心期待最美好的幸福，但幸福似乎已经彻底离我而去了。

他一直认为"二十五岁已经不再是浪漫眷恋的年龄了③"，他确信，

---

① 爱德华·摩根·福斯特致罗伯特·特里威廉，1905年10月28日，引自《天使惧于涉足的地方》，第149页。
② 爱德华·摩根·福斯特，日记，1904年12月31日，国王学院档案馆；弗班克，《爱德华·摩根·福斯特》，第1卷，第121页。
③ 同上，1904年12月31日。

再也不会有人爱上自己。

五十年后，摩根回想起自己那股过早的绝望感。他推断，那是人们常有的一种症状，即"人的一生总有感觉不自在的时候……感觉自己正在变老是任何年龄段都会有的一种情绪①。二十五岁到三十岁间，这种情绪尤其强烈，我用一本日记记录下自己的绝望感……这种不愉快的感觉……也许只是另外一种因为太年轻而产生的感觉，让青少年为之恼火"。但年少的摩根无法确立长远的目标。他强迫自己为未来做好思想准备，为了惩戒自己任性的懒惰和性欲，他写下新年决心，发誓早上九点前起床。为了使身体欲望这头野兽②保持"冷静"，他要开始锻炼身体，也要试图克服那种令人麻痹的羞涩。还有，如果他遇见另一个像牧羊男孩那样的年轻人，他决定学会"在公共场所抽烟：抽烟可以给你一个理由，还能使你看上去毫不回避"。更为实际的是，因为没有一部手稿来拴住摩根，他开始计划再次逃离莉莉和毫无希望的生活。

国王学院的朋友西德尼·沃特罗再次赶来解救了摩根。西德尼有一位性情古怪的姑妈——伊丽莎白，她希望为自己那三个年龄大一些的孩子找一位英语家庭教师。伊丽莎白是一位伯爵夫人，她来自阿尔尼姆地区，表面上看她是一位德国二流贵族，但实际上她的地位来得相当不易。她是小说家凯瑟琳·曼斯菲尔德（Katherine Mansfield）的表姐，出生在新西兰，父亲是英国人并且已经在当地创造了一笔不小的财富。二十二岁那年，伊丽莎白就和一位比自己大二十五岁的德国贵族结了婚，她既不喜欢丈夫，也不喜欢他的出身，于是就和五个年幼的孩子单独住在一座17世纪的城堡里。这座城堡用灰泥粉饰过，布局有些凌乱，是她丈夫继承的众多财产之一。伊丽莎白厌倦了柏林的生活，于是在波美尼亚的乡村纳森海德建造了一座田园式的房子。这处房产包括八千多

---

① 爱德华·摩根·福斯特，《论老年》，第15—16页。
② 爱德华·摩根·福斯特，日记，1904年12月31日，国王学院档案馆；弗班克，《爱德华·摩根·福斯特》，第1卷，第122页。

英亩农场和松树林,她在这里和敬慕自己的孩子们一起建立了一个小型母系家庭,为孩子们建立了私人教学体系,为自己开设了一间带有打字机的书房。她还开辟了一个美丽的英式花园,这个花园有点像对德国人处事方式的非难。根据孩子的出生月份,她颇为羞怯地给三个年长的女儿起了昵称,分别叫"四月""五月"和"六月"。她给自己(常常缺席)的丈夫起名为"愤怒的男人"。她在纪实小说《伊丽莎白和她的德国花园》(*Elizabeth and Her German Garden*)中描绘了这些情景,该书于1898年出版。这部家庭虚构故事书描述了伊丽莎白的花园和她快乐的孩子们,随后成为维多利亚后期的畅销书。伊丽莎白继续写了二十多本小说,其中两本在她死后变得特别有名:一部是《情迷四月天》(*Enchanted April*),描写的是意大利男性友谊的浪漫史;另一部是《薇拉》(*Vera*),朴实地描述了她第二段饱受诟病的婚姻故事。

在纳森海德逗留期间,①摩根有了机会给家里的莉莉写信,信中有趣的旅行见闻偶尔会更新他们的感情,强化两人对荒谬事件的同理心。在这些信中,他可能变成莉莉的"罂粟花"或"贪吃蛇"——他童年时的昵称。他跟莉莉说自己来到纳森海德就像一部错误连连的哥特式喜剧,"超出了他最狂热的想象"。在不知名的黄昏乘坐铁轨旅行,在瓢泼大雨中下了火车,暗得伸手不见五指,没有车站,没有乘务员,举目不见一人。摩根说服当地的一位农场工人带他去城堡——"泥泞!我们踩进了水坑……我们在粪肥中行走"——乘坐一辆坑坑洼洼、简陋不堪的车长途跋涉后,他到达了伊丽莎白那幢黑漆漆的大楼。摩根按门铃时,"一条猎狗在里面'汪汪'狂吠。"一位"头发蓬乱的男孩"带他穿过"一条低长的拱形走廊被水冲洗得发白,走廊上挂着打猎得来的战利品",当他跟在男孩身后时,他的"靴子渗出粪肥"。而伯爵夫人原本以为他会在第二天到达。第二天早晨吃完早饭后,他见到了自己的雇主。伊丽莎白与他原本设想的不太一样:"她镶着一口不怎么好用的假

---

① 爱德华·摩根·福斯特致爱丽丝·克拉拉·福斯特,1905年4月4日,国王学院档案馆;《书信精选》,拉戈与弗班克编,第1卷,第66—67页。

牙，说话慢吞吞的。①""你好，福斯特先生！②"她一字一句地说道，"我们把你和一位女仆弄混了。你认为你教得了孩子们吗？他们很难搞。"

1905年4月到8月，摩根一直和伊丽莎白及她的随从待在一起。德国并没有给他留下什么深刻的印象，"这个国家大得令人难以想象③，人们都安于现状并且充满爱国情怀。"他在日记中写到。他每天的教学任务并不繁重，这三个年龄在八岁到十三岁的女孩十分听话。他喜欢其他的家庭教师，并且有大把时间待在宽敞舒适的套房里。他来了几天后就听说布莱克伍德想出版自己的小说，尽管出版商开出的条件很苛刻。他将小说拿给已经是作家身份的伊丽莎白看，伊丽莎白逐页读完后给出了意见——小说前几章缺乏"出众的文采，枯燥至极④。她觉得自己都想要放下书去洗澡了"。但继续往下读，她发现这部小说十分"美妙"，可只要"一读前面的……就又回到自己最初的看法了"。摩根与布莱克伍德就小说的题目产生了争执。布莱克伍德拒绝了摩根第一次选择的题目——《蒙特利阿诺》(Monteriano)，但接受了他第二次选择的题目，这一次是源自亚历山大·蒲柏著名的格言——"天使不敢践踏的地方，蠢材蜂拥而至⑤"。作者和出版商当即表示满意⑥。整个7月，摩根都在看小说的校样稿中度过。

待在纳森海德的这段时间，摩根通过写日记来反思一个更为普遍的问题，即自己应该怎样适应这个世界。他觉得自己已经与当代的作家脱节。在小说的萌芽阶段，它在所有的文学形式中非常新颖。小说的目的是真实地展现生活的样貌——但摩根所崇尚的19世纪小说写作

---

① 爱德华·摩根·福斯特致爱丽丝·克拉拉·福斯特，1905年4月4日，国王学院档案馆；《书信精选》，拉戈与弗班克编，第1卷，第67页。
② 爱德华·摩根·福斯特，杰弗里·M.海斯（Jeffrey M.Heath）中的纳森海德，《作为批评家的造物主》(The Creator as Critic)，第207页。文章写于1954年。
③ 爱德华·摩根·福斯特，日记，1905年4月8日，国王学院档案馆。
④ 爱德华·摩根·福斯特致爱丽丝·克拉拉·福斯特，1905年7月8日，国王学院档案馆；《书信精选》，拉戈与弗班克编，第1卷，第81页。
⑤ 亚历山大·蒲柏(Alexander Pope)，《论批评》(Essay on Criticism)，第177页。
⑥ 爱德华·摩根·福斯特致阿瑟·科尔(Arthur Cole)，1905年7月7日，《书信精选》，拉戈与弗班克编，第1卷，第78页。科尔是一名音乐学家，曾经是马尔科姆·达林在国王学院最好的朋友。

惯例已经变得像是一种禁锢。对他来说，现在简单地用"非常古老的回答——婚姻"来给小说结尾是一种固执甚至浅薄的做法："艺术家们现在意识到①，婚姻作为一种古老的结尾方式，根本就不是终点……"通过一段婚姻来分析故事情节是喜剧必不可少的部分，但在他看来，少数作家盲目的乐观主义是不诚实的行为："将生活描述成玫瑰花床的作家②也许会因他的天真受到夸赞，但他无法得到自己良知上的支持，因为他知道，在任何情况下，健康天真和真理完全不是一码事。"

从陀思妥耶夫斯基到易卜生再到哈代，这些摩根最仰慕的现代作家都坚信，真理存在于悲剧作品中。他既需要见识世界上的"热"，也需要见识世界上的"冷"，但他的性格使他无法获得这些沉思人士的同情。这一系列美学难题反映出他内心最紧迫的问题。他最亲密的朋友一个个地消失在"令人吃惊的玻璃罩③"——婚姻和世俗生活的后面，他们包括HOM、乔治·巴杰和马尔科姆·达林，摩根开始确信"我和其他人不同"。亲密一定要表现为婚姻的形式吗？

他反复琢磨着一个与之相关的问题。是哪种社会力量让人们变得这么群体化并且这么倾向于将"我们"与"他们"分开？冯·阿尼姆（Von Arnim）的家就像一个奇特、孤立的世界，从这一方面看，它似乎只是再现了威布里治这个奇特的、与世隔绝的世界以及其他的特权地区。他知道，大多数人对不同于自己的生活知之甚少。读狄更斯或加斯克尔夫人（Mrs. Gaskell）的《南方与北方》（*North and South*）也很好："对一位长得标致的穷人表现出热情和感伤并不是一件难事。"他最为熟悉的舒适世界只关注身份地位的完美交替。莉莉、姑妈和她们的朋友没完没了地将时间花费在确定谁过于"粗俗"或谁足够"有教养"，以便前

---

① 爱德华·摩根·福斯特，《小说中的悲观主义》，汤姆逊，《阿尔伯格·恩培多克勒》，第135页；爱德华·摩根·福斯特，日记，1906年2月27日，国王学院档案馆。
② 同上，第144—145页。
③ 爱德华·摩根·福斯特，《霍华德庄园》（阿宾杰），第171页；爱德华·摩根·福斯特，日记，1907年12月13日，国王学院档案馆。

去拜访和邀请一起喝茶。他认为,接近与自己不同的人是一种道德义务,但这是一种有风险的义务。

>了解或帮助①穷人,或者知道有多少穷人,会使我们丢失自己的灵魂——……这种情况是非常可怕的,比如:贫穷、婚姻生活和大部分家庭生活都不利于爱情和光明的前途;对于那些被强加游戏规则的人来说,他们开始计划接触死亡与腐朽,我相信这是因为他们在本质上是善良的。

这些观点暂时保存在他的一小捆日记中。他在一年内把这些观点变成一门叫作"小说中的悲观主义"的课程。课程将跨越阶级界限,传授给工人学院的学生们。如何"设法接触"人将会延续一个伟大的道德问题,它启发了摩根的生活和艺术创作。在后期伟大的小说《霍华德庄园》和《印度之行》中,他将直面困难,毫不畏缩。同时,他将尝试按照自己的艺术观去生活。

1905年的秋天,摩根回到伦敦,参加《天使惧于涉足的地方》的复审工作。他的朋友们,特别是登特和洛斯·迪金森,对他表达了热情洋溢的赞赏。这次的出版经历使他敏锐地意识到,自己作为艺术家还存在着种种局限。他对罗伯特·特里威廉说道:

>我知道自己不是②一个真正的艺术家,同时我对工作感到非常焦虑。如果它能帮我得到我想要的东西,那么我愿意努力工作。我认为,我想得到的东西是一种感伤……但这种感伤并不是通过简单的打击就能获得——我无法正确地表达自己的想法……我的装备十分欠缺,但从某种程度上来说也很不错了,我希望利用这

---

① 爱德华·摩根·福斯特,日记,1905年6月,国王学院档案馆。
② 爱德华·摩根·福斯特致罗伯特·特里威廉,1905年10月28日;《书信精选》,拉戈与弗班克编,第1卷,第83页。

些装备做我能做的事。

他能做的就是在小说中体验现实生活里无法体验的生活。1906年的前六个月里，他重拾牧羊男孩给予自己的启发，那是关于小说情节的片段式启发。书名《最漫长的旅程》是借鉴雪莱的《灵魂的分身》，雪莱的这本书也可以简单地被解读成"一颗心灵的故事"。里基·艾略特的寻爱之旅将一路从剑桥到索斯顿学校，再到威尔特郡乡村。这部小说就像雪莱的诗一样，一个人——在家庭、朋友或男男女女中——可能寻找到的亲密感是多么美好。

> 我从未依附于[①]那伟大的宗派
> 宗派的教条是每一个人都应该选择
> 一位极好的情人或者朋友
> 剩下的全部，虽然公平、明智，给人留下
> 冷漠的遗忘——虽然它是现代道德的法则
> 这条被踏平的道路
> 那些贫穷的奴隶迈着筋疲力尽的脚步在上面跋涉着
> 他们越过尸体走回家
> 在世界宽阔的大路上——也有一位心情悲伤的朋友，
> 也许是一位心存妒忌的敌人，
> 通往……最沉闷、最漫长的旅行

走人迹罕至的路，忠于兄弟——这句训词曾经是剑桥大学使徒会的信条。摩根在国王学院的那几年，脑海里始终对那些睿智的兄弟们和这种手足情谊的典范赞不绝口，他在给小说题词时简单地写道，"兄弟。"然而，在创作《最漫长的旅程》时，他感觉这种团结的力量受到了

---

① 雪莱，《灵魂的分身》(*Epipsychidion*)，1821年，第149—159页。

侵蚀。"现代道德法典"似乎不可避免地会引导人们走上婚姻这条"被踏平的路"。

找不出一个总结性的情节可以表达出《最漫长的旅程》的特殊与不寻常。这是一部自传性的虚构作品。在所有创作的人物中，里基最接近摩根本人的形象。小说的前三章描述了里基孤独的童年以及在剑桥大学期间对友情的觉醒，使里基置身于自己生活的环境中。随后，他将这位代言人投放到一种充满不确定性的未来中。大学毕业后，里基想成为一名作家，但是性情怯懦的他却选择了一种"奴颜卑骨"的生活，那就是在索斯顿教书。索斯顿是一所普通的公立学校，后来，摩根颇具讽刺地说"多亏了我的公立学校"。

艾格尼丝·彭布洛克的哥哥在索斯顿教书，她与杰拉尔德·道斯订了婚。杰拉尔德性情悲观却又充满男子气概，他是英国公立学校男性的榜样。他曾在上学期间欺负过里基。（杰拉尔德的吸引力都是身体上的——叙述者告诉我们，"他变英俊都是从衣服开始的[①]。"）杰拉尔德在一场足球赛中突然去世，之后里基决定娶艾格尼丝，他的动机并不清楚，即使是里基自己也不知道为什么要娶艾格尼丝。里基最好的朋友安塞尔劝他不要这么做。他"预料到一场最可怕的灾难[②]"："你根本不是一个合适的婚嫁对象[③]。你的身体并不适合结婚，我们曾经讨论过这个问题。你的灵魂也不适合结婚：你想要也需要喜欢上许多人，这样的男人不该结婚……如果你试图进入婚姻，你会自取灭亡。"

对故事情节的划分经过了深思熟虑——摩根将里基与艾格尼丝的婚姻放到故事的中间位置。因为在现代小说中，"不管是对一位女性还是对她的丈夫而言，婚姻无疑[④]都不是终点。他们之间的求婚只是一个前奏……他们之间的问题、发展和相互沟通，在这些戏剧性场景中都

[①] 爱德华·摩根·福斯特，《最漫长的旅程》，第35页。
[②] 同上，第80页。
[③] 同上，第81页。
[④] 爱德华·摩根·福斯特，《小说中的悲观主义》，汤姆逊，《阿尔伯格·恩培多克勒》，第136页。

会发生。"

仿佛生活这出戏可以像一盘棋一样在小说中演绎出来，摩根划定出婚姻的种种后果和一个诱人的远景，即有一个不同于自己的兄弟。开始写作时，他担心小说结构规划过度，无法承载其情感重量。"我怀疑这不是一部好的小说①：到处都是独创性的符号，却做不到有血有肉。"

根据他最早的草稿②，故事情节围绕着里基、艾格尼丝和斯蒂芬·温哈姆之间的三角关系展开，其中男性人物斯蒂芬是里基同父异母的兄弟。艾格尼丝完美体现了中产阶级的价值观，她憎恶斯蒂芬。艾格尼丝身上那种虔诚的基督教精神使她坚信"灵魂和肉体"的关系，摩根认为这种辩证法有着无可救药的缺陷，而意大利则教会了他应该"珍惜身体"。他将艾格尼丝的形象总结为一个聪明绝顶的女性。"'灵魂是最重要的。'艾格尼丝说道，然后又将侍者叫来。"

斯蒂芬的醉态、私生子身份以及他那种乡下人的做派无不动摇着艾格尼丝坚定的内心，于是她建议里基剥夺斯蒂芬的继承权。但是里基做不到，他对斯蒂芬的爱最终要了他的命，这种爱完全是从摩根对牧羊男孩的性爱幻想中转化而来的。为了将喝醉酒的斯蒂芬推离铁轨，里基被火车撞伤，然后死去。最终，里基的事迹在主人公死后公开，为了给予这本书适度的赞扬，摩根给它起名为《牧羊神之笛》(*Pan Pipes*)。

《最漫长的旅程》的评论家们③经常给这部小说贴上"巧妙"的标签，偶尔也有人怀疑作者故弄玄虚。他们不知道这则灵魂故事很大程度上直接源于摩根内心最深处的渴望与恐惧。摩根告诉登特，自己曾经描写过一个极其恐怖的场景——在某一章里，里基受到自然精神的触动后开始裸奔，但摩根把这一部分从小说中删除了，因为它会使小说的结尾失去平衡。（他和登特开玩笑说"只有那些读大师级少年读物

---

① 爱德华·摩根·福斯特，日记，1906年3月26日，国王学院档案馆。
② 爱德华·摩根·福斯特，《最漫长的旅程》，第141页。
③ 《论坛报》(*Tribune*)，1907年4月22日；菲利普·加德纳，《批评遗产》(*Critical Heritage*)，第73、83页；《标准》(*Standard*)，1907年5月14日。

的学生①才能理解他的写作目的"。）回顾《最漫长的旅程》这本书，摩根承认，尽管这可能是他的小说中最奇怪和"最不受欢迎②"的一部，但这是"我写得最开心的一部作品"。写完这部小说后，他彻底明白了一件事，即对他而言，结婚曾是一个多么糟糕的念头。但他自己不知道的是，这部小说有种先见之明。接下来的几年里，他会明白两个男人和一个女人之间的三角关系是多么令人痛苦。

　　1906年的夏天，小说正在顺利地进行中，似乎是为了验证自己身份的根源以及实现维持这一身份的许诺，摩根进行了两次令人伤感的旅行。第一次是去曼彻斯特拜访休·梅雷迪斯——他已经打定主意结婚。他的未婚妻克丽斯特贝尔·伊尔斯（Christabel Iles）是一位光鲜亮丽的女大学生，对教育、子女抚养以及选举权方面的问题持进步观点。这次旅行并不成功。摩根闷闷不乐地回到伦敦，感觉很难受，因为他觉得自己"与HOM之间的关系被切断了③"。令他感到沮丧的不只是HOM的婚姻前景，而是他们友情中某些重要的东西正在减少，这种令人不安的认识催发了一种感觉，那就是过去多年的友谊只是自己的一厢情愿，他们之间的关系并没有摩根想的那样真实亲密。在回家的途中，他对火车窗外的不宜画面进行了犀利的评论：在炎热的6月里，"男人在泰晤士河中洗完澡后，身体④被晾干。"

　　8月，摩根回到斯蒂芙尼奇，他离家上学后，便和莉莉一起离开了"鸦巢"，这是他第一次回到这里。他见到了弗兰克·富兰克林（Frank Franklyn），摩根小时候曾和这个修理花园的男孩一起玩耍过。在写给莉莉的信中，摩根详细地描述了这栋房子，指出了房子的变化——"大株的爬山虎长到了食品储藏室的窗户上，你几乎看不到房子了⑤"，但他

---

① 爱德华·摩根·福斯特致爱德华·登特，日期不详，1907年4月下旬，国王学院档案馆；《书信精选》，拉戈与弗班克编，第1卷，第87页。
② 爱德华·摩根·福斯特，《最漫长的旅程（1960）》中的作者简介。
③ 爱德华·摩根·福斯特，日记，1906年6月22日，国王学院档案馆。
④ 同上。
⑤ 爱德华·摩根·福斯特致爱丽丝·克拉拉·福斯特，1906年8月31日，国王学院档案馆。

不敢到屋里看。这个小镇也发生了变化:"这里有一条崭新的路①,与主路和铁轨平行并且位于它们之间……它们看起来完全一样。"离开后的十三年里,"鸦巢"仍然在"我们心里"。

沿公路往下大约一英里就到达海菲尔德,摩根溜达到莉莉的老朋友珀斯顿一家的花园里,他感觉十分不好意思,在未被发觉的情况下,摩根捕捉到一幅令人印象深刻的画面。几年后,珀斯顿一家的女儿回想起那天母亲走进玫瑰园的情景,"她穿着拖地的蓝色礼服②,那天阳光充裕……母亲停下脚步,为我的小兔子们采了一把嫩草芽儿。"花园的边上"出现了一位身材修长、动作笨拙的年轻男人",介绍说自己是摩根·福斯特。"我的母亲用令人陶醉的微笑欢迎他。'没错,你是我们的老朋友。'母亲说道,'来吧,一起吃午饭。'"彼时,《霍华德庄园》第一章里威尔考克斯太太的光辉形象就印在摩根的脑海里了。

10月,摩根和莉莉一起去卢瓦尔河谷的城堡旅行。他和登特开玩笑说,这里"离不开套餐③"。回到威布里治后,摩根参加了茶话会和当地文学会的讨论;每周四与伦敦的朋友一起到村口散步,那里苍翠茂盛的草地占据了菜园的位置;在会客厅练习钢琴奏鸣曲;与莉莉和露丝讨论从超市买哪种奶酪。每天下午他都躲到阁楼里加紧创作《最漫长的旅程》。就在摩根认为他那狭隘的乡村生活能够一成不变地一直延伸到未来时,一个震撼人心的惊喜降临在威布里治。一个长相俊美的深肤色男孩出现在了哈纳姆的阁楼楼梯上。

赛义德·罗斯·马苏德(Syed Ross Masood)当时十七岁,比摩根小十岁,但从一开始他就在两人的友谊中占据了主导地位。他身高六英尺多,能看到摩根的头顶。他的胸膛宽厚,有男子气概。如果发现自己的荣誉受到攻击,那么他愿意为此打一架。他长得极其英俊,身上

---

① 爱德华·摩根·福斯特致爱丽丝·克拉拉·福斯特,1906年8月29日,国王学院档案馆。
② 阿什比(Ashby),《福斯特王国》(Forster Country),第105页。
③ 爱德华·摩根·福斯特,日记,1906年9月3日,国王学院档案馆;《书信精选》,拉戈与弗班克编,第1卷,第85页。

有种人气男演员的异域味道,一双接近黑色的大眼睛和一撮威风凛凛的黑胡子。他来自德里,现在与莉莉在威布里治的邻居希欧多尔·莫里森先生及他的太太住在一起。希欧多尔先生最近退休了,他曾在阿里格尔的英东学院待了二十年。他一开始是一名英语教授,最后成了学院的院长。马苏德住在英国家庭的表面意图是准备牛津大学的入学考试,因此需要摩根来辅导他拉丁语,但实际上这是一部来自印度的黑暗家庭戏剧。

这是怎样的一个家庭啊!马苏德出身于伊斯兰教的一个知识分子家庭,有着高贵的血统。他是赛义德·阿哈默德·汗唯一的孙子。赛义德先生,就像人们在他得到国王颁发的头衔后所了解的那样,起初是东印度公司的一名职员,凭借勤奋、智慧和忠诚得到晋升,成为印度政府的高层职员。他是一个勇敢果断的男人,1857年叛乱期间,他赌上生命和名誉,将英国人从比杰诺尔疏散,并且暂时接管了这个地区来保护欧洲居民,使他们免遭侵犯。他回想起莫卧儿王朝,那时的印度文化和社会稳定性都处于平稳期。1875年,赛义德先生创建了英东学院,他有两个目的,一是创立一所具有西方严密科学体系的大学;二是加强伊斯兰人民的团结。(他认为北印度语是粗俗的,因而将乌尔都语确立为印度未来的官方语言。)他用一种非常特别的方式进行了前瞻性的思考。他崇尚英国教育,将自己的独子送到剑桥大学基督学院学习法律,还计划将英东学院建造成伊斯兰化的剑桥大学。关于学校的发展前景,他希望学校既包含逊尼派教徒,也包含什叶派教徒。根据教义,什叶派教徒不允许惹是生非。为了振兴伊斯兰教,他出版了《道德操练》(*Tahzib-al-Akhlaq*)周刊。这本周刊向印度传播了伊斯兰文化、乌尔都语的复兴和泛伊斯兰教国家身份的原理。在他所处的那个时代,这些观点招来了敌人:伊斯兰教神职人员嘲笑他信仰中的泛基督教主义。他对伊斯兰文化持必胜的信念,印度的领导人对此同样持敌对态度,这些领导人认为他与统治阶层相互勾结。赛义德·罗斯·马苏德的爷爷在当地社会是一位受人尊敬的长者,他去世时马苏德只有八岁。

马苏德的父亲赛义德·马哈默德（Syed Mahmud）受过律师训练，他晋升到"一个'当地人'在英国控制下的印度政府中所能获得的最高职位①"，即三十七岁那年被任命为最高法院的法官。站在赫赫有名的父亲的长长的影子下，马哈默德感到很不安。他依照英国朋友乔治·罗斯法官的名字，给自己的独子起名为罗斯。但是他痛恨英国当局对印度人的歧视和虐待。马哈默德是一个酒鬼，一位英国法官责备他发表意见不及时并且醉酒旷工，于是他辞去了法官席上的职务。赛义德·马哈默德回到阿里格尔，但因为当着父亲的面喝酒导致父子关系变得疏远。他曾经希望接替父亲在大学里的职务，但事情没有如他所愿，马哈默德的生活变得更加七零八落。

马苏德在性格易变、郁郁寡欢的父亲手中备受折磨。在英国当局和朋友们的介入下，他的母亲奋力保护年幼的儿子，这些朋友当中便有希欧多尔·莫里森先生。一天晚上，赛义德·马哈默德喝醉了酒，一怒之下将十岁的马苏德拖到寒冷的室外，逼着马苏德反复地穿过学院的草坪，想要教会他如何用木犁分解草皮。马哈默德混乱的大脑里还残存了一点意识，包括印度在世界上的地位和农业的政治史。惊恐之下，马苏德的母亲给希欧多尔先生打电话，希欧多尔先生从中调解，"将浑身发抖的小男孩裹在自己的大衣里②"并将他带回家。马苏德就待在了希欧多尔先生家里。马苏德的父亲"被赶出了阿里格尔"，口里背诵着几句乌尔都语诗歌，"所有的辉煌③都被留下/当吉卜赛人打包离开时。"莫里森夫妇返回英国前的三年里，实际上充当着马苏德养父母的角色，他们深爱着马苏德。希欧多尔先生有一个和马苏德年龄相仿的儿子，他一直将两个孩子都称作自己的儿子。

尽管马苏德已经在德里完成了预备学校的教育，但这并不能保证他

---

① 莱利维尔德（Lelyveld），《麦考利的诅咒》（*Macaulay's Curse*），第1页。
② 弗班克，《爱德华·摩根·福斯特》，第2卷，第329页。
③ 莱利维尔德，《麦考利的诅咒》，第15页。

已经做好念英国大学的准备。马苏德性格善变，遗传了父亲些许的火爆脾气和祖父的高贵气质。他习惯于做宏伟的计划，比如记住乌尔都语诗人加利卜的所有诗篇，练习打网球和学习弹班卓琴（也叫五弦琴），但只是断断续续地跟进这些计划。马苏德为人慷慨大方，尤其是在他没钱的时候。他慷慨地对待自己的同胞和英国人，他认为英国人是一些"可怜鬼①"。他一辈子都处在被仰慕的位置，这些仰慕他的人听他用"洪亮并且美妙的声音②讲荒诞的故事；每一个人都能注意到他的声音，因为他从不停止讲话"。他有着"强烈的自信心③，这种自信心源于他能将自己的祖先追溯到先知穆罕默德的第37代传人和亚当的第120代传人"。对于灵感已经枯竭很久的摩根来说，马苏德作为他灵感迸发的源泉有着不可抗拒的魅力。摩根家里并不是所有人都和他一样对此充满热情。当摩根的表妹麦密·艾尔沃德（Maimie Aylward）听说他要给一位黑人当家庭教师时，她惊呼道，"噢，亲爱的，我真的希望他不会偷汤匙。④"

摩根将他的新朋友浪漫化了——关于人性温情重要性的信仰，摩根从马苏德身上找到了完美的化身。1906年圣诞夜前夕，摩根在日记中写道，"马苏德放弃了对朋友们的责任——⑤关乎文明的责任。他对此评论说'这就是东方国家的困惑。对东方人来说，人际关系是首先要考虑的问题'。"摩根和马苏德之间一直保持着纯洁的关系，即使这种关系并非正统。摩根给马苏德辅导期间，马苏德并没有学到很多拉丁语。马苏德经常会感到无聊，每当这时他会把摩根举起来，让他身体朝下然后胳肢他。马苏德前往牛津大学时，摩根前去探望他。摩根带着一支水烟回到威布里治，但帽子不见了，是马苏德未经询问便将他的帽子"借走"了。

---

① 弗班克，《爱德华·摩根·福斯特》，第1卷，第144页。
② 同上，第143页。
③ 尼古拉·博曼，《摩根》，第183—184页。
④ 弗班克，《爱德华·摩根·福斯特》，第1卷，第143页。
⑤ 爱德华·摩根·福斯特，日记，1906年12月24日，国王学院档案馆。

他们的友谊几乎①立即就达到了前所未有的亲密程度。在两人的通信中，摩根把马苏德称作"亲爱的男孩"，马苏德在回信中也郑重其事地称摩根为"亲爱的福斯特"，这类称呼在两人的通信中占很大比例。在一次短暂的通信中断后，马苏德写了一封这样开头的信——"岁月轮回②，可能转眼已经过去两千个世纪，即便你从未收到过我的信，你也不要以为我对你的伟大感情会有丝毫减少。"马苏德斥责摩根那英格兰式的性情和他仔细衡量情绪的方式，他认为摩根把自己的情绪当作马铃薯一样来衡量③。

这股情感旋风最终是对人有益的。回想过往，福斯特认为，"马苏德使我从郊区和学术式的生活中觉醒，向我展示了新的视野和文明，帮助我理解一片大洲……像他这样的人，过去从未有过④，未来也不会有。"几年下来，这位年轻人使摩根幻想中的HOM黯然失色。眼下，摩根所有的情感都隐藏在心底。他在日记中隐秘地描写了自己对马苏德深沉的爱意："我们喜欢两人的共同点⑤，也爱两人的不同点。"但摩根的生活依旧保持着⑥一分为二的状态，即便是在他的私人日记里，他也将自己的最终见解分为"非公开性见解"和"公开性见解"。

《最漫长的旅程》计划在1907年4月中旬出版。由于和布莱克伍德发生了不愉快，摩根找了新的出版商，获得了更优厚的条件。他与爱德华·阿诺德（Edward Arnold）余生都保持着合作关系。小说出版的一个星期前，摩根出发去湖泊地区（位于英国）徒步旅行，第五次拜访两对夫妇，他们是：HOM和他的妻子克丽斯特贝尔以及乔治和弗洛伦斯·巴杰。弗洛伦斯是乔治的表妹，也是他的妻子。她是一名大学毕业生，满怀热情地支持社会主义、选举权和妇女教育，这些能清楚地

---

① 西·基德瓦伊（See Kidwai），《福斯特-马苏德书信》（Forster-Masood Letters）。
② 赛义德·罗斯·马苏德致爱德华·摩根·福斯特，1908年11月22日，西·基德瓦伊，《福斯特-马苏德书信》，国王学院档案馆。
③ 爱德华·摩根·福斯特，《阿宾杰收获集》中的《英国人性格琐谈》，第6页。
④ 爱德华·摩根·福斯特，《为民主喝彩两声》中的《赛义德·罗斯·马苏德》，第292页。
⑤ 爱德华·摩根·福斯特，日记，1907年8月15日，国王学院档案馆。
⑥ 同上，1907年12月31日。

表明，她想要做自己。

在壮丽的风景中长途跋涉，"狼吞虎咽①"地吃饭，摩根均享受其中。顺着阿尔夫雷德·爱德华·豪斯曼的诗集《什罗普郡少年》中出现的乡村地名的路线，他只身一人去朝圣。来到国王学院的第二年，HOM就曾把这本诗集推荐给摩根，摩根正式告别了与HOM之间渐渐消逝的友谊，显示出他对文本和地形浪漫的鉴赏能力。豪斯曼的诗歌中的"乡愁和恋床癖②"以及"渴望像个男子汉一样地死去"，"都和我青春期晚期的思想混合在一起，并且深入我的内心。"他发现布鲁姆斯伯里"没有受到损害并且充满生机③：这座充满活力的小镇依然适应于它那美丽的格局。它的每一寸土地都洋溢着诗意或幸运的气息"。摩根忽然间将豪斯曼的诗解读为"隐藏作者亲身经历"的一种代码："我意识到这位诗人④一定是爱上了一位男性。"在拉德洛小镇外，摩根被欲望紧抓，想要与豪斯曼交流自己对这种隐秘的联系的见解。摩根在天使酒吧炭火前摇摇晃晃的橡木桌子上写下一封热情的赞美信。这是他第一次对同性恋作家表示崇拜。但豪斯曼方面却是一片沉寂。后来过了很久，摩根才意识到自己没有附上回信地址。

回到威布里治，摩根从报纸上看到很多关于这本书的评论。多数人把《最漫长的旅程》解读为《天使惧于涉足的地方》中讽刺态度的进一步延伸。《泰晤士报文学副刊》中写道，"福斯特先生又一次困住了自己⑤，就像一些生活在郊区的益虫一样……"《晨报》中一篇未署名的评论对福斯特那断断续续的故事情节挑剔道："除去两个孩子，小说中主要人物的突发死亡率⑥是44%。"福斯特剑桥大学的朋友们在发现小说也

---

① 爱德华·摩根·福斯特致爱德华·登特，1907年4月末，国王学院档案馆。
② 爱德华·摩根·福斯特，《阿尔夫雷德·爱德华·豪斯曼》，国王学院档案馆，这篇文章大约创作于1950年。
③ 爱德华·摩根·福斯特，日记，1907年4月11日，国王学院档案馆。
④ 爱德华·摩根·福斯特，《阿尔夫雷德·爱德华·豪斯曼》，国王学院档案馆。
⑤ 《泰晤士报文学副刊》(Times Literary Supplement)，1907年4月26日，菲利普·加德纳，《批评遗产》，第67页。
⑥ 《晨报》(Morning Post)，1907年5月6日，菲利普·加德纳，《批评遗产》，第79—80页。

描写了他们自己时，并没有表现得很乐观。利顿·斯特雷奇厌恶摩根这种商业性和必然性的成功。他向伦纳德·伍尔夫描述了自己是如何从伦敦图书馆的一角挖掘到这些事情的。

> 那是一段灰色的记忆①……他变化不大，有着古铜色的皮肤，看上去十分健康，身上有一种沉稳的气息。他的书(《天使惧于涉足的地方》)已经再版重印。他正待在威布里治创作另一部作品，他一生都将继续做这件事。他承认自己很"成功"，还认为自己糟糕的灰色表达方式隐含着堕落。但他的确感到非常满足。他的看法使我感到厌恶。

他补充道，"《最漫长的旅程》中的道德、情感②以及耸人听闻的事件是令人难以置信的，但里面涉及了更深层次的愚昧和肮脏。"一个典型的事件是罗伯特·特里威廉肩负起责任，告诉摩根，自己剑桥大学的朋友认为："(你的小说)里的事情③很糟糕。但里面糟糕的事情可不止这些，哦，不，绝不止这些，但这些事情如此糟糕，告知你只是出于普通的朋友关系。"但批评没有消磨摩根的意志，他总是对自己最为苛刻。他曾经把精力放在书籍出版上，但现在他可以轻易地放弃这件事。

因为在合同中承诺写一部新小说，他重新着手未完成的露西手稿，现在他对小说苍白、虚伪的内部世界怀着一种愈发强烈的恐惧感。"我一直在看④这部关于'露西'的小说。我不知道。这部小说欢快明朗，我喜欢这个故事。但是我不会也不能按照同样的风格完成这部小说。我感到十分沮丧。这个问题类似于道德方面的问题。"

---

① 利顿·斯特雷奇致伦纳德·伍尔夫，1906年1月26日，莱维（Levy）编，《利顿·斯特雷奇书信》(*The Letters of Lytton Strachey*)，第95页。
② 利顿·斯特雷奇致伦纳德·伍尔夫，1907年5月2日，同上，第126页。
③ 弗班克，《爱德华·摩根·福斯特》，第1卷，第150页。
④ 爱德华·摩根·福斯特致罗伯特·特里威廉，1907年6月11日，引于《看得见风景的房间》中的编者简介。

从他在一本意大利手册中粗略地列出人物表开始,已经过去五年[①]——

露西·贝灵哲(Lucy Beringer)。她的表姐巴特利特小姐。
梅雷迪斯
拉维西小姐……

——但他们中只有一位是以真实的人物命名的,那就是梅雷迪斯。他在小说的修订版中消失了,这个人物本身过着中产阶级的生活,他的妻子怀了双胞胎。相较于摩根在手稿中为其塑造的形象,梅雷迪斯本人似乎更呆板一些。整个浪漫主义小说的前提都是错误的。

这种新的形式仍然闪耀着光芒。但这种形式下隐藏着对作品本身的厌恶(这种厌恶就像是坚硬的钻石边缘)以及作者的曲意迎合。整理好修订版花了一年多的时间。摩根在形容自己的付出时,采用了一种半喜剧式的绝望口吻。他拙劣地模仿华兹华斯的诗歌《奇异的激情》(*Strange Fits Of Passion*)的最后一行——"天哪,我简直失声大叫[②],万一露西死掉!"来描写罗伯特·特里威廉。写作变得像是一种口技。他甚至借用巴特利特小姐的口吻来接受拜访特里威廉一家的邀请:

先生,

我犹豫要不要和您说[③],您又一次把我与我年轻的表妹霍尼丘奇小姐弄混了……我倒没事,我也不在乎,我的生活很平静,就像我在汤布里奇威尔斯时那样……因此我希望您为了我的表妹记

[①] 斯塔利布拉斯(Stallybrass),《露西小说集》(*The Lucy Novels*),第3页。
[②] 爱德华·摩根·福斯特致罗伯特·特里威廉,1907年9月12日,引于《看得见风景的房间》中的编者简介。
[③] 同上,1908年6月10日明信片。

住我是夏洛特·巴特利特。

在修订版中，摩根保留了曲折的故事情节，即露西·霍尼丘奇在理智的唯美主义人物塞西尔·维斯和冲动的浪漫主义人物乔治·爱默生之间做出选择，但他还开始插入私密性的笑话来逗乐自己。牧师毕比先生从一个书架上取下爱默生《牧羊男孩》的复印本，说道，"从没听说过这本书①。"摩根一直打算把这本小说献给梅雷迪斯，他的确是这么做的。但他的朋友不需要知道这本书是一首告别词。

撰写关于露西的小说已经变成一种无意识的动作。但摩根在读沃尔特·惠特曼的《芦笛集》（Calamus Poems）时受到震撼，他开始将惠特曼的宣言记在心上："我将从向我求婚的那个骗子身边逃跑。"他开始系统化地阅读同性恋方面的经典作品。如果他的听力足够灵敏，那么到处都能听到惠特曼诗歌里吹奏性欲音乐的排箫声。他在日记中草草地记下一个神秘的姓名列表，不加任何评论，似乎如果有人越过他的肩膀去读他的日记就能发现其中隐藏的秘密。这些人是《伊顿冥想》（Etonian meditations）的作者，这本书讲述了一些关于"细腻敏感的年轻男学生"的故事，这些男学生无可救药地爱上了比自己年长的男孩，但这些人的"付出却以死亡作为终结"。这些爱德华时代的小说②和小说家们已经被遗忘很久，其中包括A.E.W.克拉克（A.E.W.Clarke）的《贾斯帕·崔斯特瑞姆》（Jaspar Tristram），H.N.迪金森（H.N.Dickinson）的《凯迪》（Keddy），霍华德·奥弗林·斯特吉斯（Howard Overing Sturgis）的《蒂姆》（Tim）以及戴斯蒙德·科克（Desmond Coke）写的男学生们的幻想。科克出版时用了"贝琳达·布林德斯（Belinda Blinders）"这个有意思的笔名。约翰·阿丁顿·西蒙兹和维多利亚时期的哲人爱德华·卡彭特（Edward Carpenter）是同性恋的捍卫者。惠特曼、米开朗琪罗和莎士比亚也公然写过性爱诗歌。摩根慢慢地开始"试

---

① 爱德华·摩根·福斯特，《看得见风景的房间》，第125页。
② 爱德华·摩根·福斯特，日记，1907年12月31日，国王学院档案馆。

图接触"不被承认的同性恋文学。

1908年1月中旬①，摩根获得了与一名同性恋作家见面的机会，他或许曾把这位作家想象成一位大师和一位良师益友。西德尼·沃特罗住在靠近英国小镇拉伊的苏塞克斯郡，他通过妻子的家人与亨利·詹姆斯(Henry James)结识，这样他能和这位威严的人物亲密接触。沃特罗在一片奉承声中将自己与大师的头衔捆绑，这位现在已经接近七十岁的老头子，看起来十分满足。

有关詹姆斯的传奇故事皆出自他本人的精心设计，传播得很顺利。安顿在凉爽、黑暗的兰慕别墅里，詹姆斯不仅把自己塑造成老练的文学政治家和小说前途的守护人，还把自己塑造成英国贵族中的一员。凭借与沃特罗之间的朋友关系，摩根收到同詹姆斯一起喝周末茶的邀请。摩根很清楚，詹姆斯被称作"一位真正的头等人物②"。他半开玩笑半真诚地给莉莉和登特写信描述这个即将到来的时刻："我觉得所有普通健全的③男人都会感受到主的存在。"这栋简朴的砖房有一个布局整齐的花园和一块年代久远的草坪；屋内，摩根和沃特罗经过黑暗的书房时往里偷看了一眼，詹姆斯正在书房里的大桌子上写作。

这位大师已经六十六岁，体形圆胖，"实际上已经秃顶了④"；摩根只有二十七岁，个子很高，有些口吃，还很羞涩。他刚刚在《奥尔巴尼》(The Albany)杂志中发表了短篇小说《天国驿车》，讲述了一个男孩在一次奇异的旅行中坐上一辆通往天堂的普通巴士。摩根担心詹姆斯虽然了解故事，但却不喜欢它⑤。摩根还不知道如何化解这种忧虑，他和詹姆斯就见面了。摩根被介绍成一位发表过作品的作家。但詹姆斯有一点耳聋，不太可能改变自己对摩根的第一印象。他认为自己正在

---

① 爱德华·摩根·福斯特，日记，1908年1月16日，国王学院档案馆。
② 爱德华·摩根·福斯特致爱德华·登特，1908年2月10日，国王学院档案馆；《书信精选》，拉戈与弗班克编，第1卷，第92页。
③ 同上。
④ 爱德华·摩根·福斯特致爱丽丝·克拉拉·福斯特，1908年1月17日，国王学院档案馆。
⑤ 同上。

会见的是一位来自国王学院的年轻的哲学使徒。"你的名字是莫尔。①"他语气坚定地说到，并用一种专属的方式抓住摩根的肩膀。摩根陷入窘境，他没有清楚地纠正这个错误，接下来发生了其他一系列的小误会：福斯特是来自韦克菲尔德还是来自威布里治？詹姆斯是否知道福斯特赫赫有名的姑妈？

回想起来，很明显，詹姆斯曾希望他的客人能感觉自在一点，如果他们那天能愉快地听詹姆斯滔滔不绝地阐述观点该多好。他最近读过维多利亚女王的书信，因此断言女王"比我想象得更像男人②"。但这个地方整体的氛围以及对詹姆斯本人强制性的崇拜逼走了摩根。在摩根看来，这位来自美国的移居者③身上呈现出"英国人的性情"中最糟糕的特质。摩根早先如此迷恋马苏德和梅雷迪斯不是自发的，也不是偶然的，而是因为他们身上有一种可以互相依靠的温暖。詹姆斯的房子和他本人就像他写的小说一样，在情绪把控方面既"空洞"又难以取悦。

二十年后，在准备可以收录到《小说面面观》里的演讲稿时，摩根会把詹姆斯挑出来进行细致、粗暴的批评，部分原因是摩根认为一位天赋如此高的艺术家应当遵守一条道德律令——人性化。他在书中承认詹姆斯的小说构思出色，但小说的"模式在人物牺牲的部分是交织的④。大部分的生命都不免会消失，包括所有有趣的事、所有快速的运动、肉欲等等，还有十分之九的英雄气概。受伤的人可以独自在他的书中喘息"。詹姆斯小说里的人物"厌恶同一件事⑤"，即他们上帝般的作者试图利用的"利益模式"。"删除的部分并不是为了天国的利益"，因为"这里根本没有哲学……没有宗教（除了偶尔接触迷信），没有预言，也没有超人类的利益。这本书是为一种特别的美学效果而写的，这种效果已经达

---

① 爱德华•摩根•福斯特，《倾听者》（*The Listener*）中的《亨利•詹姆斯与年轻的男人们》（*Henry James and the Young Men*），1959年7月16日。
② 爱德华•摩根•福斯特，日记，1908年1月16日，国王学院档案馆。
③ 爱德华•摩根•福斯特，《小说面面观》（*Aspects of The Novel*），第110页。
④ 菲利普•加德纳，《备忘录》，第14页。
⑤ 爱德华•摩根•福斯特，《小说面面观》，第110、111页。

到了，但也付出了沉重的代价"。虽然摩根没有说出口，但他私下里断定詹姆斯受到的束缚源于他被压抑的同性恋倾向。詹姆斯只是拒绝考虑①同性恋，他所拒绝的这门学问使他陷入了一种必然的混乱。

摩根和詹姆斯见面时感到失望也许是不可避免的，这在一定程度上当然也怪他自己。在他写给朋友的信中和他自己的日记里，他曾将这次邂逅设想成一件幸运的事，但这却使他减少了发现未知事物的机会，即便只是发现他本人笨拙表现中平凡的幽默感。他给莉莉写了一个以自己为原型的喜剧大纲，他在里面是一位运气不佳的拜访者，这种平淡无奇的比喻却蕴藏了深刻的教训。兰慕别墅里高雅艺术的枯燥无味，里面的阿谀奉承和寂静无声逼走了摩根。这种权威"不是我自己的风格②"。

根据摩根写的信，在一个天空是蓝灰色的夜晚，他喝完茶，走出兰慕别墅，到了外面碎石铺成的路上，道路两边种着高大的水蜡树，明亮的火光闪烁跳动。远处一位正在回家路上的工人停下脚步，点了一支烟。这只是一个无意的信号，因为男人根本没有看到摩根，但火光的灼热使摩根的心情突然变得非常激动。这是一种秘密的暗示。突然间，摩根感觉自己被推入一条不同的路，他被推离艺术的殿堂，进入一种更为粗野、真实的生活，他知道，自己喜欢这样的生活。

在摩根的私人日记里，他写下少许关于当晚记忆的梗概，想以此捕捉与詹姆斯见面的感觉。之后，没有任何上下文，一首诗跃然纸上：

我看见你或者我想起你
我不知道，但在黑暗中
洞察已知的和不真实的事
它闪烁着——一支香烟微弱的火花。
它闪烁着——当我离开房间时

---

① 菲利普·加德纳，《备忘录》，第18页。
② 爱德华·摩根·福斯特，日记，1908年1月16日，国王学院档案馆。

> 文化慢慢凋零
> 有一些比这种阴暗更黑暗的东西
> 在等待着——我认为这可能是你
> 这不是你；你的脚步没有黑夜
> 没有年轻的肉体能使你的青春颓丧。
> 你是不朽的、无限的
> 你是未知的，你是真理。
> 然而每个人都必须追寻真理：
> 对于在这个房间里的人们，高谈阔论，
> 微妙的经历——对我而言
> 火花，黑暗正在路上。

眼下，他不会接近这种男人。他把自己心灵的洞察力放到艺术上，来获取"不朽、无限"阳刚之美的思想，这是一种纯净、空洞的思想。然而，这种冲击力使他直面人性，与迸射的火花一同前进。

第五章
平凡而深情的男人

1908年5月初，小说《看得见风景的房间》的手稿①刚完成，摩根就把它当作一堆"废话"束之高阁。他觉得自己的话听起来不太可信，不过他倒是找到了值得聆听的声音："我刚一打开沃尔特·惠特曼②的书找段引文，他就开始跟我说话……这不再只是本书，而是变成一个相见恨晚的朋友，如果我足够信任他的话，我们的关系还可以更近一步。"《草叶集》中，惠特曼郑重呼吁"脱去外在的一切表演"③，他歌颂的不仅是诗人对人类的爱，更是诗人对男人的爱。摩根认为，惠特曼也曾经"压抑过，窒息过"，然而他终归还是挣脱了身上的枷锁。他的诗歌特点就是高涨的情绪、奔放的热情、充满男性气概和民主思想，惠特曼的诗歌向人们许诺道，"人的心灵和肉体之间无须太多的争战④。"摩根对这样的惠特曼产生了强烈的共鸣，他被点燃了激情，重拾了希望。能够做到"相信他"，分享他的勇敢无畏，学习他的乐观向上是一件多么奇妙的事情。惠特曼笔下的情色诗歌正凭借自身的影响力而熠熠生辉，不过它们已经获得了更大的力量，因为它们是向《联系》（*Connect*）呐喊的一部分，而这种呐喊来自一个更为广大的群体。

---

① 爱德华·摩根·福斯特，日记，1908年5月1日，国王学院档案馆。
② 同上，1908年6月16日。
③ 沃尔特·惠特曼，《草叶集》中的《人迹罕至的路》（*In Paths Untrodden*），1872年。这个版本首先运用这种形式囊括了《芦笛集》，极有可能是爱德华·卡彭特推荐给爱德华·摩根·福斯特的，而爱德华·卡彭特则是通过沃尔特·惠特曼本人获得这个版本诗歌的。
④ 爱德华·摩根·福斯特，日记，1908年6月16日，国王学院档案馆。

> 向印度航行①！
> 怎么，灵魂！你没有一开始就看出上帝的目的！
> 纵横交错的细网联结起地球的各个角落，
> 人们从此成为兄弟姐妹，
> 各种族、邻里之间彼此通婚，繁衍，
> 横渡大洋，遥远变得相近，
> 不同的土地就此联结成为一体。

受到惠特曼诗歌的启发后，仅仅过了几天，摩根借着自己活泛的想象力萌生了"酝酿另一部小说的想法②"。于是，他只用了短短的一个段落，就几乎概括了《霍华德庄园》的整体构想。这个故事将是对道德低下和品格脆弱的反击，在对《看得见风景的房间》的漫长的修改过程里，他就一直痛恶这种品性。然而，《霍华德庄园》的视角则更为开阔。他把书中的人物根植于现代社会——新建筑和汽车，蒸汽打桩机发出"砰砰"的重击声，与时代格格不入的英国乡村正在快速地侵蚀着无穷无尽的郊区，整个伦敦就畏缩在这种喧闹的大环境下。

小说里，两个家庭的价值观截然不同，摩根巧妙地平衡了两者③，每一方都断定自己的生活方式最正确：施莱格尔姐妹俩，玛格丽特和海伦，她们看重人际关系，秉持"节制、容忍和性别平等"的自由价值观；而威尔考克斯一家则崇尚金钱、事业和权力，而且他们无比坚定地认为这对姐妹的人生观"不谙世事，不切实际"。摩根明白，"两个家庭间的精神鸿沟④"一定会受到玛格丽特和亨利·威尔考克斯婚姻的考验，而且玛格丽特一定得嫁给亨利，及至后来她发现尽管亨利"表面上没有什么缺点"，但他一直掩盖着一个关于性行为的秘密——他曾和一

---

① 沃尔特·惠特曼，《草叶集》中的《向印度航行》(*Passage to India*)，第二部分，第31—36页。
② 爱德华·摩根·福斯特，日记，1908年6月26日，国王学院档案馆。
③ 爱德华·摩根·福斯特，《霍华德庄园》，第21、25页。
④ 爱德华·摩根·福斯特，日记，1908年6月26日，国王学院档案馆。

个"妓女"私通过。《霍华德庄园》揭示的是名望体面和私人道德之间的紧张关系，还有社会上对待男人性行为和女人性行为的标准有着天壤之别。

同时，摩根想要好好地展示出自由主义的种种原则。有一个不错的方式是，将威尔考克斯一家的世界——金钱、生意和永恒事物的世界驱散，然而，摩根明白，一个世界若是能让年轻人一边坐在炭火边拿着长柄叉烤脆饼，一边畅谈着附庸在金钱和物质上的想法和艺术，那么，这个世界同样也是以职员和勤杂工的辛勤劳动为根基的。亨利及其子女们认为，他们的财富是靠自己赚来的，而与此相反，施莱格尔姐妹则对其所享受的财富和地位心怀负罪感。施莱格尔姐妹的政治观点里有种模模糊糊的善意："她们渴望公众生活①能够体现其中好的一方面。"她们代表伦纳德·巴斯特，一位在音乐会上遇见的年轻职员，介入其生活，引发了一系列事件，最终导致了他的死亡以及海伦·施莱格尔怀孕与蒙羞。

霍华德庄园是一座房子，是第一位威尔考克斯夫人——露丝·威尔考克斯的嫁妆。用摩根孩提时代的眼光来看，霍华德庄园像是复制的"鸦巢"，恰好庄园内也有烟囱和插着野猪牙的老榆树。露丝·威尔考克斯是一位有着精神追求的夫人，举止优雅，为人豁达。她能够读懂对方的内心世界。她不谙世事，乐于接触自然事物，满足于自己作为妻子和母亲的角色，但她却是施莱格尔姐妹俩所反感的母辈形象。然而，威尔考克斯夫人身上的不俗之处却令姐妹俩刮目相看，这其中的缘由很难解释。威尔考克斯夫人简直就是女版的斯蒂芬·温哈姆。

摩根笔下形形色色的人物形象都能在生活中找到原型。他曾告诉洛斯·迪金森，"你在兰厄姆万灵堂的家②变成了小说中施莱格尔姐妹的家……你家三个姐妹看人时先斜瞄一眼，再正视过去。"施莱格尔姐妹另类的生活习惯也很像莱斯利·史蒂芬爵士的两个遗孤，也就是日

---

① 爱德华·摩根·福斯特，《霍华德庄园》，第25页。
② 爱德华·摩根·福斯特致戈兹沃斯·洛斯·迪金森，《霍华德庄园》中的序言，1937年3月17日。

后嫁为人妇的弗吉尼亚·伍尔夫和范妮莎·贝尔(Vanessa Bell)。伦纳德·巴斯特，戒备心很重，坚信"信赖是一种奢侈的东西①，只有富人才有权沉迷于此"。他的人物原型是摩根的一位学生，亚历山大·赫伯恩。这位学生曾就读于工人学院，勤奋努力且心高气傲。他是一名印刷工，极其渴望成为有文化修养的人。摩根看着在"人潮攒动，腐烂发臭的伦敦"每天发生的变化，不禁担忧起来，"在我看来，金钱只是权力，除此之外，它什么也不是。"1909年是他的小说初稿创作期，在这一年里，他将会验证这条准则。

就在摩根以一种抽象的方式想象着亨利·威尔考克斯的不端性行为可能会引发两家的矛盾时，生活中却发生了一桩真实的性危机，令他惊恐不安。

夏天，马尔科姆·达林即将举办的婚礼是摩根他们这帮校友心中的大事。彼时，达林已从印度的文职部门返回英国休假，他热切地期待摩根见一见他最好的朋友，即婚礼的伴郎欧内斯特·默茨(Ernest Merz)。默茨二十七岁，是一位律师，他性格开朗，风趣幽默，热爱诗歌，与大家志趣相投，"他一直忍着他那欢快的笑声②"，摩根一下子就喜欢上了这个人。7月8日，星期三，三个年轻人在苏豪区（红灯区）的一家餐馆尽情享用了一顿单身晚餐，三人意气相投、无拘无束。晚餐过后，达林独自离开，留下摩根陪着默茨散步，随后，两人去了夜总会。相谈甚欢，之后互道再见。随后，默茨来到位于奥尔巴尼的住处——一所时髦的单身公寓，毗邻皇家学会——他上了楼，倒了一杯威士忌，然后上吊自尽。

默茨的自杀令摩根大为震惊。五天后，摩根在日记中详细描述了这件事情的经过：

---

① 爱德华·摩根·福斯特，日记，1909年2月10日，国王学院档案馆。
② 戴维，《盎格鲁-印度的态度》(Anglo-Indian Attitudes)，第141页。

他离开我时大约九点四十分，一切正常①。第二天清晨，发现时他已经死亡。迄今为止，调查没有发现任何关于他心理状态的蛛丝马迹，甚至连一点线索也没有。我也许遇到过更令人伤心的事，然而没有一件事比这更扑朔迷离。这件事的原因也许很可怕，但无论如何这其中一定存在可怕的原因。他甚至为了达林21日举行的婚礼请了假。他是那样的魅力四射……我无法相信一切真的就这样发生了。

"一切正常。"作为欧内斯特·默茨生前见过的最后一个人，摩根感觉非常糟糕，然而，更加糟糕的是，就在婚礼前几天他竭力搞清楚了这些匪夷所思的事情真相时，他竟然还是马尔科姆的知心好友。

"无论这件事的解释多么可怕。"星期一早上，也就是调查开始的前一天，马尔科姆向摩根委婉地吐露心声，他担心好友默茨可能是个同性恋。或许是这个可怕的秘密，抑或是存在被揭发的可能致使他自杀？两人来来回回通了几次信件，摩根提议应该进行"几分钟的单独交谈"。早在马尔科姆告诉他之前，摩根就已经推测出这个原因了，他小心翼翼地回应道，"我越想②越觉得痛苦。我推测想必要么是他受到了深深地羞辱，要么是他看见了一些令人作呕的事。你不必恼怒我为何说得这么直率。我眼中的他从来不会把事情搞得乌七八糟，这点我很清楚。"就在他力图宽慰③备受煎熬的朋友时，摩根却看到了这桩丑闻的重点。自杀的决定能够"阻止基督教的教规吗"？他问马尔科姆。那时，他想到了默茨家人的"悲痛"。

"我越想越觉得痛苦。"这也难怪，安慰达林意味着自己的回避变成了更深的欺骗。因此，他不能告诉马尔科姆，自己现在是一名同性恋者。默茨的死让他明白，一些令人发指的事会来得那么突然，因为

---

① 爱德华·摩根·福斯特，日记，1909年7月13日，国王学院档案馆。
② 爱德华·摩根·福斯特致马尔科姆·达林，1909年7月16日。
③ 同上。

人总有疏忽犯错的时候，也有暴露的可能。他内心的恐惧慢慢蔓延开来，然而，更加明显的是可怕的事实，因为默茨看起来很快活，至少自杀前几分钟两人惜别时看起来"一切正常"。当时默茨承受着莫大的痛苦和恐惧，自己却没能察觉出来，这让摩根感到自己何等可悲。

默茨的自杀让摩根变得前所未有的谨慎和心寒，也让他对勇敢的惠特曼式的人生前景深感绝望。这件事在他日记里写了数周。之后，当一位普通朋友的死讯传来时，他已经变得无动于衷，"感觉自己失去了感受能力。"[①]默茨自杀后数周，摩根把一直用来写日记的笔记本搁置了起来——自1904年起他就用这个本子写日记，而里面还有空页。他买了一个新本子，本子封皮由结实的皮革制成，上面的搭扣上有一把小锁。在接下来的六十年里，这本"上锁的日记"将会是摩根内心想法的储藏室。

接下来几个月的日记内容大多集中在性焦虑和性危机上。他匆匆地记下一件自己听说过的事情——一位法国男子得知自己那爱耍小性子的情人患了梅毒："回家吧，他留下一封信[②]，在信中解释了发生的一切，然后开枪自杀。人们检查了他的尸体，发现没有中毒的迹象。这一切就是个笑话。"他放弃一部已经动笔的小说片段——《北极夏日》，这部小说因为一位年轻人而中断，这位年轻人在自己为人所不齿的性倾向被揭露后选择了自杀。尽管兰斯·马奇（Lance March）的性犯罪并未指名道姓——一切据说是他"让学院和自己蒙羞"[③]——他被学校开除，后来他的兄弟质问他，"难道你从未考虑过母亲的感受吗？"于是，他选择了自杀。

仿佛所有事情都能串通起来，他感到神经紧张，对这个世界无比厌恶。他不过是读了弗兰克·哈里斯所写的《莎士比亚心理传记》，这本畅销书里面抑制了一切对有关同性恋十四行诗的探讨。

[①] 爱德华·摩根·福斯特，日记，1909年，国王学院档案馆。
[②] 同上，1911年4月25日。
[③] 爱德华·摩根·福斯特，《北极夏日和其他小说》，第189、191页。

我要如此悲哀地反思人生吗？①侮辱我到底有何用处？在这本书中，莎士比亚的十四行诗有个错误的观点……借给我，在今早的信件中，一起未遂的敲诈是主要原因。这是一个多么蒙昧无知的世界！若借助些许力量就能去理解他人，感同身受，那我们就像生活在人间天堂。这种恃强凌弱的蠢行。

就在圣诞节前夕②，这一年中"最重大的事情"就这么发生了——马苏德邀请摩根一同去巴黎观光游玩，为期一周。他们度过了一段美妙的时光：沿蒙马特高地拾级而上，去法兰西喜剧院看戏。他们在火车站分别时，马苏德"陷入绝望"，道别时极度不自然。"打起精神来。"摩根安慰到，这种场面让他觉得有些尴尬。马苏德爱上了他，这让他感到心满意足，可这种爱情又能产生什么结果呢？年终时，他对这件事的思索集中在马苏德对自己的感情上，而这感情又如同"谜"一般："（他的爱）将会永远完整吗？③这种谜一般的感觉源自他本身还是他的民族性？如果他忘记我，自己是否又能承受得住，可此时他在想什么呢？"回到伦敦④，摩根继续和马苏德共度"愉悦却不会有结果"的夜晚。既然无法估测马苏德的真诚，摩根决定用一种开玩笑的、自嘲的语气给他写一些信。他在信上落了款，"福斯特，马苏德统治下的一员⑤，黑鬼。"

但从内心讲，他对自己和马苏德都不满意。他对自己的性格进行了语法分析，承认自己身上那种"小资的可爱和欲望让我知道自己身在何处"，比起马苏德狂放不羁的感情流露，这"或许显得没有那么反复无常"。马苏德给他看过一首乌尔都语的诗："'哦，我的爱人啊⑥，每

---

① 爱德华·摩根·福斯特，上锁的日记，1909年11月29日，国王学院档案馆。
② 爱德华·摩根·福斯特，《阿宾杰收获集和英格兰欢乐土地》中的《英国人性格琐谈》，第5页。
③ 爱德华·摩根·福斯特，上锁的日记，1909年12月31日，国王学院档案馆。
④ 同上，1910年1月13日。
⑤ 赛义德·罗斯·马苏德致爱德华·摩根·福斯特，1910年1月14日，国王学院档案馆；《书信精选》，拉戈与弗班克编，第1卷，第102页。
⑥ 爱德华·摩根·福斯特，上锁的日记，1909年12月31日，国王学院档案馆。

第一部分
成为一个"成年人"

次你离开我的视线的时候,我都像坠入地狱一般。'读到这些时,怎能让我保持沉默?我的大脑在看着我,这多么文艺。让我清醒地远离批判,远离谋划。让我成为他。你已经阻拦了我。我只能想一想你,却不能写下来。我爱你,赛义德·罗斯·马苏德:爱。"

这些就是这一年里摩根最后写下来的话。这页日记其余的地方都是空白。

他对马苏德的思念①都是"文学层面上的",但在平日生活中,强烈的性冲动席卷了他。大街上男性的俊美"折磨着"他。"卡其色的大衣""冷淡的眼神和隐藏着阳刚之气的专栏",这些形象都令他魂牵梦萦。他还经历过一次可怕的敲诈,"在萨维尔街吃过午餐后②……我说了一点关于一个'很有魅力的男孩'的事情,其中一个人将手中的报纸放低,望了我一眼,紧接着又闪电般地把报纸举高。后来,我去理了发,那个男人向我暗示想要借十英镑。我之前从未见过此人……"

摩根尽力压制住这些情绪。确保安全才是最好的,他相当一本正经地得出结论:"无论我的总体愿望是怎样的③,由于担心惹怒别人,我发现自己永远无法做到令他人满意。能经历对自己这么好的事情,我感到很开心。但这对于纯洁性已不再起作用。"

可是到1910年年底时,摩根不再满足于"那些欢乐却注定不会产生结果的夜晚④"。他和马苏德共处时,两人经常煽情相拥。有一次两人晚上去歌剧院时,危机终于来临⑤。12月28日,他带马苏德去科芬园,观看理查德·施特劳斯改编自奥斯卡·王尔德的《莎乐美》。那天晚上的演出结束时,摩根的情绪高涨到了极点,如瀑布倾泻般的感情促使他不假思索地向马苏德倾吐爱意,而马苏德就这样安静而平和地听着。他在等待一个时机,然后非常温柔地说,"我懂。"

---

① 爱德华·摩根·福斯特,上锁的日记,1910年1月29日,国王学院档案馆。
② 同上,1910年7月28日。
③ 同上,1910年7月21日。
④ 同上,1910年1月15日。
⑤ 同上,1910年12月29日。

一个人坐在回威布里治的火车上，摩根心中五味杂陈。他给马苏德写了一封信，自己仿佛撑不下去了一样，他在信中重申了自己的爱意，并要求获得一点对未来的承诺。这看起来颇令人抓狂，但此时此刻家庭的义务也干预了进来：新年时，摩根和莉莉要到西海克斯特拜会劳拉姑妈。时间一天天过去了，可马苏德仍没有回信，对方持续保持沉默，这令摩根又恼又羞，"整个周末都陷入懊恼和焦虑中。"①一切正如他在日记中所写："没有任何回音②，尽管我相信一切都没问题，我的胸口一阵发热，我感觉自己病得不轻。他送我的生日礼物多么令人恐惧又厌恶！托盘上放着烛台，火柴盒上还有剩下的火漆，苍白无力的内情是：或许我的信还没达到（爱）就投递出去了。"

　　1月2日，马苏德寄来了一封信。令人诧异的是，他竟然奇迹般地让事情变得跟往常没什么两样。他似乎把摩根的表白看作英国人所做的怪事之一。摩根生气地大骂道，"你这个混球③！你为什么不立即回信呢？"不过，他倒是深深地松了口气。"这没什么好说的，因为一切都可以理解。我表示同意。"他对马苏德说。写那些文字的时候，摩根刚刚三十二岁。回到自己曾经开始的地方，摩根只是庆幸没有毁掉一份对自己最为重要的友情。

　　摩根的社会角色和私人角色发生分歧正始于这一年，从1910年开始，这种分歧加深，原因是《霍华德庄园》的出版使他声名鹊起。到7月份手稿完成时，他评估了一下自己的作品。他非常喜爱这部新小说，然而《最漫长的旅程》则是"发自肺腑之作④。作为一个作家，在回顾时发现他的作品如此温暖而美好，本应该觉得不可能……能够写出这样一部书实在了不起。接下来要做一件大胆的事将会是封笔，不再

---

① 爱德华·摩根·福斯特致赛义德·罗斯·马苏德，科德瓦（Kidwai），1911年1月2日；《福斯特——马苏德书信》，第62页。
② 爱德华·摩根·福斯特，上锁的日记，1910年12月31日，国王学院档案馆。
③ 爱德华·摩根·福斯特致赛义德·罗斯·马苏德，科德瓦，1911年1月2日，《福斯特——马苏德书信》，第62页。
④ 爱德华·摩根·福斯特，上锁的日记，1910年8月3日，国王学院档案馆。

写下去了"。

四十年后，1958年，摩根又再次面临这个问题。回顾起这部小说，他谦逊地评价道，"《霍华德庄园》是我写得最出色的小说①，也算得上是一部不错的小说。"

这部小说于10月18日面世。它那令人着迷的观点再次奇妙地唤起了摩根写《看得见风景的房间》修订版时听《离别曲》(*Tristesse*)的感受。《每日邮报》宣称，"关于这一点，毫无疑问②，爱德华·摩根·福斯特先生是最伟大的小说家之一。他所写的故事不是关于生活，这些故事本身就是生活。"《雅典娜神殿》称他是"少数几个重要的作家之一③"。摩根向戈尔迪坦承，这种曲意奉承令他心神不安。"我到处说自己④喜欢金钱，因为在这种情况下不免有人会单纯地对一些东西着迷开心。"他在日记里反映道，"对于得到过分赞赏的小说，我没有扬扬自得，⑤相反，我希望自己像以前一样默默无闻。"令他感到不安的是，莉莉对《霍华德庄园》里海伦怀孕的情节感到"大吃一惊"⑥。迈美和劳拉姑妈以及所有维多利亚时代的女士都和母亲的反应一致。"然而，我还没有写过不带情欲色彩的东西。"

而事实是，他正在经历一种前所未有的生命创造力的"枯竭"。过了六个月，他才准确地诊断出了病根：

生命力枯竭的主要原因⑦：1.对健康漫不经心，这是可治愈的。2.对自己能够或可能处理的唯一主题——男女之爱感到厌倦，反之亦然……3.对周围一切事物深感沮丧，无精打采。若我还有什么人生事业的话，那就是和一个没有思想价值的人生活在一起。

1911年新年，马苏德危机过后，摩根和母亲之间的关系开始出现

---

① 菲利普·加德纳，《备忘录》，第203页。
② 《每日邮报》(*The Daily Telegraph*)，1910年10月2日；菲利普·加德纳，《批评遗产》，第130页。
③ 《雅典娜神殿》(*Athenaeum*)，1910年12月3日；菲利普·加德纳，《批评遗产》，第151页。
④ 爱德华·摩根·福斯特致戈兹沃斯·洛斯·迪金森，1910年10月21日，国王学院档案馆。
⑤ 爱德华·摩根·福斯特，上锁的日记，1910年12月8日，国王学院档案馆。
⑥ 同上，1911年6月16日。
⑦ 同上，1910年12月19日。

裂缝。母子二人共同的生活变得硬如坚冰，他们对这种状态心生厌恶。莉莉的母亲，路易莎·维切罗突然生了病，并于7月中旬去世，享年八十四岁；她的去世令五十六岁的莉莉陷入绝望，这种绝望似乎一直在蚕食着她整个人。于是，莉莉开始有一些讽刺挖苦的言论。她对摩根说，即便马苏德再次回到英国生活，他跟摩根的友谊也不可能回到原点。摩根觉得"悲痛让她变了许多[1]，我要么也做出改变，要么就离开她"。他竭力压制住对母亲的怒火，这让他倍感"平凡渺小，软弱无助[2]"。

不过，令他厌恶的是，他发现自己行事为人像一个小男孩。在西海克斯特，劳拉姑妈问他觉得她做的奶酪味道如何，尽管那块奶酪已经变馊了，摩根还是假装没尝出来；连累莉莉也要承受这种恶果，过后她痛斥他，指责摩根"像他父亲一样[3]，不够当机立断"。这是莉莉第一次以一种诋毁的语气谈起埃迪，摩根觉得自己以后再也不会尊敬她了。他连打破一个花瓶都"很害怕让母亲知道"[4]，然而，他更厌恶自己的"懦弱"。在父亲的忌日上，他心里"冒出一股邪火[5]，反抗母亲的满腹牢骚和故意找茬"，他想象着自己挥起手臂把壁炉台上的瓷塑像一扫而光，然后割断喉咙。然而，哈姆雷特式的优柔寡断令他并未真的那样做。他很清楚"母亲不会高看我一眼[6]。无论我做何努力，她都会觉得'唉，你真是太逊了'"。

最终的侮辱还是来临了，罗杰·弗莱给他作了一幅肖像——一番相当现代主义的演绎；肖像里的他是"一位活泼健康的青年[7]，失去一只胳膊，的确，极其怪异的双腿或许是一场空难导致的，因为他似乎

---

[1] 爱德华·摩根·福斯特，上锁的日记，1911年12月31日，国王学院档案馆。
[2] 同上，1911年7月17日。
[3] 弗班克，《爱德华·摩根·福斯特》，第1卷，第218页。
[4] 爱德华·摩根·福斯特，上锁的日记，1911年7月26日，国王学院档案馆。
[5] 同上，1911年10月31日。
[6] 同上，1912年5月12日；弗班克，《爱德华·摩根·福斯特》，第1卷，第218页。
[7] 爱德华·摩根·福斯特致弗洛伦斯·巴杰，1911年12月24日，国王学院档案馆。

是从一个无限的高度跌落到沙发上的"。尽管在弗洛伦斯·巴杰看来这幅画有些滑稽，摩根还是相当引以为豪，并且花钱买了下来。不过后来摩根把这幅画给了弗洛伦斯，在这之前，一位当地的教区牧师去拜访在威布里治的莉莉，他在画室里看到了这幅画，大声宣称，"我懂了！您的儿子[①]并不古怪，对吧？"

1911年夏天，马苏德在返回印度并打算永久定居之前，他和摩根进行了长达一个月的意大利湖泊徒步旅行。回顾起来，他发现这次旅行的感觉"跟度蜜月有点不一样[②]"，尽管"很明显，他喜欢我胜过世上的任何一个男人"。不过最后，他还是回家撕毁了所有的信件，因为他们两人非常"懦弱"，在感情面前表现得苍白无力。这次旅行唯一留下来的东西"就是一张在那里拍的照片[③]……我满脸胡须，眼神里充满不切实际的幻想，看上去确实非常古怪"。这是他人生中保存的第一批朋友和情人们的正式家庭肖像。

《霍华德庄园》的销量非常可观，这让摩根有了足够的钱进行一次为期六个月的旅行，去探望在印度的马苏德和马尔科姆·达林。自外祖母去世后，莉莉一直脆弱不堪，于是摩根劝说她和朋友玛维夫人去意大利度假，或许她会在那里得到慰藉，心情能变得舒畅。他同意和几位夫人同行，一到罗马就把她们安置在旅馆。至于接下来的行程，他将去见一群剑桥的朋友。在那不勒斯与罗伯特·特里威廉碰面会合；在塞得港，洛斯·迪金森也加入了他们。

摩根对这次旅行充满期待，开始兴致勃勃地计划起行程。他精通佛教，还研究过《薄伽梵歌》。在选择旅行用品上，罗伯特和戈尔迪在诸多地方不谋而合，诸如要去陆军和海军商店购买桌椅，买最好的赛璐珞（一种塑料）内衣物品。摩根还练习过一些乌尔都语的短语：骑自行

[①] 莫利·巴杰访谈，伦敦，2001年7月24日。
[②] 菲利普·加德纳，《备忘录》，第217页。爱德华·摩根·福斯特，上锁的日记，1911年12月31日，国王学院档案馆。
[③] 菲利普·加德纳，《备忘录》，第217页。

车时,应该喊,"'兄弟,让开路'①或者'母亲,不要把路全都占了'。"而从锡兰回来的伦纳德·伍尔夫都不用教他怎么骑马,他自己就已经学会了。两人就泼尼甘文当众大吵了一番,原来摩根发现一个驾驭动物的难题,那就是如何叫它"停下来"。即便是在最平坦的山顶上,他也觉得这匹马长了六条腿似的。

  异乡的风景催生了一段与弗洛伦斯·巴杰的深厚友谊。她和摩根同岁,为人善良,天资聪颖,但内心又无比孤独;她的丈夫,乔治,常年奔波于工作,留她一人在家照顾两个儿子,那两个孩子一个五岁,另一个才两岁。摩根在离开前去拜访了巴杰夫妇,并鼓起勇气告诉她,自己是一名同性恋者。这令她相当诧异。凭着敏锐的直觉,她知道摩根和自己同病相怜,于是探讨起他的"内在生命",而令摩根欣喜的则是她对于性生活的坦率,这完全超出了摩根的预想。她向他讲述了流产的经历、乔治的不忠给她带来的痛苦以及女人的性冲动比起男人是多么迟钝。拥有一位红颜知己确实是一种"天大的幸福"②。"她爱我,我也爱她。"

  到了塞得港,摩根总算开始感觉到自己正在步入另一种世界。戈尔迪从一艘小船登上了大船,戴着遮阳帽的他表情看上去有些诧异。码头前沿上,一群满脸油污的小男孩朝着旅客们大声叫卖,"需要色情明信片③,这里来。"船头边,不时有飞鱼跳跃出来,在太阳的映照下闪闪发光。在船上,深受英国文化熏陶的侍者用一种"轻描淡写"的语气④称呼来自剑桥的这一行人为"教授",但这一行人却在甲板上坐得远远的,不愿靠近这些侍者们。他们对英国文明的反感表现出一种小学生的无礼和不恭。不去玩纸牌打发时间,反而坐在甲板的系船柱上面,还喜欢"在早餐桌上辩论地球的形状⑤"。尽管都五十岁了,戈尔迪

---

① 爱德华·摩根·福斯特致爱丽丝·克拉拉·福斯特,1913年1月15日,国王学院档案馆。
② 爱德华·摩根·福斯特,上锁的日记,1912年9月9日,国王学院档案馆。
③ 爱德华·摩根·福斯特的印度日记,1912年10月,《戴维山》,第120页。
④ 爱德华·摩根·福斯特,《戈兹沃斯·洛斯·迪金森》,第113页。
⑤ 同上,第117页。

还能"倏忽明灭地……迸发胡闹荒唐的小火花"。①

烈日下,一位军官正躺在折叠椅上读着诗歌,于是摩根开始跟这位英俊的年轻人交流聊天。肯尼斯·西莱特正在回驻扎于开伯尔山口的部队途中。西莱特本身结合了拜伦式的感性和殖民时期会计师的心灵。"一颗星星的价值不在于②它的美丽耀眼,而在于它给人带去了光明。"他这样告诉摩根。西莱特与"当地人的关系非常亲密友好",③摩根向弗洛伦斯透露到。确实如此。西莱特翻开一本皮革日记,里面是殖民地区恋童癖者的详细信息,一排排整整齐齐的当地年轻男孩的资料:姓名、年龄、性行为以及这个人性高潮的总次数。他还写过一首浪漫主义风格的长诗,内容大致是"想要永远地和男孩们或旁人坠入爱河④"和一个"小兄弟会修士"的故事。两人聊了长达数小时⑤,"聊得非常愉快。"

船上的客舱里酷热难耐,于是摩根把床挪到甲板上去睡。航行了两个星期后,他们到达孟买,并雇人照顾旅行中的生活起居。一下船,摩根立即坐上列车头等车厢,径直奔向马苏德——马苏德远在九百英里之外的阿里格尔。盎格鲁-印度大学"像红色蘑菇一样分散在平原上⑥",它的内部已经开始有了纷争和摩擦:英国教职员工与赛义德爵士的穆斯林朋友们之间的矛盾愈演愈烈。尽管马苏德对自己的到来热情十足,摩根却清楚他的热情无疑是刻意而为,这种精心而坦荡的殷勤好客令摩根捉摸不透,也无法衡量出两人之间的友谊程度。摩根每天都能见到许多马苏德的朋友;大家还组织了一场隆重的晚宴为摩根接风洗尘,不过晚宴上的英式菜肴差强人意。朋友们多是出于志同道合的情谊聚在一起,平时开销也比较大。马苏德的一个朋友举办了

---

① 爱德华·摩根·福斯特,《戈兹沃斯·洛斯·迪金森》,第113页。
② 爱德华·摩根·福斯特的印度日记,1912年10月,《戴维山》,第125页。
③ 爱德华·摩根·福斯特致弗洛伦斯·巴杰,1912年,这封信从伯明翰市周边寄出。
④ 《戈兹沃斯·洛斯·迪金森自传》,普罗科特编,第128页;爱德华·摩根·福斯特的印度日记,1912年10月15日,《戴维山》,第122页。
⑤ 爱德华·摩根·福斯特的印度日记,1912年10月15日,《戴维山》,第122页。
⑥ 同上,第128页。

一次不携带女伴的舞会，请来一群唱起歌来震耳欲聋的印度舞女；数小时后，摩根才意识到这场舞会将会一直持续，直到他离开才散场。结束时，在大家的强迫下，摩根不得不跟舞女们吻别，而他却只想握手作别。

离开阿里格尔，摩根（与罗伯特和戈尔迪一起）前往印度北部与阿富汗接壤的边境，探访正驻扎在那里的西莱特，那个"穿上军装英俊魁梧"①的人。这几个人驶过洒满月光的路，到达军官营房时，迎接他们的是一场正式的晚宴。晚宴前，摩根衣领上的扣子丢失，为了不让晚宴的时间一再推迟，他只好放弃寻找扣子，穿着领子松松垮垮的礼服参加晚宴，后来，摩根还在《印度之行》中重新塑造了这个场景。饭后，军官们一起在星光下跳舞，西莱特执意邀请摩根跳了一支狐步舞。这也是摩根最后一次见到他。

摩根或多或少有种"漂泊在印度"的感觉——没有既定的旅行路线，脑海中也没有明确的目的地。除了探望马苏德，他还有一个想法——与马尔科姆和乔茜·达林去拉合尔住上几周。这两人"无可无不可地进入了拉合尔的官员圈子……可的确有些时候……两人不能完全融入这个圈子②"。马尔科姆穿着一身知更鸟淡蓝色的睡衣去视察一家地方监狱，当时他的打扮着实令一些当地英国官员惊讶不已。而在摩根看来，乔茜的行为举止则尤为"标新立异，热情奔放，无所畏惧③"。他告诉莉莉，达林夫妇是他旅行中最为理想的④东道主和朋友。很少有英裔印度人会鼓励客人做些匪夷所思、特立独行的事，更不用说让这类人加入自己的圈子了。人们在打破因循守旧的生活时都会陷入一种恐慌。数年来，丈夫和妻子们在不知不觉中陷入一种一成不变的生活模式——听古典音乐、赏析文学、培养智力水平……去人潮拥挤的俱

---

① 《戈兹沃斯·洛斯·迪金森自传》，普罗科特编，第178页。
② 爱德华·摩根·福斯特，《戴维山》，第78页。
③ 同上。
④ 爱德华·摩根·福斯特致爱丽丝·克拉拉·福斯特，1913年2月26日，《戴维山》，第182页。

乐部约见其他夫妻们。

　　与每个英国人一样，摩根对印度错综复杂、盘根错节的政治关系深有体会，这在很大程度上归结于自己那"独特怪异却不乏个性"的兴趣。"我从未参与那里的政务治理①……也没有赚钱发财或改善当地人的生活。"他后来说到。"我去那里是为了看一个朋友。"从1912年10月到1913年3月，摩根建立起一个贯穿印度的朋友网络，其中囊括的朋友来自四面八方，从拉合尔的某个俱乐部到德瓦斯的一场婚礼盛宴，从英印大学到巴拉巴石窟，有些朋友是在一起骑自行车或者乘坐大象时结交的，而有些朋友是在一起步行或乘坐"某种稀缺的巴士"②时认识的。

　　他到达时正好是英国统治印度相对安宁的时期。1905年，英属印度总督柯曾勋爵（也是英国著名作家奥斯卡·勃朗宁所钦佩的人物）将孟加拉一分为二，这样做表面上可以降低管理这一大片地区的难度。然而，这种做法颇像当年绘制英国地图，结果是孟加拉地区变得动荡不安：穆斯林成为孟加拉东部的主要人口，印度教徒和穆斯林纷纷利用各种方式谋取地区权力，双方民族分子之间矛盾升级，剑拔弩张。摩根去印度的前一年，适时英王乔治五世的凯旋帝国之旅，因此撤销了这种分治孟加拉的做法。1909年，《印度议会法案》的改革措施巩固了英国的殖民统治，留给印度人两种有名无实的咨询权力基础，一个毫无作用的国民议会和一个松垮的省议会联邦。联邦实行间接选举，在地理上实行同一少数民族聚居一起的方案，使得各个种族部落势均力敌。从穆斯林聚居的州到印度教徒的州，一路上摩根留意民情，听说不少自相矛盾的观点，这些观点不外乎"真实的印度"和理想中的印度。

　　然而他能够确定的是，即便是一名普通的英国人，也会受到"大英帝国"文化的影响。一个英国女人曾告诉摩根，"我刚来的时候对镇

---

① 爱德华·摩根·福斯特，《戴维山》中的《三个国家》，第296页。
② 爱德华·摩根·福斯特，《戴维山》，第131页。

压印度人没有任何感觉①，可现在我真受不了这些人。"1857年，印度爆发民族大起义，由于担心病菌的蔓延和印度文化的渗透，英国人曾退入一块小范围的聚居区，食用煮沸的牛肉和瓶装豆子，在俱乐部里举行音乐会，用一种拙劣而夸张的方式演绎着平淡无聊的生活。即使是一位"受过良好教育②且不擅长创造性幽默的人"也只能迎合这种半开玩笑的坦承，承认"打从心底里看不起这些印度人"。摩根给弗洛伦斯·巴杰写信道，他曾在那不勒斯遇见一位校友，"人很好，只是无论我想做什么③他都告诉我，这也不能做，那也不能做，无论我说了什么，他都会故作卖弄地回应'天哪，这些话可是扰乱治安的'。"切德尔布尔的军牧建议印度土邦主吃些牛肉以强健体魄，摩根"吓得倒抽了一口冷气"，④而他的那位私人秘书却表现得从容淡定，"这位牧师先生确实心地善良，不在乎对方信仰什么宗教，他很适合当一名牧师。"

由于与马苏德以及他的穆斯林朋友们走得很近，印度教徒就更加不愿接纳戈尔迪和摩根两人。在切德尔布尔的"乐园"，摩根见到了这位印度土邦主，有一段时间他曾受教于西奥多·莫里森爵士（Sir Theodore Morison）；在德瓦斯高中，这个"世界上除了《爱丽丝梦游仙境》之外最离奇古怪的地方"⑤，摩根遇见了这个他将要亲切地称呼为"父亲"的人——德瓦斯的土邦主。马尔科姆·达林在出任官职之前曾是一位年轻邦主的幕僚，后来摩根和他受邀参加一场盛大婚礼，以庆祝一位当地英国权贵结婚。于是，摩根按照场合挑了一身装扮，白色薄纱的马裤，"一件那不勒斯三色冰砖的西装背心⑥——红色、白色和绿色，但它几乎被我的大外套——一件华丽的紫红色丝质外套盖住了，外套用金线修饰……下沿一直遮到膝盖……一条红色和金色相间的马

---

① 爱德华·摩根·福斯特的印度日记，1912年10月17日，《戴维山》，第145页。
② 同上，1913年1月4日，第172页。
③ 爱德华·摩根·福斯特致弗洛伦斯·巴杰，1913年1月14日，国王学院档案馆。
④ 爱德华·摩根·福斯特，《戈兹沃斯·洛斯·迪金森》，第115页。
⑤ 爱德华·摩根·福斯特致爱丽丝·克拉拉·福斯特，1912年12月16日，国王学院档案馆。马尔科姆·达林致爱德华·摩根·福斯特，1907年，《戴维山》，第17页。
⑥ 爱德华·摩根·福斯特，《戴维山》，第8页。

拉塔缠头巾招摇地在一侧耳旁摆来摆去。"

婚礼仪式之后就是婚宴。摩根仔细观察了一下塔哩（印度式套餐）："烤得焦黄的网球大小的点心[①]，看上去不错……三份特别少的菜肴，一开始尝起来没什么味道，但细细咀嚼时，整个舌头瞬间有种燃烧起来的感觉。我有点厌恶托盘的这一边……又长又细的蛋糕，像白兰地姜饼，不过有点咸味。"还有一堆种子，"是来喂食金丝雀的……"

在切德尔布尔，戈尔迪留意到，[②]这位土邦主"原来是"一名同性恋，尽管他把自己的性取向同一种偏执的宗教热忱结合起来，他所思慕的那些男孩们扮演了克利须那神的角色，如同弥赛亚一样总是预言会降临世界却尚未来到，克利须那神则是一个"理想完美的朋友"。对于洛斯·迪金森来说，他经历过希腊男孩崇拜众神的贞洁版本，这是一个熟悉而伤感的主题。

马苏德那些曾在剑桥学过法律的年轻朋友常常受到这位邦主的侮辱，他们抱怨不堪，不过向摩根抱怨此事的时候毫不难为情。在安拉阿巴德一个大亨的晚宴上，他记录下了当地年轻法官阿布·赛义德·米尔扎和朋友们交谈的内容，他们不得不小心翼翼地对待欧洲妇人，他们抱怨道，"甚至连一点调情也容不得[③]。"米尔扎不由得义愤填膺起来，他告诉摩根，"或许会花上五十年甚至一百年，但我们一定会把你们英国人赶走的。"在《印度之行》里，摩根将这句话用在阿齐兹医生身上，甚至1924年完成创作时，他都不敢预测这句话是否会实现。

与马苏德相处的这几周时间依然未能解决两人友谊上的问题。摩根几乎在探望伊始就伤感不已，"他可能会从我身边悄悄溜走。"[④]到1月中旬，摩根陪在班基波工作的马苏德度过两个星期，后来摩根便得知其来年将会结婚。两个男人进行了一次长时间的交谈和清算，这次谈

---

① 爱德华·摩根·福斯特，《戴维山》，第9页。
② 《戈兹沃斯·洛斯·迪金森自传》，普罗科特编，第180页。
③ 爱德华·摩根·福斯特，《戴维山》，第223、226页。
④ 爱德华·摩根·福斯特的印度日记，1912年10月18日，国王学院档案馆。

话只能从摩根1月13日的旅行日记中知晓,在日记开头,他无比痛苦地写道:"漫长而悲伤的一天①……唉,唉,唉,一阵叹息过后,眼泪簌簌而下。蚊子飞来飞去,灯发出咝咝声,还有房间之间高高的楼梯。后来回到房间,心情才平复了一些。"第二天,摩根早早起床去参观巴拉巴石窟。出发前,马苏德没有为他送行。

或许是因为送别②,摩根眼中的印度总是带有一种亲切温馨的渴望感——既有一种渴望感也有一种失落感。他意识到,这种对无穷尽渴望的叙述已经用来修饰更为丰饶多姿的东方主义,印度总能折射出英国对异域事物的欲望,而印度本身只能是一贯的着急和失望。旅行回来的他当即写了些文章,当中充满了对自我态度的解构,这些文章让他渴望成为一个既痛苦又滑稽的人。在印度,摩根无论何时寻求奇迹,最后都大失所望,无疾而终,不过在这些地方,他经常寻找的不是奇迹的发生,而是他自己。就这样,摩根结束了在印度的首次旅行,这次旅行让他相信,世间没有什么事是绝对的。不过,他脑海中还是充满各种情景:民族主义分子的穆斯林婚礼上,留声机放着歌曲"我总是忙于和我的小利兹在一起",歌声跟庄重虔诚的祈祷声混杂在一起;公路上,和小男孩畅聊,男孩光着身子,自我意识尚未觉醒;在一面大理石墙上,"神就是爱"这几个字漫不经心而又略显滑稽地刻在上面;在奥兰加巴德的庭院里,一个拿棕榈扇子的人神情里带着"阿特洛波斯(Atropos)式的冷漠",一来一回地扯着几片用硕大的树叶制成的刀片;成百上千个男人光着身子在恒河岸边等待沐浴;巴拉巴石窟内的墙壁上光泽暗淡。不过,用不了很久,这些幻象就会作为情节出现在那部伟大的小说——《印度之行》里。在南亚次大陆旅行时,他觉得毫无收获,甚至认为沿途所看到的这些事物对他来说毫无用处。他对新朋友,贝尔法斯特作家弗雷斯特·里德(Forrest Reid)谈道,"我感

---

① 爱德华·摩根·福斯特的印度日记,1913年1月13日,国王学院档案馆。
② 同上,1912年10月18日、1913年3月14日、1913年1月、1913年3月25日。

觉自己已经枯竭了①。不仅是因为我自身的情感，还因为他们对我的态度……能写出好作品是件了不起的事。"

4月1日，他离开孟买前往马赛，他早已明白自己对印度的浅薄认识是一个再清楚不过的例子，证明了人在面对隐晦和扭曲的爱情时常常一团糊涂。在驶离印度的船上，他给马苏德写了最后一封信。"两情相悦的人却不能厮守在一起，这是一件令人感到无比遗憾的事②。等我们老了的时候，我会陪在你身边，但在那之前，你必须做些其他的打算。"

摩根从印度带了些礼物回到家里——几十码色彩斑斓、闪耀光泽的丝绸，他兴致勃勃地打算：餐室桌子上"铺着丝绸，点着熏香"，看上去别致而不失优雅，莉莉也"开心得不得了"。她招呼露丝和艾格尼丝过来看他儿子带回来的包裹。这真是一个"熠熠生辉的时刻"。③

五十八岁的莉莉体态臃肿，备受痛风和风湿病的折磨。1912年9月，她决定去英格兰北部的哈洛盖特进行为期一个月的水疗，去刚刚翻新的土耳其浴池浸泡一下全身的骨骼，享受一下东方的梦幻美景。摩根在贝尔法斯特住了一段时间，拜访了梅雷迪斯和弗雷斯特·里德，后者曾写信称赞过他的早期小说《布拉克内尔》（*The Bracknell*）。里德比摩根年长几岁，生性沉默寡言，是典型的中产阶级。他继承了一笔遗产，自费读完剑桥，然后过着典型的单身生活——写几本不错的小说，赞扬一下学生时代的美德。从男性书信的角度来看，摩根欣赏里德的教导，他俩通过书信所建立的友谊对于他在印度的那段时光意义重大。9月中旬，摩根在哈洛盖特与莉莉会合，在莉莉惬意地享受水疗时，他悄悄独自地进行了一个小时的南部之旅，还去拜访了英国诗人爱德华·卡彭特。

直到1929年去世，卡彭特一直被视为维多利亚时代的遗迹，不过正如登特为他辩护的那样，一切仅仅因为"现代生活已经深深地吸收

---

① 爱德华·摩根·福斯特致弗雷斯特·里德，1913年2月13日，国王学院档案馆。
② 爱德华·摩根·福斯特致赛义德·罗斯·马苏德，1913年4月11日；《书信精选》，拉戈与弗班克编，第1卷，第201页；这封信没有收录在出版的福斯特和马苏德的书信中。
③ 爱德华·摩根·福斯特，《母亲》（*Mother*），1945年。

了他所不能理解的信息，以至于他不得不去使用它"。①摩根去拜访的时候，卡彭特已经快七十岁了②，住在谢菲尔德南部米尔索普的一个小村庄里，仰慕者和拜访者在他家门口排起长龙，他们想方设法来参观他的屋舍和花园以及拜读老人融合"梭罗式理想"的作品。卡彭特是一位浪漫主义作家和社会主义者，同时也是一位激进的维多利亚时代的大师级人物，他放弃了舒适安逸的生活和社会待遇（圣公会的牧师职位），来到谢菲尔德的贫民区，与大众平民生活在一起，致力于阶级平等、妇女权利和社会对同性恋的接纳。他身材修长，瘦骨嶙峋，白发如雪，留着旧约先知一样的胡须。他拥有一片七英亩的土地，与一位比他小很多的工人阶级青年兼爱人乔治·梅里尔（George Merrill）生活在一间屋舍里。卡彭特帮助生活在谢菲尔德的梅里尔脱离了贫困的生活。现在，梅里尔可以做饭、打扫、种菜，一开始他还把蔬菜拿到附近的市场上去售卖，不过到后来，这些就只够自己吃了。他在菜地干活时穿着拖鞋，有时候"只"穿着拖鞋穿梭在蔬菜间。卡彭特曾经去美国旅行时见过惠特曼，惠特曼也非常欣赏他。两人也就彼此所提倡的"民主"原则相互分享了各自的理念。

不过，卡彭特笃信的理念与他的生活方式很难区分开来。他对贫富不均的社会现状心生鄙视，所以才放弃自己原有的社会待遇；他厌恶现代生活方式对人类社会造成的分裂，憎恨这种生活方式割裂了人与人之间的关系和与生俱来的本性，所以他自己过着一种简单的生活，并远离现代社会错综复杂的关系网络。他认为，压迫妇女生活的暴力和强加在同性恋者身上的耻辱，两者并无区别。他创作了大量的惠特曼式诗歌，歌颂"同性之爱"、性爱自由和妇女解放，他与梅里尔公开生活在一起长达四十年之久。几十年以来，卡彭特成为一个鼓舞人心的例子。戈尔迪和罗杰·弗莱是在大学期间相恋的，三十年前，

---

① 《爱德华·卡彭特》（*Edward Carpenter*），贝斯（Beith）主编，第26—27页；爱德华·登特，《天使之翼》（*Angel Wings*）。
② 爱德华·卡彭特，《我的时光和梦想》（*My Days and Dreams*），第147页。

两人曾去过卡彭特的屋舍。而在那之前，他就是G.B.肖（G.B.Shaw）和威廉·莫里斯（William Morris）所崇拜的对象。

卡彭特庆幸自己找到了使命并能实现内心的理想；而梅里尔认为，自己人生的转变正得益于卡彭特。这位年轻人小心翼翼地捍卫着这片属于他们的世外桃源。有一次，他在驱逐一对传教士时，喊着说，"这里就是我们的天堂[1]。"卡彭特[2]在自传中描述自己如何不重视穿衣打扮，如何不在意体面。他认为，与爱人即"两个单身汉"一起定居过日子，就能够改变世界并让自己过上真正幸福快乐的生活。摩根也描述过卡彭特如何通过"他的伶牙俐齿逃离文化[3]"，成为一个"魅力四射、和蔼可亲并且光辉伟大的人"。卡彭特对于"性[4]，尤其是同性恋直白而坦率"的态度促使摩根前去拜访，而这次拜访也大大地改变了摩根的生活。

在一间狭小农舍的厨房里，卡彭特谈论起了自己的观点。不过到了晚上，彼时四十几岁、长相俊秀的梅里尔（瞒着卡彭特）与摩根开了个玩笑，"突发奇想"地触碰了摩根"臀部上面"一下[5]。摩根从未被人触碰过那里，近五十年过去了，再回忆起这事仍旧记忆犹新，新奇刺激。"心理上的感受与身体的体验一样强烈，而我背部上那一小块的感觉似乎未经思考就直接进入了脑海。"

不过，福斯特"构想"的是，这是他第五次偷偷地触碰到身体，这的确是小说《莫里斯》的灵感来源。他构思出一则发生在两个"普通相爱的男人"身上的幸福爱情故事——莫里斯·霍尔，一个呆板的股票经纪人，他的爱人埃里克·斯卡德，来自工人阶层，生性焦躁，是一个迂腐乡绅的庄园的猎场看守人。无独有偶，莫里斯和埃里克最后选择了与卡彭特和梅里尔一样的做法，过着与世隔绝的生活，不过他们通

---

[1] 爱德华·卡彭特，《我的时光和梦想》，第163页。
[2] 同上。
[3] 《爱德华·卡彭特》，贝斯主编，第74、75页；爱德华·摩根·福斯特，《一些回忆》（Some Memories）。
[4] 同上，第75页。
[5] 爱德华·摩根·福斯特，《莫里斯》中的注释，第215页。

过两种重要的方式来蔑视世俗眼光：一是公开宣称同性恋，并且绝不回头；二是打破阶层差距，与不同阶层的人平等相爱。[自《查泰莱夫人的情人》(*Lady Chatterley's Lover*)出版后，猎场看守人的情人形象便成为一个固定模式，但令人记忆犹新的是摩根所写的故事，他要比大卫·赫伯特·劳伦斯早将近二十年。]几天后，他回到哈洛盖特，灵感仿佛一下子爆发出来，于是动笔写起了小说。

新小说的情节"迫切需要一个大团圆结局①"。摩根在生活中见多了悲剧——默茨的自杀，戈尔迪无果而终的单相思，流言纷飞，要挟勒索，医生们的"治疗"，关满劳苦工人的监狱，自我放弃和悲惨的"孤独"。一篇报纸故事的结尾或许是"一个男孩被凄惨地处以绞刑"②，又或许是穷人面临"巨额的罚金"。可是，若不能实现一种新的突破，那么艺术的作用又从何谈起呢？"不管怎样，我下定决心，③两个男人应该在小说里相爱，并且应该让他们的爱情矢志不渝，永远存续。"摩根在乔治·梅里尔和爱德华·卡彭特的相处中看到了男性同性恋者建立家庭生活的迹象，而这些他曾在惠特曼的诗歌中得以窥见，也是他一直所坚信并渴望的生活。

在构建小说情节时，他竭力忠实于灵魂最深处的感受，在塑造莫里斯本人的形象时，"我竭力创造④一个与自己迥异的人物形象或者把自己假设成另外一个人，英俊潇洒、健康强壮、身躯魁梧、心智迟钝，既不是奸诈商人，也不是势利小人。"他认为，这部小说的目的是意愿的实现，而非一部自传。他展现的不仅是内心生活，也是现实世界，这个现实世界非常适合亨利·威尔考克斯那类人，但这类人的思想观念却跟我们一直以来所遵循的大相径庭。

克莱夫·达勒姆作为第三个人物⑤出现在《莫里斯》紧张的三角关

---

① 爱德华·摩根·福斯特，《莫里斯》中的注释，第216页。
② 同上。
③ 同上。
④ 同上，第209页。
⑤ 同上，第217页。

系中，他在剑桥大学的宿舍里遇见莫里斯。克莱夫站在莫里斯面前，介绍认识克莱夫那"希腊式的气质性情"，起初他不甚情愿地给了莫里斯一个拥抱。随着克莱夫"堕入"伪善、冷淡和婚姻中，他越来越像近日的梅雷迪斯，成了贝尔法斯特一个"苍白的老男孩①"，教授经济学。摩根去探访他时，他整个人显得迟钝忧郁，顾影自怜。多年以后，摩根觉得这样的描述对克莱夫可能不公平②，但这却表达了福斯特深深的失望之情，不仅因为这份年轻时代的珍贵友谊走到了尽头，更是因为他痛心地发现，梅雷迪斯已经丧失了原本的敏感和热情。

长达数月中，他都没有给任何人看过手稿。之后，他才小心翼翼地把尚在写作中的手稿分享给最亲密的朋友们看，这完全是出于对朋友的信任，因为知道他们可能会伤害或告发他（是个同性恋）。原来他清楚地发现，他尝试创作的这部小说会把自己的内心秘密显露无遗，而友情亦是如此。他曾经犯过一次错误，给梅雷迪斯看了自己早期的手稿，结果失望地发现"这让他觉得无聊③——我不应该再给他看后面的内容了"。他总结道，"休再也不可能④像曾经那样再次出现在自己的生命中了……他对《莫里斯》的冷漠深深地打击了我，这份痛苦让我越发看清他身上的那种常见的冷漠感。"

然而，摩根只能向弗洛伦斯·巴杰倾诉这件事，她为人率真，未被国王学院的生活所玷污。起初，摩根用一种尝试性的心态走近她：

> 我已经跟你谈了许多⑤，那现在我决定再跟你讲一件事情，那就是，我快要写完一部长篇小说了，只是它无法出版面世，除非我去世，或者英格兰灭亡。但我想把它给你看，尽管这么做有些

---

① 爱德华·摩根·福斯特致弗洛伦斯·巴杰，1915年8月10日，国王学院档案馆；爱德华·摩根·福斯特，《莫里斯》中的注释，第217页；《书信精选》，拉戈与弗班克编，第1卷，第229页。
② 爱德华·摩根·福斯特，《莫里斯》中的注释，第217页。
③ 爱德华·摩根·福斯特致弗雷斯特·里德，1915年3月13日，国王学院档案馆。
④ 爱德华·摩根·福斯特致弗洛伦斯·巴杰，1915年8月10日，国王学院档案馆。
⑤ 同上，1914年6月29日。

荒唐，但我并不是说：你将会为它那经受考验的生命力而振奋。我希望有一天能对此释怀，到那时或许会自由地创作一些主题更加务实的书籍。在过去长达九个月的时间里，我废寝忘食地忙于这部小说的写作。但我希望你不要把此事告诉乔治。

面对一个像弗洛伦斯这样的同性恋女性，他担心《莫里斯》展现的可能是"一个新颖却充满伤痛的世界①，走进去时，你会即刻沦陷，无须再看第二遍！这世界渺小得如沧海一粟，只有生于斯的人才会熟悉它，了解它。我唯一担忧的就是，它可能会使我们彼此疏远，形同陌路，不仅让人瞬间产生厌恶感，而且想要疏远它"。然而，弗洛伦斯却给予了这部小说高度的赞赏。"您认为这是部文学作品，这让我非常高兴②。"他给她写信道，"我原本就是把它当作文学作品来写的，可是淘气的休对它的态度令我非常不安。我几乎快要放弃了。"

不出所料，卡彭特很"喜欢"猎场看守人的人物角色，但摩根却惊讶地发现，自己在小说中竟然对女性的性问题"视而不见"，至少，在这方面，他走在了先知（卡彭特）的前面。罗杰·弗莱告诉摩根，这部作品"很美……是我读过的最棒的小说③"，他的评价让摩根喜出望外；西德尼·沃特罗则赞同异性恋者之间的性关系，尽管他把这当作一部极具影响力的"社会学作品"。

摩根把《莫里斯》给三个朋友——戈兹沃斯·洛斯·迪金森、利顿·斯特雷奇和弗雷斯特·里德看，与他们一起就小说中"渺小的世界"进行了推心置腹的探讨④；然而，这三人的表现均以不同的方式令摩根失望不已。他对《莫里斯》的辩护使他无比清晰地表达出同性恋之于自己的意义。

---

① 爱德华·摩根·福斯特致弗洛伦斯·巴杰，1915年3月28日，国王学院档案馆；《书信精选》，拉戈与弗班克编，第1卷，第223页。
② 同上，1915年4月27日。
③ 爱德华·摩根·福斯特致爱德华·登特，1915年6月13日，国王学院档案馆。
④ 同上。

他也曾犯过错误，给戈尔迪看了自己写的一些同性恋主题的小故事。这位导师震惊的反应一时间令他灰心丧气，信心全无。他烧掉了那些故事，而戈尔迪对此的态度也大大抑制了他创作《莫里斯》的热情。"我的激情全部消失殆尽[1]。"他在日记中写道，"在迪金森的厌恶下终结。"正像当日被束之高阁的《看得见风景的房间》一样，摩根遗留了"手头上的三部未完成的小说[2]"——有一部印度题材小说，写了开头几个章节，《北极夏日》的片段，也是《莫里斯》的开篇内容。到了年底，他才振作精神，重整旗鼓，下定决心"向前看而绝不回头[3]"。他把目光聚焦在一个与众不同的灵感源泉上："爱德华·卡彭特！""爱德华·卡彭特！""爱德华·卡彭特！"

在重写了一部分内容后，摩根给戈尔迪看了后期手稿。戈尔迪不赞成"斯卡德的那部分"[4]——或许是因为对莫里斯和亚力克的性爱描写得不太准确。尽管他承认自己和那类人没有什么"私人联系"，所以可能无法判断出真实性。他告诉摩根，这部小说"让我心碎……特别是莫里斯在克莱夫结婚后回去的片段——简直令人心如刀绞，难以自持"。[5]戈尔迪经历过许多这种令人心碎的事情；在长达大半年的时间里，他一直跟摩根讲述自己和情人奥斯卡·埃克哈特（Oscar Eckhardt）的种种旅行历程，这人曾为了一个女人而离开戈尔迪。就自己而言，这本书有了一个具体的目的，这令摩根高兴不已。他在日记中写道，他和戈尔迪"最终建立了一种志同道合的生活。而这点莫里斯已经做到了"。[6]

弗雷斯特·里德的反应则要比戈尔迪当时尖锐刻薄得多。里德本人爱上了年轻男孩们，他却自我厌恶，内心充满罪恶感。他声称很惊讶摩根是同性恋者，同时也惊讶自己的同性恋身份竟然被他认出来。

---

[1] 爱德华·摩根·福斯特,上锁的日记,1913年12月17日,国王学院档案馆。
[2] 同上。
[3] 同上,1913年12月31日。
[4] 爱德华·登特致爱德华·摩根·福斯特,1914年12月11日,国王学院档案馆。
[5] 同上。
[6] 爱德华·摩根·福斯特,上锁的日记,1914年12月31日,国王学院档案馆。

他把生活和艺术中的同性恋概念进行提炼，并"升华至……崇高的境界"①，像一群天真无邪、至善至美、超凡脱俗的小男生对于彼得牧羊神的崇拜之情。他跟一个年轻男孩或其他男孩在一起的生活非常快乐，构成了一段段精心雕琢的故事，一直到他们离开，长大成人。男人间发生性爱的想法无疑是罪恶的，在《莫里斯》中，即便是简略地描述莫里斯和亚力克"分享"彼此身体的经历，对他来说也是污秽堕落的，令人抗拒。他要求摩根烧掉这封回信。摩根给他写了回信，开头相当谨慎：

亲爱的里德：②

……我对于自己的洞察力同样存在困惑，我以为您已经意识到我在这些事情上的兴趣，因为在最后一次拜访时您对我说的话深深地打动了我。我也曾认为，并且现在也是这样想，若将这种兴趣细致地表达出来必定会给您带来痛苦，不过近来，我正在鼓励别人勇敢地承受这份痛苦，这就是我寄给您这本书的原因。早些时候我本来不应该担忧会失去您的友谊。现在我不再有这样的担忧了。

然而，他打从心底里已经接受这种前提，这也巩固了里德对此书的评价。曾受到惠特曼鼓励的他准备不仅要为同性恋的合法性去争辩，而且要为表现身体的必要性做辩护。在给里德的回信中，他竭力反对基督教的腐朽。

我想要提出一个冲出神学重重迷雾的问题：男人和女人创造了他，而不是他们。除去此类思想尚不成熟的人，比如克莱夫（"戒

---

① 泰勒（Taylor），《绿荫大道》（*The Green Avenue*），第104页。
② 爱德华·摩根·福斯特致弗雷斯特·里德，1915年3月13日，国王学院档案馆。

除了同性恋的感觉")——那就只剩下"堕落者"了。

（一个荒谬的词汇，好像他们还有选择机会似的，不过姑且就让我们这么用吧。）这些"堕落者"的善恶也像常人一样吗？是否因为社会对他们视而不见而致使其产生道德败坏（我承认有的）的倾向？抑或是他们本性就是堕落的呢？你的答案跟我不谋而合，他们属于前者，不过你的回答带着勉强和不情愿。我希望你能够慷慨激昂地回答我。我小说中的这个人（莫里斯），整体上看是个好人，可是社会却几乎要把他摧毁。他几乎一辈子都要躲躲闪闪，过着提心吊胆的生活，并且背负着沉重的罪恶感。你说，"如果他遇不到跟他一样的人（男同性恋者），那会怎么样？"如果真是那样的话，他要怎么办呢？只是这要怪罪于这个社会，而不是莫里斯这个人，并且当小说中这个人尽可能过着最好的生活时，一定要心怀感恩。

摩根争辩道，"这样的关系应该包括肉体在内……对吧？……倘若双方都渴望这种关系并且他们已经足够成熟、清楚自己想要什么的话。"摩根告诉里德，对于这类话题的创作，他认为衡量其"成功"的标准在于是否能让"正常"的读者看到同性恋者欲望中的人性，忘却"感情的外在形式，只要牢记……这就是感情"。（沃特罗读过以后，就是这样来鼓舞摩根的。）对于"欲望所具备的特定的局部形态"，每个人都有着与生俱来的偏见。毕竟，"我们深知，包容一种不同于自己的形态是何等的难。"

摩根与里德争论道，正是这种"社会结构"衍生出了同性恋者，并非他们天性就如此。"在任何判断上，我的辩护是'我正在为此使出浑身解数'。"

给这样的人一次机会，来看看天堂是离地狱更近还是牢狱更近？他们所犯下的罪行是否比社会中有心灵、有头脑的人一起迸发的粗浊声更加深重?这正是我写《莫里斯》的原因,而且他遇见的亚力克——既非圣者,也非唯美主义者,只是普通的、感情充沛的人。①

这是一次对信念强有力的陈述,尤其这仅仅是摩根理想主义幻想的产物。他的笔下创造了两个男人,他们逃进了乌托邦式的世界里,只是摩根自己却从未鼓起勇气触碰任何男性。

而利顿·斯特雷奇则尖酸地指出,温馨的同性恋家庭生活在现实中是不可能实现的,这也是他本人的观点。在斯特雷奇所看的版本结局中,莫里斯和亚力克一起去了英格兰的北部,追求一种既是护林员,又志同道合的生活。"不要写得这么浪漫。"斯特雷奇提出异议。像他们这样的人根本无法找到彼此相爱的人,即使能够找到,他们也不能相伴厮守,"我本应该预言②他们六个月后就会决裂,主要原因是……阶级差别……即便是莫里斯这样一个想法简单的人也会感受到这种阶级差异,所以你给伊舍伍德·弗罗斯特安排的结局让我觉得有些不现实。"

斯特雷奇给出的第二个批评是,他无法"理解性爱问题为何受到如此重视",斯特雷奇无法理解摩根的这些论点多么贴近家庭生活,反而更加尖锐地说道:"我真心觉得这本书中男性性爱的整体构想③存在严重的弊病,就事实而言,这种构想看起来有些病态和反常。"他察觉出了小说里的双重标准,在两年里"莫里斯和克莱夫保持着贞洁……你会认为这是一件好事,没什么不同寻常",然后克莱夫决定结婚,"并且迅速地,理所当然地拥有了妻子。"尽管存在这些意见,斯特雷奇却非常喜欢这部小说。

在回信中,摩根承认了斯特雷奇在性问题方面的专业意见,不过

---

① 爱德华·摩根·福斯特致弗雷斯特·里德,1915年3月13日,国王学院档案馆。
② 利顿·斯特雷奇致爱德华·摩根·福斯特,1915年3月12日,《利顿·斯特雷奇书信》,莱维编,第246页。
③ 同上。

没有承认自己在这方面的无知。他告诉利顿，自己比"他所认为的"更认同这些建议。①《莫里斯》的核心构思是一种远景陈述，斯特雷奇批评它太理想化、太乌托邦，但这种批评并不中肯。早在一年多前，他曾写信给利顿，指出"尚未有人突破"②"正统的"清规戒律。斯特雷奇对摩根在商业上的成功抱有一种不屑一顾、高高在上的态度，然而两人通过交流意见，渐渐剥落了这种屈尊俯就的外表，从而发展为更加亲密的朋友。

同时，在督促之下，摩根有意在《莫里斯》中表达出自己的艺术审美目的。这要归功于登特的溢美之词，"这份努力所承受的孤独简直令人无法想象③，这是长达一年的埋头创作！"他点出摩根的成就，"我确信自己创作了一些全新的东西，即便是在希腊人看来，也绝对新颖。在这方面，惠特曼走在我之前，但其实他并不知道他的作品后来会是什么样，或者说仅有半数人晓得——他的作品变成了一种避重就轻的表达。"

然而，他希望用这部不能出版的小说来结束创意枯竭的状态，尽管这种状态尚未得到证实。直到1914年，《莫里斯》的手稿才全部完成。莉莉对这一切毫不知情，她从未留意到，在无数的日夜里，摩根奋笔疾书地写作。不过，他向她编造了一个解释，介于真实的坦白和彻底的谎言之间，告诉她，"我的作品完全错了。"④

自印度回来后，他和马苏德之间的亲密感就一直在"减少"，"意料之中的是"既然朋友已经结婚，摩根便无须为他过多操心。而关于跟梅雷迪斯的决裂，他决定，"我认为自己不应受到指责。⑤"这位老朋友对摩根生活中突然出现的两段新关系指手画脚，并很快对他的性格陷入彻头彻尾的误解中。起先出现了一次小小的尴尬：弗洛伦斯·巴杰的妹

---

① 爱德华·摩根·福斯特致利顿·斯特雷奇，1915年4月14日，国王学院档案馆。
② 同上，1913年11月1日；《书信精选》，拉戈与弗班克编，第1卷，第208页。
③ 爱德华·摩根·福斯特致爱德华·登特，1915年3月6日，国王学院档案馆。
④ 爱德华·摩根·福斯特，上锁的日记，1914年8月1日，国王学院档案馆。
⑤ 同上，1914年12月31日。

妹埃尔西·托马斯（Elsie Thomas）爱上了他。然而,《莫里斯》大大增强了他的意志,摩根迅速而儒雅地打消她的念头,并未挑明任何事,给予她足够的尊重。1915年2月下旬,在布鲁姆斯伯里团体的女资助人奥托里纳·莫雷尔（Ottoline Morell）太太举办的晚宴上,摩根遇见了大卫·赫伯特·劳伦斯和他的新任妻子弗里达（Frieda）。劳伦斯是一名矿工的儿子,后来他奋力挣扎走出了贫困以及那毫无幸福可言的家庭生活,成为一名学校视察员。然而,教育系统的生活极其单调乏味,于是他冲破束缚,跟他最喜欢的教授的妻子偷情。快三十岁时,他已经完成了自传体小说《儿子与情人》(*Sons and Lovers*)。他和弗里达在朋友们的接济下生活,朋友借给他一间位于苏塞克斯的小木屋。这对夫妇打算开始他们居无定所的流浪生活,去寻找一个安身之处——澳大利亚、法国、新墨西哥的一家牧场——那些可以带给他们舒适和自由的地方。

劳伦斯对摩根每一部作品的主题都很清楚。《霍华德庄园》中对阶级体系的忧虑不安,《天国驿车》中牧羊神的故事,劳伦斯通过这些在摩根身上发现一种血缘精神,不过他却指责摩根做得还不够深入。摩根告诉弗雷斯特·里德,劳伦斯"是浅棕色头发,热情洋溢的尼伯龙格（Nibelung）[①]（王子西格里夫特的拥护者）",并且"他为人极好"。弗里达非常推崇《霍华德庄园》,她告诉摩根"这是一部美妙的书[②],不过你一定要走得更远"。夫妻二人邀请摩根来他们的小屋做客,结果证明这是一个令人坐立不安的周末:劳伦斯滔滔不绝地发表评论,将摩根的脾性与整个宇宙学对现代人的影响联系起来,他一直喋喋不休地责备,"你欺骗和背叛了自己[③]",并催促摩根展现"你身上的本性"。福斯特返回威布里治后,劳伦斯当即给他写了一封气势逼人的信:"在你的书

[①] 爱德华·摩根·福斯特致弗雷斯特·里德,1915年1月23日,国王学院档案馆。
[②] 大卫·赫伯特·劳伦斯致爱德华·摩根·福斯特,1915年2月5日,国王学院档案馆.
[③] 同上,1915年2月28日。

中①……你表现刻意，乖僻执拗，并且令人感到索然无味。一个人的生活必须经历过源头，经历过赛马和牧羊神的热度，经历过守护天使和魔鬼，他们头戴光环，脚下鲜花盛开，光辉四溢。"之后，他要求摩根下周再次去他家，在信的结尾轻快地写道，"再会。"

显然，劳伦斯②对于摩根的诊断结果是，他必须"满足"自己"含蓄的男性气概"，但"他却竭力选择逃避——这种所见是痛苦的"。"为何他就不能爱上一个女人，并与自己基本的、原始的本性作斗争呢？"劳伦斯还批评伯特兰·罗素，原因是他自信地认为，摩根是在"吮吸自己的虚假——你知道，那些人上了年纪以后就只能哄哄小孩儿"。倘若可以的话，摩根可以"用自己的灵魂感孕"。劳伦斯曾对一位朋友说③，他发现摩根"为人很好"。不过他好奇的是"他是否挣脱了束缚"。然而，就自己而言，摩根怀疑劳伦斯有一个怪异的心理问题：压抑自己的同性恋倾向。摩根意味深长地对登特说，在劳伦斯的《白孔雀》（*The White Peacock*）中，"友谊之诗""唯美动人"④，同时也是"我所能想到的最怪异的潜意识产物"，而劳伦斯"在同性恋方面自始至终从未流露出一丝迹象"。

然而，劳伦斯当着摩根的面奚落爱德华·卡彭特，这件事成为两人关系上压倒骆驼的最后一根稻草。劳伦斯再次发表论断，不料却错得离谱。劳伦斯在腐朽守旧的维多利亚风气下堪称一名性先锋，而且他这个老男人有着清晰的思维、时髦的观念。他对文体线索的盲目解读还有一个例子。卡彭特留着络腮胡子，早在劳伦斯出生之前就领导了性自由运动，只是最近才成立英国性心理学协会。因近来英国实施了《保卫王国法》（*The Defense of Realm*）以防范煽动性言论，协会对加入的成员采取非常谨慎的态度：成员若要加入必须获得两名成员的担

---

① 大卫·赫伯特·劳伦斯致爱德华·摩根·福斯特，1915年2月3日，国王学院档案馆。
② 大卫·赫伯特·劳伦斯致伯特兰·罗素（Bertrand Russell），1915年2月12日，博尔顿（Boulton）、泽塔洛克（Zytaruk）编，《D.H.劳伦斯书信》（*Letters of D.H.Lawrence*），第2卷，第286页。
③ 大卫·赫伯特·劳伦斯致芭拉拉·洛维（Barbara Low），1915年2月11日，第2卷，第280页。
④ 爱德华·摩根·福斯特致爱德华·登特，1915年3月6日，国王学院档案馆。

保，并且支付会费。然而，协会制定的议程内容却非常激进：促进性话题的公开讨论、女性的性愉悦权利、节育问题和同性恋者的权利。在卡彭特的催促下，摩根悄悄地加入了这个协会。数月后，劳伦斯也加入了。在日记中，摩根意识到①自己无法原谅劳伦斯对卡彭特的羞辱，于是带着一丝"遗憾"放弃了这位性情暴躁的朋友。

即便他到了那森海德（德国城市），英国人对德国佬的那种忧虑害怕仍能轻而易举地被察觉出来。1914年8月，英国对德国宣战。战争带来的阴霾久久不能散去，"直到最后一刻②，人们还是不敢相信战争真的开始了。"战争也给摩根的友情带来了考验。即便是平日里体贴温柔的乔茜·达林，马尔科姆的妻子也变得烦躁起来。她劝丈夫停止空想，投笔从戎，"面对战争现实。"而他却泼了她一盆冷水。"别对我说什么'面对现实'③，乔茜。当下人人都在说这个，可是现实是，我们根本无法做到面对现实。它们就像房间里的这些墙壁……如果你要面对着其中一面，你就得背对着其他三面。"

他决定不去参军，而是履行了一个平民的"战争任务"，在国家美术馆给画作编目录。《莫里斯》发表不了，摩根决定不再写小说了，这点他很确定。他对戈尔迪坦承道，"我想象不出，我的余生还能从事什么④。"理解他的窘境并非不可能，只是帮他脱离这种困境确实不可能做到。他对弗洛伦斯说，"只要我在家里，我就过一种小女孩式的生活。"⑤

---

① 爱德华·摩根·福斯特，上锁的日记，1915年9月9日，国王学院档案馆。
② 《戈兹沃斯·洛斯·迪金森自传》，普罗科特编，第189页。
③ 弗班克，《爱德华·摩根·福斯特》，第2卷，第2页。
④ 爱德华·摩根·福斯特致戈兹沃斯·洛斯·迪金森，1914年12月13日，国王学院档案馆。
⑤ 爱德华·摩根·福斯特致弗洛伦斯·巴杰，1915年8月10日，国王学院档案馆。

第六章
与体面分道扬镳

　　从法国马赛市开往美国亚历山大市的轮船上,男士们在讨论征兵制度。那是1915年11月中旬,全面战争爆发十五个月后,英国军队已经被消耗殆尽,征兵是不可避免的了。一群红十字会志愿者来到被英国占领的北非地区,他们也已经意识到,征兵迫在眉睫了。作为非参战人员,他们处于战争的边缘,发现了战争光明的一面,那就是征兵活动会使英国人齐心协力凝聚在一起,给予人们新的目标和自豪感。不管是来自工人阶级的救护车司机,还是来自保守党的医生都同意征兵。让每一位"英国男人"都凝聚到一起并投入战争是多么棒的一个主意啊!

　　福斯特在日记中记录了一段谈话。在这段谈话中,他的同伴看起来就像是未完成的外国小说中的小人物。乘客们正在甲板上晒太阳,福斯特在远处静静地坐着。摩根当时快三十七岁了,但给人的印象是比实际年龄更年轻一些,"他面色苍白,体质孱弱[①],头发稍有凌乱,十分腼腆。他习惯于单脚站着,同时把另一条腿缠在上面。他对偷听别人讲话这件事可是尤其擅长。"

　　摩根去亚历山大到底是为了逃避还是为了追寻什么,这很难说清楚。他被置于两种阵营之间,激情昂扬的和平主义人士疏远他,包括斯特雷奇、迪金森以及他在布鲁姆斯伯里的朋友们,偏激、渴望战争的女性也排斥他。战争愈演愈烈。这场战争与性别政治有着某种丑恶的关联。一群热情洋溢、自称为"敢死队"的年轻女性[②]发明了一种新

[①] 弗班克,《爱德华·摩根·福斯特》,第2卷,第25页。说话者是艾达·博克格雷温克的女儿。
[②] 古拉斯,《白色的羽毛与受伤的男人》。

奇的街头剧场,她们将白色的羽毛插到平民装束的男性衣服翻领上,让这些男性因为羞愧而参加征兵。一位老朋友的母亲给摩根寄来一封信,信上抨击了摩根的爱国精神,甚至是他的男子气概,摩根没有理会这封无厘头的信①。这位母亲的态度代表了大众的一种普遍情绪。《每日邮报》发表了杰西·蒲柏的一首诗——《呼唤》(*The Call*),这首诗对娘娘腔进行了激烈的抨击:

> 穿卡其色西装的人是谁②——
> 是你吗,我的小伙子?
> 谁渴望冲锋和射击——
> 是你吗,我的小伙子?
> 谁渴望身体健康
> 谁打算展示他的勇气
> 谁宁愿等一会儿——
> 是你吗,我的小伙子?

在船上,摩根身处陌生人之中,仔细考虑了这套不合身的卡其色西装的转变性力量。这身红十字会的制服看起来很滑稽,没给人留下深刻的印象:"西装上有一排排的针脚③,洗过后,这些针脚变得越来越明显。"尽管如此,尽管这些男性身上没有一点军人的样子,尽管他在写作上也是一团糟,福斯特还发现,服装塑造了人。他感到不安和不真实。他在日记中讽刺地说道,"我的制服深受好评④。有人认为我是一名士兵,也有人认为我是一名牧师。"

---

① 弗班克,《爱德华·摩根·福斯特》,第2卷,第19页。
② 杰西·蒲柏(Jessie Pope),《在佛兰德斯战场:第一次世界大战的诗歌》(*In Flanders Fields:Poetry of the First World War*),第21页,乔治·沃尔特编,伦敦,艾伦·莱恩,2004年。
③ 爱德华·摩根·福斯特,《亚历山大城》(*Alexandria*)中的《迷失的指南》(*The Lost Guide*),第355页。
④ 爱德华·摩根·福斯特,《战争笔记》(*Incidents of War Notebook*),国王学院档案馆。

他将这套制服称作自己的"戏服",恰好适合他那不明确的角色。他是红十字会受伤和失踪部门的搜索者。这个职位没有等级,但能为官员提供适度的特权,可以半价乘坐亚历山大的新型电车旅行,以此向他们致敬。然而,他只是一个平民,需要自己寻找住处并支付生活费。当他乘坐铁轨穿过尼罗河三角洲,从塞得港到扎加齐格再到坦塔时,他只知道自己大概的职责。他要采访部队医院的受伤人员,目的是判断数月以来在达达尼尔海峡进行的损失惨重的战争中失踪士兵的身份。12月初,摩根开始工作。他原本想在这里待三个月,但实际上他待了三年多。

穿上这套卡其色服装,他逃避了蒲柏小姐的召唤,然而却发现自己已经受制于女性了。在伦敦,他因为搜索者的身份受到格特鲁德·贝尔(Gertrude Bell)的审查。贝尔是一位令人敬畏的近东地区专家,就是她将摩根交给维多利亚·格兰特·达夫(Victoria Grant Duff)小姐的,达夫是亚历山大红十字会伤员部门的领导。她的父亲是维多利亚时期著名的博学家,曾是自由党的国会议员和马德拉斯州的前任州长。达夫小姐接受过帝国式的严格教育,根据记录,她有点爱管闲事,决心依照规定行事。遇到职业女性时,摩根常常感觉很棘手,他认为达夫就像是一个泼妇。[1] 摩根并不知道达夫最亲近的兄弟一年前在法国被杀害。

与往常一样,在这种情境下,还有第三个女人。摩根选择去亚历山大是一种折中的做法,一边是自己不切实际的逃跑愿望;另一边是莉莉担心在战争中失去他,他在两者之间做出妥协。他的第一个计划是作为救护车传令兵前往心爱的意大利。但是"他的母亲对此强烈反对[2]",所以摩根放弃了这个想法,他仔细考虑,在怯懦和孝顺间寻找平衡,决定服从于母亲的愿望。关于救护车传令兵的计划稍微有些远

---

[1] 爱德华·摩根·福斯特致爱丽丝·克拉拉·福斯特,1915年11月21日,国王学院档案馆。
[2] 爱德华·摩根·福斯特致弗洛伦斯·巴杰,1915年8月10日,国王学院档案馆;《书信精选》,拉戈与弗班克编,第1卷,第229页。

大。沃尔特·惠特曼在美国内战期间曾从事救助工作，惠特曼的故事点燃了摩根的想象力，为摩根提供了一种他能够达到的男性认同感，既柔情似火又爱好冒险。他在意大利的救助小队中向马苏德吐露了自己的愿望。"在这个满是疯子的世界里，一个人能做的就是扶起贫穷、受伤、饱受折磨的人，然后尽力帮他们复原。"[1]但在亚历山大，没有人会扶起饱受折磨的受伤人士，事实上，根本没有人接近他们。摩根即将变成一位乡村官僚。

摩根对亚历山大有一些文学上的浪漫主义思想。他曾在剑桥大学研读古典文学，亚历山大作为同性恋神话的发源地，能让摩根产生共鸣。公元前4世纪，亚历山大大帝离开他的朋友与爱人赫费斯提翁（Hephaestion），去探索地中海与莫丽特湖之间的石脊并以此命名这个地方。亚历山大大帝死后，托勒密王朝的继承者们在港口的入口处建造了一座宏伟的法罗斯灯塔，用来指示方向。这是希腊的一座启蒙与享乐并存的城市。亚历山大大帝、安东尼与克里奥佩特拉（Cleopatra）居住的这座城市，不受罗马法的约束，这里建造了世界上最好的图书馆。关于亚历山大的种种猜测，既有悲伤和无望的一面，也有迷人的一面。

亚历山大大帝在建城八年后就去世了，他的遗体被带回这里安葬。象征着求知的图书馆也被全部焚毁，所有的珍宝都丢失了。福斯特萌生了一个念头，他想写"一本关于亚历山大大帝的书或一个关于他的剧本[2]"，他将这个想法告诉了迪金森。但他没能坚持到底，还是因为一个老套的原因，又是一番无聊的自我审查："又是这样的情况，作品不宜出版。"

真正的亚历山大，就像小说《印度之行》中女主人公阿德拉·奎斯特德（Adela Quested）所看到的"真正的印度"一样，是一个令人失望透

---

[1] 爱德华·摩根·福斯特致赛义德·罗斯·马苏德，1915年7月29日；《书信精选》，拉戈与弗班克编，第1卷，第224页。

[2] 爱德华·摩根·福斯特致戈兹沃斯·洛斯·迪金森，1916年4月5日，国王学院档案馆。

顶的地方。古代宏伟的一切都消失得无影无踪，能看到的只有开罗或尼罗河三角洲以东的几英里。最近，占领军或其他人将城市的珍宝拍卖给出价最高的外国人；被称作"埃及艳后之针"的一对雄伟壮观的方尖碑，是克里奥佩特拉为纪念马克·安东尼（Mark Antony）而下令建造的。现在，这两座方尖碑成为美国和英国的战利品，相隔三千英里，分别矗立在美国纽约的中央公园和英国的泰晤士河畔，成为令普通游客叹为观止的景色。所到之处，从前的光辉样貌都已经消逝，这使摩根也受到打击。古老的博物馆与大英博物馆相比，显得黯然失色。摩根在这里居住的后期编写了一本亚历山大市旅行手册，描述了这里的珍宝，他用一种不动声色、倦怠的口吻描述道："这个房间里没有任何美好的事物①……这些纪念物是在一些不确定的时期来到这里的……接下来看到的是一块墓碑，上面绘着图案，外部有玻璃罩保护；稍远一点的房间里有一些更好的纪念物……其中包括巨大的罗马大帝马克·奥勒利乌斯②的雕塑……"看到这些纪念物，即使是崇拜阳刚之气的福斯特，眼神也变得黯淡。富有魅力的庞贝柱并不高大，后来发现这不过是别人仿制的一根石柱。他用讽刺的口吻评论道，"样本的比例并不协调。"

摩根对这座城市的第一印象是它过于平凡，无法唤起人们强烈的感情。为了使莉莉安心，摩根在信中写道，"人们一定会喜欢亚力克斯③，因为人们肯定喜欢这里的大海或石头。但在我看来，除此之外，这里就没有其他东西了；除了海洋，这里只有一个洁净的都市化城镇。"从摩根居住的那个豪华酒店的现代化的"舒适"房间里④可以看到，人们牺牲了北部整洁的法国花园，为海滨沿岸种上了棕榈树。这

---

① 爱德华·摩根·福斯特，《亚历山大城》，第94、95、97页；爱德华·摩根·福斯特致戈兹沃斯·洛斯·迪金森，1916年4月5日，国王学院档案馆，第121页。
② 马克·奥勒利乌斯（Marcus Aurelius, 121—180）：西方哲学家，罗马帝国皇帝，有"帝王哲学家"之称。——译者注
③ 爱德华·摩根·福斯特致爱丽丝·克拉拉·福斯特，1915年11月21日，国王学院档案馆。
④ 爱德华·摩根·福斯特致赛义德·罗斯·马苏德，1915年12月29日，国王学院档案馆；《书信精选》，拉戈与弗班克编，第1卷，第232页。

座宏伟的灯塔现在只是防浪堤坝上的一块不规则的石头。

真正的亚历山大城是全国第二大城市,位于地中海东南边缘的战略位置,地处苏伊士运河的正西方。自拿破仑一世时期开始,这里就是欧洲军事力量极力争夺的领土。后来,这里成为法国的殖民地,大半个世纪以来,这里起初由土耳其人统治,他们指定了埃及的总督。土耳其人的统治宣布结束时,这里由一位英国副领事管理。这座现代化城市的海港就像两个背靠背的圆括弧。西部的港口面向大海,业务繁忙,工业化程度高。东部的港口曾经是古老的亚历山大王朝的遗址,这里已经成为美丽的海滨区,名字叫作纽基。摩根将亚历山大市尊称为"国际化大都市"。事实上,这只是针对商业而言。奥斯曼帝国残留的难民们和来自多个国家目光敏锐的商人们发现这里的地理条件和自由放任政策是令人满意的。开罗的面积是亚历山大的十倍,但容纳的海外移民却没有亚历山大多。意大利人、遗留的法国人、无国籍的亚美尼亚人、犹太人、马耳他人、从法国黎凡特而来的巴勒斯坦商人还有希腊人,就像连续涌来的潮水一般,纷纷来到这里。在亚历山大几乎可以找到或买到英国的所有东西,包括旅行指南中列举的英国俱乐部、英国啤酒、糖果、腊肉、英国国教、英国剧院、现成的服装、浴缸、银行、医生、药剂师、售书员、羊毛制品、雪茄……

最近,流离失所的人在这里来来往往,他们是驻扎在喧闹的商业区的两万五千名英国士兵。经证实,亚历山大这座城市是管理供应物资和审查往来邮件的理想地。福斯特到达这里的一年前,戒严令就在接近五十万的人口中开始实行。1915年到1916年,著名的达达尼尔海峡战役以亚历山大市为坐标展开。运气不好的土耳其部队在这里被船只运送到安全地带,在那里受伤人员有的痊愈,有的死去。

福斯特并没有意识到①他进入了一种令人格外不安的性风气当中。亚历山大市有商业性卖淫的倾向,遏制这种倾向十分困难,这使英国

---

① 多恩,《性与文明的进程》(Sexuality and the Civilizing Process)。

军队和行政人员常常感到担忧。在他们看来，性生活的卫生是社会卫生的关键。"文明的进程"与士气和道德相关。但是，法国占领期间遗留下双重法律架构，这导致得体的议事规则的实施变得非常复杂。虽然可以通过英国的惯例来管理士兵和英国的人口问题，但军队中的"单身汉"天生容易受到各种诱惑。军队和卫生委员会开始了一系列耗费力气的计算、筛选和校正工作，其中包括研究性病、登记妓院、强制性医疗检查、控制异族通婚、"营救卖淫女性"、积极放逐"欧洲不良分子"和已被知晓的同性恋人员。一种令人不快但却实际的信念变得盛行，那就是女性卖淫是一种必要的灾难。如果没有女性卖淫，那么英国士兵就会不可避免地屈服于一种更为堕落的方式来满足性欲，那就是在男孩中进行非法性交易，这是一种恶劣但却流行的做法。

净化这种不良的风气是一个漫长又令人感到崩溃的过程。亚历山大的绝大多数居民并不在军队和政府的管理范围内，这些居民默认了埃及土著刑事法典。埃及土著刑事法典继承了拿破仑法典，这部法典规定，两相情愿的同性恋行为和男性性交易行为都是合法的。一位行政人员声称，要为刑事法典草案加上一条新的"违反道德罪"，但当地人对同性恋行为的视而不见令人难堪。这是"不可思议的[①]"，他写道，那些年轻人是"国家最宝贵的财富""居然处在道德和身体堕落的环境中，居然容忍非自然的侵犯。"戒严令允许英国当局纠正不正之风，整顿暴力行为。

福斯特到达亚历山大后拜访的第一位朋友[②]就是他在国王学院的兄弟罗伯特·福尼斯（Robert Furness），大家都叫他罗宾，他是管理机构的一员。福尼斯战前曾是一个小地方官员。在写给梅纳德·凯恩斯的信中，他用一种茫然但却不偏激的口吻说道："我做警察已经很长时间

[①] 法官A.C.麦克巴奈特，见于多恩，《性与文明的进程》，第191—192页。
[②] 爱德华·摩根·福斯特致爱德华·卡彭特，1916年4月13日，（我在国王学院对福尼斯有些许的了解）国王学院档案馆。

了①,在这个秩序混乱的镇子上,每一天我看到的都是醉醺醺的威尔士家庭女教师和身上文着刺青的切尔克斯妓女;我窥视娈童的肛门;坚持盘查已经死去的、被蛆虫噬咬的乞丐。"对于福尼斯而言,这座城市②不知疲倦地,甚至是兴奋地反抗着法治。福尼斯对肮脏透顶的琐事进行裁决,他对已经注册的妓院和男妓人口相当熟悉。

和许多英国绅士一样③,福尼斯在完全不同的公众角色和个人角色间转换自如。他喜欢讲下流笑话,还发现了普通人眼中的一种诱人游戏,例如一位年轻的埃及男人一个接一个地抚摸着士兵束腰外衣上的扣子,将这作为一种告别的手势。最重要的是,福尼斯崇拜希腊时期亚历山大的诗人卡利马科斯,他和摩根在剑桥大学时曾粗略地研究过这位诗人。大学里的教师认为,卡利马科斯的作品是颓废的,因此对它们不予理会,于是福尼斯就开始翻译这位没有得到充分赏识的诗人的作品。卡利马科斯诗歌的形式、挽歌式的箴言以及其"朴素、尖刻④"的风格吸引了福尼斯。简短的诗歌给人直观的体验⑤。虽然这些作品创作于公元前2世纪,但形式却很新颖;里面精美的言论,"私密且异想天开的现实主义思想"都给人现代化的感觉。这些作品经常是赤裸裸的色情诗歌,对里面的同性恋欲望丝毫不觉得羞耻。这些诗歌需要一位能洞察其中细微差别的译者。战争爆发时,福尼斯成为一名行政人员。白天,他在新的环境里运用自己的编辑才能。他负责的是新闻检查部门。

回到伦敦,贝尔女士坚定地建议摩根,坚持扩张中心城镇是严守道德戒律最好的办法。摩根问道"亚历山大的居民是什么样子的⑥……

---

① 罗伯特·福尼斯致约翰·梅纳德·凯恩斯,1907年4月25日,国王学院档案馆。
② 多恩,《性与文明的进程》的笔记,"1910年,786名男孩和1477名女孩在亚历山大港被拦截,他们也许代表了这座城镇性交易的一小伙人",第183页。
③ 爱德华·摩根·福斯特,穆罕默德·阿里笔记,国王学院档案馆。
④ 罗伯特·福尼斯,《卡利马科斯诗集》(Poems of Callimachus)中的序言。
⑤ 罗伯特·福尼斯在埃及度过了全部的职业生涯。他是埃及童子军联盟的头目,后来成为开罗一所大学的文学教授。福尼斯六十多岁才结婚,晚年在英国有了一个女儿。他死于1954年。
⑥ 爱德华·摩根·福斯特,《亚历山大城》,第354页。

贝尔回答说自己没有机会亲自了解那里的情况，只有在上下班的路上才会见到那些人"。镇子上最危险的地方是拜占庭人的居住地。贝尔女士建议摩根向前看，避免走弯路。心怀正直就能成为公正的人。因此，在卡其色西装的装扮下，摩根后来的几年里都在迷茫的状态下写作。"我去往红十字会①办事处和各个医院，然后回到酒店，就像贝尔女士命令的那样，避免走弯路，选择正直向前。"

英国人的居住区面朝穆罕默德·阿里广场，这个广场是以土耳其探险家穆罕默德·阿里的名字命名的，他是一位"野心勃勃并且西化了的人"②，来自希腊北部地区。尼尔逊逼拿破仑撤兵后，穆罕默德·阿里成了国家的主人"。他的大型骑马雕像由雅克马尔在法国铸造，占据着公用空间的核心地带，英国人坚定地将这里称为"大广场"。宽敞的道路从广场向外延伸，开阔的街景外围布满高大的棕榈树。在这里，许多事变得极为合理，包括加入英国俱乐部、将所有的时间用来抽雪茄和赌博以及"进行大规模的赛马③"。

摩根的房间里能看到一个洁净的现代化城市。他位于马杰斯提酒店里新建的公寓，东起大广场，北至法式花园。1882年，埃及人试图抵抗英国的强制性占领，因此，英国的装甲飞机瞄准大广场，想要镇压这些埃及人。这座著名的现代化城市中的大部分建筑都是由战后的大规模修复而来，1914年修订旅游手册的人没有将这些建筑列入其中。广场东北角的圣公会教堂旁边是与之齐名的圣马可建筑群（属于英国社会），福斯特每天工作的地方——红十字会办事处就在这个建筑群内。旅行手册里将这些建筑描述为1882年大广场里唯一避开了当地人暴力破坏的建筑群④。

福斯特待在亚历山大第一年的冬天，平日里几乎都是根据旅行手

---

① 爱德华·摩根·福斯特，《亚历山大城》，第355页。
② 哈格，《亚历山大城》，第9页。
③ 爱德华·摩根·福斯特，《亚历山大城》，第355页。
④ 《埃及旅行指南》，第16页。

册进行为期一天半的旅行。从酒店到红十字会办事处，只需绕大广场走不到十分钟；从办事处到穆罕默德·阿里俱乐部（Mohammed Ali Club）("俱乐部内装潢精美①；来自不同国家的欧洲人经常惠顾这里，由会员介绍入门。")只需往东走同样的距离。福斯特从俱乐部出发，乘坐新式电轨到达东部几英里之外的红十字会医院采访伤员。这条路线的名字是拉姆拉（Ramleh），是阿拉伯语中"沙子"的意思。

从威布里治的乡村生活到地中海沿岸的官僚生活，这样的转变十分讽刺。他向马苏德写信描述自己每天的路线，说道："我上午十点出发②，中午回来吃午餐，晚上七点结束。"每天都是如此。福斯特每天两次穿梭在宏伟的现代化建筑和东方的梦想殖民地之间。西部的尽头是一座用白色石头砌成的马杰斯提酒店，有四层高，里面使用的全是现代化生活设备，这幢建筑有两个一模一样的东方式的圆屋顶。在东部边缘地区，穿过郊外就看到波状的海岸线，总督府也坐落在那里。这是一座宏伟的东方建筑。世纪之初，总督府由埃及总督为他的奥地利情人而建，它由透光石、莫尔式拱、绿廊和瓦顶构成。这座宫殿风景优美，芬芳的花园位于岩石峭壁之上，环绕着宫殿。宫殿台阶上雕刻着精美的花纹，一直延伸到湛蓝的大海③。福斯特到达时，宫殿已经被征用。花园被栅栏隔开，宫殿也被改造成一个个房间，供康复期间的士兵居住。

在友情方面，起初他依赖的是新的大学同学关系网，这套关系网不成体系④。福斯特与他国王学院的同学和福尼斯的同事们一起待在审查机构的办公室里，他们的关系就像家人一般。罗宾·福尼斯身材高大，"头脑理智但性情暴躁"⑤，除他以外，这里还有一位叙利亚人

---

① 《埃及旅行指南》，第9页。
② 爱德华·摩根·福斯特致赛义德·罗斯·马苏德，1915年12月29日，《书信精选》，拉戈与弗班克编，第1卷，第232页。
③ 爱德华·摩根·福斯特，《亚历山大城》，第354页。
④ 同上，第355页。
⑤ 格拉夫蒂-史密斯，《明亮的黎凡特》（Bright Levant），第70页。

和一位希腊人,他们分别是乔治·安东尼(George Antonius)和伯里克斯·阿纳斯塔西亚德斯(Pericles Anastassiades)。安东尼只有二十五岁,四海为家并富有同情心。他出生在亚历山大,父母是巴勒斯坦人,他从拉姆拉说英语的公立学校来到国王学院。作为回报,现在他将一位富有同情心的英国男人带进自己的世界。在安东尼的陪伴下,摩根开始断断续续地探索这个城市,"丢掉我的制服①,投身市场之中。"福斯特形容过一种"典型的亚历山大居民的"特性,安东尼对此进行例证,说道:"对我而言,这种特性代表了一种混合物②,一个私生子和一种观点,在我看来,这种观点与现代世界和狂暴的民族主义既相同又不同。"安东尼是一位学贯中西的年轻人。

阿纳斯塔西德斯是一位棉花代理人③,他与摩根也有来往。阿纳斯塔西德斯胸怀大志并且奋力拼搏,他希望自己看起来优雅得体,于是每月向摩根支付四英镑学习英语课程。通过福尼斯,摩根认识了一位不同寻常的女士,她叫艾达·博克格雷温克(Aida de Borchgrevink)。

艾达有一种天然的力量。她出生在美国,是美国中西部"玉米大王"的女儿。婚前,她受训成为一名歌剧演唱家,威尔第曾经毫不夸张地说,艾达听着歌剧度蜜月。她为自己缺乏想象力的教名阿达加了一个重要的字——伊。她曾经和一位掌管混合法庭的挪威法官结过婚——混合法庭是一种特殊的法庭,主要负责埃及人与外国人之间的民事案件。现在艾达五十五岁,她的丈夫已经去世十年,她和女儿住在城郊,她们的生活既浪漫又古怪。每当开车时,她都会突然唱起瓦格纳的音乐剧《尼伯龙根的指环》(Ring)中的咏叹调。艾达既仁善又活泼,在她的影响下,福尼斯和他的朋友们为摩根申请穆罕默德·阿里俱乐部的会员资格,这是一个只为男性提供服务的俱乐部。在这里,他穿上移居海外

---

① 爱德华·摩根·福斯特致赛义德·罗斯·马苏德,1915年12月29日,《书信精选》,拉戈与弗班克编,第1卷,第233页。
② 爱德华·摩根·福斯特,《亚历山大城》,第355—356页。
③ 爱德华·摩根·福斯特致弗吉尼亚·伍尔夫,1916年4月15日,《书信精选》,拉戈与弗班克编,第1卷,第234页。

的绅士们穿的白色亚麻制服，感觉很不自在。他在春天逃离这里，和福尼斯一起住在市中心东部的一栋别墅里，在这栋别墅里能欣赏到开阔的海景。显然，他已经安顿下来，十分满意，省下一些钱，还能多少赚一点，并且找到了志趣相投的伙伴。

但摩根对马苏德袒露了自己疲惫的内心。"我所关心的关于文明的一切都已经逝去①，我现在正试图不抱希望和无忧无虑地生活。"粉碎摩根的进取心和对未来向往的不仅仅是战争，还有他在亚历山大逗留期间产生的那种不真实的感觉。春天时，他给弗吉尼亚·伍尔夫写信说道：

> 我猜想，文明的进程将在这里终止②。在开罗，文明的进程已经结束。那里有战争通信员、一百一十九名将军和由躁乱不安、心情急迫的人组成的社团。但在亚历山大，读书和洗澡还是可以实现的。虽然我每天都在讨论战争，但对于那些说自己"就像卑鄙的土耳其人，为每一寸土地而战斗"的人，他们最深切的渴望就是立刻实现和平。

摩根开始厌恶这种残酷的乡野生活。亚历山大激起了摩根的群居本能心理，令他感到不安。每天看到街上的阿拉伯人也使他感到愤怒。他给住在印度的马尔科姆·达林写信说道：

> 我变得容易开心③，也没有受到种族歧视，但在这十个月里，我对阿拉伯人的声音和数字、阿拉伯人看人的方式、他们走路、吃饭、大笑的样子以及阿拉伯人的一切产生了一种本能的厌恶。

---

① 爱德华·摩根·福斯特致赛义德·罗斯·马苏德，1915年12月29日，《书信精选》，拉戈与弗班克编，第1卷，第233页。
② 爱德华·摩根·福斯特致弗吉尼亚·伍尔夫，1916年4月15日，《书信精选》，拉戈与弗班克编，第1卷，第234页。
③ 爱德华·摩根·福斯特致马尔科姆·达林，1916年8月6日，《书信精选》，拉戈与弗班克编，第1卷，第238—239页。

> 正是因为这种情绪,我朝着侨居印度的英国人责备当地人……这种情绪是该死的、可耻的,它充斥着我的内心。

是的,这种情绪充斥着摩根的内心。摩根的这些反应来自他对阿拉伯人细致入微的观察,并不是出于本能。现在这种情况又发生了:他自己造了一个奇怪的词——尿泵,暗示了他最私密的性欲念头。他看到阿拉伯男人看向自己,目睹他们在街上小便,看着他们大笑,看见他们离去点燃了他的欲望和自我厌恶感。这种该死的耻辱就是他的胆怯,他的胆怯最终被憎恨感取代。他憎恨那些自己没有勇气去触碰的东西。

但他擅长倾听。日复一日,摩根手拿笔记本,缓慢地坐到伤员床边,让伤员把他们最恐怖的记忆讲给自己听。他被伤员们的脆弱打动。这些年轻的伤员们营养不良、身材矮小、心理脆弱。这些故事包含少许关于创伤的片段,使伤员们看起来始终有一点脆弱和荒诞。格兰特·达夫小姐表扬了摩根清楚明朗的报道,他的这些报道被寄往伤员的家中和伦敦的红十字会。摩根本人也开始运用倒叙手法来捕捉和理解这些伤员说的话。

这段时光再现了摩根在工学院度过的几个月,但这次他的角色是学生。他发现工人阶层的年轻男人"非常讨人喜欢[1],他们当中有一些人相当有魅力"。出于对摩根的仁慈和关心的感激,这些男人直接向摩根描述了最可怕的战争场景。战争时期,每一个人的努力最终似乎都会产生事与愿违的结果。一群人被选中去挖一条战壕,几天后他们却在湍急的洪流中丧命。这些同志的尸骨再次出现在淤泥中,看上去十分恐怖。一位年轻的二等兵[2]"在赫里福德(英格兰西部城市)谈到一位死去的澳大利亚人,说在修建护墙时,这位澳大利亚人挡了他们的路,所以他们砍断了澳大利亚人的脖子和膝盖,将他烧死了"。

---

[1] 爱德华·摩根·福斯特致赛义德·罗斯·马苏德,1915年12月29日,《书信精选》,拉戈与弗班克编,第234页。

[2] 爱德华·摩根·福斯特,《战争笔记》,国王学院档案馆。

摩根对这些伤员很有耐心，他的沉默使他们能慢慢地面对恐怖的战争。摩根甚至将伤员们说话的节奏都记录下来。一位口吃的人用了二十分钟来提供细致的证据①，他没有受到谴责（一位来自曼彻斯特的二等兵袒露了自己的心迹），他说道，"我不喜欢任何人问我关于战争的事，因为战争给我留下了不好的记忆。我又想起了那段日子，又想起了那段日子……"

他陷入一种失去方向感的恐慌中，大声叫道："我正在射击，告诉队长我正在射击，6.6手枪里已经没有子弹了——然后我看到队长的私处中了两枪，他口吐白沫。"

这是一种令人心酸的放弃方式："'再见长官。我会转过身，然后安静地死去。'一刻钟后，人就去世了。"面对这些离奇的故事，摩根用实际性的援助慰藉这位男士。有时他为伤员们做一些小事，比如借给他们书、在他们的口述下帮助写信、帮他们修表。他静静地下棋。有时他只是简单地陪伴着他们。一位叫弗兰克·维卡里（Frank Vicary）的年轻人从床上坐起来，令摩根感到吃惊地说道，"我对思想类的书籍非常感兴趣②——比对其他任何事都感兴趣。"——哎呀，他确实是这样一个人。摩根给维卡里看戈尔迪·迪金森的书，他们的友谊得到升温，达到一种理想状态，直到维卡里因为心脏问题和神经混乱被送回英国。

在这种日常的柔情中，摩根发现了泥泞的战壕里的男人们彼此间的爱意。和他们一样，摩根发现他的职务掩盖了自己的秘密。摩根没有受感伤主义的影响，逐渐发现最伟大的战争故事蕴藏在怜悯心中。通过伤员的话，他了解到一个关于爱情和友谊的真实的同性恋故事。摩根的小笔记本整理了伤员说话的片段，对他来说，这些片段也是有意义的。这里是关于战争深层意义的记录：关于个体与整个人类，无关政治。通过这些受过极端考验的人说话的片段，他收集到一些无法抹

---

① 爱德华·摩根·福斯特，《战争笔记》，国王学院档案馆。
② 爱德华·摩根·福斯特致戈兹沃斯·洛斯·迪金森，1916年7月28日，国王学院档案馆，《书信精选》，拉戈与弗班克编，第1卷，第237页。

去的、深层的故事。他将笔记本中的这部分内容命名为"友情"。在这个题目下，他收集了一些小的故事片段，目的是恢复友情的力量。

友情的故事常常与失去有关。寻找这些故事是一项令人感到气馁的工作："如果得到了关于失踪者的消息[①]，那么这一般是个坏消息。"但这对摩根来说也是一种意想不到的补偿。寻找失踪人士时，他发现了被禁止的同性恋爱情故事。一个男孩羞涩地对他说道，"和我相好的所有男孩都死了。"摩根被这种工人阶级的说话风格触动，"相好"这个词是对同志关系和性行为的省略说法。很多东西被抹去，但一个男人对另一个男人的爱还在持续。另一个案例中，唯一能证明名叫多兹的失踪士兵曾经存在过的证据不知不觉地出现了，这是一个关于丢失的爱的故事。一名步兵跟摩根讲了一个他同伴的故事，这名同伴在壕沟里死在他的身旁："我是听到一个男人在睡梦中呼喊着（多兹）才知道这个名字的。我就睡在他旁边。他经常絮絮叨叨地提到多兹。他们之间一定有某种特殊的亲密关系。"

这本尚未公开发表的关于"战争事件"的笔记本不知不觉改变了摩根日常的工作内容，他开始用一种全新的历史记录方法写报告。每到一个地方，他都能识别物品表面模糊不清的编码。他认同自己在脆弱的伤员身上看到的人类本能，即胆怯、反对英雄主义和平凡的善良。从这个单身伤员的话中，摩根听到了友情的旋律。这本笔记本标志着摩根作者生涯的开始，他将伤员的经历写成一本文选。摩根运用补充性的叙事手法写出片段式的故事，尊重事实真相。故事中的男人们与他们的敌人在恶劣的条件下斗争，唯一渴望的就是和平。他们的爱国主义思想被警句式的言论取代，这种观察是"关于善意与爱情的细小行为，无法形容，也难以记起[②]"。摩根的耐心和平静有一种魔力，他掌握了一种偷听新的非小说文学形式的能力。通过纪念这些伤员如何艰

[①] 爱德华·摩根·福斯特致赛义德·罗斯·马苏德，1915年12月29日，《书信精选》，拉戈与弗班克编，第1卷，第232页。

[②] 华兹华斯，《丁登寺》，第34—35页。

难地从恐惧中重生以及通过所见所闻发现士兵间的亲密关系，福斯特成了一名同性恋史学家。

摩根认为自己正在见证旧秩序存留的最后一刻，结果表明他是有先见之明的。秋季时，红十字会的志愿者曾对征兵制度做过预测①，到1916年春季，他们的预测成为现实。人员的伤亡，特别是在弗兰德斯地区，迫使放宽年轻志愿者的体格标准：从战争最初几个月5英尺8英寸（约1.73米）的最低身高要求，降低到1915年10月的5英尺5英寸（约1.65米），11月降到5英尺3英寸（约1.6米）。现在，义务征兵制度的要求比红十字会工作人员预想的还要宽松。所有年龄处于18—41岁的未婚男性都要求服兵役。福斯特感到极度愤怒，同时又觉得非常害怕。虽然他已经接近四十岁，但很明显他还在要求的范围内。之前有过一项协议是红十字会的工作人员可以不必直接服兵役，但新的征兵政策将它废除了。

征兵计划的实施手段令摩根尤其反感。数月后，到1916年6月，军队推出一种障眼法：公民无须直接向该草案提交申请，可以依据医疗证明或向军事法庭提交书面证明来表明自己服兵役的意愿。通过这种方式进入军事机构，就有渺茫的机会逃脱实际性的服役。福斯特发现，整个事件是具有欺诈性的，征兵制度冷酷无情、强迫公民并且把公民当作奴隶。他发现红十字会也与军队串通一气；这个组织巧妙地处理先前的协议，将健壮的志愿者送去服兵役，以此屈服于军事机构。在原则性问题上，福斯特不轻易改变自己的态度。他没有像斯特雷奇和邓肯·格兰特一样声称自己因为道德或宗教原因不服兵役，反对一切战争。道德危机轻而易举地击溃了他的心理防线：他发现自己令人惊愕地撞上家具，不可思议地跌倒在地板上。只有他的朋友才能使他感觉自己没有被这段经历"粉碎"。②

---

① 最初的号召开始四个月后，这项法令被修改成包含已婚男士；到1917年4月，法令的范围进一步扩大，包含由于受伤或疾病而被免职的男士，17岁到51岁之间的所有男士都必须在法令上登记。我感激劳拉·哈博尔德在征兵制度方面所做的研究。
② 爱德华·摩根·福斯特致弗洛伦斯·巴杰，1916年7月2日，国王学院档案馆；《书信精选》，拉戈与弗班克编，第1卷，第235页。

摩根与红十字会专员进行了简明扼要并且直截了当的交涉，交涉无果后，他开始想尽一切办法拒绝进入军队。他给莉莉写信说："我认为这种背地里捣鬼的事很无耻①。如果我无法通过正当的手段拒绝参军，那么我就违规了！……我一点都不想安抚那些高呼着'所有人都必须加入'的人云亦云者。当然，人们会失去很多朋友，特别是女性……"这些人云亦云者中有一位使摩根有点吃惊。格兰特·达夫小姐强力支持摩根，要求根据他的特长继续留他在红十字会提供志愿服务。对摩根而言，这是一种通过将"事情模糊化"来替代有关道德心的"实际性问题"的做法。但达夫小姐的拥护使他感受到权力组织机构强烈的疏离感。他跟弗洛伦斯·巴杰说，在达夫小姐的保护下，他发现这位小姐"是一位杰出的人物②，但她推崇工作至上，这一点是我不认同的，也是不应该认同的。经受了几个星期这样的压力后，我有权利说这句有损名声的话——我是一名艺术家，（是的！我一定要说出来！）艺术家必须过自己想要的生活。这是我的生活，不需要别人指手画脚"。这种"卑鄙的勾当"以医委会的结论告终，结论表明，摩根的身体情况不适合参战。最终，虚弱的身体战胜了聪明的大脑。这件事使摩根如释重负。

这段插曲使摩根的政治见解愈发尖刻。他开始将"文明的进程"与社会压迫的大型机器合并，慢慢地将曾经是自己的指导原则的术语变成一种疏离形式。文明，就像体面一样，成了一种诅咒。摩根在他的小笔记本里总结说，战争真正的政治教训是"我们必须有大量体格健壮的下层人士来补充军队③"。

在摩根的小说里，他围绕社会伪善这个主题创作了很多喜剧，但现在他写出了内容更为严肃的作品。自从三年前摩根在弗雷斯特·里

---

① 爱德华·摩根·福斯特致爱丽丝·克拉拉·福斯特，1916年7月10日，国王学院档案馆。
② 爱德华·摩根·福斯特致弗洛伦斯·巴杰，1916年7月2日，国王学院档案馆，《书信精选》，拉戈与弗班克编，第1卷，第235页。
③ 爱德华·摩根·福斯特，《战争笔记》，国王学院档案馆。

德面前捍卫《莫里斯》后，他已经明白，同性恋恐惧症不是一种精神方面的疾病，而是一种社会病。但现在同性恋本身已经成为一种政治立场。一天晚上，在蒙塔扎宫（埃及末代国王法鲁克的行宫，它位于亚力山大港东端一个广大的风景区中）底部的海边，摩根看到一个场景，他把这个场景写成了一则寓言故事：

> 我在荒凉的海滩上沐浴[1]，一个男人赤身骑着驴子飞奔，想要和驴子一起下到海里去。迄今为止，我是第一次见到这种赤裸、拉紧的线条。但从此以后，我会记住他们身上红色的光以及拍打着沙滩的像是灰色鸵鸟羽毛的波浪。为了我的描写不显得过于严肃，应该说这个男人并没有逼他的驴子跟着他，但我不知道自己为什么不想显得过于严肃。每当我离开那个地方时都会想："这样的场景为什么不多一些？为什么不呢？它会伤害什么呢？世界为什么不能是那样的呢？这种美景确实会受到死亡、年老、贫穷和疾病的伤害，但这个世界不应该被有组织的人为恐怖事件折磨。"

他本着同性恋的团结精神将这件事告诉迪金森。和摩根一样，戈尔迪已经对寻找到亲密的性伙伴感到绝望，也对未来的世界感到绝望。摩根发现了这两种力量之间的联系。开战的恐惧与迫害同性恋男性的恐惧密切地联系在一起。就像他在《莫里斯》的题词中所说的，他只能期待一个容忍度更高的未来了，即使这样的未来还十分遥远。"很明显，我们看不到这一天的到来[2]，它也不会发生在我们的国家里。但我不认为这只是一种空想，因为每一个人的心中都憧憬着这样一个世界。"几年后，在《为民主喝彩两声》中发表的著名的关于人身自由的文章里，他全面地阐述了这些观点。

---

[1] 爱德华·摩根·福斯特致戈兹沃斯·洛斯·迪金森，1916年7月28日，国王学院档案馆，《书信精编》，拉戈与弗班克编，第1卷，第237页。
[2] 同上。

一段未被记录的历史：
E.M.福斯特的人生

摩根抓住珍贵的最后时光，对这座未知的城市敞开心扉。没有导游带领下的散步成了一种准政治性的行为。他步行出发，特地左右张望，试图吸引那些贝尔小姐曾向他保证不存在的人。蓄意盲目性是格兰特·达夫小姐坚持的实用主义信条，摩根采用的方法的关键是与达夫小姐的信条对立。这座城市像花儿一样绽放着。他沿着水边行走，不走人行道，看到努赞花园附近的运河、尚未开发的滨海区、马利特湖的湖岸。他自学游泳。摩根在散步途中收获了意想不到的惊喜。在南海岸，他发现一个非常小的渔村，这个渔村与中心城市被贫民窟隔开。

他发现，卡其色的制服不仅是一套"服装"，更是一种伪装品。即便是一套等级不明的制服，也能成为免费旅行的通行证。就像摩根一样，他为了躲避征兵草案而成为一名雇佣兵，可以凭借自己的男性特权和英国官员的身份恣意闲逛。没人知道他内心的模样。

摩根虽然在闲逛，但他的内心焦躁不安，这是他内心深处愈发强烈、没有得到满足的欲望的一种释放。到处都是不被接受的邀请。这里的气氛似乎给予他诗意的召唤，电车售票员到站时喊道——"到穆斯塔法·帕夏[①]，到西迪·巴什尔了……对对对，到巴尔克利和格里米诺波罗河了。"在《印度之行》中，这些哀伤的呼唤变成了戈德博尔绝望又神秘的歌曲《到了，到了》，歌曲歌颂了毫不作为的诸神。摩根似乎到死也遇不到性伙伴了。

亚历山大的性风气既迷人又危险。虽然艾达和福尼斯能够理解摩根，但摩根真正的知己很少。所以他给英国的朋友们写信，勇敢地面对军事信件检查员的盘查。他主要的倾诉者是自己年长的导师爱德华·卡彭特，他的倾听使摩根感到宽慰：

> 我不想埋怨[②]，我对大部分事情都还满意，但身体上的寂寞

[①] 爱德华·摩根·福斯特，《吉卜赛英语》，《埃及邮报》，1912年12月16日；引于哈格，《亚历山大城》，第26页。

[②] 爱德华·摩根·福斯特致爱德华·卡彭特，1916年4月12日，国王学院档案馆。

已经持续了好几个月。这种寂寞滋生出一种难以取悦的心理,因此即使我能得到我渴望的机会,恐怕我也会拒绝。这种拒绝与高尚无关,它更是内心破碎的一种象征。我很确定,如果我每天见到的那些得体人士知道我的问题,他们中肯定有人愿意拯救我,但他们不知道我的问题,也无法知道——我轻轻地倚靠在他们身上,除了还会在睡梦中翻滚的画面,我的寂寞终止了。我知道,即使你之前已经听过一千次类似或更悲伤的案例,你依旧会充满同情心,这就是你令我感到宽慰的原因。带着得不到满足的渴望生活是一件可怕的事,有时它会令你感到窒息,但不会杀死你。如果我能踏实地睡一晚就好了。

很显然,凭借热情与同情心,年轻的受伤士兵弗兰克·维卡里成为摩根梦中翻滚的图像之一。他能和弗兰克一起"做亲密的事"[1],但他不能冒险去触碰弗兰克。

到处都是空空如也,摩根从中发现了镇压的信号。医院封锁的入口处写着"此路严禁通行[2],即使围栏倒下"的字样。为了平息内心的狂热欲望,摩根开始写作,他在《埃及邮报》的开罗英文报纸周六版中发表小文章。这些游记本身的叙述是颠覆性的。他对比亚历山大人和英国人在思想态度和伦理方面的区别。一篇描述埃及人古怪的"吉卜赛英语"冷漠性[3]的文章与一篇叙述"军队英语"幽默性的文章非常类似。这些简短的描述被伪装成有趣的见闻记录,有些至今尚未发表,还有一些后来被收录在《法罗斯灯塔》(*Pharos and Pharillon*)里。但这些描述是克服旅行手册中自鸣得意的介绍和欧洲中心论的良方。仔细研读这些文章,可以发现一种复杂的心理,那就是摩根试图用不同的方式表达自己的观点。通过这些文章,摩根邀请大家以一种角度看待生活。

---

[1] 爱德华·摩根·福斯特致戈兹沃斯·洛斯·迪金森,1916年7月28日,国王学院档案馆。
[2] 爱德华·摩根·福斯特,《吉卜赛英语》,《埃及邮报》,1912年12月16日。
[3] 爱德华·摩根·福斯特,《军队英语》,《埃及邮报》,1919年1月12日。

一段未被记录的历史：
E.M.福斯特的人生

他研究过亚历山大曲折蜿蜒的道路，如果不带地图，人们会在这里迷路。他还积极地研究这座罪恶的秘密城市。摩根利用自己在审查办事处内部的关系，与警察局的一位埃及官员成为朋友。他请这位官员查找英国当局管辖范围外的大麻走私毒窝。大麻被认为是一种比鸦片更可怕的毒品。在公众看来，摩根在《法罗斯灯塔》的"毒窝"一文中将这次探险描述成一种有趣的、具有转折性和地域性色彩的经历。这个毒窝令人感到失望，因为在这里没有发现毒品。英国人渴望刺激、独特的经历，这次行动成为嘲笑英国人的机会。在摩根写给爱德华·卡彭特的私人信件中，他从特殊的道德角度坦白了一个特别的故事。

摩根在信中明确地表示，这些事撩拨着他的性欲。毒瘾和性瘾有同样的根源，他深陷于对两者的探索中。

> 我们在贫民窟修建黑色的楼梯①，然后用力拍打楼梯顶部的房门……我们破门而入，发现一小伙举止文雅的人正在吸毒，他们很安静，看起来倦怠无力。其中有一位阿拉伯姑娘，赤着双脚，很年轻，看上去疲倦无力。一些男服务员正在玩扑克牌，更别提密闭的房间里那古怪的噪声了。其中一个男孩朝我做了个手势，我没有回应，但他走过来坐到长凳上。他非常年轻，模样俊美迷人，身材高大，比例协调，虽然嘴唇小巧、目光柔软，但富有男子气概。他戴着塔布什帽子②，他不会说意大利语，我也不会说阿拉伯语。其他的男孩穿着欧洲服装，看上去没有第一个男孩迷人，也朝我做手势。除了我们，房间里的每一个人都在吸毒。如果我是一个人来的，我应该也会吸毒。

这段诱人的小插曲是在信中穿插记叙的，欧洲人到达亚历山大

---

① 爱德华·摩根·福斯特致爱德华·卡彭特，1916年5月18日，国王学院档案馆。
② 一种土耳其帽子。——译者注

后，对摩根而言，这种事经常发生。"三位衣着整洁、或许是意大利商店店员的男士戴着草帽走进来，破坏了气氛。"他们不仅使摩根不可避免地感到难为情，还编排了一套类似于歌妓舞的舞蹈来表达对同性恋的憎恶。他在写给卡彭特的信中说，"这些意大利男人看上去很恐怖。男孩们想要坐在对方的膝盖上，但他们没有这样做……"即使是向卡彭特说起这件事，摩根的难为情也使他内心有些退缩。"好吧，为了适当地考虑信件检查员的心情，我确定那晚既有趣又充满魅力。奇怪的是，我在那个毒窝感到很自在。"

摩根的信件表明，令他感到被玷污的不是男孩的性邀请，而是自己致命的胆怯。他抗议阿拉伯人的排外主义，回归到这段插曲的道德层面问题。摩根发现，参观完这里，这位埃及警察就向英国当局反映了这个毒窝的存在。在写给马林科姆·达林的信中，摩根用嘲弄的口吻将这件事说成"清泥行动"。

几天后①，福尼斯告诉我，毒窝的主人被绳之以法。提到我的那位埃及朋友，令人感到恶心②，因为他直接跑到警察局告密。"哦，是的。"他谦虚地笑着。"这是我的义务。晚上我是一位低调的绅士，白天我是机构里的一员（他在警察局工作）。我把这两个身份区分开。"

毫无疑问，保护毒窝这个秘密的承诺已经被打破。但福斯特的恐惧使他失去活力，他感到恐惧一定是因为他意识到自己也容易被暴露。他对卡彭特说，医院里的指挥官是一个"纯粹的狂热分子"，他把患有性病的人关到"四周围着铁丝的像监狱一样的地方"。很显然，如果摩根也被"告发"，他能想象到自己与这些人相似的命运。

---

① 爱德华·摩根·福斯特致马尔科姆·达林，1916年8月6日；《书信精选》，拉戈与弗班克编，第1卷，第239页。
② 爱德华·摩根·福斯特致爱德华·卡彭特，1916年4月13日，国王学院档案馆。

这项恐怖的草案正顺利地酝酿着一起事件，可以进一步解开这座城市的秘密。3月初，在穆罕默德·阿里俱乐部的晚宴上，伯里克斯·阿纳斯塔西亚德斯将摩根介绍给自己的一位老朋友，他是一位终生居住在亚历山大的希腊流放者，他的家族（与阿纳斯塔西亚德斯的家族一样）通过出口棉花赚了大钱。但康斯坦丁·卡瓦菲这个人几十年来对自己的运气感到不屑；卡瓦菲是家里的第九个孩子，也是家里的老幺，他曾在英国接受教育，但年幼丧父，就像巴尔扎克笔下的高老头一样，在卑劣的环境中生存。

现在，卡瓦菲通过卡通素描来展示自己兴旺发达的前半生。他有着令人难以置信的傲慢和自负。虽然已经五十四岁了，但他却把自己打扮成"中年人"。他既挑剔又拘谨，有些荒谬地给身体做香熏。他将自己用气笔修过的、年代久远的照片送给他的仰慕者。他戴着引人注目的黑色圆眼镜，用一些特殊的黑色调和物将头发梳得油亮。他的一位朋友这样形容他①：身上有青年人的气息，有一种说不清的成熟，有一种容易察觉的虚伪和明显的同性恋倾向。他让福斯特神魂颠倒。

解开卡瓦菲的全部秘密只用了几个星期。8月，摩根给母亲写信说，自己受邀进入了"文学晚会②"的核心圈子。卡瓦菲是特别的、"讨人喜欢的"，他是一位"头戴草帽的希腊绅士③，站在宇宙不起眼的地方岿然不动"。他是一位完全脱离商业性艺术的诗人。摩根被卡瓦菲吸引的部分原因是卡瓦菲将公众生活与自己的私人生活完全分开。其中也包括将白天与黑夜分开。

卡瓦菲的日常生活包括可笑地抵抗格兰特·达夫小姐信奉的职业伦理。尽管博学多才，卡瓦菲却只是名为"第三圈灌溉"的政府机关里的一名小职员。对他来说，这里更像是地狱的第三圈。他养成了一种讲究的懒散习惯。他的同事们是这样形容他那些煞费苦心的策略

---

① 利德尔，《卡瓦菲》（Cavary），第180页。
② 爱德华·摩根·福斯特致爱丽丝·克拉拉·福斯特，1916年8月24日，国王学院档案馆。
③ 爱德华·摩根·福斯特，《卡瓦菲诗集》（The Poetry of Cavafy），第13页。

的——他在桌子上铺满纸,"给人一种他正忙于工作的印象①";接电话时用悲伤的语气说"我现在很忙";上班迟到却避开电梯爬楼梯;走起路来很慢,仿佛是在深思。他一天中的大部分时间是在桌前写诗。他的同事们观察他说:"我们看见他像演员一样抬起手,表情异常,似乎非常兴奋,想要弯下腰来写作。"

在卡瓦菲私密的会客厅里,他把接受肮脏的事物作为生活中最美好的事情。他获得了广场东北部希腊区的一栋小公寓,这里的道路蜿蜒曲折,十分狭窄,难以通过,因此阻隔了闲杂人员。这栋公寓位于卡莱普休斯街,因为附近众多的妓院而成为各位太太和夫人们心中著名的"卡莱普休斯街"。公寓位于二楼,下面就是男妓院。卡瓦菲认为,这样的位置既省时又理想:"在哪儿住会比这里更好呢②?下面的男妓院能满足我身体上的需求。这里还有一座教堂,它能饶恕人们犯下的罪恶。还有一所临终医院。"

每天晚上五点到七点,卡瓦菲都待在家里。虽然他在这里住了很多年,但他还是犹豫要不要花钱为公寓通电。他从未给公寓通电。因此,这幢公寓蒙上了一层神秘的面纱,有一种浪漫幽暗的气息。卡瓦菲故意用灯笼和蜡烛为房间照明,他不停地调整光线③;他总是坐在阴暗处,小心翼翼地避开别人的眼神,却又秘密地审视别人。他会起身将房间不同位置的百叶窗打开或关上,或半掩着,或将窗帘半掩着……他会点上或吹灭一两支蜡烛,有时如果房间里有俊秀的脸庞,他会再加一支蜡烛。

这种布置方式是野兽派的理想。公寓里有墨绿色的走廊;卡瓦菲去世的哥哥保罗装修的淡紫色餐厅,现在已经褪色;一个小型带阳台的红色客厅,阳台的下面是嘈杂的街道。他的房间会来特别的客人,

---

① 利德尔,《卡瓦菲》,第129—130页。
② 同上,第180页。
③ 同上,第182页。

"里面有古老的、雕刻着花纹的木质家具①，闪亮的穿孔铜制品，镶嵌着珍珠的小桌子，绣着花鸟的丝绸靠垫……"

在这个充满异国情调的地方，福斯特产生了一种强烈的同性恋自我认同感。大约三十年后，摩根对在这里的每一个细节依然保持着鲜活的记忆：

> 我下班回来②，身上穿着卡其色制服……一位英国朋友介绍我们两个人认识，气氛有些压抑。卡瓦菲用他一贯彬彬有礼的语气说道，"亲爱的福斯特先生，你永远都理解不了我的诗，永远。"卡瓦菲写了一首名叫《上帝抛弃了安东尼》(The God Abandons Antony)的诗。我发现了这首诗的希腊语版本和公立学校希腊语版本之间的一些巧合。卡瓦菲感到非常惊奇，说道："噢，太棒了，亲爱的福斯特，这太棒了！"他抬起手，把我从英国人那儿接过来，然后引我进入房间。

卡瓦菲带领摩根进入了一个新世界，使摩根有了全新意义上的同性恋体验。卡瓦菲用词严谨，反复推敲，福斯特明白，自己遇到了一位重要的诗人。卡瓦菲内心强大，不在乎广大读者的看法。他作品的主题、语气和措辞都是相似的，也完全是原创的。他的诗歌虽然不押韵，但非常优美，都是即兴创作的。这些诗捕捉到一种错综复杂的洞察力和失落感。亚历山大，"你正在失去的亚历山大"，它那"像是精致的音乐般无形的行进路程"是卡瓦菲前进的轨迹和灵感来源。

不管是安东尼所处的时代，还是卡利马科斯所处的时代，抑或是在过去的几年里，卡瓦菲笔下的亚历山大都是一座肉欲横流的城市。这是一座不折不扣的男同性恋城市。他赞美隐藏在事物表面下、蕴藏着深意的学问，这些学问已经被消除得只剩下一点痕迹，或许只有一

---

① 利德尔，《卡瓦菲》，第181页。
② 爱德华·摩根·福斯特，《卡瓦菲诗集》，第40页。

个人能理解这些。这些隐藏的见解使它们变得更加珍贵。这些诗歌朴实无华、令人陶醉,它们捕捉到欲望的非凡力量。

> 我爱的那种感觉①回来了并将我抱紧——
> 身体的记忆苏醒
> 一种原始的渴望再一次在血液中来回滚动,
> 嘴唇和肌肤都怀念这种感觉
> 双手也能感觉到,就好像又一次被抚摸。
> 常回来吧,当夜晚来临,嘴唇和肌肤怀念你的时候,请抱紧我……

卡瓦菲的诗歌有一种醉人的坦率。诗歌的重点在于身体的激情上而不是性行为本身。一般来说,性邂逅是非常短暂的,卡瓦菲也同意一个事实,那就是"这种邂逅无论如何不会持续太久——",但是留下了多么刺激的回忆啊!"这种气味多么强烈啊②,我们躺在一张多么豪华的大床上啊,我们的身体是多么快乐啊。"更刺激的是③,卡瓦菲认为,这种都是男性的性爱世界比异性恋世界更美好。他不愿意解释,也不觉得胆怯或愧疚。卡瓦菲沉着地相信同性恋的正常性和优越性。对他而言,这种属于历史悠久的亚历山大社会的希腊式爱恋,比现代世界品质低劣的爱情要好得多。他的作品为同性恋欲望的即时性和它悠久的历史性辩护。

卡瓦菲把夜间的自己④刻画成一个狡猾的角色,高傲并且洒脱。他选择成为一个局外人,创造出一种新的语言风格,使陈腐的表达方式焕发出新的生机。卡瓦菲精通英语、法语和希腊语。他因自己是希腊人而感到骄傲。虽然他一生都住在亚历山大,但他却只懂一点可以指

---

① 康斯坦丁·卡瓦菲,《归来》(*Come Back*),1904年,姬莉与舍拉德译,第43页。
② 康斯坦丁·卡瓦菲,《卡瓦菲诗集》(*The Complete Poems of Cavafy*)中的《夜晚》(*In the Evening*),第73页。
③ 舍拉德,《卡瓦菲的世俗城:一个问题》(*Cavafy's Sensual City: A Question*),第96页。
④ 利德尔,《卡瓦菲》,第130页。

挥厨房工作人员的阿拉伯语。但在诗歌形式方面,他为诗歌的主题创造出一种新的语言形式。

卡瓦菲在写这些诗时,希腊语的说和写有巨大的差别。由于数十年政治上的依附关系,这种书面语已经成为一种僵化呆板的官方术语,叫作现代希腊语。 通俗的希腊语是一种非正式的口头语,里面都是低俗的新词,不适合在诗歌中使用。卡瓦菲大胆地选择这些非正式的口头语。他的诗歌通过使用"一些人们可能在商店听到的表达方式①"来使人感到震惊。他将通俗语和口头语运用到"诗歌的内部世界②"。对福斯特而言,卡瓦菲的这种创新方式是有趣的,就像乔伊斯的小说《一位青年艺术家的画像》(*A Portrait of the Artist as a Young Man*)第一章中使用的日常语一样,他在亚历山大时如饥似渴地读过这本书。这种新的表达方式不仅动人,而且非常刺激。这是揭露同性恋过往的一种新鲜方式。

卡瓦菲的会客厅还有另外一个优点。它能通过文学将男人们联系在一起。他精心挑选了一群模样俊美的年轻男人,把自己的诗歌拿给他们看。卡瓦菲将这些人记录下来,使他们不受任何束缚,这些记录就放在密室的书架上。为了奉承或取悦特殊的读者,他会用不同的方式将这些手稿拿出来。他不愿意和这些手稿分开,说自己仍需要几年来完善它们。他偶尔步行去哥拉马塔书店给店主看几首诗,希望把这些诗刊登在与书店同名的杂志上,这些诗充满色情,足以"灼伤店主的手指"。③但他经常坚持说,在传阅的过程中,这些诗仅仅被看作纸张。

到目前为止,除了徜徉在字母的世界里,摩根还没想出成为作家的办法。找不到读者常常使他变得"贫瘠",当然这只是他自己的说法。但卡瓦菲表示还有一条不同的路:通过发挥作家本人的作用,他创造了一

---

① 爱德华·摩根·福斯特,《卡瓦菲诗集》,第14页。
② 同上,第15页。
③ 期刊的编辑是史蒂芬·帕尔加斯,他的笔名是尼克斯·泽利塔斯·哈格,《亚历山大城》,第67—68页。

种同性恋文化。他高傲地脱离公众的期望，拒绝按自己的主张以外的方式认识世界。卡瓦菲那古怪、私密的世界里包含信任和互相依赖。摩根在英语国家长大，在那里，盯着暴露的同性恋男人看，被视为一种危险的行为。现在他发现一个地方，在这里，作家可以通过坚定的决心建立一种亲密关系。福斯特得意扬扬地将自己新建立起来的男同性恋关系网告诉迪金森，说道："卡瓦菲是我认识的最优秀的亚历山大人①，他使我想起卡利马科斯或其他类似的诗人，他们多愁善感、博学多才又机智敏锐。他富有创造力，却把它们用到重新整理和恢复过去的事情上。另一位诗人西纳蒂诺最近摘取了一系列皮埃尔·路易斯（Pierre Louÿs）作品的选段，将它们打印出来送给我当礼物（原文如此）。"

阿古斯蒂诺·约翰·西纳蒂诺（Agostino John Sinadino）是一位名不见经传的诗人。他是马拉美②的追随者，战争过后，他成为安德烈·纪德的密友和通信员。西纳蒂诺比福斯特年长三岁，但两人在气质上完全不同。西纳蒂诺模样俊秀，举止做作，喜欢自己那些粗暴的笑话③；他的笑声"比咯咯笑"大三倍，非常独特，易于识别也很有感染力。西纳蒂诺是"一位身材矮小、长着长钩鼻的中年男子"，他有办法从每一位先锋派那里以及颓废的地方场景中发现最近人们喜爱的文学形式。他是一个逍遥的家伙④，十年里，他突然出现在巴黎、亚历山大、纽约和米兰，在他参加的每一个文学圈内处处留情。他从笔名为皮埃尔·路易斯的诗人那里摘抄来的选段，是一些明确的、不可多得的色情作品。

摩根无法抗拒这个有趣的家伙。同性恋生活的魅力不仅表现在尘封以往的过去或卡利马科斯的挽歌中，或对惠特曼的歌颂中，就在此时此刻，这种魅力依旧显著。即使是八年以后，摩根回到令他饥渴难

---

① 爱德华·摩根·福斯特致戈兹沃斯·洛斯·迪金森，1917年1月10日，国王学院档案馆。
② 马拉美（Mallarmé），法国象征主义诗人和散文家。——译者注
③ 格拉夫蒂-史密斯，《明亮的黎凡特》，第36页。
④ 克洛代尔，《一位没有脸的朋友》（De la part d'un ami sans visage）。

耐的威布里治，他依旧记得这些邂逅。他拿起笔，以卡瓦菲非正式的口语风格写下一首珍贵的诗：

> 为了重见西纳蒂诺①——
> 这种想法像雨水一样落到我的心田
> 后来开始变得像将要发芽的种子
> 想要见到亚历山大的想法出现
> 或是阿古斯蒂诺走进了心扉……
>
> 或者即使是知道不管我去哪——
> 一位警察的脉搏或是一位将军的帐篷，
> 一处妓院，一家咖啡馆，家里的凯弗斯，
> 拉姆拉遥远并呼应的圆屋顶，
> 温热时的海水，凉爽时的街道，
> 昏暗时的楼梯，或是希腊的女子学校
> 常常发现不管我去哪
> 我自己都不知道
> 接下来我应该在哪里见到西纳蒂诺。
>
> 这些想法绽放出美丽的花朵
> 亚历山大回归了一个小时。

1929年1月24日，威布里治

这首没有发表的诗论证了同性恋生活中的一种特殊力量，这是那些依靠被批准的公约来寻找爱人和伴侣的人所没有的。摩根认为，如

---

① 爱德华·摩根·福斯特，卡瓦菲风格的无标题诗，国王学院档案馆。

果能通过秘密的邂逅，凭本能找到一位爱人是一件神奇的事。遇见卡瓦菲后，摩根发现世界上每个地方都存有希望，它们就隐藏在平凡的世界里，但只有通过放松心情和依赖本能才能发现。

卡瓦菲带给摩根的满足不是肉体上的，而是情感和观念上的。摩根外形的俊美程度不足以引起卡瓦菲的兴趣，卡瓦菲在任何情况下都小心谨慎地控制着自己的性欲。他有一种沃霍尔式的超然，喜欢自己创造一个场景，然后看着它在身边发生。但他的深不可测使福斯特更加渴望保留和解读这些珍贵的事物。"打动他的不是我的学识[1]，而是我想要了解和接受的渴望。卡瓦菲没有想到，即使是在困难重重的北方，还有人对他的东西如此渴望。他的抱负就是被亚历山大理解，被雅典接纳。"

这种对知识的"渴望"表现为一些直白的、关于性的术语，能使卡瓦菲的未来与过去的计划相匹配。在他的诗《隐藏的事物》(*Hidden Things*)（1908）中，卡瓦菲承认，自己的性认同实际上是"他前行路上的一大障碍"，就像摩根在《莫里斯》中表述的一样，卡瓦菲幻想着一种乌托邦式的未来：

一直以来我都想说出[2]
我最不为人知的行为，
谨慎地描写那些伪装得最深的事物——
单从这方面他们就能理解我……
从现在开始的很长时间里——在一个更完美的世界——
像我这样做的人会出现
值得肯定的是，他将可以自由地行动。

改写卡瓦菲的作品，使之被读者喜欢并保存下来，摩根把这些当作自己的责任。他渴望这样做的程度超过了卡瓦菲渴望被认同的程

---

[1] 爱德华·摩根·福斯特，《卡瓦菲诗集》，第40页。
[2] 约翰·齐勒斯译。

度。直到1933年卡瓦菲步行穿过街道在希腊医院中死去,他与福斯特间一直保持着谨慎得体的交往。相比卡瓦菲写给福斯特的正式、客套的信,福斯特写给卡瓦菲的信更加亲密,也充满更为强烈的渴望。这种感情上的不平衡最终形成了一种补偿性的子女关系,福斯特将成为一名优秀的同性恋。

乔治·瓦拉索普洛斯(George Valassopoulos)曾是福斯特在国王学院的朋友,在亚历山大时,福斯特连哄带骗,用激将法硬要他为卡瓦菲的诗歌提供精美的译文,这些诗歌将在伍尔夫创立的霍加斯出版社出版。福斯特开始相信,遇见卡瓦菲是他一生中最幸运的事情之一。这种推论也是正确的。这些诗歌的英文译本凭借清新的语言风格唤醒了世界,到了21世纪中叶,卡瓦菲被认为是现代希腊诗人中最伟大的一位。福斯特使卡瓦菲名扬世界。

可事与愿违的是,虽然卡瓦菲创造出来的世界解放了福斯特的思想,但却使福斯特身体上的问题变得更加严重。作为一位已经三十八岁的人,除了强烈的生理欲望和偶尔在星空下手淫,福斯特还没有过任何性体验,这种迟来的性体验令人感到尴尬。摩根用愈发强烈的激情和坦率对待国外的朋友们,其中包括弗洛伦斯·巴杰,她与摩根同龄,已经结婚并且有性经历,她那种不带任何评判性的回复使其成为一位完美的对话者;还有卡彭特、迪金森以及蒙着滑稽的伪装面纱的马苏德。这些情谊真挚、内容翔实的信件记录下摩根的性觉醒,详细得令人吃惊。

他发起了一场与他人发生性关系的活动。1916年夏季的几个月里,除了缺乏性行为,这项活动使他进入真正的天堂。像一贯的那样,他告诉迪金森:

> 我希望你今早能和我一起待在蒙塔扎①。那是前埃及总督位于

---

① 爱德华·摩根·福斯特致戈兹沃斯·洛斯·迪金森,1916年7月28日,国王学院档案馆;《书信精选》,拉戈与弗班克编,第1卷,第236—237页。

乡下的宫殿，现在成了一所疗养院。在红柳园和盛开着夹竹桃的林荫道上，在礁石和奇形怪状的岩石上以及沙滩上，成百上千的年轻男人正在玩耍、钓鱼、骑驴、躺在吊床上、划船、服药、游泳、听乐队的音乐。他们裸露着胸脯或光着大腿四处走动，蓝色的亚麻短裤和淡紫色的衬衫更加突显了身体的褐色光泽；沿海而下，他们当中很多人赤身裸体地度过半天的时光，互不指责……这幅场景太美妙了，我无法相信这不是计划好了的。

通过观察卡瓦菲的世界，摩根确信，禁欲并不是英勇的牺牲，而是道德懦弱的表现。由恐惧内化而成的体面变成他的敌人。最终在10月中旬①，也就是摩根到达亚历山大接近一年后，他不由自主地鼓起了勇气。他做决定时，几乎用一种官僚主义的决心去接近这个目标。在蒙塔扎的沙滩上，在医院附近，摩根悬在恐惧与勇气之间，他发现一位正在复原的士兵和他一样饥渴。性是短暂的、隐匿的。他没有对弗洛伦斯·巴杰详细地说明性运动，因为这项运动就像一阵匆忙的吮吸。相反，他描述了这项运动对自己心灵的影响："与体面分道扬镳。"

性邂逅是一种蓄谋已久的尝试，可以使他的身体与如饥似渴的幻想相一致。第二天，也就是1916年10月16日，他冷静地审视被自己称作"不平衡的"生活。他理智地给弗洛伦斯写信说："昨天，我生命中第一次与'体面'分道扬镳②。我已经感觉到，迈出这一步需要花几个月的时间。我之前曾经尝试过迈出这一步，但它给我留下一种古怪的悲伤。"速记法——"体面"实际上是为了避免给军事信件检查员传递一个明显的结论。这不是错位的偏执狂。摩根不知道的是，初夏时，马苏德写给他的一些信被拦截了下来。他们的信件中互相爱慕的语气引起孟买邮局检查员的怀疑，这位检查员把信交给了他的上级，他们下结论说，

---

① 尼古拉·博曼对《摩根》一书中摩根的性编码做出的合理解读，第299页。
② 爱德华·摩根·福斯特致弗洛伦斯·巴杰，1916年10月16日，《书信精选》，拉戈与弗班克编，第243页。

信件的主人是"一名颓废的懦夫[①]和一名明显的性变态者"。戈尔迪的一位朋友的偶然出现将福斯特从灾难中拯救出来。C.E.卢亚德（C.E.Luard）中校在孟买的政治处任职，他向信件检查员保证，虽然摩根可能是"一个可怜的生物"，不是个真正的男人，"但没有证据能证明他是一位性变态者。"[②]国王学院的学生间紧密的关系网确实保护了他们。

即便摩根向弗洛伦斯报告说自己逃避性隔离，他也明白，弗洛伦斯对卡瓦菲那些性欲色彩最浓郁的诗歌中关于性的、非正式的隐匿表达十分不满。他进行了独具特色的自我批评，表明自己处于疲惫不堪的状态，没有能力发生真正的性行为。这段插曲消除了他的一些愧疚感。但他依然无比渴望精神上的进一步成长。他总结了这次教训：

> 我意识到起初我被精神生活拴住——被习惯拴住，而不是自由意志和渴望。（为什么人们认为只有肉体可以结合呢？）换句话说……如果我是在普通的年纪遭遇这些事，那么我不会产生这样的感觉，虽然它们给我留下悔恨。[③]

这不是一种悲剧观，也不是完全感伤的。他认识到自己迟来的性体验中的自恋情绪并对此进行谴责。

这一刻使他领会了那些卡瓦菲未曾跟他提及的事情。他希望将人与政治结合在一起。他想放下性给自己的生命带来的悲伤。弗洛伦斯曾经怀过孩子，但后来却流产了，摩根相信，她最能理解这种复杂的感情。

啊，亲爱的[④]，这对一位妇女来说是一封奇怪的信，但你必须

[①] 弗班克，《爱德华·摩根·福斯特》，第2卷，第28页。1916年7月底以后，通信保存在伦敦的印度档案局中。

[②] O.V.B.博桑基特，印多尔总督J.B.伍德的代理人，政治秘书，1916年8月28日；印度档案局，英国图书馆。

[③] 爱德华·摩根·福斯特致弗洛伦斯·巴杰，1916年10月16日，国王学院现代档案馆；《书信精选》，拉戈与弗班克编，第1卷，第243页。

[④] 同上，第244页。

收下，因为在这个世界上，你是我唯一想要倾诉的人……我已经太老了，无法改变自己的喜好……我的生活是快乐的，但它该死地倾向于文字，我的身体承受了该死的寂寞。我不知道这是不是重要的信息。

这是重要的信息。他那强烈的措辞——该死的倾向和该死的寂寞——已经表示出来。在这种半清醒的时刻，他感觉到一种理想化的可能性将自己与斯特雷奇和卡瓦菲分开，这些愤世嫉俗的同性恋男人已经受够了纯粹的淫荡生活。性为人提供的不仅仅是建立亲密关系的可能性，还有人类生存的意义。摩根已经分析出英国和好战的民族主义究竟错在哪，他认为真正的病因是心灵方面的。他发现这个民族正变成"一个非常宝贵的小政党，它比任何时候都更加紧密、微小和闪耀，我不怀疑，但更加坚持它只是一座岛屿"。①他不会把性当作一种孤立的现象。但毫无疑问，性是物质世界的一种解脱方式。

在摩根战争时期的笔记本中，他将个人、性与政治联系在一起，考察自己关于自我审查和侵略主义的陈旧思想。他开始思考人们来到这里的原因，用可以充分体现自己渴望了解这些男人生活的话说道："让自己融入②，检测自己，尽自己的义务经历士兵们遭受的痛苦，我就可能理解他们。除了强制力外，这些动机使人们投身于战争。"这是一位红十字会搜查者惊人的洞察力，他发现了自己性格中没有预料到的东西。就好像是对着镜子，发现了自己精神方面的疾病："战争环境下的人性。爱的对立面不是憎恨，而是恐惧。恐惧只是战争的一种形式；第二种是怯懦；第三种是效率。"

这种性觉醒是无法公开描述的。因此他用编码的形式解读给人们听：1922年，在《亚历山大：历史与指南》(Alexandria:A History and a

---

① 爱德华·摩根·福斯特致乔茜·达林，1915年6月20日。
② 《战争笔记》，国王学院档案馆；他在一封写给戈兹沃斯·洛斯·迪金森的信中重复着这些话，也许是从这本笔记中抄袭的，1917年5月5日；《书信精选》，拉戈与弗班克编，第1卷，第251页。

Guide）一书中，摩根描写了自己第一次发生性行为的地点：

> 蒙塔扎——车站旁边是前埃及总督的避暑山庄……道路上长满玫瑰、夹竹桃和胡椒树……每一个方向都充满美丽的景色，这里还有最好的沐浴地……在近期的战争中（1914—1919），蒙塔扎成了一个红十字会医院；成千上万需要康复的士兵来到这里，他们永远都不会忘记这里的美景和舒适。①

他没有忘记这一刻。性不是生活的一切，但性是一个新的开端。

---

① 爱德华·摩根·福斯特，《亚历山大城》，第140—142页。

第七章
一段伟大却又未被记录的历史

他几乎马上便"心情沮丧①，胃口全无……朋友们兴致全无，工作也不得不中断，还惹恼了躺着的士兵们"。他发现，这并不是什么心理问题，而是黄疸的早期症状。他的这种症状是从那次在晚宴上大肆呕吐开始的。一周后，他已经在大医院的军官病房舒适地住了下来，也恢复了以往的幽默。他以第三人称的角度幽默地写道："他的脸上闪过阵阵愉悦，他的眼睛炯炯有神，他的两踝就像两朵杜鹃花。"他在医院待了三周，现在已经能够在元旦虚弱地庆祝自己的第三十八个生日了。但2月初，他又扭伤了一个尚未恢复的脚踝，又在医院住了两个星期。医院与沙滩上那些美丽的身影是多么鲜明的对比啊！他觉得自己很没用。

这对他的性觉醒来说并不是好事。他爱上了自己的女房东伊莲娜（Irene），对她开始采取一种"诗意的顺从"。生日那天，他抄了一篇马克·奥勒利乌斯的文章，这篇文章描述了作者对理想城市的热切盼望。为了实现自己心中的共和理想，柏拉图要求人们具有美德、智慧和美丽。但马克·奥勒利乌斯还要求人们懂得亲切、怜悯。摩根从伊莲娜那里感受到了亲切和怜悯。

伊莲娜曾经是艾达的女仆。她也是一个亚历山大城的"私生女"。伊莲娜祖籍希腊，但从小在科孚岛②长大。在那里，摩根钟爱的意大利语是通用语言。她早早地从家政服务岗位退休了，买了两个小屋用于

---

① 爱德华·摩根·福斯特致马尔科姆·达林，1916年12月1日，人权委员会。
② 科孚岛（Corfu），位于希腊西北沿海。——译者注

出租，还"在市区东边那个沙子很多的垃圾堆里捡垃圾赚钱"。①摩根不愿意再麻烦福尼斯，就从伊莲娜那里租了个便宜的小房子住。除此之外，他得到了更多东西：对于一个意大利话痨的精心照顾，还有几只小猫，还能经常不打招呼就住到其他的房子里。"她去哪儿都会带着我。"他写道，"就好像我是一个洋娃娃。"

他小心谨慎地恢复了在医院的工作，因为搬到了乡下，去坐电车要走的路也就短了一半。1月末的一个寒冷的夜晚，摩根一个人在黑暗中乘车从蒙塔扎回来。电车上有三个售票员坐在踏板上聊天。最年轻的那一位走到福斯特跟前，问他是否愿意站起来，把自己的大衣从摩根的大衣下面拿出来？那人讲着一口流利的英语，"很有魅力，也很有礼貌，我说，是的，很冷②，然后我们都笑了。"就像远处收音机里传出来一首曲子，人们要听很多遍才能明白它的意义，福斯特对这个人的感觉也逐渐清晰起来。连续几周，那位埃及人都会在等车时跟他打招呼。摩根有时也会回应。"我们都知道这就是对方，不是别人。"

很快，福斯特便意识到，自己从最早看到这个人到现在，已经有一年多的时间了。他把破碎的记忆串联了起来。他抬起头，年轻人骑车经过身边，"早上好，今天早上空气清新，阳光明媚③。"那位售票员正在冲一个士兵大笑，福斯特脸上也浮现出了微笑。他说再见的时候，还特别注意到了士兵衣服上的每一个扣子。这就是他和福尼斯去年夏天喜欢的那个"具有非洲黑人血统"的帅气男孩。他开始每天从涌入车站的无数张陌生脸庞中辨认——帅气黝黑的脸庞、厚厚的嘴唇和大大的眼睛。

遇见这样一位真诚、阳光的年轻埃及男子［他自称穆罕默德·艾尔·阿多（Mohammed el Adl）］，似乎预言似的回答了一个十分重要的问

---

① 爱德华·摩根·福斯特，《亚历山大城》中的《迷失的指南》，第355页。
② 爱德华·摩根·福斯特，《穆罕默德·艾尔·阿多笔记》（*Mohammed el Adl Notebook*），1922年8—9月，国王学院档案馆。这本薄薄的笔记是福斯特写下献给穆罕默德的，里面包含几篇独立的手稿，时间上跨越五十多年。一部分是对穆罕默德的回忆录，以写给爱人的书信形式，开始于1922年8月5日，完成于1927年的圣诞节；另一部分是穆罕默德的书信抄写本，还有一点他们之间的对话，这些对话被福斯特标记为口头文字，于1960年誊写下来。
③ 同上。

题。摩根在一封给穆罕默德的私人信件中写道:"晚上,我常常把自己关在屋里,感受着安全和枯燥,脑袋中想着'我一直都能见到你吗?'"①"我觉得不会。不过我想好了,我并不担心这一天的到来,除非我必须这样做。"1909年写《霍华德庄园》时,虽然还没有亲身经历,但他依然写下了这样的话,"得到一份跨越种族、跨越收入差距、跨越阶级的信任②,对一个人来说是莫大的奖赏……"之后,他生命中真正的友谊支撑了他的这一理论。他能明白这些危险,但危险总是奈何不了他。他对弗洛伦斯说道:

> 我开始了一段十分棘手但也十分美好的感情。我得到了一些珍贵的东西,也付出了珍贵的东西……我应该去冒一下险,因为如果你错过了生活,将来生活就会错过你。如果你害怕了,那也没关系——这也没什么坏处。害怕是一种情绪。但我从来没有害怕过这些东西。③

沉着、坚毅都很好,但是要找到最适合经营这种友谊的情绪是很难的。一方面,他要去找穆罕默德,还不能让他发现自己是在追他。那天看到大衣后,摩根卷起了一本名为《笨拙》(*Punch*)的书,用胳膊夹着,准备送给穆罕默德。他身上带着一种学者一样的沉着,一直等了一个小时。他不知道穆罕默德的时间表。几周以来,他一直在巴克斯线路的终点徘徊,期待能够瞥见电车进站,穆罕默德那极其诱惑的头出现在办公桌旁④。他还会把每次遇见装成偶遇。"只有上帝才知道4月和5月我到底等了多少个小时⑤。"摩根在给弗洛伦斯的信里悲伤地写到。如果穆罕默德知道摩根来找他⑥,他会说"第二辆车",这是他们秘

---

① 爱德华·摩根·福斯特,《穆罕默德·艾尔·阿多笔记》,1922年8月—9月,国王学院档案馆。
② 爱德华·摩根·福斯特致弗洛伦斯·巴杰,1917年7月18日,国王学院档案馆。
③ 同上,1917年5月29日。
④ 爱德华·摩根·福斯特,《穆罕默德·艾尔·阿多回忆录》(*Mohammed el Adl Memoir*),国王学院档案馆。
⑤ 爱德华·摩根·福斯特致弗洛伦斯·巴杰,1918年1月6日。
⑥ 爱德华·摩根·福斯特,《穆罕默德·艾尔·阿多回忆录》,国王学院档案馆。

密约会的地点。他也同样被这怪异的友谊牢牢吸引。

穆罕默德洒脱的头发给人一种清新的感觉,与埃及人的奴性格格不入。他很年轻(大概只有十七岁),也很矮(5.6英尺,体重大约130磅)。但他身上有一种雄心勃勃、不怒自威的气质。与此同时,福尼斯也到了这里,他独自一人来这里寻宝,把父亲和兄弟留在尼罗河三角洲一个死气沉沉的村庄里。他穿着卡其色制服,戴着深红色塔布什帽子,上面有蓝色的丝质流苏。穆罕默德看起来是一个殖民地特有的小白脸形象,但他很慷慨,是一个真正的男人。他易怒但十分真诚,愿意为朋友两肋插刀。

无论是从语言上还是从文化上说,穆罕默德都占了上风。两人并排而坐,轻轻地用英语交谈。(福斯特说自己想学阿拉伯语,想读《一千零一夜》。)穆罕默德十分清楚福斯特说了些什么,虽然两人的声音很小。在与摩根去医院时,他突然说道,"一个关于伊斯兰教徒的问题,请认真回答。"①他问的是为什么英国人如此讨厌穆斯林。福斯特对这个问题表示了不满,但被穆罕默德呛了回去。他听到两个士兵的谈话,其中一个对另一个说,"这里有个清真寺,专门用来性侵那些伊斯兰教徒。"②这个问题没有答案,只有个人见解。福斯特对他的穆斯林朋友表达了自己深深的爱意,并告诉穆罕默德,自己来到印度是为了见他,以后还会再来看他的。穆罕默德讽刺地说,"那你肯定花了不少钱吧。"但这种姿态深深地打动了他。

穆罕默德感受到了福斯特内心的真诚,他决定冒一下险作为报答。3月底,他主动大方地让摩根不要掏钱。他尚且不习惯被英国人平等对待(那些傲慢的骑手曾经责骂他、殴打他),因此,摩根的好意让他感到十分温暖。这个小插曲深刻呼应了《印度之行》中的一个桥段:亚资仕博士买下了所有的火车票,并告诉他那些迟钝的英国客人,可以

---

① 爱德华·摩根·福斯特致弗洛伦斯·巴杰,1918年1月6日,《书信精选》,拉戈与弗班克编,第1卷,第281页。
② 爱德华·摩根·福斯特,《穆罕默德·艾尔·阿多回忆录》,国王学院档案馆。

免费坐。①但摩根明白,这种"应受斥责的乘车"是很普遍的。②他们渐渐形成了自己的小世界。

虽然他们不断努力交往,但依然产生了一些小误解。过度慷慨似乎加深了这些误解。福斯特要是给穆罕默德递烟的话,就会被拒绝:"我从不抽烟。因为我没钱。"穆罕默德的话让摩根很是不解——他是想要钱,还是被摩根的话惹得不高兴?钱已经成了他们口角的根源,穆罕默德坚持把钱花在刀刃上,让摩根把零钱保存好,但他总是不那么做。突然,一个戏剧性的转变出现了:穆罕默德突然攥紧了拳头,硬币掉到了地板上。福斯特跪在地上,开始捡钱。福斯特总是掌握不好度,他对弗洛伦斯回忆道,"我只能说,我比平常人笨一点。"③

很快,这位埃及人便和摩根有了同样的担心。检查员发现了福斯特没买票,穆罕默德迅速编了个借口,用阿拉伯语说了出来:"被风吹走了④"或者"我有通行证",总之都是胡编乱造的。但这被发现了。这带来了一场殖民种族主义危机。福斯特"没有遭到怀疑,他太重要了"。然而,在一件大事之后,穆罕默德差点丢了工作。他"带着一种超然的君威",轻轻松松解决了问题。他云淡风轻地说,"我做得很好。"但接下来情况就变得很糟糕。电车脱轨了,检查员正在给总部打电话,语气十分低沉。穆罕默德静静地站在摩根后面,不断地碎碎念,压制心里的紧张。福斯特快被挤到了边上,穆罕默德突然对他说,"'回答我,你去印度时走了多少公里?''我不知道,也不关心这个问题。'我哭了。'我什么时候才能再见到你?'他回答道,'我尽量在晚上穿着市民服来见你。'接着我就下车了。"

福斯特对此十分震惊,他只好利用特权走了后门,虽然他很厌恶这样做。幸运的是,车站管理员认识福尼斯,并还欠着他一个人情。

---

① 1984年上映的美国剧情电影,由大卫·里恩执导。——译者注
② 爱德华·摩根·福斯特致弗洛伦斯·巴杰,1918年1月6日,《书信精选》,拉戈与弗班克编,第1卷,第282页。
③ 同上。
④ 同上。

第二天中午，国王学院的一批人就会过来。去年过来的是孟买的审查员。一切都挺正常，但福尼斯只愿意做到这一步。为了保护他，福尼斯警告福斯特，不要再去见穆罕默德。他一个人操纵了全局。他乐于助人、有同情心①，但他一直不停地说总体情况、旁观者等。几年后，福斯特才明白，他这么接近福尼斯，已经让自己成为"一个十分令人讨厌的家伙"②。但在那时，他对穆罕默德的保护是他"生命中最自豪的事③"，一部分是因为这表明友谊战胜了恐惧。摩根找到了穆罕默德，告诉他工作很稳定，并问他们能否再次见面。"他热情地说，任何时间任何地点都可以。"就这样，一段伟大的友谊开始了。

整个夏天，摩根和穆罕默德越来越亲密。福斯特冒的风险越来越大，他的性欲也越来越强。他在回忆录中写道，"你第一次答应来见我的时候，我就产生了狂热的欲望④。那天我下了车之后，在黑暗里一瘸一拐地回到了家。"那个地方就能说明这一点。因为那里并没有容身之处。当时，身处危险中的摩根心情十分激动，他只能通过走路消除这种胜利感，压下自己的欲望。

他们只有在公共场合才会分出彼此。福尼斯的回应打击了穆罕默德，为了让穆罕默德放心，他们找了一个对两人都合适的约会地点。穆罕默德定下了约会的规矩。他把那个地方叫"恰特比花园"，用最近的电车站名字作为指引。但他居然让福斯特在"马萨丽塔而不是拉姆拉⑤下车，沿着柱子一直走"。这样，两人都会在自己之前没有来过的地方下车，一个"阴暗而且人迹罕至"的车站。⑥摩根把穆罕默德说的路

---

① 福尼斯的性取向有点神秘。他对艾达有种炙热的柏拉图式爱恋，这对于他们两人来说可能是一段心理上的感情。他直到快六十岁了还是单身一人，不过他在返回英格兰时结了婚。他在老年时有了一个女儿，这让他重新活了过来。他生气郁闷的动机未必阻碍他担心身份暴露。然而，晚年时，福斯特还是后悔欺骗了他。
② 爱德华·摩根·福斯特致弗班克，1958年7月18日，阿洛特，福斯特的简介，亚历山大港。
③ 爱德华·摩根·福斯特致弗洛伦斯·巴杰，1918年1月6日，国王学院档案馆。
④ 爱德华·摩根·福斯特，《穆罕默德·艾尔·阿多回忆录》，这个发现即这是一个错误的车站，我应该感谢哈格，《亚历山大城》，第36页。
⑤ 爱德华·摩根·福斯特，《穆罕默德·艾尔·阿多回忆录》，国王学院档案馆。
⑥ 爱德华·摩根·福斯特致弗洛伦斯·巴杰，1918年3月23日，国王学院档案馆。

线写在了车票存根上,保存了一辈子。

城市花园门口有一根高大宏伟的花岗岩石柱。这根石柱1898年开始立在这里,为了纪念基奇纳勋爵占领喀土穆。花园旁边是老城墙和一条运河。花园边缘风景如画、古色古香,但也只是仿古建筑,"在月光下看起来具有中世纪风格①"。白天,人工池塘是这里一道亮丽的风景线——池塘里有很多鸭子,周围都是长凳。这就是两人见面的地方。

两人约会的开始,就像欧·亨利的故事里那样。福斯特又拿了一个糟糕的礼物。他听说这种黏黏的蛋糕是埃及人眼中的美味佳肴,但他并不知道,穆罕默德的妈妈警告过他,不要吃陌生人给的甜东西。虽然福斯特平易近人、十分诚恳,但穆罕默德还是告诉他,自己怕被下药。他在福斯特后面站了一会儿,并没有被认出来。摩根没有认出他,是因为穆罕默德换了一身打扮:白色网球服配杜仲橡胶底鞋。整整十分钟,摩根一直在找他,而穆罕默德穿得就像是一个英国绅士。

两人的谈话并不顺利。穆罕默德深知自己社会地位低下,他装作很熟悉蛋糕的样子,轻蔑地说,"我不喜欢蛋糕②。你拿啥买的?几百年前买的?"接着,他又转变了策略。他对面前的"绅士"说,自己"只是一个小男孩",一个屠夫的儿子。摩根叫他"小绅士",他停顿了一下,微笑起来。突然,两人都开始怀疑一种更多变、更重要的东西。穆罕默德邀请福斯特去他的屋子,"你想来我破旧的家里看看吗③?你一定会受不了的。"在电车上,他出人意料地把蛋糕切开,分给了车上的乘客。

穆罕默德住在小镇东边的巴克斯,那里住的都是工人。他的房子并没有那么糟糕,只是看起来普普通通。房子里只有一个屋子,里边空荡荡的,没有那么破旧。一张硬板床和一个小木箱是屋里仅有的家具。穆罕默德突然打开了木箱,把里面的东西都拿了出来,让摩根惊讶不

---

① 爱德华·摩根·福斯特,《亚历山大城》,第130页。
② 爱德华·摩根·福斯特,《穆罕默德·艾尔·阿多回忆录》,国王学院档案馆。
③ 爱德华·摩根·福斯特,穆罕默德·艾尔·阿多语录抄写本里的口头文字,《穆罕默德·艾尔·阿多笔记》,国王学院档案馆。

已。他"把屋里所有的东西都洗了一遍①"。"'这是唇膏……'把箱子里所有的小东西都扔到了底下,'很小,很干净,这就是我屋里所有的东西。'"也许穆罕默德认为英国人会觉得阿拉伯人不干净,所以才这么做。但他"无瑕的"衣服和毫无保留的真诚起了作用。穆罕默德对他说,"我有时候会觉得,如果一个人这么做了,就会敞开心扉,不会保留任何秘密。"这同样是警告,因为摩根并没有告诉穆罕默德自己的名字。

当时,穆罕默德决定相信眼前这位奇怪的英国人。他给摩根看了自己未婚妻的照片,她正在乡下等他回去。穆罕默德介绍了自己曾经上学的教会学校,还告诉摩根自己跟母亲很亲。"我在家里就像是一个陌生人。单独吃饭②,单独生活,单独思考。也许我不是我爸亲生的。"

当天晚上,就在福斯特快要回去的时候,穆罕默德平静地说,"这是我一生中最快乐的一天。"

不过,他们下一次的见面就没这么好了。几天后,两人决定去格雷梅诺波罗散步,这对他们来说又是一个陌生的站点。天气十分糟糕。另一个晚上,福斯特又一次来到了穆罕默德的家里,被介绍成了后者的朋友。最终,福斯特邀请穆罕默德去他的家,在那里,两人坐在床上下象棋。摩根最终还是进行了自我介绍,他回避了关于自己伦敦生活的问题,给两人不断加深的关系"蒙上了阴云"。

第四天晚上,在穆罕默德的屋里,两人开始谈论性爱。"被穆罕默德的性格和谈吐吸引住了",摩根躺在穆罕默德旁边,第一次亲吻了他。即便是几年后,穆罕默德的胳膊在他脑后的感觉依然"生动"。他注意到,两人睡在一起时,穆罕默德一直把手插在口袋里,试图掩饰自己的勃起。摩根觉得穆罕默德的勃起似乎是一种信号,他问道,"你有多爱我?"然后就开始解穆罕默德裤裆上的扣子。两个人纠缠在一起,穆罕默德"进行了自卫"。这场性爱的收场充满戏剧性:福斯特捂着脸上的伤口止血,穆罕默德揉着自己乌青的眼睛。摩根感觉受到了侮

---

① 爱德华・摩根・福斯特致弗洛伦斯・巴杰,1918年3月23日和1917年7月18日,国王学院档案馆。
② 爱德华・摩根・福斯特,《穆罕默德・艾尔・阿多笔记》中的口头文字,国王学院档案馆。

辱。穆罕默德受到了惊吓，心情十分糟糕。两人心情焦躁，姿势十分僵硬。摩根"很难相信穆罕默德是个叛徒，或者是个讨厌的人"。他确信自己被侮辱了。穆罕默德反唇相讥：两人在电车上可以友好相处，但不能再私下见面了。摩根十分生气，很快便离开了。

第二天早晨，两人在电车上再次见面，都冷静了下来，都觉得前一晚的误解十分可笑。福斯特道了歉。两人看着对方的伤口，都大笑了起来。这一刻，两人内心的脆弱都释放了出来。两人的关系发展到了前所未有的地步。福斯特回忆，自己在恐惧之下居然能够做出如此不正常的行为。这件事使他想起了自己和弗洛伦斯的妹妹埃尔西·托马斯的约会，那场可笑的约会中途夭折。"我时常会想起你妹妹[①]。我时常会想，她是不是真的喜欢我。突然我发现，我没法扭转自己的行为方式。但是最独特地……"现在，他的情绪起起伏伏，但却感到了一种新的平静。

> 这并不是快乐[②]。说起来有点伤人，我成了一个成熟的人。现实问题很严重，我们属于不同的种族，不同的社会。如果有人给你爱情和真诚（以及你想要别人给你的所有东西，包括幽默感），你要么欣然接受，要么就让自己的灵魂死去。

他们都觉得，这个僵化了的世界十分荒谬，这种感觉使他们渡过了难关。

他们之前的感觉完全不同。福斯特十分惊讶，穆罕默德接受的性教育居然如此纯真，如此放松。"一天早上，我一觉醒来[③]，问妈妈这是什么东西。妈妈告诉了我，然后我就知道了。"他对性和爱的态度掺杂了快乐，没有基督教讲究的庄严。虽然穆罕默德在穆斯林的世界里

[①] 爱德华·摩根·福斯特致弗洛伦斯·巴杰，1917年5月29日，国王学院档案馆。
[②] 同上，1917年6月17日；《书信精选》，拉戈与弗班克编，第1卷，第257—258页。
[③] 同上。

被基督徒养大,但他却拒绝信仰基督教。他说,"我不喜欢基督教①。"摩根十分惊讶,他竟然没有受到伤害。对比"基督教和伊斯兰教对思想自由的打击②"之后,摩根得出结论,可能是穆罕默德的文化救了他,因为"伊斯兰教制造的混乱更少"。

他们谈了很多有关性的东西③。能跟别人严肃地探讨这个话题是一件十分轻松的事。但这场谈话也涉及了一些以前没有探讨过的内容,因为摩根试图完全成为穆罕默德的性伴侣,但他没有成功。(6月初,他回到了沙滩上,又开始和陌生人做爱。)6月中旬,穆罕默德的妈妈去世了,他回家参加了妈妈的葬礼。福斯特强烈的同情心让二人的关系更加紧密。穆罕默德回来后,他们开始真诚地谈论自己对于性的期待。

穆罕默德亲吻了他,抱住了他,轻轻抚摸着他"齐整的短发",对他说,"你很漂亮。"但他一直避免进行真正的性爱。福斯特给弗洛伦斯写了信,谦逊地说了这件事,并承认欲望会坏事。他毫不掩饰,直接在前一封信中告诉她,自己已经是穆罕默德的性伴侣。

> 我们并没有那么肮脏,我也希望如此。似乎我们应该如此。我认为他的反对是无效的,最终还是会打击他自己。他让我认识到,我不能这么做。但他充满温柔和爱慕,让我明白我们的友谊还只是刚刚开始……只要他能给我更多,他一定会给我的。④

这种强调付出和收获的性交换,让穆罕默德十分不舒服。他对自己的贫穷十分在意,摩根一味的坚持加重了他对自己失去价值的担心,同样唤醒了他对被别人利用的恐惧。

---

① 爱德华·摩根·福斯特,《穆罕默德·艾尔·阿多笔记》中的口头文字,国王学院档案馆。
② 爱德华·摩根·福斯特致弗洛伦斯·巴杰,1917年7月31日,国王学院档案馆;《书信精选》,拉戈与弗班克编,第1卷,第264页。
③ 同上,1917年6月4日。
④ 同上,1917年7月31日,第265页。

他拒绝道,"不!不!"①接着,他带着一种难以名状的威势和脆弱,转过头去说道,"我想问你,你是不是从来没有想过,是你的性欲让你认识了我?你是不是觉得,这对你来说并不丢脸?回答我问题的时候,不要看我。"这个问题是对摩根真诚度的测试:他会流露出自己的阶级意识吗?摩根充满欲望的眼神能否信任?他们必须把头转向别处。穆罕默德不想只成为性玩具,他想成为摩根真正的爱侣。

10月初,他觉得自己已经能够清楚地表达欲望:

> 如果我们要一辈子做朋友,你必须对我做出承诺。(你想跟我做一辈子的朋友吗?)如果你愿意(我愿意),你必须马上承诺,如果我让你受了委屈,我们要一起消除误会。一两个、三四个误会没啥关系,可如果误会太多,问题就大了……但我必须独立——不想见你的时候我必须拒绝你,虽然我不确定自己能否真正说得出来。你必须尊重我,就像我尊重你一样。②

对摩根来说,两人的关系陷入了僵局。他意识到,穆罕默德"担心他对我来说只是一个外人"。③但即便澄清之后,性对他们来说仍然意味着完全不同的东西。当时穆罕默德勃起了,他的情绪突然爆发,两人扭打起来,这让福斯特很是纳闷勃起在两人眼里的真正含义。穆罕默德坚持认为,勃起并不意味着有欲望。他解释道,"我的老二见人就勃起④,这并不能说明什么。"福斯特觉得,同性恋是他身份的核心⑤,穆罕默德这种态度在他看来十分迷人。穆罕默德对摩根说,自己与男

---

① 爱德华·摩根·福斯特致弗洛伦斯·巴杰,1917年9月30日,国王学院档案馆。《书信精选》,拉戈与弗班克编,第1卷,第272页。
② 爱德华·摩根·福斯特,《穆罕默德·艾尔·阿多笔记》中的口头文字,国王学院档案馆。
③ 爱德华·摩根·福斯特致弗洛伦斯·巴杰,1917年9月30日,国王学院档案馆;《书信精选》,拉戈与弗班克编,第1卷,第272页。
④ 爱德华·摩根·福斯特,《穆罕默德·艾尔·阿多笔记》中的口头文字,国王学院档案馆。
⑤ 爱德华·摩根·福斯特致弗洛伦斯·巴杰,1918年5月27日,国王学院档案馆。"他期待与同类人建立婚姻和生活——他还有所期望,而我对其他事情则一点期待也没有了。"

人和妓女都睡过，也会开心地想着结婚生娃。与大多数埃及人一样，他把所有的插入式性行为看作男性特权的自然流露。持续了几个世纪的伊斯兰传统对官方道德持实用主义态度：与男人做爱会使自己成为罪人①，但并不会影响自己作为男人应有的地位和荣耀。拿破仑法典与当地传统在很多地方都是一致的，都排斥男男性行为，但认为这是同性恋的私事。这样，穆罕默德说的"我的老二见人就勃起"与福斯特说的"我觉得自己成熟了"就成了一回事。

穆罕默德对摩根说，自己的欲望"很愚蠢"。摩根回答道，"每个人都愚蠢②，这就是我的愚蠢之处。"但对穆罕默德来说，"受"的地位对他来说十分特别，甚至十分可笑，因为他是一个成年男人。摩根不断劝说穆罕默德增加性爱次数，大方地表达了自己想体验被插入的感觉③，穆罕默德可能无法理解，他为何会放弃男性传统的社会地位。

我们生活在弗洛伊德和傅科④之后⑤，对这种误解的看法与当时的男性完全不同。从某种意义上说，他们处在一个概念分歧的两端（可以相互调换位置），这种分歧在于性就是性，还是性是身份。福斯特提前用现代的观点解释了这一点，但他只解释了一个大概。他只是说出了两人之间的是"理解"而非"协议"⑥。他愿意等待。如果必须选择，他会选择爱情，而不只是性。

然而，这个选择对他来说并不是必需的。就在两人决定互相尊重、真诚相待的几天后，穆罕默德突然给了摩根"一个粗鲁的吻"。他

---

① 罗森（Rowsen），《恶习名单》（*Vice Lists*），第72—73页。社会伦理道德限定一个男人的做爱对象是他的妻子和女性奴隶，但如果他要选择变得放荡，那他就可以扩大做爱对象的范围。

② 爱德华·摩根·福斯特，《穆罕默德·艾尔·阿多笔记》中的口头文字，国王学院档案馆。

③ 爱德华·摩根·福斯特在日记中已经流露出这种欲望，但他当时并未意识到。他写道，"在印度时，我对自己保证，返回埃及后我想要你从后面插入，不过这会很痛，而且会大大减少你对我的尊重。"福斯特，《穆罕默德·艾尔·阿多回忆录》，国王学院档案馆。

④ 傅科（Jean-Bernard-Leon-Foucault, 1819—1868）：法国物理学家。——译者注

⑤ 时间的流逝意味着社会的进步，这是一种错误的观点。在《为何结婚？》（*Why Marriage?*）一书中，同性恋历史学家乔治·昌西（George Chauncey）警告道，"在后傅科时代里，人们在性方面犯下的一个重大错误就是现代主义观点所推崇的性身份的胜利。"第187页。

⑥ 爱德华·摩根·福斯特致弗洛伦斯·巴杰，1917年7月18日，国王学院档案馆。《书信精选》，拉戈与弗班克编，第1卷，第262页。

粗暴地解开了自己的亚麻裤子，让摩根帮他手淫。这是一个具有象征意义的日子。艰难的时期终于结束了。

亲爱的弗洛伦斯：

  我丢掉了尊重，以最简单、最粗暴的方式……我很高兴，不是因为性带来的快乐，而是因为我们之间的最后障碍已经轰然倒塌……我希望现在正在写《莫里斯》的后半部分。现在我明白的更多了。知道自己年轻的生命里出现过很多人，但并不认识他们，是一件很糟糕的事。我之前知道这一点，但并不十分清楚。我的运气好得让人惊讶。①

  摩根和穆罕默德的关系论证了这一说法：同性之间也能坠入爱河，甚至相爱一辈子。虽然他们的爱情十分超前，与社会格格不入，但由于受卡瓦菲的影响，他从过去无人知晓的故事中推断出了这一点。夏末的夜空繁星点点，四周的景象与故事里的一样，与那个一年前的一部片子里沙滩上拉驴的裸体男人所处的环境很相似。这次，他把这一切分享给了弗洛伦斯。当他坐在撒旦侯赛因俱乐部的阳台上，月亮只有一半②，边缘是美丽的蓝色，似乎在天上等待太阳的升起……

  想起我们两人在一起的日子，心里十分甜蜜。我十分感动，也十分快乐：虽然外界的人看不起我们的关系，但我想这的确值得我们去思考；这是向荒谬的念头和人为的困难宣告胜利：我确信这将成为其他胜利的范本。所谓的文明发出了厚颜无耻的喋喋不

---

  ①爱德华•摩根•福斯特致弗洛伦斯•巴杰，1917年10月8日，国王学院档案馆；《书信精选》，拉戈与弗班克编，第1卷，第274页。"体面的分别那天"正是10月5日。
  ②同上，1917年8月25日，第268—269页。

休声,但我们仿佛什么也没有听见……我们一起抽烟或安静地聊天……我发现在自己的幸福和亲密关系之外,还能不经意间瞥见成千上万人的幸福,虽然我从未听说过他们的名字,但我知道会有一段未被记录的伟大历史。

在另外一封写给弗洛伦斯的信中,他想象中的"成千上万"英国人,命运悲惨,备受压制,他不想跟他们的处境一样,福斯特在信中祈求大众对自己多一些仁慈和怜悯。在文明的冷漠外衣之下,被掩藏的历史作为强势权力的官方记载,成为至高无上的另类历史,只有一颗柔软的心才能一点点去捡拾。

然而,即便是这般可敬的愿景,依然受制于这嘈杂的战争环境。自母亲去世后,穆罕默德在这座城市的生活也开始变得不那么愉快了。隐私变成一种罕见的东西。同母异父的兄弟竟然在这"苦难之家"待了近一个月,真是不可思议。不管指的是字面意义还是其他隐含的意义,摩根不无尖酸地说,"如果不是他蹲在房间的那个角落里,那里就会是我们的空间。[①]"有一次,艾琳发现,这两个男人在摩根的房间里天真地聊着天,艾琳捂着嘴惊叫了一声。福斯特向弗洛伦斯倾吐自己的烦恼,"尽管非常荒谬[②],但我不能就此止步。只有当一个人认真起来的时候,他才会意识到这个社会的制度是多么虚伪。"周围环境从未变成理想中的样子,就在他们感情加深的时候,环境反而变得更加窘迫。

穆罕默德那原本就不稳定的工作,如今变得越发岌岌可危。虽然福斯特知道这与自己秉承的利己主义相悖,但他还是说服了福尼斯为自己的情人寻找一个高薪职位。1917年10月,穆罕默德前往运河区的坎塔拉,在一家英国部队机构里做办事员,薪水是在电车上工作时的两倍。工作虽然很平凡,但却有些颠覆性。穆罕默德狡黠地告诉摩

[①] 爱德华·摩根·福斯特致弗洛伦斯·巴杰,1917年9月13日,国王学院档案馆。
[②] 同上,1918年3月23日。

根，他即将变成"一名间谍①"。

他在运河区为英国人做一些低级的情报工作，可以说穆罕默德也被卷了进来。然而，福斯特却写信指明，这种玩笑不过是人尽皆知的阴谋而已。他问弗洛伦斯："你难道不觉得②当间谍对他来说很不好吗？我们认为也没有那么糟糕。"艾尔·阿多告诉福斯特，自己的处世哲学就是"有些谎言对于人生来说是必要的"。现在，福斯特和他的情人一起撒着谎，可以说，在他们的服务宗旨里，友谊大过对帝国的忠诚。

这次性关系上的突破恰好发生在穆罕默德离开亚历山大港的时候。对他来说，这或许是一次临别时的妥协，但也是一种对未来的承诺。他们准备分开的时候，福斯特帮助穆罕默德整理打包好行李，给了他一些钱以备生病之需。（早前几个周，莉莉为了在威布里治租房子要去借高利贷，他告诉母亲变卖自己的那台打字机来支付房租。）由于环境变得十分动荡不安，每个人都使出浑身解数来应对这种局面。摩根说服穆罕默德去照相馆拍摄一张照片，照片里的他头戴塔布什帽，身穿西装，打着蝴蝶结，鞋面擦得闪闪发亮。这个男孩年轻英俊，活力四射。像摩根一样，拍照的时候他特意摘下了眼镜。他右手拿着一头拂尘似的白色鬃毛假发——原本是摩根的——随意地搭在一张小桌子上面。穆罕默德绝望地向摩根道别。渐渐开动起来的火车，"感觉就像是表演过后徐徐落下的幕布③。"他在摩根身后喊叫着，哀求着，"请不要忘记我，不要——"尽管身后传来的声音如此凄凉，但福斯特却坚信"是因为我们现今的感情太深厚了，所以我们十分害怕分离"。几年之后，他再次体会到一次似曾相识的离别感："我们看见了那座毁坏了的寺庙……似乎还从未有人见过它，后来你便在拜比泰尔·哈戈火车站呼喊着我的名字④。那时天已经

---

① 爱德华·摩根·福斯特致弗洛伦斯·巴杰，1917年10月8日，国王学院档案馆，《书信精选》，拉戈与弗班克编，第1卷，第270页。
② 同上，1917年10月11日，第274页，《穆罕默德·艾尔·阿多笔记》中的口头文字，国王学院档案馆。
③ 同上，1917年10月11日。
④ 爱德华·摩根·福斯特，《穆罕默德·艾尔·阿多笔记》，国王学院档案馆。

黑了，我听见一个埃及人呼喊着自己走散了的朋友：玛根，玛根——你呼唤着我，我感觉我们已经难分彼此了，是你把我变成了一个埃及人。"

穆罕默德每隔几天就从运河区寄来一封"柔情蜜意"的信，并且还打算3月份请一次假，尽管如此，两人还是掰着指头数着相逢的那天，然而，两个男人所分享的那个秘密世界已经不存在，这不可避免地令摩根陷入孤立的状态。在亚历山大港，"似乎一切事情都在四分五裂①。"他告诉弗洛伦斯：福尼斯要离开开罗的战时工作，而他也"正在失去"穆罕默德。他跟一帮朋友②之间的感情似乎也变淡了。艾达在征兵恐慌时期曾那么同情他，而现如今似乎也已厌倦了他。还有福尼斯也开始对摩根的纠缠表现出一种真真切切的愤怒，原因是摩根曾为穆罕默德工作的事软磨硬泡地求过他，并且他看到穆罕默德喜欢追求享乐。深秋时，格兰特·达夫小姐，从未有朋友像她那般知心的，但如今连她也变成摩根信中的"古斯·达夫小姐"了。

日常的生活依旧没有任何安慰。虽然他已经晋升为"'埃及总检察官'，不管这意味着什么"，但红十字会的工作对他来说变得十分平淡无奇。这次晋升打破了格兰特·达夫小姐与他之间的力量平衡，使他陷入了充满敌意且陌生的办公室政治。她有理由感到怀才不遇，认为自己败给了一种男性阴谋。为了弥补自己的委屈，她愤愤不平地对他大加讽刺。冬天里，两人每次碰面都让摩根感到无比痛苦。他的信中也不再有关于医院的消息。1918年3月，她辞职了，这让摩根感到如释重负，但这小小的戏剧性的变化并未让他转移一下注意力。

没有穆罕默德的生活令他感觉"愚昧和麻木③"。他为一些"值得去思考"却无人告诉他的消息感到恼怒。他不惧部队的审查，向弗洛伦斯、戈尔迪、斯特雷奇和卡彭特写信倾诉与情人穆罕默德相处的种种细节。结果对于同性恋后辈来说却成了一件好事。

---

① 爱德华·摩根·福斯特致弗洛伦斯·巴杰，1917年9月30日，国王学院档案馆。
② 同上，1917年8月25日。
③ 爱德华·摩根·福斯特致爱丽丝·克拉拉·福斯特，1917年9月26日，国王学院档案馆。

每个新闻记者都是从一个独特的视角来看待新闻消息的。弗洛伦斯对穆罕默德发自内心的好感令摩根深受触动。她给摩根写过几封信（尚未保存下来），她把他们当成合法夫妻来对待。"你能这么想真是太贴心了①——我特别感动，也特别快乐。"摩根告诉她。在写给弗洛伦斯的信中，他专注于解决情感纠缠，而这种情感纠缠又是一段复杂情事的核心。迪金森的感情总是不求回报，而摩根却用一种亲切的语气告诉他，"我这个年纪其实是在冒险。"然而，在描述穆罕默德的时候，他一开始还是无法摒除那种陈词滥调的语气。"这像极了同西莱特的关系，比我提到的任何事都像！这将会暴露出你的年龄、种族和社会阶级，尽管这些并不能准确地衡量一段关系。"或许是因为他觉得迪金森在这方面过于浪漫幼稚，于是他很快不再描述与穆罕默德的感情生活给他内心带来的影响。他列举了穆罕默德的一系列品质——"忠实可靠、整洁干净、才思敏捷、冷静超然、魅力无限②……一再验证后，总是得出相同的结果"——写给戈尔迪的信总有些枯燥无趣。爱德华·卡彭特对于每一次感动都会产生感同身受的喜悦，他颇有些奉承地暗示，穆罕默德有点像乔治·梅里尔。他给卡彭特看了穆罕默德那张珍贵的照片，让他对比一下，卡彭特亲切地回应道：

> 您的好朋友，巴杰夫人③给我寄来这张照片看，为此我十分感激她（还有你）。我很想把它保留下来。看了太多的牛奶或水混在一起的那些无味的东西，能够目睹一下真人的风采是一件多么令人愉悦的事情啊！这一定会让我精神焕发。那双眼睛——我明白那眼神里的含义，我想现在你也一定如此。他的嘴巴长得那么迷人！我希望你能寄给我一张留作纪念。

---

① 爱德华·摩根·福斯特致弗洛伦斯·巴杰，1917年8月25日，国王学院档案馆。
② 爱德华·摩根·福斯特致戈兹沃斯·洛斯·迪金森，1917年8月31日，国王学院档案馆。
③ 爱德华·卡彭特致爱德华·摩根·福斯特，1918年3月13日，国王学院档案馆。

一段未被记录的历史：
E.M.福斯特的人生

摩根对穆罕默德的爱日渐增加，大家对这一点都感兴趣，摩根借助于此让他的英国朋友和熟人圈子更加紧密。在福斯特的号召下，他们传阅着这小小的战利品：摩根的记叙，上面附带着穆罕默德的书信和照片。摩根甚至给弗洛伦斯布置了家庭作业，让她形容一下成为同性恋者是什么感觉，向她推荐卡彭特的自传《我的时光和梦想》，并且对于她喜欢并理解这本书表示了敬意。后来，他甚至还向马苏德谈起穆罕默德。不过，对于母亲莉莉，他却只字未提。

摩根在坎塔拉待了整整两个月后，这个寒冷的冬天也过去了一半，他又重新开始执笔写作。他郑重其事地研究起一本详细的亚历山大港指南，尽管如今已是一片广阔的军事地带，他还是想要探索一下它的过去。于是，他携手穆罕默德，对这段鲜为人知的历史进行了全面翔实的记叙。这时，迈美姨妈刚刚去世，尽管他决定不再长途跋涉回英格兰参加葬礼，但这件事连同新年那天的三十九岁生日一起在他心中深深地烙下了死亡的印记。他严肃地对弗洛伦斯说，"有一些事情我想记下来[①]……这里面零零散散地包括我的个人兴趣，我觉得它不应该被遗忘。事实上，对于一位饥肠辘辘的艺术家来说，他所能写的东西实在少得可怜。这封信里包含着我对你的爱，除此之外，它仍然迥异于普通的信件。倘若收到此信，请一定让我知道。务必保管好它，以防有人会忘记这些。"

他爱上穆罕默德既是一种体验，也是为了"证明一些更广泛、更普遍的事"[②]，也是这份自信激励他写下这些信。他以一个小说家的身份接触这段历史，采用彻底的世俗主义视角，这是他为《霍华德庄园》里那位不知名的叙述者发明的：对当前的事件洞察敏锐，并且眼光长远、恬淡平和、超然物外。

那部小说开头的句子很突兀，但非常出名，即"一个人最好始于

[①] 爱德华·摩根·福斯特致弗洛伦斯·巴杰，1918年1月6日，国王学院档案馆；《书信精选》，拉戈与弗班克编，第1卷，第280页。
[②] 同上，1918年4月3日（日期不确切，也可能是5月3日）。

海伦写给姐姐的信"。倘若说稍有点失调的话,叙述者站在遥远的未来发出莫名其妙的感叹,给这个故事增添了一种冲动。当然,目前这个故事明显并不完整:六个月前,他向戈尔迪承认,自己不敢想象跟穆罕默德的友谊可能以什么样的方式结束。他觉得这份友谊会有进一步的发展,尽管"彼此间浪漫的好奇之心会变得更加持久"。然而他却耸耸肩,双手一摊,反诘道,"事情是怎么结束的①?即便是真的结束了,一个人也应该表现得让人感觉这件事会永远进行下去。"

现在,与穆罕默德的分离使他紧紧抓住了这段恋爱关系的现状。他特意回顾了去年春天,剖析起种种微不足道的小插曲,试图一字不落地记起穆罕默德的每一句话。这种方法对于当下的影响和以后的回忆有着双重益处。然而,对于未来某些时候的同性恋男性来说,它也指向永恒。他开始坚信"生命中没有什么事②曾如此伟大"。像他的多种直觉本能一样,这个想法③确有先见之明:近四十年后,到了老年的福斯特依旧确信,与艾尔·阿多建立的友谊是人生中两件"最了不起"的事情之一。

不过,他尚未给这种感知命名。因为要将人类经验的复杂状态描述出来的话,诸如克拉夫特·埃宾④和赫希菲尔德⑤这样的性学家发展起来的伪经验主义则有些过时了,这点他似乎很确定,他还把他们的理论称为"德国心理学的鸽子洞理论",不过是用些陈旧的方式来表达人类经验的复杂状况。他告诉戈尔迪,"我找不到一套适合我的理论⑥……"他确信,自己与穆罕默德所经历的一切都带有启示性,就如同一种全新的看待问题的方法和存在方式所带来的启示性一样。福斯特尽其所能地将能够证明两人关系的证据以一种对话的形式保存下来,仔细地誊写了来自穆罕默德的大部分信件(同时却把弗洛伦斯的全

---

① 爱德华·摩根·福斯特致戈兹沃斯·洛斯·迪金森,1917年6月25日,国王学院档案馆。
② 爱德华·摩根·福斯特,《穆罕默德·艾尔·阿多笔记》,国王学院档案馆。
③ 爱德华·摩根·福斯特致威廉·普洛默,1963年11月20日,杜伦大学。
④ 克拉夫特·埃宾(1840—1902):德国精神病学家,20世纪性学运动之前的早期性研究者之一。——译者注
⑤ 赫希菲尔德:德国犹太裔人,内科医生和性学家,曾经公开承认自己是同性恋者。——译者注
⑥ 爱德华·摩根·福斯特致戈兹沃斯·洛斯·迪金森,1916年10月9日,国王学院档案馆。

第一部分
成为一个"成年人"

部信件烧毁），他还保存了隐匿的票根和照片等短时效的物品。然而，尊重穆罕默德最好的方式无疑是给予他为自己发声的权利。

　　细细回味与穆罕默德的感情，他觉得惊奇不已。他告诉弗洛伦斯，自己羡慕她"拥有三个孩子的感觉，并从这种感觉出发看待生活，而每一个孩子都是一个全新的个体"。运用一些高明的方式来颠覆传统的社会期待，这种共享的实践无外乎是一种特别的娱乐方式。而这两个男人都抱着固有的种族观念并在公共场合享受着男性共有的特点，有时他们会肩并肩地走在一起，毫不遮掩。当然，他和穆罕默德也会磨炼一些手段来保证自身安全，这些手段包括创造性地利用别人的偏见和钝感。他用一种讥诮的口气告诉弗洛伦斯，"很不幸，他长得很黑[①]，虽然不像小孩子的花脸和墨水那么黑，但比马苏德要黑得多，可想而知，把我们俩放在一起看上去会多么显眼。"因此，他们会在必要时尽可能地拿艾尔·阿多的肤色问题做文章。可是，除了被认为是摩根的仆人，他还能被认为成什么呢？福斯特对殖民权力非常厌恶，虽然如此，他还得利用这种权力给予朋友一种隐喻性的庇护。

　　他们的着装常常会掩盖他们的身份地位。穆罕默德总是打趣摩根那身破烂的装束，并以此为乐，而他则细心打理着自己那条长袍，对此自豪不已。"昨晚他拉着我的一只袖子[②]温声细语道，'你知道吗？福斯特，尽管我比你穷得多，但我从未穿过这么破的大衣。我没有责备你的意思——不，我是在赞赏你——但是我真的从未这样穿过，看，你的帽子上破了洞，靴子上破了洞，袜子上也是。'"

　　"好衣服像是一种传染病。"穆罕默德承认道，"我最好还是不要在意你这样，也不要像你这样，或许以后我也会如你这般，但那也只是在

[①] 爱德华·摩根·福斯特致弗洛伦斯·巴杰，1917年9月13日，国王学院档案馆。《书信精选》，拉戈与弗班克编，第1卷，第271页。"除了军装以外，他另一件……西装是又长又不讨喜的睡袍，在外衣上面装上纽扣，光脚穿着木底鞋。这样盛装打扮的他会与我一起在他房间周围散步，只是不能到处走。他总是戴着一顶土耳其毡帽。"

[②] 同上，1917年8月25日，第268页。

亚历山大。"他绝不会在家里被人看到自己这副打扮的。这个年轻人第一次出现的时候穿着一身耀眼的网球服,他既懂得如何让自己穿得醒目,也知道如何才能不惹人注意。这样有时会自相矛盾:1918年4月,离开运河区时,摩根为穆罕默德安排了第二次照相作为留念。这个年轻人来的时候穿着福斯特那件破旧的军装制服,让福斯特感到十分惊讶。虽然挪用了摩根的衣服,但这看上去多么甜蜜啊。对于穿制服的人来说,军装虽意味着他们地位特殊,但也让他们难以跟其他男性区分开来,这听起来多么滑稽!艾尔·阿多知道,这幅肖像会在爱德华·卡彭特和摩根的其他朋友中传看。因此,这幅如今遗失的肖像大胆地表现出两人的亲密关系。另外一张照片是在一个怪异的穿着异性服饰的文化活动上,那年夏天,他们委托别人制作了一件礼服裙,但那件衣服穆罕默德穿着太大,而摩根穿着又有点小,因此两人不能共用。

第三张照片更加真情流露,自我塑造感更加神秘,这张小小的照片拍摄于穆罕默德前往坎塔拉的那段时间。照片是在户外拍摄的,烈日炎炎下,摩根穿着一件无领的棉衬衣,脖颈的扣子没有系上,他独自坐在一块火山岩石上,那块岩石与麦克斯海岸边的岩石很像,照片拍到了摩根整个身体的四分之三,他目光往下看向手中的书。照片并没有注明是谁拍摄的。有可能是穆罕默德拍的吗?在国王学院档案馆里的数千幅照片中,这是他为数不多的几幅微笑着拍下的照片之一。若是把这张照片连同穆罕默德穿着福斯特军装的那张放在一起,就会形成一个幽灵般的对白,似一张双连画①,就像那时一个男同性恋设法拍摄的家庭照一样——这样一想确实挺吸引人的。多年后,摩根将会倡导这种风格,不过现在还不是时候。

这种新颖的世俗之物和戏剧感变得平淡无奇,他之前在同性恋题材小说中所做的尝试非常稀少,风格比较沉重,影响也极小。"现在,

---

①在一个画面中使用两张照片的一种照片表现形式。——译者注

从《莫里斯》的大结局①和对社会问题的把握上看，小说似乎体现了作者既伤感又胆怯的心情。"小说中体现的某些理想主义色彩似乎是正确的，"我以前就知道一点儿②，但从不喜欢。"他告诉弗洛伦斯。不过很快，他就写了，那时他还没意识到"生活中需要那么点儿谎言"。"噢，弗洛伦斯③，"他写道，"如果这些从未发生过，生命该有多么吝啬、多么单调啊。"唯有那一次，他的肉体生命超越了自己的想象。

那个春天他们做的最明智的一件事，就是在穆罕默德从部队休假的短短几天里，他们计划去看看对方。然而，3月份，这次期待已久的探望却被弄得一塌糊涂。穆罕默德并没有按照承诺的那样写信过来，而摩根则怀疑自己受到了羞辱或者被遗忘了。但其实是穆罕默德病得很严重，"他感觉身体有些不适便去了医院④，不料却在那里发起了高烧"。此外，他受到英国当局的虐待，不得不靠行贿在医院得到一个床位。摩根得知事情的真相时，最初的怀疑变成了一种厌恶之情，还混杂着一种说不上来的愤怒。他痛苦地向弗洛伦斯抱怨道，军队"像铲除污泥一样铲除（埃及人）⑤"。这个小插曲让摩根确信，他必须付出极大的努力⑥，否则就会永远地失去对方，"我没有办法把他从军事区带出来，那个地方他出不来，我也进不去。"

5月中旬，在亚历山大的团聚在计划中"流产"。由于穆罕默德现在无家可归，艾琳又疑心重重，因此他们不得不和一位埃及朋友一起待在巴克斯。这些乱七八糟的安排又尴尬地与爱德华·卡彭特的到来撞到一起。弗朗西斯·班尼特是摩根以前在工人学院的学生。他们相遇前，弗朗西斯还是一名工厂工人。（而最终在摩根的支持下，再加上自己的聪

---

① 爱德华·摩根·福斯特致弗洛伦斯·巴杰，1918年2月28日，国王学院档案馆；《书信精选》，拉戈与弗班克编，第1卷，第287页。
② 同上，1917年10月8日，第274页。
③ 同上，1918年4月3日（日期不确切，可能是5月3日）。
④ 同上，1918年3月。
⑤ 同上，1918年3月28日，第288页。
⑥ 同上，1918年3月。

明才智，他终于步入了前景光明的学术生涯，成为剑桥大学的一名德国籍教授。）弗朗西斯与摩根一样，也是一名同性恋，但在关乎名望和体面的事情上，他还是坚持弗雷斯特·里德式的受压抑的信条。至于穆罕默德的存在，摩根"不得不将这个赤裸裸的事实告诉他①"，而班尼特得知这个消息后"表现出强烈的同情和兴趣则超出了我的预想……"

有一个与众不同的计划将摩根在埃及的生活和在英国的生活融为一体，但到了最后关头还是令人大失所望，原来他和诗人齐菲格·沙逊（西格夫里·萨松）的约会遭到扼杀，原因是沙逊没有得到离开船的许可。沙逊的来信让人非常同情，以至于见面计划夭折时，令人相当扼腕叹息。（第二年，两人在英格兰见了面。）

摩根带穆罕默德去了麦克斯的海滩，那里偏僻，多岩石分布，两人在海边游游泳，晒晒日光浴，像"莫里斯和克莱夫在剑桥校园里坐着②"那样，两个人也逃学似地坐在这个美妙的天气里。穆罕默德告诉他"这两天过得像两分钟似的③"。这几天，田园般的生活仿佛"几朵美丽可爱的云彩一样④"为他挡住了这场战争。"他也为我覆盖住了我的家庭生活。"他告诉弗洛伦斯。然而，这云彩当真能掩盖住战争或者让战事变得清晰起来吗？到了5月底，这种幻觉让他陷入对两人未来的思考。弗洛伦斯建议摩根离开艾琳那里，好避开她的敌意，然后建立其他的家庭生活来供应这位年轻人。"你提议的新安排⑤是不可能实现的。"他回复到。穆罕默德"对一件事情几乎残忍地保持独立，他是不会同意的……（他）期待在同类人中建立婚姻和家庭生活，只要是他所期望的，我便无法提出异议"。然而，这些事实跟穆罕默德本人的态度并不相符。"迄今为止，他对我的打击远远胜过他对我的依附⑥：说什么

---

① 爱德华·摩根·福斯特致弗洛伦斯·巴杰，1918年5月，国王学院档案馆。
② 同上，1918年5月14日。
③ 爱德华·摩根·福斯特，《穆罕默德·艾尔·阿多笔记》中的口头文字，国王学院档案馆。
④ 爱德华·摩根·福斯特致弗洛伦斯·巴杰，1918年5月14日，国王学院档案馆。
⑤ 同上，1918年5月27日。
⑥ 同上，1918年6月25日。

一段未被记录的历史：
E.M.福斯特的人生

到了他快死了的时候，就不会对我抱什么幻想了。"在一起生活的愿望虽然不太可能实现了，但这个想法却慢慢地钻进了他的脑海，然而"月复一月，我的生活依然像是被拘束在一个盒子里……"两人对未来的局促不安促使穆罕默德下决心付诸行动。5月底，在看不到其他前景的情况下，他"扔下了那份地狱般的工作①"，前往曼苏拉。然而却不曾想到，生活，或者说是，死亡在7月份突然袭来。

穆罕默德回到家两天后，他的父亲便去世了，两天后，又一个残酷的双重打击袭来，他"收到来自坦塔（位于尼罗河三角洲）的电报②，上面说我的兄弟——一位水手——在尼罗河溺水身亡"。"悲痛从不是一个接一个地来临③。"穆罕默德告诉他，"它们总是大批大批地来到……我接下来要做些什么？我常常问自己这个问题，可我至今也不知道答案。"虽然穆罕默德跟父亲并不亲热，但兄弟艾哈迈德却是他的挚爱，他的死令他手足无措，痛不欲生。"他水性很好④，况且运河区（他溺水的地方）的水并不太深。我至今还是想不明白。"摩根当即去了曼苏拉，安慰一下他。这次探望的感觉出奇的好，超出双方的期望。"人每次都会经历感情的存续或者加深吗？"他问弗洛伦斯。

这时，穆罕默德发现自己陷入了一种中产阶级式的窘境：失业在家却拥有自己的房子。尽管他们重现了"苦难之家"里的情形，但这一次男人们仍保留有自己的一些隐私，对他们来说的"完美的状态"。这座房子很像是由三座小房子连起来的，位于火车站附近的贫民区，穆罕默德将其全部出租出去，只为自己留了一个小房间。虽然这间房间远没有在巴克斯住的房间干净，但无关紧要：两个男人"很少摸摸脚底下（沾满泥巴的地板）⑤"。他们通常直接上床休息。食物由一位"半奴隶性

---

① 爱德华·摩根·福斯特致戈兹沃斯·洛斯·迪金森，1918年5月31日，国王学院档案馆。
② 穆罕默德·艾尔·阿多致爱德华·摩根·福斯特，1918年6月，国王学院档案馆。
③ 同上，1918年6月27日。
④ 爱德华·摩根·福斯特致弗洛伦斯·巴杰，1918年7月16日，国王学院档案馆；《书信精选》，拉戈与弗班克编，第1卷，第290页。
⑤ 同上，1918年7月16日，第290、291页。

质的人"端给他们,"我们吃的时候他就蹲在走廊上。"他们会在楼下的走廊上脱衣洗澡,"相互在对方身上浇点儿水。"穆罕默德"第一天表现得相当庄重",但第二天他就恢复至以前的状态,与摩根在床上嬉戏打闹,开玩笑似的威胁道,"'摩根我要对你不客气了——爱德华我要对你不客气了',我们继续胡闹吧,到睡着了为止。"

在这里无须忸怩作态。穆罕默德带他坐船和马车,游览了曼苏拉,给他介绍了"干达先生和其他朋友[1]"。这两个男人兴致勃勃地为穆罕默德的下一步做起打算来:把他兄弟的遗孀娶过来,收养下他们两岁的孩子,况且他很喜爱这个小孩。摩根告诉弗洛伦斯:"我非常支持这个计划[2]。他喜欢那个女人,曾经也见过她,女方也心仪于他,并且同意这么安排……她无须准备嫁妆,而且一个寡妇的婚礼也不会有多大的开销。"摩根对自己实用的安排和对当地风俗的了解深感自豪,还指明自己是乘坐三等座回来的,旅途中还像一个地道的埃及人那样对英国人的傲慢劲儿愤愤不平。

穆罕默德的婚礼计划并未影响两人的亲密关系。躺在床上的时候,他们还直言不讳地交流起关于性的问题来。"我理论化地[3]跟他说……我特别抵触体面这种东西——此后我才发现,这种抵触比当时重要得多。他却温柔地对我说'我非常理解这一点'"——恰到好处地将摩根的性需求和他的信仰调和起来。他的信仰即爱上穆罕默德就意味着憎恨英国人。如今摩根对"幸福的见解是,事情只有根植于知识才会变得圆满"。也正是基于类似的信心,穆罕默德告诉过摩根,自己年轻时曾经因为性求爱而敲诈勒索过男人,但后来出于对受害者的同情而戒掉了这种"下流的"行为。他总结道,"凡事都有例外[4],就像英语语

---

[1] 穆罕默德・艾尔・阿多致爱德华・摩根・福斯特,1918年7月23日,国王学院档案馆。
[2] 爱德华・摩根・福斯特致弗洛伦斯・巴杰,1918年7月16日,国王学院档案馆;《书信精选》,拉戈与弗班克编,第1卷,第291页。
[3] 同上。
[4] 爱德华・摩根・福斯特,《穆罕默德・艾尔・阿多笔记》中的口头文字,国王学院档案馆。

法一样。"现如今，他们都坚定地站在同一战线上。

"厌倦了"曼苏拉①，于是7月底的时候，穆罕默德回到亚历山大看望摩根。他嘲笑自己捡到了摩根的一双袜子，脚趾上的破洞那么显眼，而这双袜子之前被他大晚上丢进了茅坑。在战争打响四周年的纪念日上，其他人都在观看军队阅兵，而他们俩则溜到拉姆拉以外的麦克斯那偏远的海滩去了，"洗个海水澡，躺在防波堤上伸展着四肢②。"穆罕默德已经决定娶另外一个女人，就是他那寡妇嫂子的单身妹妹，葛美拉。这是一个"非常浪漫的③"选择，"因此极有可能诞下漂亮的孩子——难道不该如此吗？……我希望他可以过得'像我父亲家族里的男性那样幸福快乐'。"

然而，到了秋天，由于结婚日程提前，摩根深深地担忧起穆罕默德的身体来。可能是因为患有肺结核，穆罕默德经常咳嗽，身体渐渐消瘦下去，"连背影看着都那么憔悴"，让人不禁担忧起来。或许是被夏天发生的悲剧折磨的。而摩根的担忧又在一种新来的紧迫感中加重，原来这场战争和他们田园般的生活在一些重大的政治事件的争论声中结束了。英国人已经占领了耶路撒冷，到了10月，大马士革也陷落了。处处都是撤退的土耳其人。很快他必须要离开埃及了。由于婚礼的时间在10月初，摩根开始变得心惊胆战。他写信给弗洛伦斯：

> 我觉得阿多的信是一个男人在他的婚礼上写过的最悲伤的信了④。这场婚礼让我越来越心神不宁。似乎这只是一个卫生措施。他说自己曾在书中读到过爱情，但只是不知道爱情的意义是什么。现在我想知道的是，我是否应该离开他。到底什么能够延长他的生命，我实在是忧虑重重……我相信他得的不是肺结核。但我对此感到忧心忡忡，又觉得悲伤难挨，我不会离开……等我冷

---

① 穆罕默德·艾尔·阿多致爱德华·摩根·福斯特，1918年7月，国王学院档案馆。
② 爱德华·摩根·福斯特致弗洛伦斯·巴杰，1918年8月5日，国王学院档案馆。
③ 同上。
④ 同上，1918年10月2日。

静下来，我告诉自己他已经吃不了多少东西了，一个人遭受了他的痛苦，精神上自然会崩溃，痛苦万分。如果他去世了，我会发电报给你，好像这会让我好受点。

婚礼后一周，摩根的担忧大大加重，告诉穆罕默德自己要离开的话，这可能真的会杀了他。

> 我适才给他写了一封苍白的信①……告诉他我不可能再在埃及待下去了。他们必定会赶我们走。土耳其分裂，留在亚历山大也没什么事可做……我理解阿多的心理，却不知道他的身体如何，我有些动摇，唯恐在这个结婚和生病的节骨眼上给他造成什么不好的影响。那么，就让我来面对并处理这一切。

婚姻让穆罕默德感到安宁、幸福，觉得自己是个男子汉，仿佛他"刚来到这个世界一样②"，这让摩根松了一口气。而摩根花钱请的一位医生则告诉他，"他已经经不起任何折腾了——濒临死亡的边缘。""好在，我们的关系几乎没有什么变化。他想要我留下来陪着他。走之前，我再次答应了他。"

11月中旬，就在签订休战协议后，摩根再次去曼苏拉，来到穆罕默德家里，看一下他的新生活。这些安排非常另类，但对摩根来说"见面的前十二个小时相当完美，如同我想的一样"。唯一一件令人不安的事情就是穆罕默德虽说有些"发福"，但依旧病恹恹的。摩根命令他去睡觉休息，但他口渴得难受，总是睡不着，葛美拉就在旁边照料着他。

摩根应邀急匆匆地赶上了蜜月，但这次探望却严重违反了当地的习俗。一个欧洲人和一位已婚男人建立友谊是人们不能想象的，而且

---

① 爱德华·摩根·福斯特致弗洛伦斯·巴杰，1918年10月7日，国王学院档案馆。
② 同上，1918年10月。

摩根意识到"穆罕默德为我做出的牺牲已经超出我曾经对他的付出"。葛美拉独自待在一旁，时不时往这边"瞥一下"。摩根非常喜欢她，尽管埃及的婚姻形式在摩根看来非常奇怪，不过想必福斯特的存在在她眼中也是如此。"她有点像温顺可爱的乡间动物①，他将会善待她，只是这种友谊观念似乎从未进入过她的大脑。甚至这对我这个稍微了解东方的人来说都有点奇怪……现在他一会儿觉得她是一个（爱玩的、局外的）安慰者，一会儿又觉得她是一个经济状况堪忧的人。"

穆罕默德已经搬到房子里更大的房间居住，环境好了许多，并且向摩根借了七十英镑，当上了棉花经纪人，"从农民手中买下棉花，再转而卖给经销商。"1919年2月底，第二次探访证实了摩根的感觉，穆罕默德结婚后安定下来，过得很幸福。这次他带来一只镶嵌精美的木箱子作为礼物送给一脸错愕的葛美拉，借着箱子不菲的价格，他和穆罕默德轮流取笑了她一番。听着一个人的估价，"上帝帮帮这个男人吧——他一定是疯掉了。"她大声叫嚷着。不过两人都不肯承认撒的这个谎：这是一个共享的秘密。摩根为弗洛伦斯的孩子挑选了一些礼物———顶帽子、几个锡制的小哨子，穆罕默德则提供了一个令人震惊的建议，"为什么不送他们更昂贵的礼物？为什么不送一对埃及人呢②？"摩根倒是希望自己能做到。他们共同种植的东西有可能移植出去吗？似乎有些不可思议，因为这比莫里斯和亚力克在绿地上面的幻想更伟大。

婚礼有一个好处，那就是他现在可以把一位新认识的埃及朋友的婚事讲给莉莉听。健康幸福的穆罕默德随摩根回到亚历山大，目送他上船离开，承诺要保持联系。多事之秋的三年啊！随着船起航离开，摩根也正式告别了在红十字会的服务工作。然而，当时怀孕的葛美拉和丈夫还不知道，他们将会给所生的儿子取名为摩根。

---

① 爱德华·摩根·福斯特致弗洛伦斯·巴杰，1918年11月，国王学院档案馆；《书信精选》，拉戈与弗班克编，第1卷，第297页。
② 同上。

第二部分

随着年龄增长,幸福终将到来

第八章
"不要忘记你曾经的朋友"

三年后，摩根提笔在一个小本子上写道：

> 穆罕默德·艾尔·阿多[①]，
> 于1922年5月8日
> 因肺病在曼苏拉去世，
> 年仅23岁。
> 其父母、兄弟、儿子皆先逝于己。
> 他走后，女儿随即也离开了人世，
> 据说妻子也改嫁了。
> 致我爱的他。
>
> 1922年8月5日

他把对往昔的记忆都收集在了一起：几张他的爱人在照相馆里拍摄的小照片，他们第一次一起坐轨道电车时的车票存根，还有一个小包裹，里面装着所有穆罕默德写给他的信，看着就觉得伤感。在距离哈汉姆一英里左右的地方有一片渍水草甸，即彻特西草坪。每天白天，他要独自去那里散步。在入口处的阶梯前，他总会停下来，戴上那枚穆罕默德的遗孀寄给他的戒指——一枚镶嵌着廉价红宝石的金戒指。

[①] 爱德华·摩根·福斯特，《穆罕默德·艾尔·阿多回忆录》，肯尼迪文化中心。

每个夜晚,他都枕着这枚戒指入睡。摩根在给弗洛伦斯的信中写道:"我相信,倘若当年他有工作且身体状况良好,我一定会跟他生活在一起。"①可是现在这一梦想破灭了。除了这个小小的纪念品之外,穆罕默德彻底地从这个世界消失了。

三年前,即1919年1月的一天,摩根在格雷夫森德下了船。打那一刻起,他就知道他再也不是当年那个启程奔赴亚历山大港时的自己了。他试着想开一点:"如果像现在这般自由,我那时的生活会是什么样的呢?是战争给予了这样的机遇,亦是战争夺走了它。"②为了感谢上苍让他安全归来,莉莉坚持在每天晚餐前认真祈祷,这还是他长这么大以来第一次这样做。他的内心已经发生了翻天覆地的变化,而哈汉姆却已迅速地回归到了过去的节奏,这让他感到非常生疏。③"我发现自己已明显人到中年。对谁都很好,却又对谁都信不过。胆怯懦弱却又忍不住去同情关怀。"他曾迷迷糊糊地想象了一下,如果自己不写作的话,还会去做什么别的事情,"我也不清楚我会做什么,但我知道我不想做什么。"④

摩根抓紧时间去探望那些因战争而多年未见的朋友。他去看望了巴杰一家,他们现在住在爱丁堡,乔治在那里担任化学老师;他去看望了贝尔法斯特的梅瑞迪斯一家和弗雷斯特·里德;他还去看望了爱德华·卡彭特和乔治·美林,后者南迁至吉尔福德,因为这位虚弱的老人无法适应农村的冬天。在来木镇,摩根与戈尔迪度过了一个轻松的假期。还有一个新朋友。几经错过,他终于见到了西格夫里·萨松。萨松刚年过三十,个子高挑,瘦骨嶙峋。他曾因战斗英雄的身份而闻名于世,却也因公开反战的言论而声名狼藉。他立马告诉摩根自己是个同性恋,并很快成了他的一位知己。他们都对"英国对外的胡说

---

① 爱德华·摩根·福斯特致弗洛伦斯·巴杰,1922年2月25日,肯尼迪文化中心;《书信精选》,拉戈与弗班克编,第2卷,第23页。
② 爱德华·摩根·福斯特,上锁的日记,1919年12月31日,肯尼迪文化中心。
③ 同上,1919年8月12日。
④ 同上。

八道"①表示反感,像什么"完整的衬衫前襟和高尔夫完全没有受到战争的影响",简直是无稽之谈。

从这片包容之地出来,他都会回家。在莉莉身边一定要保持警惕,在她面前他只敢说一些类似"穆罕默德是我的一个埃及朋友"②之类的话,含混过去。一天早上,读着一封来自穆罕默德的信,摩根在餐桌旁"失声痛哭",发誓自那以后一定要提高警惕——"这种做法很不明智,因为这会引起母亲的注意。她很善良,但让她看到这封信的碎片也是危险的"。③

来自穆罕默德的消息令人十分苦恼。从埃及传来的消息基本都是如此。英国政府曾承诺,在战争结束、埃及取得一定程度的自治后,便解除防御,但很快又违约了。由于大量人民陷入失业和饥荒,埃及普通民众中爆发了骚动。1919年3月,成百上千的人在开罗的暴乱中惨遭杀害。动荡的局面一直蔓延到乡村。对此,英国政府的回应是严厉镇压。

萨德·扎格卢勒是一位杰出的民族主义政治家,经人民推选,曾代表埃及参与了在凡尔赛宫的谈判。他在这次镇压中也遭到逮捕并被流放到了马耳他。农村的务农人员被迫成了代表英国殖民者的"志愿者"。摩根给《曼彻斯特卫报》写了一封慷慨激昂的信,痛斥"埃及的问题"④是英国的"可耻"和"残酷"政策的结果。

正如摩根所担心的,穆罕默德在混乱中也被抓了起来。由于一直没有工作,他倒卖了一些黑市上的物品。英方以伪造的占有枪支罪罪名将其逮捕,并判处其六个月的监禁和高昂的罚款。他的一个朋友通过一种单语审查代码,设法把信交到了身处法国的摩根手中,告诉了他事件的大致经过。摩根把钱寄过去交了罚金,但是穆罕默德的沉默

---

① 爱德华·摩根·福斯特致西格夫里·萨松,1919年3月28日,肯尼迪文化中心;《书信精选》,拉戈与弗班克编,第1卷,第300页。
② 爱德华·摩根·福斯特致弗洛伦斯·巴杰,1919年1月(日期不详),肯尼迪文化中心。
③ 爱德华·摩根·福斯特,上锁的日记,1919年4月24日,肯尼迪文化中心。
④《致编辑的一封信》(Letter to the Editor),《曼彻斯特卫报》(The Manchester Guardian),1919年3月29日。

让他感到害怕。

穆罕默德于秋季获释,那时他的信中又增添了一些新的苦涩。那个年幼的、多病的摩根,已然消失不见。穆罕默德的态度也坚定了起来。"我真希望你是一个美国人。"穆罕默德写道:"在军事法庭上,我发现英国人有一个坏毛病,那就是喜欢报复。"还有腐败。监狱的状况非常糟糕。穆罕默德发现,他只能通过贿赂看守或者在胁迫下提供性服务,才能使情况有所改善。"在我的字典里,英国人就意味着残忍。"

英国政府通过了许多严厉的法律,限制公民自由,美其名曰《保卫王国法案》(The Defence of the Realm Act),也就是多拉法案(DORA)。(为表抗议,利顿·斯特雷奇的朋友多拉·卡林顿从此去掉了自己名字中的"多拉"二字,在此后的信件和画作中只署名"卡林顿"。)但是,人民大众整体上尚未苏醒:报纸上尽是一些对于电影明星和大洋彼岸失事客机的报道。

> 在埃及,当地人全都被抓了起来。印度的情况也差不多。在俄国,我们的军队正在从事一些未知的冒险活动。国内物价飞涨……家家户户随处可见四年战争遗留下来的残骸……我们要求过事实真相吗?要求撤销审查了吗?要求废除《保卫王国法案》了吗?不,我们没有。在巴黎,少数几位将军和外交官正在决定着世界未来的走向。我们对此感兴趣吗?……一点也不。这个星球正在经历有史以来最大的一场危机。未来我们是接受公开统治,如同一个自由的民族,还是被暗中统治……那些暗中统治我们的犬儒主义者们该多么扬扬自得……他们一定会这么想:"看看这些暴徒!纵使经受了四年的苦难,还是跟过去一模一样,一样地无视真理、缺乏思考、只对鸡毛蒜皮的事情感兴趣。"①

---

① 爱德华·摩根·福斯特,《致编辑的一封信》,《每日先驱报》(Daily Herald),1919年5月30日。

伦纳德·伍尔夫敦促摩根化悲愤为力量，代表智囊团这一进步势力，投身到白皮书的写作中来，倡导改革。《埃及政府》(The Government of Egypt)于1921年问世，上面刊登了摩根犀利的评论，但抗议的声音却像是迎风呐喊，全部淹没在喧嚣里。

正在这时，马尔科姆·达林的一位故人，德瓦斯国的君主，重新邀请摩根担任大德瓦斯宫廷秘书一职。大德瓦斯是最重要的印度公国之一，其君主的现任秘书申请了半年的休假（1921年3—10月）。这样，摩根便有机会看到印度带有显著对称性的另外一面：制衡马苏德的伊斯兰印度的印度宫廷；对比鲜明的弱小君主国与马苏德，前者虔诚且具地方特色，后者世俗且英国化；这一夏季旅途将弥补他上次冬季到访时的遗憾。这将是摩根第一份给别人打工的正式工作，但具体职责并不明确。在写给弗雷斯特·里德的信中，他说他"是去做任首相之类的工作"。①在出发前十天，摩根在伯克利广场与几位老朋友共进午餐。这些人中有亚历山大·乔治·安东尼，现在是费萨尔·伊本·侯赛因（Faisal ibn Hussein）（新上任的伊拉克国王）的助手。战后，整个中东地图需要重新修改。伦敦方面，人们为争夺权力而闹得沸沸扬扬。在这群人边上站着一位身材纤瘦的金发男子，他板着脸，蓝色的双眸熠熠生辉。这个年轻人叫劳伦斯。摩根被他对阿拉伯世界未来的热情所打动，事后还给他写了一封信，但劳伦斯并没有给予回复。

摩根在塞得港短暂停留期间，穆罕默德买通了关系得以出国，这让他十分惊讶；穆罕默德依然没有工作，但是身体健康，心情愉悦。他们二人共度了几小时的"梦幻时光"，喝着土耳其咖啡，沿着空旷的沙滩散步，在宏伟的雷塞布雕塑下云雨。天气微凉还有些雾。穆罕默德当时穿了"一件大外套，戴着针织手套，他紧紧地握着我的双手，一遍遍地问我'你怎么样，老兄，你还好

---

① 爱德华·摩根·福斯特致弗雷斯特·里德，1921年2月17日，肯尼迪文化中心。

第二部分
随着年龄增长，幸福终将到来

吗'"。① 两个人都感觉像是从未分开过一样。摩根在返程的途中，安排了一个月的时间在埃及与穆罕默德团聚。②

图克吉·劳三世殿下［摩根管他叫巴普阁下（Bapu Sahib）］统治着一个小邦国——一个在18世纪被支离破碎的印度帝国所遗忘的地方。他比摩根小整整九岁，有意思的是，他俩的生日竟然在同一天，都是1月1日。图克吉·劳三世身材十分矮小，有着浓密的胡须和一双深色的眼睛，生性活泼，聪明机智，但却善变无常。几年前，他曾经在暴徒围攻前率先逃离了自己的宫殿，这种秉性即使是在摩根来了以后也没有改观。身为一位统治者，他不够可靠，"虚伪且不切实际。"摩根在给弗洛伦斯的信中写道："我希望他多动用一下自己的智慧。他的脑子都用在调查阴谋诡计上了。其实，他本质上很虔诚，做事完全不靠理智。我必须要先理解透他的宗教信仰，才能够理解得了他这个人。"③ 但是摩根还是喜欢他的。④ "他是个非常有魅力的人。他快乐、诙谐、真挚、慷慨且虔诚……最后，他把自己的生活搞得一团糟……我过去给他当秘书……我从来没做过秘书，而他也不知道该如何聘请，所以这事儿还挺奇怪的。"

摩根在想，这次的印度之行或许可以续写自己那部在战争前就搁置已久的印度小说。他对莉莉说，再去一次印度会有助于"写完这部小说。现在卡住了，主要是因为有关印度的所有细节，我记不太清了，并没有其他原因"。⑤ 但是印度像埃及一样，已经在他的脚下发生了巨变。1919年，为了平息印度诸邦，英国政府采取了一项看似适宜的举措：将巴普阁下由王侯提升为了君主。但也是英国政府，而且是在同一年，下

---

① 爱德华·摩根·福斯特致弗洛伦斯·巴杰，1921年3月17日，肯尼迪文化中心；《书信精选》，拉戈与弗班克编，第2卷，第7页。
② 同上，第2页。
③ 同上，1921年5月20日，肯尼迪文化中心，第8页。
④ 爱德华·摩根·福斯特，《三个国家》中的《提毗之山》（The Hill of Devi），第297页。
⑤ 爱德华·摩根·福斯特致爱丽丝·克拉拉·福斯特，1916年3月19日，肯尼迪文化中心。

令在阿姆利则附近的一个公园里屠杀了大量手无寸铁的宗教朝圣者，数百甚至数千人遇害。事情发生几天后，马尔科姆给摩根写了一封信：

> 恐慌伴随着残忍一并出现了。我现在能明白为什么德国人当初会在比利时做出那些可怕的事情。他们漫无目的，害怕谁就攻击谁。现在英国人对我们就是这样……我们既没掠夺也没杀人，但是突然有一天，他们就以宗教隐患为由，在阿姆利则开枪射杀了数百人，其中大部分人是地主……我到那个地方——一个死亡陷阱，去看了看。当时那里有五六千人，其中有几个核心人物颇具煽动性，但大部分人只是前来看看热闹……愤怒的将军走进来，对沃特金说："我用三十秒的时间做了个决定。"然后，一千五百发子弹就这样射了出去。天啊，我现在想想就觉得恶心。然而，十天后，我的长官告诉我："（拉合尔）俱乐部里的人说，你应该去接受军事法庭的审判。"①

印度政变速度之快，远远超过福斯特和达林十年前的预期。为了防止暴乱的发生，英国在印度制定了新的镇压法案，就像当年对国内的做法一样。罗拉特法案授予印度当局以权力，在未经起诉的情况下，对认为具有参与恐怖活动之嫌的任何人进行逮捕，且允许无限期拘押。作为回应，莫汉达斯·卡拉姆昌德·甘地，当时还是刚从南非回国的律师界的无名小卒，开始组织人们进行反政府和平示威。在呼吁自治的背景下，大德瓦斯日益僵化的局势促使印度政府接受了英国绥靖且陈旧的建议。摩根在给弗洛伦斯的信中解释说：

> 殿下在多数社会活动（比如废除深闺制度）中都是一个革命家。但是在政治上，尤其是对于英国殖民下的印度……他却是一

---

① 马尔科姆·达林致爱德华·摩根·福斯特，1919年7月11日，引自弗班克，《爱德华·摩根·福斯特》，第2卷，第61页。

个保守派。我很庆幸眼下德瓦斯的政治局势还不是很紧迫……对于英国官员的态度……较我上次到这儿来的时候要友善许多，也开放了许多。原因是这里的统治阶级，无论是英国人还是印度人，都受到了甘地的威胁。①

摩根明白，殿下也是身不由己。他不过是博弈双方的兵卒，身上所肩负的政治压力，远不是他能够掌控的。

然而，1921年春，摩根到达大德瓦斯以后，发现宫廷里一片混乱。十年前他来这里时还在建设中的宫殿，现在有些地方已经摇摇欲坠了。他给莉莉写信说："倘若你看到这里的狼藉，了解之前高昂的造价和见识到它现在的丑态，你一定会为之落泪，我现在就快要哭出来了。"②他卧室窗外的场景就是个很好的例子：院子里，工人们慢悠悠地扒拉着地上的土，五个瘦弱的棕色皮肤的男子手把手传递着一个篮子，把土堆放到几码之外的一个小山丘上。③"这样的低效怠工，致使这片土地周围数英亩的地方都是坑坑洼洼的，大理石板散落得到处都是，没修完的路随处可见，昂贵的果树因缺水而干枯。我还偶然发现那个价值一千英镑的电池就放在一间屋子里，如果不赶快修理一下的话就废掉了……"就在摩根写这封信的时候，他看到一只松鼠大摇大摆地走上了一大段楼梯，钻进了一架三角钢琴中。这些钢琴摆放在宫殿大厅里，从来没有人动过。

摩根知道殿下反对同性恋，而且之前的秘书正是被他发现了同性恋的身份才被解雇的。他告诫自己："至少不要惹上麻烦。"④在他去宫殿的路上，看到了一个不祥之兆，让他感到十分害怕。"那是在3月底，一个无聊的夜晚，我们沿着笔直而崎岖的道路往前走，路的两边有几

---

① 爱德华·摩根·福斯特致弗洛伦斯·巴杰，1921年5月20日，肯尼迪文化中心。
② 爱德华·摩根·福斯特致爱丽丝·克拉拉·福斯特，1921年4月1日，肯尼迪文化中心。
③ 同上。
④ 爱德华·摩根·福斯特，《卡纳亚手稿》(The Kanaya ms.)，肯尼迪文化中心。《卡纳亚手稿》无日期，后经乔·兰多夫·阿克利整理。原稿时间可能要追溯到福斯特1921年的印度之行。

棵毫无生机的小树。走着走着,就看到了一具奶牛的尸体,旁边还站着好几只秃鹫。我……当时就想肯定'要完蛋了'。"

由于与穆罕默德已经有了肌肤之亲,摩根的性欲变得难以抑制。中午的时候他的下体会膨胀发热,"像火烤一样",甚至"一下午手淫三次"都得不到缓解。自我克制也毫无用处。一天下午,摩根坐在马车里,光是在脑海里想象一下自己的手腕触摸到身边印度小伙的胳膊,他就射精到了裤子里。宫殿里的院落和走廊就是一个圆形的监狱,让他毫无隐私可言,至少他是这么想的。尽管人言可畏,他还是去调戏了一个十八岁左右、身材苗条的印度劳工。这个男孩对他的追求进行了回应——摩根用一根手指轻轻抚摸了他一下,男孩便回以深度的额手礼。然而,他们这种偷偷摸摸排解欲望的举动却慢慢演变成了一场闹剧——每次他俩一靠近,一旦被人发现或者有人打扰,就会立刻分开。摩根开始察觉到朝野上下的流言蜚语,人们传得热火朝天,内容大多涉及他的行为不轨。这让摩根心力交瘁,于是他向巴普阁下坦白了实情。① "想必您知道我遇到大麻烦了。"摩根可怜兮兮地说。但是殿下却说,他什么也没听到。"他的声音温和友善,但我当时恨不得自己死了才好。"

摩根在日记里一字不差地记录了当天的对话。②虽然大君对同性恋抱有偏见,但同时又对此充满好奇,想要一探究竟。

他继续说着,语气沉重但却无责备之意。

"为什么喜欢男人而不是女人?喜欢女人不是更自然的吗?"

"对我来说不是。我对女人没感觉。"

"哦,那就一切都不同了。但这不怪你。"

"而且我不知道什么是'自然的'。"

"是,摩根,你说得对。你放心,我再也不会用这个词了。"

殿下让他不要担心,还迅速安排人帮他从宫殿的仆人里选了一个

---

① 爱德华・摩根・福斯特,《卡纳亚手稿》,肯尼迪文化中心。
② 同上。

第二部分
随着年龄增长,幸福终将到来

性伴侣。大君的这一善举,尤其让摩根觉得他是一位"贤圣"。①

卡纳亚是宫殿里的一名理发师。他身材苗条,面容姣好,但有些心术不正。给摩根修面只是二人寻欢的托词。殿下告诉摩根,要欣然接受那些有关他和卡纳亚的无礼言论,这是消除流言蜚语的最佳方式。他安慰摩根,这个男孩已经被"列入预算",对摩根唯一的要求是,行事时不要有任何勉强。因此,在接下来的几周时间里,男孩都会准时到来,满足摩根生理上的需求。不久,卡纳亚便利用两人之间的秘密,要求提高薪资待遇,还向宫廷中的朋友炫耀自己与摩根同房的经历。殿下知道后,扇了他几耳光。

这样的安排使摩根的灵魂走向了堕落。虽然有些厌恶这样的自己,但摩根发现,自己对这个男孩的独断专权已让他变得异常暴虐。

> 后来我又与他发生了关系。但是现在却掺杂着一种施暴的快感。这么说不会伤到他,但对我却不是什么好事,这是我新的一面……无论是从前还是以后,我都不会对其他人产生这样的欲望。我并不是在惩罚他——我知道这个愚蠢的小灵魂已经无药可救了。我只是觉得他是一个没有任何权利的奴隶,而我是一个没人敢惹的暴君。②

摩根冷静客观地审视着自己,他的行为与享有种族和阶级特权之人的做法如出一辙。他开始意识到,自己身上这些反常的残忍之举源自殖民权力所带来的更大的欲望。他再也不认为所谓的海洋权力和自己的殖民地冒险之行只是出于好意、满足好奇心而已。这些反思引发了摩根更深刻的思考。他想要从卡纳亚身上获得一些"情感上的回应"难道只是出于一种西方人做爱时的惯例吗?③ "如果一个人的目的只是

---

① 爱德华·摩根·福斯特,《三个国家》中的《提毗之山》,第297页。
② 爱德华·摩根·福斯特,《卡纳亚手稿》,肯尼迪文化中心。
③ 同上。

取悦他人，便很难发觉他的真实情感。"要求一个妓女从一而终不是很可笑吗？他自己的欲望又有多少是权力的无情昭示，而浪漫只不过是徒有其表？

另一方面，很奇怪的是，摩根不肯承认他对卡纳亚的感觉和二人之间的关系（在这方面，对穆罕默德也是如此），就是因为他们二人不是白人。鉴于英国与殖民地之间的诡谲关系，一个棕色皮肤的人会执意爱上他，难道不令人怀疑吗？他问戈迪尔："'喜欢'和'爱'会产生不同的亲密感吗？……在赛德港与穆罕默德共处的三个小时里，我完全沐浴在安全感中，这可能是路线的缘故。但是，这种感觉跟我与你和弗洛伦斯在一起时的感觉是一样的……"①但是在印度，他无法衡量亲密程度，因为到处都是镜子。

摩根总结说，在这个奇怪的世界里，自己阐释性的词汇十分匮乏。宫廷里对于性的态度非常保守，但是宗教庆典上却有许多情色表演。在胡里节（"印度的狂欢节"）假期期间，摩根观看了剧团中由男性舞者演绎的夫妻间行房的闹剧。他在给戈尔迪的信中写道：

> 我被他们隐晦的性爱姿势给惊呆了。大部分时间我都不知道他们在干什么。一个"女孩"趴在地上，双手伸向前方，一会儿紧扣，一会儿松开，以此来表示交媾。殿下说："如果那人真是个女的，就不用这么麻烦了。但他们找了个男人来，所以这样演也还好。"我说呢！一切都太奇怪了。在那些事儿上，这里不像埃及那边有保障。这里更像是在"闹着玩"，可能这就是让我觉得有些反感的原因吧。②

几周后，他到访了查塔布尔县，这次经历让他更加迷惑了。查塔

---

① 爱德华·摩根·福斯特致戈兹沃斯·洛斯·迪金森，1921年8月6日，肯尼迪文化中心；《书信精选》，拉扎与弗班克编，第2卷，第10页。
② 同上，1921年4月14日，第4页。

布尔的大君是个个子矮小的奇怪男子，他的面部叠在一起，看上去像一只哈巴狗。他一直非常喜欢漂亮的男孩子，选的随扈都是男性演员和歌手。他让这些人光着身子，只在腰间缠上布条，表演有关克里希纳生活的短剧，供他消遣。十年前，他曾雇用了十几个人通过各种他喜欢的方式来扮演克里希纳。但他信仰上的堕落和生活上的骄奢淫逸耗费了大部分的宫廷预算。而当时，英国正在施行节俭政策，只允许他保留一个演克里希纳的男孩作为自己的侍者。他对这个男孩万分慷慨，积极追求，时常为其营造浪漫的氛围，吟唱歌曲。年轻的克里希纳男孩"非常聪明，而且随叫随到。他的面庞性感却忧郁，甚至略带残酷。我听说他表演和唱歌都不太好，但他的长相一定很惊艳。我们回去后，他用笛子为我们吹了一首甜蜜的曲子"。①

那天晚上，克里希纳骑着一匹无鞍的白马来到摩根的住处。在蓝色月光的映衬下，他长长的黑发散落在脑后，倾泻于后背之上。只见他耳戴镶嵌着巨大钻石的耳钉，口中哼着不成调的歌曲，魅力十足，看上去唯美壮观。但是第二天一早，浪漫却被一扫而空，因为这个男孩好像玩儿过火了。

人们告诉摩根，这个男孩是不允许戴耳钉的，也不能骑马。

> 今天……由于克里希纳的到来而有了一个美妙的开始。他来的时候耳朵上戴着钻石耳钉，还骑着一匹白马。其实他是不可以骑马的。在我们共处的几个小时里，我教他英语，他教我印度斯坦语。他为人友善且单纯。我们周围有四个仆人守着，这在印度就算是独处了……他来拜访我的时候，因为戴了耳钉，还骑了马，肯定会受到惩罚。人们告诫他要步履轻缓，不要张扬。因为一旦有人议论，他或许就得离开，而我对于神最后的幻想也将随之破灭。②

---

① 爱德华·摩根·福斯特致戈兹沃斯·洛斯·迪金森，1921年9月17日，肯尼迪文化中心。
② 同上，1921年9月28日。

摩根试着这样解释：第二天，他与查塔布尔的大君以及那个克里希纳男孩一同挤在汽车的后座上。他们要去参观克久拉霍神庙里的情色雕塑。他们沿着坑洼不平的道路一路颠簸，摩根越过"坐在我俩中间的那座苗条的狮身人面像"，向他的恩人吐露了心声。他满怀真诚地跟大君说："我想让他来管理家务，就像乔治·梅丽尔那样。"大君感到迷惑不解。他问摩根："什么是管理家务？"

摩根即将完成他的小说，就像是从这一堆乱麻（是喜？是悲？还是同情？）中，织出一条华丽的挂毯。对于自身情感问题的审视让摩根明白，无论自己秉持多大的善意，想通过文化设定的视角来理解印度是绝对不可能的。在《印度之行》这本书里，摩根通过描写阿齐兹医生与西里尔·菲尔丁二人的友谊，来说明渴望某种结合与欲望逐渐变得毫无差别。在小说的结尾，阿齐兹医生与西里尔·菲尔丁两人肩并肩骑着马，饱含深情，"欲吻还休"。菲尔丁问阿齐兹："为什么我们现在不可以成为朋友呢？……我想要这样。你也想要这样。"[1]

  可是马儿们却不想——它们突然掉头分开了；大地也不想，于是出现了只能单人骑行通过的岩石道路；当他们从鸿沟里走出来，庙宇、池塘、监狱、宫殿、飞鸟、腐尸、宾馆，一一呈现在他们的眼前，他们看到了下面的茂镇（位于印度北部的乌塔·普拉德西的一个小镇）：他们不想要这样，他们说了上百遍："不行，还不到时候。"而天空说："不行，不是在那里。"

在这个悲惨、混乱的世界里，询问什么是"自然的"，简直是徒劳。摩根在离任期结束还很早的时候，就开始怀疑德瓦斯宫廷的财政

---

[1] 爱德华·摩根·福斯特，《印度之行》，第312页。

可能出现了亏空。8月的时候他申请了停发薪水。他曾试着代表巴普阁下，下令要求掌管账目，但他的努力就像是往筛子上倒水，收效甚微。于是他满怀悲伤，早早地离开了宫廷。他用自己在印度最后十周的时间，与马苏德一起游览了海德拉巴附近。看到马苏德结婚了，摩根为他感到高兴。二人重新聚首，未曾有半点生疏。他们办了一场华丽的新年生日会，席间，他们头戴花环，口食蜜饯。1922年1月23日，船只抵达赛德港。但是迎接摩根的不是穆罕默德甜美的面庞，而是一个噩耗。带信的人说，"在我上岸的两周前，穆罕默德因肺痨病倒了。"①而且病情并不乐观，他现在正躺在他位于曼苏拉的家中。

摩根迅速赶往自己爱人的身边。他带着穆罕默德前往开罗看病，找来一流的医学专家为其诊断，医生说这个年轻人至多只能再活几周。摩根告诉弗洛伦斯他"在那里每天过得并不开心"，②因为穆罕默德饱受疾病的折磨，烦躁不安且痛苦不堪。但是这一生死离别时刻的"真正意义"可以凝练为双方的冷静和纯粹的情感：有敬畏，有感激，还有爱情。摩根"很庆幸自己当时在场"，也有钱抚慰穆罕默德及其家人。

摩根与穆罕默德的家族成员——卡米拉，他们的小女儿以及随从等一起去了位于赫勒万的尼罗河旅游胜地。穆罕默德恢复了一点体力，能够骑着骆驼进行一些短途旅行，于是摩根带他们去看了看废墟。期间，穆罕默德出现了"诸如大出血、夜间盗汗、疲劳等传统症状"，③摩根虽对其进行了悉心照料，但是内心却不抱什么希望。摩根躺在穆罕默德床边的小榻上，尽情欣赏着他那消瘦的面庞。白天，他为穆罕默德阅读《亚历山大港指南》，轻轻地为睡梦中的穆罕默德驱赶蝇虫。这个行将就木的男子异常的"精神矍铄……魅力四射，且侃侃

---

① 爱德华·摩根·福斯特致弗洛伦斯·巴杰，1922年1月28日，肯尼迪文化中心；《书信精选》，拉戈与弗班克编，第2卷，第21页。
② 同上。
③ 爱德华·摩根·福斯特致戈兹沃斯·洛斯·迪金森，1922年1月28日，肯尼迪文化中心。

而谈……总之，他是个令人愉快的伴侣"。①摩根希望他的爱人可以收到来自世界各地的祝福，于是他敦促马苏德和弗洛伦斯给穆罕默德写信，他俩也都这样做了。

  穆罕默德恢复得不错，届时可以去开罗为摩根送行。我相信最后一刻到来的时候，这个可怜的小家伙就不会再遭受痛苦了。他的面庞未曾改变。在房间里，他戴着一顶黄色的天鹅绒帽子，形状与戈尔迪的那顶十分相似，他按照东方人所特有的方式将自己包裹起来，看上去就像是在一堆衣服上面放着一个聪慧又漂亮的脑袋。啊，但是对于我来说，一切都是可以忍受的，真正能摧残一个人的灵魂的是内心的背叛，而我却得以幸免。②

摩根登上了去往伦敦的客轮，他知道自己再也无法在穆罕默德的有生之日与之相见了。一个月后，也就是1922年3月，弗吉尼亚·伍尔夫在伦敦的街头看到摩根时，大吃一惊。

  她看到摩根垂头丧气，死气沉沉。回到威布里治，回到离火车站一英里的丑陋的家中，回到年迈又挑剔的母亲身边，失去了帮助，丢掉了小说，也没有能力再写一部，就这么回来了，我觉得这对于一个四十三岁的男人来说，无疑是悲惨凄凉的。而且他还是一个人到中年的同性恋，想想就觉得恐怖。③

对于摩根所迷恋的对象，她判断错了，但是对于他现在的状态，她的判断是正确的。伦纳德是个务实之人，他邀请摩根共进午餐，并

---

① 爱德华·摩根·福斯特致弗洛伦斯·巴杰，1922年2月25日，肯尼迪文化中心；《书信精选》，拉戈与弗班克编，第2卷，第23页。
② 同上。
③ 《弗吉尼亚·伍尔夫的日记》，第2卷，第171页，1922年3月12日。

第二部分

随着年龄增长，幸福终将到来

敦促他重新开始写那部印度小说。当年弗吉尼亚生病的时候，工作一直是他们的慰藉。戈尔迪也劝他要向前看。

　　几天以后，摩根一时冲动，烧掉了自己写的所有同性恋小说。这么做并不是因为他为这些作品感到羞耻，而是觉得这些作品就像是手淫，写这些东西只是为"使自己兴奋"。把这些东西放在身边"在艺术形式上阻碍了我"。在他创作同人小说十五年以后，他才确信，自己"所做的事情对于其创作小说来说多么危险"。"现在，这些东西对于我的写作生涯来说，似乎是乏味的，无关紧要的，甚至'是错误的'。"①

　　穆罕默德的最后一封信到达了哈汉姆。摩根在其屋檐下的小书桌前默默地读着这封信。

亲爱的摩根：

　　　我给你寄来了照片
　　　我很难过
　　　我没什么可说的了
　　　我的家人都很好。请代我问候你的母亲。
　　　我爱你
　　　我爱你
　　　我爱你
　　　不要忘记你曾经的朋友

　　　　　　　　　　　　　　　　　　　　　　穆·艾尔·阿多

　　摩根收到这封信的时候是1922年5月初，那时穆罕默德已经去世了。摩根在自己的小笔记本上给他死去的爱人回信，"尽管我知道在曼

---

① 爱德华·摩根·福斯特，上锁的日记，1922年4月8日，肯尼迪文化中心。

苏拉墓地上那个腐烂的不全之物就是你。"①如果他不想忘记自己"曾经的朋友",那他似乎非常有必要清晰冷静地审视一下他们之间的感情,记录下可以让人了解穆罕默德的一切。有太多东西都快被遗忘了。"一旦我忘记了,那你就成了幽魂。"内心的挣扎使摩根萌生了消沉的念头。他深受一种"决定我生活的"可能性的折磨,"穆罕默德时常对我很冷淡,对此我曾一度对自己和他人进行了隐瞒。他偶尔的关怀可能只是出于礼节、感激或者同情。"②但有一点他是知道的。在《霍华德庄园》中,摩根总结了一下自己的哲学思想:"死亡会摧毁一个人;但死亡的念头拯救了他。死亡可以让万物消失;但是没有死亡,万物就失去了意义。"③摩根写下这一深刻悖论之时,还很单纯无知,因为当时死亡并未触及他。穆罕默德会慢慢腐烂掉,对此摩根确信不疑。即使在天堂他也没有办法与自己的爱人重聚。但是摩根就只是单纯地相信这些话——"我爱你/我爱你/我爱你。"

虽然穆罕默德的女儿活了下来,但那也无济于事。穆罕默德彻底消失了,他再也不会写信来了,这让一切都变得令人痛苦不堪,一切都走到了尽头。仿佛穆罕默德死的时候,把摩根的魂也一并带走了。

这件事对我来说是不幸的,对我这个年龄来说也是悲哀的。我需要年轻人来督促我,引导我摆脱日渐养成的拖拖拉拉的习惯。我可以想象得出,如果我们两个人在一起会发展成什么样子。结局是如此的明确。如果他的孩子是个男孩儿,我还有可能在那儿住下去,但是对于一个东方女孩子,我一点兴趣都没有。④

1922年秋,摩根重新拿出了他那部印度手稿开始写作。整个修改的

---

① 爱德华·摩根·福斯特,《穆罕默德·艾尔·阿多回忆录》,肯尼迪文化中心。
② 爱德华·摩根·福斯特,上锁的日记,1922年5月3日,肯尼迪文化中心。
③ 爱德华·摩根·福斯特,《霍华德庄园》,第236页。
④ 爱德华·摩根·福斯特致弗洛伦斯·巴杰,1922年6月17日,肯尼迪文化中心。

过程充满了迷失感。《霍华德庄园》的题词："只有连接"，现在对他来说显得过于天真了。他跟马苏德说："在我刚开始创作这本书的时候，我是想在东西方之间架起一座小小的同情之桥，但是现在我不得不放弃这种想法。我本人对于真相的了解让我无法写出这么令人舒服的东西。我觉得印度人和英国人多数是一样的，都是垃圾，所以我再也不关心他们是不是彼此怜悯了。"①但不知何故，他并没有让这部作品陷入纯粹的绝望与愤世嫉俗的色彩之中。"对于真相的了解"阻止了他这样做。

《印度之行》最初几个章节的创作始于1913年，后被摩根搁置而停滞不前。小说最后的版本，比之前创作的那几章要更加消沉、更加复杂。这部小说本来是对人类联系局限性的反思，可是摩根真诚又果断地将这一切都归因于印度的不可知性。小说中没有出现全知全能的上帝，情节虚无缥缈，让人看不出原来故事中的关键因素。小说的最初几稿被直接写成一部法庭闹剧。阿德拉·奎斯特德在洞穴里受到了性骚扰，而医生阿齐兹是罪魁祸首。但是在改编后的版本中，摩根刻意对主要情节做了模糊处理。对于袭击发生的时刻，摩根原本是从陈述的角度进行描写，后来调整为跟踪阿齐兹进入了附近的一座洞穴，他在那里吸了一支香烟。到底发生了什么，谁也不知道。但读者能够确定的是，阿齐兹并不在犯罪现场。在审理强奸案件的法庭上，阿德拉勇敢地承认，她并不知道是谁侵犯了自己，或者自己是否受到了侵犯。

从道义上讲，阿德拉希望给予阿齐兹一个公正的判决，但是摩根并不想让他的小说就此朝着仁慈的方向发展下去。阿德拉在马拉巴山洞经历的那种可怕的未知性，安详的摩尔夫人访问那里时，也同样受到了影响。去的时候她还是个普通的游客，离开的时候却变成了一个失魂落魄的女人。山洞内的回声让她的内心支离破碎。她的基督信仰也烟消云散，因为在黑暗中，所有的话，无论是"（上帝说）要有光"还是"一切都过去了"，都没有任何意义。她总结的话语颇具虚无主义

---

① 爱德华·摩根·福斯特致赛义德·罗斯·马苏德，1922年9月27日，肯尼迪文化中心；引自弗班克，（每个人的）《印度之行》序，第19—20页。

的特色："悲悯、虔诚、勇气——它们都是存在的，但是它们都是一样的，肮脏也是。每样东西都存在，但没有什么东西是有价值的。"①

1923年这一整年的时间，摩根都用来创作他的最后一部小说。他计划把这部小说献给马苏德，"他是唯一让我可以敞开心扉的人，而且我偶尔能感觉到他是懂我的。"②他是唯一活着的人。白天，他独自行走，想念穆罕默德；晚上，他继续给他逝去的友人写着长长的信件。

摩根的姑妈劳拉·福斯特饱受疾病的折磨，最终精神错乱，于1924年5月逝世，享年八十五岁。她的弟弟最初设计了这座位于西海克斯特杂乱无章的砖房，自那以后，她就一直住在这里。她立下遗嘱，将房契中余下的时间都赠予莉莉和摩根。对于摩根来说，虽然在阿宾杰的房子里，他感觉自己只是个侄子，尽管"他从未拥有过它"，③但这封请柬对摩根来说却是一种回归。房内有六间卧室，两个大烟囱，南北两侧都有阳台，房顶呈三角形，室外配有马厩和大型玫瑰花园。这座房子是按照埃迪的眼光建造的。在其短暂的一生中，这是他唯一完成的委任。在1924年，这座房子着实有点老旧。④"那里没有天然气，没有电灯，没有中央供暖，没有热水供应，不能洗淋浴。饮用水是从井里打出来，然后用桶装着送去厨房的。"热水都是由艾格尼丝用煤炉烧好的。如果有人想要洗澡，必须用铜炉装着带到楼上去洗。摩根自幼就对这座房子非常熟悉。他每年都会来拜访劳拉姑妈两次。但这里从来不是白嘴鸦的巢穴，也不是家一样的存在。

莉莉对搬家期待已久，但机会来临的时候却又犹豫起来。她是该搬去阿宾杰那里呢？还是该留在威布里治的房子？在这个国家，西海克斯特是个好地方，那里有一条长长的布满车辙的小道，起点位于靠近杜金

---

① 爱德华·摩根·福斯特，《印度之行》，第140页。
② 爱德华·摩根·福斯特致赛义德·罗斯·马苏德，1923年5月23日，肯尼迪文化中心；引自弗班克，《每个人的》《印度之行》序，第19—20页。
③ 爱德华·摩根·福斯特，《西海克斯特：萨里漫步》(*West Hackhurst: A Surrey Ramble*)，选自《评论家的创造性》(*Creator as Critic*)，杰弗里·M.西斯编，第111页。
④ 同上。

第二部分
随着年龄增长，幸福终将到来

的格木绍小站附近。莉莉一直无法做出决定，于是她延长了在哈汉姆的房租契约，以留住这两所房子。实际上，是三所房子。反复思量过后，莉莉开始了艰巨的搬家任务，她需要把自己的东西搬到阿宾杰的住处去。摩根觉得是时候在伦敦找个住处了，毕竟西海克斯特地区比威布里治市更加偏僻。于是，他在布伦瑞克广场找到一处临时住所，作为自己自由的小天地。这里离他在布鲁姆斯伯里的朋友们很近。人到中年，却成了乡绅，这种感觉很是奇怪。一天，在从伦敦去往阿宾杰的路上，摩根用自嘲的语气跟卡林顿说："我得去看看我的房产。"①

在创作《印度之行》的同时，摩根也开始整理自己在埃及那段时间里所写的文章，将其集结成册。弗吉尼亚和莱奥纳多·伍尔夫说要把这些文章出版发行。《帕洛与灯塔》(*Pharos and Pharillon*)在构思的时候，是为歌颂穆罕默德所作。但是，在写赠言注明献给谁时，摩根却没有勇气写上爱人的名字。他写信给自己最要好的朋友之一，弗洛伦斯，向其寻求帮助：

> 今年冬天，霍加斯出版社会出版一些我写的有关亚历山大的文章。②那应该是本不错的书。我将此书献给"——"，因为我希望自己的下一本书是献给穆罕默德的，无论他跟我是什么关系。但是我现在不喜欢这一赠言了。他一生都过得遮遮掩掩的，我觉得应该把他的全名写上。但是我不想听到外界问我穆罕默德是谁。对此你有没有什么建议，或者想法？我当然可以用一些文艺的手段来暗指这个人，但是我不想这么做。不过我已经想到了两个恰当的希腊词汇，对于这本书的内容和形容他都非常合适。

最后，他用希腊语题词道："给赫尔墨斯，灵魂的领袖"，隐晦地暗示了是这位朋友带领他走出性无知，进入了一个全新的世界。他告诉

---

① 爱德华·摩根·福斯特致多拉·卡林顿，1924年6月27日，人权委员会。
② 爱德华·摩根·致弗洛伦斯·巴杰，1922年7月7日，肯尼迪文化中心。

弗洛伦斯，穆罕默德还启发了他别的东西——一种新的、严肃的同性恋题材的短篇故事。

> 从另一种意义上来说，我刚写完的一个短篇故事就是写的他，尽管动笔的时候我并未察觉到这一点。这个故事充满暴力色彩，完全不能发表。我也不知道它是好是坏……故事的主人公有两个，一位是传教士，另一位是南海某个部落的年轻酋长。在这个世界里，传教士使得年轻的酋长皈依；而在另一个世界里，二人却颠倒过来。①

该故事于作者死后出版发行。摩根把它称为《生命降临》。他对待这部同人小说的新作非常谨慎，像当年对待《莫里斯》的手稿一样。②"我可能会把它拿给戈尔迪看看，但是我的作品中会比他的涉及更多情色内容，这有可能让他觉得不舒服。"眼下，他只信得过弗洛伦斯和萨松，觉得他俩可以先睹为快。

萨松与他做了交易，违禁品换违禁品。他借给摩根一本新书，这本书是他自己秘密印制的。书的作者是一位青年男子，书中详细地讲述了战争期间这名男子在贝多因民族间的奇妙探险。摩根想起自己曾遇到过这位作者，那是一个"金发男孩"，当年自己与安东尼·厄斯一起吃午餐时遇见的。《智慧七柱》是一本启示录——他告诉萨松，这"正是我想要的"。③阅读此书的兴奋之情点燃了摩根的一股创作之火——受到美丽的阿拉伯人回忆录的影响，他很快便完成了《印度之行》的最后几个章节。

摩根第二次见到托马斯·爱德华·劳伦斯是在1923年的冬天。那

---

① 爱德华·摩根·福斯特致弗洛伦斯·巴杰，1922年7月7日，肯尼迪文化中心。
② 同上。
③ 爱德华·摩根·福斯特致西格夫里·萨松，1923年12月12日，引自弗班克，《爱德华·摩根·福斯特》，第2卷，第119页。

第二部分
随着年龄增长，幸福终将到来

时的劳伦斯还没有成为传奇的"阿拉伯世界的劳伦斯"。(《智慧七柱》的出版才造就了他的这一地位。)劳伦斯虽然年仅三十五岁,却履历丰富:他是个考古学家、语言学家、学者、外交家,也是个喜欢冒险的军人。他身材小巧,身高只有五英尺多一点而且瘦得像根芦苇。从房间的另一端远远望去,他看上去就像一个闪闪发光的大男孩。劳伦斯曾试着刻意摆脱那些高雅的名号,从殖民地的办公室辞了职,用假名字加入英国空军,但后来被人发现,便被开除了。

摩根给劳伦斯写了一封热情洋溢的信件,对于《智慧七柱》手稿的修改提出了详细又中肯的意见。这次,劳伦斯回复得很迅速。能够得到"一位如此杰出作家的指点,我感到万分荣幸。想到您不辞辛劳为我改稿,我感到非常非常的开心"。①当时他刚刚被部队开除,在多塞特郡买了一栋小屋,真的比贝壳大不了多少,但他却给这栋房子起了一个非常浪漫的名字,叫"云山小舍"。房子坐落在空军基地附近,这样他便可以经常跟他的伙伴们一起去当地的酒吧小聚。云山小舍真的太小了,摩根不得不在黑熊旅店里过夜。这次拜访似乎前景乐观:劳伦斯对摩根怀有英雄般的崇敬,而摩根对劳伦斯则是情欲上的渴望。在返回伦敦的路途中,摩根展开了他惯用的套近乎的下一步,把《生命降临》拿给劳伦斯看,同时告诫他其中有"不宜出版的"内容。这个年轻人因得到摩根的信任而兴奋不已。劳伦斯向摩根保证:"我非常想看那些不宜出版的东西。无论是什么东西,只要您觉得我可以看就行。我会妥善保管,读完后迅速归还给您。"②他还安慰摩根:"'不宜出版'只是个相对概念,甚至是不断变化的标准。《智慧七柱》也是经过两年到三年的时间才获准出版的,然后很快又失去了出版资格。"

然后,经过一个月的沉寂,劳伦斯堂皇地给摩根写信,告诉他这是"我所遇到的最有趣的事情之一"。③对于欲望和谋杀的故事,他"一

---

① 托马斯·爱德华·劳伦斯致爱德华·摩根·福斯特,1924年2月20日,肯尼迪文化中心副本。
② 同上,1924年4月6日。
③ 同上,1924年4月30日。

次次地哈哈大笑"。摩根显然大吃一惊,但继续着他的博弈。摩根在回信中告诉劳伦斯,他的反应引人发笑。他写道:"我很高兴收到你的来信。我还以为你会感到恶心,为此我还有点抱歉。不过在这场意外中,无论是感到恶心的一方,还是令人恶心的一方,都不该受到指责。"①于是他们暂且维系着微妙的朋友关系。摩根把这个故事当作情书的举措彻底失败了。劳伦斯的确非常迷人,但是也很奇怪。

伦纳德·伍尔夫早就成为摩根坚定的支持者,一直在敦促他继续写他的印度小说。所以,1924年1月下旬,莱奥纳多和弗吉尼亚成为首批闻讯"我的小说已经写完了"②的人。摩根很开心也很感动,但他隐约知道自己的一个时代已经终结。他与弗吉尼亚进行了一次坦诚的对话。谈到他们聊到的一些内容,她在日记中记载道:"普鲁斯特和大卫·赫伯特·劳伦斯相比,他说他更想成为劳伦斯;但是他还是宁可做他自己。我们谈论了他的小说。'我想我不是个小说家。'他如是说。然后我突然说,'对,我也觉得你不是。''呀!'他马上惊叹到。他兴趣盎然,但也没有特别激动。"③弗吉尼亚对摩根有些了解,但却并不能完全理解他为什么对自己的见解反应如此平静。她以为摩根是要回头继续做记者或者评论家。不过摩根并没有给她看他写的同性恋小说,她对《莫里斯》的手稿并不知情,她也不知道摩根目前创作新的短篇故事的热忱和速度。他的新作叫《伍拉科特医生》,是一个心理故事,讲述了一位士兵在战争中丧偶,但其爱人的亡灵一直阴魂不散。该书又名《方尖碑》,内容粗俗下流,写的是性幻想。

对于摩根所选择的文学模式,她并不能够完全理解。普鲁斯特是追忆和绝望的大师。摩根的确是在他的鼓舞下写完了《印度之行》,也渐渐走出了对穆罕默德离去的哀伤。弗吉尼亚对摩根的设想与大卫·赫伯特·劳伦斯的大致相同。她这个胆小如鼠的朋友(至少表面上

---

① 爱德华·摩根·福斯特致托马斯·爱德华·劳伦斯,1924年5月3日,肯尼迪文化中心。
② 《弗吉尼亚·伍尔夫的日记》,第2卷,第289页,1924年1月23日。
③ 同上,第269页,1923年9月18日。

看来是这样的），的确比喜怒无常的普鲁斯特以及性情暴躁的劳伦斯更适合当作家。但是，摩根十年后的日志中的一段注解，阐释了他与伍尔夫做的交易。他跟她谈论过性的问题——

> 就我所知，最好的做爱是要有点笑声，它可以使最暴力的拥抱得到缓和。也就是说，我作为作家的问题不如有些人那般糟糕。让我感到烦扰的，不是下层阶级的年轻人那些古怪的行为，而是他们的阶级身份。（注意：我从未试图把一个男人变成女人，就像普鲁斯特对待艾伯丁那样，这在我这个作家看来是万分不敬的。）[1]

在与弗吉尼亚的谈话中，摩根惊叹"呀！"是因为她帮助自己发掘出一个余生可以追求的文学身份，一个他已经弄明白的问题。

早在1919年，他写道："我尚未看清我的道路，但是我知道是什么让我无法看清楚。"[2]他的道路不是放弃文学分支的其中一个。他可以像大卫·赫伯特·劳伦斯一样继续写作，或是真诚地或是凶猛地，但他的大部分作品可能永远都"不能够发表"。对此，他是可以接受的，至少可以坚持到他在《莫里斯》中所想象的"快乐之年"。那天，他告诉弗吉尼亚："我一点都不为我的写作事业感到沮丧。"[3]因为他对此下了一个彻底、全新的定义。

只有摩根自己知道，《印度之行》是他的告别之作。他将此书献给"赛义德·罗斯·马苏德和我们之间十七年的友谊"。[4]评论家们赞美他的这本小说是"伟大的著作"。不过，他们将此书视为摩根长久沉寂后的回归之作，而不是最后的绝笔。[5]在印度和英国，相比广受敬仰的

---

[1] 爱德华·摩根·福斯特，《性恋日记》，1935年，日期不详，肯尼迪文化中心副本。
[2] 爱德华·摩根·福斯特，上锁的日记，1919年8月12日，肯尼迪文化中心。
[3] 《弗吉尼亚·伍尔夫的日记》，第2卷，第268页，1923年9月18日。
[4] 西尔维娅·林德，《一部伟大的小说终于诞生》(*A Great Novel at Last*)，《时光》(*Time and Tide*)，1924年6月20日，选自菲利普·加德纳，《批评遗产》，第215页。
[5] 爱德华·摩根·福斯特，上锁的日记，1934年8月31日，肯尼迪文化中心。

"敏感小说家福斯特"风格的作品,这本小说都被视为一部更为伟大和深刻的作品。它是一部杰作,不仅获得了大众的认可,还获得了詹姆斯·泰特·布莱克纪念奖的最佳小说奖,随后又成为畅销书。看到"好运"接踵而至,摩根感到困惑又有点尴尬。丰厚的版税收入和从劳拉姑妈那里继承的遗产让他突然就成了有钱人。

在度过四十六岁生日之后,摩根清晰地列出以下清单:

  有名有财,悲惨可怜,长相丑陋——鼻子又红又大,头顶中央有一个圆形的胎记,我大部分时间都记得它的存在。我没洗头的时候它是棕色的;洗头的时候它是粉色的。这张脸从远处看完全是革新俱乐部的写照——像蟾蜍一样,还面色苍白。在三角脸的上方有一小缕头发。我自甘堕落的程度惊人。我很惊讶,我看不顺眼的东西并没有增多:我还可以去认识我想要认识的人,还想象自己充满魅力且帅气十足……腹部渐渐隆起,但在马甲的遮盖下还不是很明显。肛门上的毛发都打结了,性能力也大不如前——1921年至1922年的时候还是很强的。视力和听力可能都有所下降。①

---

① 爱德华·摩根·福斯特,上锁的日记,1925年1月2日,肯尼迪文化中心。

第九章
"汤姆和迪克"

穆罕默德弥留之际,摩根碰巧看到了一首挽歌,刊登在一本名叫《伦敦水星》的杂志上。这首诗说的是一名男子凝望着一捆已故友人的信件,默默哀悼。虽然这种题材在战后四年里司空见惯,但诗中的措辞让摩根大为震惊,因为它逐字逐句地回应了他私下写给穆罕默德的信件。他的爱人在最后的信件中写道:

听到他说
"再见!"
听到他在叹息,
在低声哀悼,
"啊,但是我知道……
你总会忘记。"

——《寻死》[①]

读《影舞传说》时有一种离奇的似曾相识感,是那种深陷期盼和迷失的"恐惧、美好、无法自拔、情绪化和心里的不安全感"。[②] 摩根

[①] 乔·兰多夫·阿克利,《影舞传说》(Ghosts),引自帕克,《阿克利》,第51页。此诗刊登于《伦敦水星》(London Mercury),1922年4月刊。
[②] 爱德华·摩根·福斯特致乔·兰多夫·阿克利,1922年4月26日;《书信精选》,拉戈与弗班克编,第2卷,第24页。

一时兴起就给这位年轻的诗人写了一封表扬信。这位诗人是乔·兰多夫·阿克利，当时他只有二十五岁。这首诗是他公开发表的第一首诗作，当他收到一位著名作家的来信时，他感到受宠若惊。阿克利像收藏宝贝一样保存着这封信以及摩根接下来的五十年里又陆续写给他的一千一百多封信件。摩根这种自发的鼓励之举开启了两个岁数相差十几岁的男人之间深厚的友谊。

如同许多第一次世界大战的幸存者一样，年仅二十几岁的阿克利既有着超越其年龄更加成熟的一面，也有着比这个年龄更加幼稚的一面。①他离开剑桥，成为法国战壕的一位长官。就在战争结束前的最后几个月的时间里，他唯一的兄弟被一个"小口径超高速炮弹""削去了脑袋"。阿克利二次受伤，被德国人抓住，成为战俘，被运往一个又一个的营地。最后，他与其他英军战俘一起被拘禁在瑞士的阿尔卑斯酒店。受困于如此奢华的环境中让阿克利感到"既愧疚又沮丧"。②在那里，他与一位年轻的军官相爱了，但后者因患有肺结核而离世。战争结束后，他回到了伦敦，心灰意冷，对送他去往战场的这一代霉臭、伪善的人失去了耐心。阿克利自幼喜欢自娱自乐，而现在这却成了一枚荣耀勋章与一种个人叛逆的方式。乔·阿克利并不认为同性恋有什么不对，而且一直坚持着这种混乱的交友方式。他又高又瘦，帅得惊为天人——立体的轮廓、高挺的鼻梁、棕色的头发和一双冰蓝色的眼睛，处处散发着迷人的魅力。怀揣过人的智慧与对文学的热爱，他游历过不同国度，睡过不同地方，用父亲充足的津贴度日，寻找着自我。

摩根对这位年轻人的第一印象是觉得他心理不健全。③"虽然阿克利又聪明又迷人，但是我并不是很喜欢他。我觉得他是个残忍的人，但或许这只是因为我感觉年轻人统统如此。"不过跟乔在一起让摩根觉得自己没有那么陈腐。他们从未在一起睡过，但是他们很快就成了朋

---

① 乔·兰多夫·阿克利，《我和我的父亲》（*My Father and Myself*），第74页。
② 同上。
③ 爱德华·摩根·福斯特，上锁的日记，1923年10月14日，肯尼迪文化中心。

友。在乔面前，摩根扮演着叔伯的角色，给予他意见建议，告诉他该看什么样的书籍，看到他身上有吻痕时，会责骂他。反过来，这个年轻人，虽然自己在感情方面运气不佳，但却成为摩根在性事方面不妄加评判且经验丰富的密友。摩根把自己的这位年轻学徒塑造成自己的皮格马利翁，还引荐他做查塔布尔大君的秘书。乔写了《印度人的假日》（Hindoo Holiday）一书，风趣幽默地记录了他在印度度过的五个月时光。但是他远没有自己的良师益友那般欣赏印度的神秘和混沌，于是他很快便回到了伦敦。他开着一辆绿色的名爵敞篷车到处跑，调戏卫兵，想要找到一个"理想的朋友"。他把想象中的那个他应当具有的品质列举出来，就像是在餐馆点菜那样，后来又将其收录进他的自传《我和我的父亲》当中。他列举出来的品质如下：这个人应当是严厉苛刻的，这样才能把普通人排除在外；这个人必须忠诚，拥有迷人的外表，做过包皮手术，比阿克利年轻，身体健康，且无口臭。更加令人感到惊讶的是，他还必须是个异性恋的人。

　　《印度之行》一书出版于1924年夏季。此后不久，摩根竟然见到"鬼"了。不偏不倚，这个鬼魂恰恰就在威布里治。一天，摩根需要往返于西海克斯特与威布里治之间，在从哈汉姆的火车站回家的路上，摩根惊讶地看到穆罕默德正在驾驶着一辆出租汽车。或者说，是一个有着同样宽阔的面庞、同样诱人的肤色、同样茫然的表情、同样随意的神态的男子，把前臂放在方向盘上。这个年轻的男子消失了几周，摩根几乎已经确信他就是鬼了。但是后来他又出现了，这次开的是班线客车。摩根在日记中写道："这就像是死而复生，让我感到很不安。"①

　　自从穆罕默德去世后，摩根小心翼翼地管理着自己的感情，决定就此放弃，但这次发生的事件动摇了他的决心。他曾想："不再与任何人交往——你能带给别人的东西太少了，而且你也太老了。"②就在那个鬼魂出现的前几天，摩根无意间瞥见"一个我这个年纪和阶级的男

---

① 爱德华・摩根・福斯特，上锁的日记，1925年3月24日，肯尼迪文化中心。
② 同上，1923年5月23日。

人，注视着谢珀顿过往的河水"，厌恶之情油然而生，心想"我也是那个样子的"。但是，这股厌恶之情是出于"嫉妒还是羞愧"？他无从知晓。现在，他慎之又慎，让自己的希望慢慢复苏觉醒。摩根开始调戏起这个司机来。这个人与妻儿住在一座废弃大房子的公寓里，就在哈汉姆后边的田野上。

摩根在乔·阿克利的鼓励和指导下，计划着如何探测出那个司机的感情界限。这个人很随和但也很谨慎，摩根识破了其几个假名字之后，终于知道了他的真实姓名——雷哲·帕尔默。雷哲是个混血儿，"有点黑人的血统。"[1]摩根在日记中这样记载到。他的鼻子像是拳击手脸上那被人用拳头捣过的一样，有点平但却很敦实。每次见面他俩都会换烟抽。谢天谢地，摩根在结识牧羊仔的时候，学会了抽烟。不久，雷哲"羞答答地问我是否愿意那天晚上到他家里去'试一试'"。但其实，这一动听的话语原来指的是与雷哲的妻子和他们年幼的孩子共进晚餐。摩根用调侃的语气向弗洛伦斯解释当时的情景：

> 她是个非常好的妇人——比他受教育程度高——我们吃了饼干，喝了咖啡。我还喂了喂他们家的猫。那个男人不大聪明，甚至是有些粗鲁，而且我觉得其实没必要这样。但他绝对是个直男——这次招待只是单纯出于友谊——所以我打算发展下去，也请他去我家。我（顺便）把这件事告诉了我母亲。因为现在我得让雷哲留下，让她离开。母亲认为雷哲还不清楚我的社会地位。一旦看到哈汉姆的富丽堂皇，他就会崩溃的。到底会怎样，我也不知道。但无论如何我都必须安排好，不能让艾格尼丝给他开门。[2]

雷哲与摩根一起瞒着莉莉和贝丝（雷哲的妻子），他来哈汉姆的理由

---

[1] 爱德华·摩根·福斯特，上锁的日记，1924年10月2日，肯尼迪文化中
[2] 爱德华·摩根·福斯特致弗洛伦斯·巴杰，1924年10月24日，肯尼迪文化中心；《书信精选》，拉戈与弗班克编，第2卷，第65页。

是在这里"上法语课"——"他学了几个法语中奇怪的发音,觉得很有趣,于是就反复读反复练。"①雷哲第一次来上课时,带来了一张照片作为礼物。莉莉"觉得他从面相上看不太可信",刻薄地说:"一个下层社会的人,第一次登门拜访,居然给了你一张自己的照片!你对他们稍礼貌一点,他们就觉得你爱上他们了。"

雷哲又来过哈汉姆几次,帮忙搬运地毯、沉重家具之类的东西,因为福斯特一家人准备在劳拉姑妈的房子里定居下来。摩根的想法很务实:"我最好在还可以冒险的时候冒冒险,因为在西海克斯特那种伪封建制度的环境下,没有他俩的容身之所。"②于是他俩想方设法找机会单独待在一起。1925年1月,莉莉去西海克斯特整理瓷器,感慨道:"我在这个郊区生活了近二十年,现在就这么结束了,感觉怪怪的。"③她不在哈汉姆的这段时间,摩根和雷哲就在空荡荡的客厅里寻欢做爱。

雷哲跟摩根说,他之前从来没跟男性发生过关系,但是他对此十分渴望而且也有信心能够做好。④"我们见面虽然不易,但却相处融洽而且身心愉悦。"至于之前的种种迹象,摩根则解释说,他的新朋友是个喜欢说谎的伪君子,但他并无恶意,他的谎言"只是一种社会行为"⑤而已。7月的时候,二人性交愈发频繁猛烈,摩根感觉甚是欢愉,"幸福得昏了头"。一次,二人蹑手蹑脚地从后面房间走出来,正好碰上了刚刚到达门口的窗户清洁工——这倒与费多剧作中的一幕颇为相似。与雷哲分手前,摩根用法语为乔写了一部流浪汉题材的小说——"夫人没有发现任何蛛丝马迹。"⑥"噢,乔,这感觉跟过去一样——我想死,但是当时的幸福时光只有十来分钟,而今天却持续了九个小时。"本来还可以更长的,但是贝丝即将临盆,这是夫妻二人的第二个

---

① 爱德华·摩根·福斯特致乔·兰多夫·阿克利,1925年,日期不详,人权委员会。
② 爱德华·摩根·福斯特致弗洛伦斯·巴杰,1924年10月2日,肯尼迪文化中心。
③ 爱德华·摩根·福斯特致乔·兰多夫·阿克利,1925年1月19日,人权委员会。
④ 同上。
⑤ 同上,1925年初,日期不详。
⑥ 同上,1925年7月20日。

孩子。

十几年以后,摩根的同性恋小说在其死后得以出版。他的好朋友尤朵拉·韦尔蒂读过后钦佩万分,给予了高度评价。但同时她又补充说:"当女性人物从摩根的故事中消失以后,喜剧效果也随之荡然无存了。"①这句话也可以用来形容摩根在年近五十、遇到乔·阿克利之后的时间里发展的几段亲密关系。在乔的指引下,摩根开始探寻伦敦的同性恋聚集地,但不是那些像是"苏活区破酒吧……或是老基友常去的无聊的俱乐部",②抑或"光线黯淡、气味难闻的小便池"之类的地方。涉足这一彻底属于男性的秘密世界之后,摩根慢慢开始厌恶女性,这在前些年是不曾设想的。

乔·阿克利以及那个时代的同性恋青年都认为,同性恋即为反对一切带有女性色彩的事物。对女性的蔑视是一种荣誉的象征。这样的态度进一步加深了摩根潜意识里对女性权利的担忧。他将自己对莉莉和贝丝的厌恶情绪提升到了世界观的高度,并记录在他的札记里:

> 女性已经失控了……二十年前,我只是觉得她们"让我不舒服,但仅此而已",当时我还虚情假意地宣扬着女性权利。我想,她们会得到她们想要的一切,而我也可以躲着她们。除了做伴以外,其他时候我都讨厌她们。但是现在不只是讨厌那么简单……我现在认为,这就是性之战,D.H.劳伦斯也这么觉得……而且这远比萧伯纳和他的"生命力"更加现实。③

摩根想要把他与雷哲在一起的事情呈现给那些对女性心怀恶意的朋友们观看,于是他不惜在自己的作品中将女性边缘化,以夸大她们的滑稽效果。然而,听到贝丝抱怨自己的丈夫又出去跟新欢滚床单,

---

① 尤朵拉·韦尔蒂,《生命的降临》(*The Life to Come*)。
② 乔·兰多夫·阿克利,《我和我的父亲》,第134页。
③ 《备忘录》,菲利普·加德纳编,1930年,日期不详,第59—60页。

而摩根却漠不关心，只管记录，这着实让人感到不安。

> 我刚刚发觉雷哲遇到麻烦了。贝丝不愿意他过来……然后今天，我特意提早离开剑桥，我问他我过去找他怎么样。但等我到他那儿以后，贝丝非常生气……他说："毫无疑问，她有点紧张，她不想被落下，因为她生气地说'我一整天都没看到你的人'。"所以我就放弃了，应该说是败下阵来。[①]

摩根去剑桥是为了出席那里的使徒集会。他发觉，虽然大家很久都没有联系，但他的那些剑桥旧识竟然还可以源源不断地介绍年轻的朋友给他认识。其中有一个名叫塞巴斯蒂安·斯普罗特（Sebastian Sprott）的年轻人。他的名字如同他本人一样，都是人为创作的产物。他原名叫沃尔特·约翰·赫伯特·斯普罗特（Walter John Herbert Sprott），他出生在一个地道的中产阶级家庭，家在伯明翰的郊区。但是后来，出于早期对无产阶级的热爱，当年在剑桥的时候，他给自己改了一个简单的名字，叫杰克。但是他那些国王学院里的朋友们都觉得杰克·斯普罗特（Jack Sprott）这个名字太好笑了，容易念成"杰克·斯普拉特"（Jack Spratt）。围绕着起名字的事情大家激烈地争论了好久，而沃尔特·约翰·赫伯特·斯普罗特只是默默地听着。直到后来，登特（那时还是国王的一个随从）来到斯普罗特的房间，手里拿着一大摞J.S.巴赫（J.S.Bach）的唱片。"塞巴斯蒂安！"他的朋友们突然大声地喊到。塞巴斯蒂安，多么悦耳动听的名字！他欣然接受了这个名字，用了十几年，但是后来慢慢又改回杰克这个简单的名字。

读大学期间，斯普罗特学的是社会心理学。[②]他聪慧又敏感，可他却没有好好地利用这些优势：他求包养，然后把自己塑造成对方想要的

[①] 爱德华·摩根·福斯特致乔·兰多夫·阿克利，1924年10月17日，人权委员会。
[②] 多拉·卡林顿致杰拉尔德·布雷南，1921年12月18日，选自《卡林顿》（Carrington），加尼特编，第199页。

模样。梅纳德·凯恩斯资助他成为使徒，然后就把他带上了床。塞巴斯蒂安坠入了深深的爱河。他陪着凯恩斯去南非旅行，有人出资给他编书。但是卡林顿认为，他的真实头衔应该叫作"侍卫奴隶"。他给瓦纳萨·贝尔的孩子们辅导了一段时间的功课。斯普罗特一直徘徊在光怪陆离的布鲁姆斯伯里圈子的边缘，他向往这里的文化，也只是单纯地向往而已。他把仅有的那点钱财全部都用来购买书籍和衣服。他对衣着外表比较讲究，对生僻色、名围巾和卷边帽都有着独特的品位。他看上去精致体面——双手微微颤动，他的"声音抑扬顿挫，或者会猛地蹦出几个考究的词汇"。[1]他乐于助人，即使是仅有的最后一枚便士，他也会捐给任何比他生活得更加水深火热的人。他一直在捐助社会上的失足者，这些人大都是监狱里或者刑满释放的流氓、恶棍、骗子等，但他却很容易跟这些人成为朋友，也不会对他们另眼相待。斯普罗特接电话的时候，人们可以听出他声音中充满怜悯："我知道你今天下午就要出来了。"[2]

斯普罗特在诺丁汉大学担任讲师，教授心理学。[3]"诺丁汉大学是个乏味之地，它处于金字塔的顶端，其根基是黑潭和威根。"他搬进了一间巨大、潮湿、摇摇欲坠的排房，地处这个城市贫民区的最深处。到那里的第一个月，他就在公共厕所里碰到了一位友善的男子，他是工人阶级，名叫查尔斯·洛维特（Charles Lovett）。他跟随塞巴斯蒂安回了家，从此再也没有离开过。洛维特是个柔和、亲切、温顺、脸型圆润的青年男子，对斯普罗特崇拜至极。他与斯普罗特共同生活了几十年，开开心心地为他洗衣做饭，耐心地目睹着他身边无数的过往，总是等待着塞巴斯蒂安把手头上的事件解决掉。

乔·阿克利从父母在里士满的豪宅里搬出来以后，来到了伦敦。他发觉这里真是个理想的住处，在这里他遇见了像洛维特这样快活的青

---

[1] 弗班克，《爱德华·摩根·福斯特》，第2卷，第118页。
[2] 帕克，《阿克利》，第109页。
[3] 爱德华·摩根·福斯特致塞巴斯蒂安·斯普罗特，1925年3月22日，肯尼迪文化中心。

年。他们没有工作，大部分时间都用来小偷小摸和下个小赌注之类的，属于比较老实的骗子。他们知道如何勉强维持生计，知道什么时候该卖力，也知道如何享受生活。他们不像那些长得好看的卫兵，靠卖淫这一副业大赚一笔。而这些人，只要你请他们吃顿饭，跟他们确定同志关系，他们就愿意跟你上床。他们中有些人家里还有女朋友或者妻子。

乔在6号哈默史密斯露台中那风光一时的佐治亚连体别墅的顶楼租了几个房间。这里背靠泰晤士河泥泞的河岸。演员约翰·吉尔古德回忆起这里的布置风格，属于一种斯巴达式与坎普风的混搭："一座希腊少年的雕像，餐桌上有一大串香蕉，一个不知姓名的年轻学徒在厨房熨烫衬衫。"[1]屋内能看到在河流转弯处的奇斯维克岛的壮丽景观，而且也是观赏牛津大学和剑桥大学一年一度划船比赛的绝佳地点。乔的房东们允许他去河边上那间大阳台。他的房东有三个人，都比较奇葩，房子是他们从自己兄弟姐妹那里继承下来的。其中最为年长的一个，是个老女王，常穿着睡袍，还不怎么系腰带。每当乔和他的朋友们来到或离开的时候，她就急切地偷偷往楼梯上看。[2]"被人撞见自己穿得这么随意……她也不失风度教养，总是尴尬地笑笑说：'竟然让你看到我这副样子！'"

战后，乔把当年做战俘的那段经历写成了一部戏剧。在监禁期间，他爱上了一位年轻却无情的军官。这部戏剧正是对这段青涩爱情的忏悔。《战俘》(*Prisoners of War*)描写的是阿克利的替身，颇具男子汉气概的康拉德上尉内心腐化的过程。康拉德上尉无私地爱着年仅十九岁、患有肺结核的格雷尔中尉。从战场上回来的士兵们心力交瘁，这是战争最直接的后果，提起来就让人心痛。所以乔感觉这部作品很难面世。有人跟他说："我觉得没有哪家戏院能演出这样一个痛苦悲惨的角色。"[3][4]这一问题戏剧性地喻示了更广泛的社会问题，但是异

---

[1] 帕克，《阿克利》，第103页。
[2] 乔·兰多夫·阿克利，《我和我的父亲》，第184页。
[3] 帕克，《阿克利》，第90页。
[4] 德·钟，《不在观众面前》(*Not in Front of the Audience*)，第25页。

性恋观众和同性恋观众看待这些问题的视角是不同的，这一点对阿克利比较有利。

为了避开宫务大臣，也就是戏剧的官方审查机构，这部作品的首秀选在了一家俱乐部的剧院，这里主要演出一些争议性强且非营利性的戏剧。赞助商是惠特沃思（Whitworth）夫人，她的丈夫是个戏剧评论家，也是出版社的艺术编辑。她极力推崇这部戏剧，因为她相信这部作品刻画的是一个普遍又可悲的现象，它描绘出了这些青年老兵们的悲伤，他们心理受到了摧残，每个人都被战争以这样或那样的方式伤害着。她不会想到戏剧中有些场景其实暗含同性恋的相关内容，比如格雷尔把头枕在康拉德的大腿上时，年长的康拉德轻轻地抚摸着他的头发，或者突然听到急促的警告声"小心！当心有人进来！"等。所以，当人们大量涌入剧院要求购买"新的同性恋戏剧"的票时，她有点恍惚。但是消息已经传出去了。她要求跟这位剧作家见一面。

阿克利既不反抗也不退让。他辩解说，如果惠氏都看不出剧中的潜在意义，那其他观众也未必能看得出来。于是，这部剧如期上演，阿克利的朋友弗兰克·伯奇（Frank Birch）担任导演，但他从来没跟演员们提到过这一开创性的主题。按照人们的成见，同性恋一般都很娘娘腔。但在这部剧中，演员们对角色的演绎十分贴近现实，没有哪个男演员故意表现得很女性化，因此不知情的人很难看出其中潜在的玄机。但是惠氏已然什么都知道了，所以在观看排练的时候，当她看到阿克利拥抱着他妹妹的一幕时，她唏嘘道："你看看！还有乱伦呢。"①1925年9月，《战俘》转战到伦敦西区做短暂的商业巡演。这是第一部通过宫务大臣审查的明确包含同性恋情节的戏剧。这个审查也是迟钝，竟没发现其中的异常。

摩根趁戏剧上映之时，借机把乔介绍给戈兹沃斯·洛斯·迪金森。他鼓励乔送一份剧本给戈尔迪，他曾经非常热情地提出了一系列

---

① 德·钟，《不在观众面前》，第25页。

修改建议。摩根想要在新老朋友间架起一座桥梁，但后来戈尔迪突然无可救药地爱上了乔，导致摩根的计划落空了。他们二人并不般配。一方面，戈尔迪的压抑是出了名的，自己有生理上的需求时也不会去行动，只是默默忍受着痛苦，将这些欲望升华为一种恋鞋癖。另一方面，乔对老年人和同性恋男子丝毫不感兴趣，这一点众所周知。他还说他"似乎无法因为爱情才发生性关系"，相反，他是"通过性来开启一段长久的寻爱之旅"。① 一天晚上，阿克利拜访了戈尔迪，二人彻夜畅聊，阿克利告诉戈尔迪，他在剑桥读书的时候都没有跟他聊天有趣，而且早上离开的时候，还在这个老头的双唇上献上了深情的一吻。这下事情就更麻烦了。可怜的摩根，只能夹在二人中间，写了一封又一封的长信来答复解释这对迷糊的当事人之间神秘的化学反应。

摩根很聪明，他当然不会怂恿戈尔迪继续。他察觉到，情绪问题是导致乔总是对爱情不满的根本原因。摩根很直白地告诉他："我觉得你是对回应感到害怕或者厌烦……我认为爱情是美好的，也是重要的，尽管它所带来的痛苦也是巨大的。如果你无法拥有爱情，我会为你感到难过。"② 几天后，摩根又加强了批判的力度，尽管乔也认同最好的爱情不应该是"虚无缥缈的"。摩根说："普鲁斯特好像认为爱情一旦到手就会阻碍人前行；拒绝或者嫉妒才能刺激人维持对一个人的兴趣。我所经历的就不是这样，但我并不希望你经历这些。"③ 他劝告乔不要再在现任身上浪费时间。这个人虽然拥有迷人的外表，但却是个流氓，他因为盗窃进过监狱，还总是做些违法乱纪之事。

乔的韵事在慢慢了结，而此时摩根与雷哲的关系却日渐稳固。摩根对乔说："真奇怪，怎么我的事情朝着好的方向发展，而你却在走下坡路了呢。看来道德家更偏爱我。你看看背后的表格。"④ 在信的末

---

① 阿克利，《我和我的父亲》，第123页。
② 爱德华·摩根·福斯特致乔·兰多夫·阿克利，1924年10月25日，人权委员会。
③ 同上，1924年10月，星期二，日期不详。
④ 同上，1924年初，日期不详。

端,摩根画了一幅图,很有帮助。图画的内容是两条指向相反方向的线条,归属于一个滑稽的地方——"皇家地铁生殖器社团"。

一个星期天的早上,破晓时分,哈默史密斯露台笼罩在河水泛起的薄雾之中,阿克利出门,弯腰去取牛奶,回屋的时候,不仅带回了牛奶,还带回一个正在巡逻的警察。这个聪明又年轻的警察叫哈利·戴利,只有二十四岁。他成长于洛斯托夫特,属于《霍华德庄园》一书里所描写的那种"难以想象的"穷人:他的父亲是个孤儿,靠捕鱼维持生计。他的母亲是个女佣,在别人家打杂。哈利年幼时,父亲出海时溺水身亡。戴利夫人带着她的四个孩子搬到了杜金附近。哈利在阿宾杰做送货员,碰巧给住在西海克斯特的劳拉·福斯特姑妈送过货。他本来打算加入海军,但后来却被伦敦警察厅录取。

哈利对繁华的都市无限向往。他选当警察,是因为这份职业颇具戏剧性,而且工作地点离伦敦西区很近。被分配到T区巡逻他很开心,从奇斯维克到哈默史密斯都是他的管辖范围,"哈默史密斯的百老汇是伦敦西区的娱乐中心,就好比皮卡迪利广场是整个伦敦的娱乐中心一样。"[1]哈利是一个狂热的粉丝,对于涉及文化方面的事情,他都有着超乎寻常的敏锐洞察力。第一次见到乔·阿克利的时候,他就问他是不是《战俘》的作者,这给乔留下了深刻的印象。他还非常喜欢听贝多芬、布拉姆斯(Brahms)和弗兰克(Franck)的音乐,常常在广播上收听音乐会,或者在居住的警察营房里用自己配置的大喇叭留声机播放布满划痕的唱片。哈利永远无法忘记,那天下午,在西海克斯特,他欣喜地听到摩根在书房用他那架新到的小钢琴"鬼斧神工"地演奏了一曲莫扎特的奏鸣曲。摩根喜爱音乐,这"让他非常可爱"。[2]这个黄金时刻尤其令人记忆犹新,因为哈利是个音乐爱好者,而在这之前他还从未听过现场演奏的钢琴曲。

---

[1] 哈利·戴利(Harry Daley),《小云朵》(*This Small Cloud*),第21、92页;哈利·戴利致弗班克,1968年3月21日。
[2] 同上。

第二部分
随着年龄增长,幸福终将到来

1926年夏季,乔把哈利介绍给摩根认识,不久二人便坠入爱河。通过摩根和乔,哈利被意外地拉进了一个迷人的、"同人的并包罗万象的"①世界,这里不同于以往他所知道的任何地方,各行各业的男性都可以在这里交流性、聊天和交友。他们是一群有趣且不拘一格的人。他新结识的朋友里有贵族和巨额财产的继承人,如艾迪·萨克维尔·韦斯特(Eddie Sackville-West)[维塔·萨克维尔·韦斯特(Vita Sackville-West)的堂兄]。他是一位音乐评论家,继承了诺尔这栋位于苏塞克斯郡、建成于伊丽莎白时期的大房子;还有克里斯托弗·伍德,他身材消瘦,年老体衰,带着一副单片眼镜。他的财富主要来自家族生意——罐装果酱。这些人中还有来自布鲁姆斯伯里的艺术家——邓肯·格兰特,他给哈利画了一幅身穿制服的画像;雷蒙德·莫蒂默(Raymond Mortimer),他后来成为《泰晤士报》的评论家。他的公寓中放满了毕加索和布拉克斯(Braques)的画作。

还有L.E.O.查尔顿(L.E.O.Charlton)将军,人们都称呼他为里奥(Leo)。他曾担任英国驻伊拉克空军参谋部部长,是个严厉且近乎自负的人。但他也是个有原则的人,曾因反对英国皇家空军对无辜百姓实施轰炸而辞职。他的伴侣名叫汤姆·威克洛(Tom Wichelo),也是英国皇家空军的一员,出身于工人阶级。二人过着平静的生活。通过里奥和汤姆,哈利见到了杰拉尔德·赫德(Gerald Heard),一位深受印度神秘主义影响的哲学家。赫德为人随和,晚年时期成了洛杉矶一家修道院的古鲁。但当年哈利认识他的时候,不知何故,他那时还住在威布里治。赫德的风格独树一帜。他患有长期性结膜炎,需要在眼皮上滴甲紫药水,这让他看上去像斗眼的瑟达·巴拉(Theda Bara)。此外,他不寻常的穿衣习惯也为他增添了不少怪诞的气质。一次,他到乔·阿克利的父母家吃晚餐,居然穿的是"紫色的翻皮鞋和豹纹领皮夹克"。②

作为回报,哈利也把自己圈子里的朋友介绍给摩根认识。他们中

---

① 哈利·戴利,《小云朵》,第135页。
② 帕克,《阿克利》,第110页。

有随遇而安、到处找乐子的失业青年；有小偷、匪徒和皮糙肉厚的工人阶级；有开朗却不务正业的男孩子，他们身无分文，却颇具伦敦人的魅力。他们中有的人"省吃俭用，攒钱买同性恋穿的衣服"[1] "站在那里美得像孔雀一般，而口袋里却空空如也"，甚至有些人身上穿的就是自己的全部家当。也有拳击手和健身爱好者，扒手和伪艺人，有戴利施舍面包的人，还有他偶尔不得不抓起来的人。抓和被抓的人都不会耿耿于怀，因为戴利的朋友们明白，遭到逮捕是"他们人生使命的一部分，他们因此而感到兴奋"，[2]况且他们"出生的家庭并不以此为耻"。除此之外，他还总是会隔着监狱的牢笼，给他们递香烟。

哈利与其他九十九个单身警察一起住在帕灯斯维克路上的哈默史密斯工区房里，从那里可以俯瞰雷文斯克罗夫特公园。乔的房间离泰晤士河只有几个街区的距离。那个"光秃秃的大型建筑"就是警局。[3] "一楼有台球室、餐厅和厨房。院子里有一个临时营房。脏兮兮的石阶上面有好几间浴室和几百个小房间。"在这里，哈利兴趣盎然地品读着伦敦警察厅的宣传标语——世界上身材最好的男人，他们的生活气氛如同工人俱乐部一样宽松。[4] "在这些拥挤的小房间里，我们懒洋洋地躺在彼此的床上休息，聊天，开展我们柏拉图式的深刻友谊……感觉就像在野外露营一样，美好至极。"

这些年轻人受到一个可以说是脾气十分乖戾的队长监管。这个队长是个单身汉，所有人都讨厌他。他喜欢欺负人，这样才能把他自己跟下属区分出来。他也喜欢贪污受贿，这一点大家倒是一样的。巡逻的时候，警察们经常会从小偷、骗子手里搜刮点东西。但如果碰到朋友或熟人间发生了点小摩擦，他们就会装作看不见。

上班的时候，大家都知道哈利是个同性恋。他的同事分得很清

---

[1] 哈利·戴利，《小云朵》，第114页。
[2] 同上，第131页。
[3] 同上，第86页。
[4] 同上，第90—91页。

第二部分
随着年龄增长，幸福终将到来

楚，哪些举动是他们自己这一类人的，哪些是"娘娘腔"为拉客而表现出来的，后者会被带到警局。这些人常常受到骚扰和侮辱：他们的脸被人用厕纸搓来搓去，以验证有没有化妆；"人们大肆嘲笑他们，就好像他们不在那里一样"；①他们还会遭到搜身检查。警察们"往往会在他们的口袋里发现一样大小的瓶装凡士林"。但是在工区房里，大部分男性一般都坚持放任自由的哲学理念。②"有一个警察常常把他的爱人用绳子吊在门上，为的是跟他在体育馆地板的床上过夜。"③哈利体格偏胖，个头也不高，看上去不太招人喜欢，但他也能够保护好自己。不过，他还是得忍受着一些来自他人拐弯抹角的轻慢：总办公厅的墙壁上，有人画了一个肛门一样的节孔，下面用铅笔写着"308的爱"——308是哈利的警号。总的来说，哈利一般都随他们去。

摩根非常喜欢这个地方的精神，在给塞巴斯蒂安的一封信中，他狡猾地管这叫作"竖起豪兹"。④哈利给摩根拍了一张照片，摩根站在屋顶上，他光秃秃的头顶上，几缕银发随风飘扬。他常常在这里过夜，然后第二天早上跟大家一起在餐厅做早餐——"牛排、鸡蛋、培根、三文鱼罐头、水果、新出炉的脆皮面包和厚厚的黄油。"⑤哈利休息的时候，他们二人会去剧院——看一场诺埃尔·科沃德（Noel Coward）的戏剧，或是看帕特里克·汉密尔顿（Patrick Hamilton）的《绳索》（Rope），故事源自利奥波德（Leopold）和洛布（Loeb）谋杀案（后来希区柯克对此进行了改编），或者去哈利他们工人俱乐部的澡堂。摩根非常喜欢哈利所在地区那一带的生活气息——夜深人静的时候，他与爱人并肩巡逻，路上"除了有几个小商贩的手推车以外"，⑥几乎人迹罕至。他可以见到常来这附近的拳击手、卡车司机、渔夫和黑帮老大等。摩根尤其

---

① 哈利·戴利，《小云朵》，第101页。
② 同上，第90页。
③ 同上，第112页。
④ 爱德华·摩根·福斯特致塞巴斯蒂安·斯普罗特，年份不详，8月21日，肯尼迪文化中心。
⑤ 哈利·戴利，《小云朵》，第90页。
⑥ 哈利·戴利致弗班克，1968年3月21日。

喜欢那些黑社会的人——他感觉他们"说的是我的语言"。①一家咖啡店的窗户上贴着一张标语,上面写着:"这里只卖最好的人造黄油。"②读到这句话,摩根笑了,他在想:"他们卖什么竟也能遭人诟病?"

隐秘起见,他们二人都在摩根位于布鲁姆斯伯里(布伦瑞克)27号的小窝见面。这个住处是楼上的套房,是由摄政王荒废的房子改造而成的,后来在闪电战中遭到破坏。摩根采用的装饰布景,故意与哈汉姆那边所使用的维多利亚时代的高品位形成鲜明对比。客厅的墙上挂了好几张手绘印度妇女的画像,她们身着色彩艳丽的莎丽服,就像是印度的巧克力,包裹着华丽的包装纸。这个临时歇脚的地方,配备了在伦敦单身生活的所有必需品——供简单烹饪的煤气灶、热水瓶还有特制用来除阴虱的黑皂。摩根在这里招待过哈利好几个夜晚。在这里,他也约会过其他人,开启了他全新的、相对丰富的性生活。雷哲·帕尔默一旦有机会躲开贝丝,也会待在这里。虽然摩根曾信誓旦旦地说要跟雷哲分手,但他又跟乔说:"我又不能离开家。"③于是,这两个人继续找机会做性事,维系着彼此的友谊。

在这里,摩根与弗兰克·维卡里还保持着纯洁的关系。摩根与这个年轻的小伙子,在他去亚历山大的蒙塔扎医院之前,二人就已经认识很久了。摩根从印度回来以后,两人又重新熟络起来。在维卡里身边,摩根需要保持高度自制。摩根觉得弗兰克可爱又充满魅力,深深地被他的求知欲和反应敏捷所吸引。但是,摩根怕万一会失去他,从不敢表达出自己的爱慕之情。摩根向弗洛伦斯·巴杰哀叹道:"维卡里代替不了穆罕默德,因为我的人性中尚有许多不满足和未经探讨之处。"④摩根倾听弗兰克诉说着自己的苦恼,他的确有很多苦恼,但是摩根总是用最大的善意来理解他的这位朋友。弗兰克一次又一次地辞

---

① 哈利·戴利致弗班克,1968年3月21日。
② 同上,1968年3月21日。
③ 爱德华·摩根·福斯特致乔·兰多夫·阿克利,1927年10月17日,人权委员会。
④ 爱德华·摩根·福斯特致弗洛伦斯·巴杰,1924年9月19日,肯尼迪文化中心。

职或者被解雇；他去过加拿大和美国找工作，但又垂头丧气地回来。弗兰克说，他的婚姻生活既不如意也不"性"福；他的姐姐自杀了，也杀死了她自己的孩子；他最爱的长子，他为之付出了最多心血的长子，死于一场意外——洗澡时烫死了。

摩根忍不住要帮助弗兰克渡过难关。他多次出资帮助维卡里创业，甚至还帮他在格洛斯特郡买了一个小型的养猪场。出于感谢，维卡里给自己的第二个孩子起名叫爱德华·摩根，这件事让莉莉大为不满。他还给摩根写了许多封信，感谢他的无私付出。在写给乔的信中，摩根悲伤地说，去维卡里的农场就像是去"天堂……如果天堂里是无性的"。①

就如同投递包裹一样，塞巴斯蒂安·斯普罗特把查尔斯·洛维特，他默认的爱人，从诺丁汉的贫民窟送到了不伦瑞克广场的公寓。洛维特是个善良而笨拙的青年，别人让他做什么，他都会很恭敬地去做。他真心喜欢摩根，很愿意陪伴在他左右。他们约定了一套惯例。摩根出钱给查尔斯买火车票，让他来伦敦，过周末或者待上一整天，带他去吃顿大餐，看看戏剧。性事倒是来得比较平静，一般就是互相手淫。然后，查尔斯就带着类似于新手绢之类的小礼物，作为酬谢，回到诺丁汉的塞巴斯蒂安的身边。虽然洛维特是识字的，但是所有的安排都是摩根和塞巴斯蒂安在做，摩根还会负责一些细节上的处理：

> "不要让任何人'糟蹋'查尔斯……虽然他看上去非常敏感也很顽强……为了让他和其他人感到舒服，不要过多地谈及我是个杰出的作家这件事……"②"告诉查尔斯，按计划四点半到。如果到时候我不在……就让他去不伦瑞克广场，在那儿有我留给他的字条……放在壁炉架上……"③"我已经写信给查尔斯，让他九号再来。你可

---

① 爱德华·摩根·福斯特致乔·兰多夫·阿克利，1926年6月4日，人权委员会。
② 爱德华·摩根·福斯特致塞巴斯蒂安·斯普罗特，1928年2月28日，肯尼迪文化中心。
③ 同上，1934年6月2日。

能已经看到，我很快便收到了答复。"①"一定要确保他说是。"②

洛维特的可靠性是他最突出的优秀品质——摩根在自己的日记中称他们二人之间的关系是一种"长者之爱"。③

与母亲分开住，让摩根觉得"安心"和"独立"。④但不久摩根便发现错开约会的时间是件十分复杂的事。他要权衡好自己的计划，然后再从乔和塞巴斯蒂安，或者他的老朋友弗朗西斯·班尼特手里要钥匙，避免大家在时间上发生冲突。偶尔他也会从威布里治把莉莉接来伦敦一天，购购物或者听听音乐会，总之会比较疲惫。1928年的一个晚上，他回家的时候吃惊地发现"一个巨大的男孩"⑤在他的公寓里；于是他建议塞巴斯蒂安不要再过来了。

摩根的新朋友们给他带来了全新的生活，但是他们却让他无法从事脑力劳动。他时常出版一些评论文章或者随笔，但小说的创作却停滞下来——不过他承认，创作乏力的主要原因在于他自己。他的朋友，也是翻译，查尔斯·莫龙劝他写本新的小说，但是摩根把性格弱点当借口，抗议说自己"缺乏完整的感知力，在自我意识的阻挠之下，我无法接触某些事物——这个确实很讨厌，所以我现在花大量时间与不如我的人在一起，与我愿意善待的人在一起"。⑥

摩根的态度揭示的是满足感还是焦虑感，这很难说。但有一点可以肯定的是，身边有雷哲这样的人是很有趣的。雷哲常逗他说："噢，著名的作家。"⑦不过，有时摩根也希望自己和朋友之间的友谊是"以

---

① 爱德华·摩根·福斯特致塞巴斯蒂安·斯普罗特，1929年10月14日，肯尼迪文化中心。。
② 爱德华·摩根·福斯特致乔·兰多夫·阿克利，1928年1月15日，肯尼迪文化中心。
③ 爱德华·摩根·福斯特，上锁的日记，1927年12月31日，肯尼迪文化中心。
④ 同上，1927年12月31日。
⑤ 爱德华·摩根·福斯特致塞巴斯蒂安·斯普罗特，1928年9月15日，肯尼迪文化中心。
⑥ 爱德华·摩根·福斯特致查尔斯·莫龙(Charles Mauron)，1930年4月6日，肯尼迪文化中心；《书信精选》，拉戈与弗班克编，第2卷，第91—92页。
⑦ 同上。

第二部分
随着年龄增长，幸福终将到来

智慧为基础的"。①除了哈利·戴利以外,摩根的那些工人阶级的朋友们没有一个能带给他任何发人深思的东西。因此,摩根的一些朋友怀疑,他很享受这种优越感。里奥·查尔顿发现:"当谈论到摩根的时候,他的朋友们都会降低声音,就像人们在教堂里说话那样。"②

实际上,摩根对于这些社会地位不如自己的朋友们的态度是十分复杂的。摩根比他同阶级的人更加了解工人阶级的人民是如何被人轻视的,人们对待他们的态度就像看不见他们一样。在《莫里斯》中,他特意让亚力克·斯卡德"在读者面前慢慢呈现出来",③反映出莫里斯大厅中人们的迟钝,他们对侍者视而不见,直到猎场看守人从"男性特征不明显"发展成为一个"可以给予和接受爱的"成熟男性。他对于自己日常生活中那些冷漠的阶级结构感到厌恶。他在日记中谴责诸如"跟弗兰克一起去国王家就会引起骚动"④的事情。

摩根一直不喜欢中产阶级避讳谈钱这一点。原本真心实意地慷慨援助却以不礼貌为由遭到拒绝,类似的情形经常出现在他的小说里:(在《天使惧于涉足的地方》一书中)菲利普·哈利顿想要给艾格尼丝和杰拉尔德一笔遗产,这样二人便可以放弃很久以前定下的婚约,但这对恋人却将他的慷慨之举视为一种责难。亨利·威尔科特斯无法理解为什么施莱格尔兄弟要公开谈论他们的财务状况,或者他们为什么要去帮助伦纳德·巴斯特。对社会阶级持有不同看法本来没什么问题,但是因为摩根一直比他的朋友们富有,所以帮助他们"只是出于情谊"就很难解释得通了。收入的差距使最普通不过的善举也附带上了施舍的感觉。人生如戏,为了避免人们胡思乱想,在掏钱的事情上,摩根总是比较主动。从穆罕默德身上他就了解到,情侣中,较穷的一方更喜欢埋单,以彰显尊严。消费时,摩根会悉心顾及彼此的感受,争取

---

① 爱德华·摩根·福斯特致查尔斯·莫龙(Charles Mauron),1930年4月6日,肯尼迪文化中心;《书信精选》,拉戈与弗班克编,第2卷,第91—92页。
② 哈利·戴利致弗班克,1968年3—4月,日期不详。
③ 爱德华·摩根·福斯特,《莫里斯》中的注释,第218页。
④ 爱德华·摩根·福斯特,上锁的日记,1927年12月31日,肯尼迪文化中心。

做到让双方都舒服自在——而他的做法一般就是降低自己的品位。他完全可以做到在餐厅或者咖啡厅吃饭跟在家里吃饭一样自在，又或者在离舞台最近的座位上看戏对他来说也完全没有问题。

摩根的善意浓厚又贴心。他总能巧妙地用最简单的方法获取最为紧要的东西。他这辈子赠予他人的礼物，既恰当实用又不乏精美细致。他出资让乔·阿克利实现了他长久以来一直需要的旅行，给塞巴斯蒂安·斯普罗特零花钱，哈利·戴利妈妈做手术的全部费用也都是摩根出的。所有这些加起来要超过一百英镑了——这么大的数额，摩根不得不瞒着莉莉，骗她说自己只用了一半那么多。

虽然摩根行善的时候很低调，但他会忍不住拿自己的金钱观教育哈利：“我想这些票每张差不多得有4/9英镑，你以后不要在我身上花这么多钱。无论是看戏还是吃饭，都不能超过2/6英镑，行吗？鉴于你目前的收入，这个要求不过分吧？而且也不会伤害我们之间的情谊吧？我觉得应该不会的。”①

哈利当然愿意接受摩根的钱，但是他不喜欢受人管控。摩根提出要承担他母亲的医疗费用后，哈利写了一封热情洋溢的感谢信给摩根，此外他还写了一封信来安慰他的母亲，让她"不要担心，反正老摩根有的是钱"。②但是后来他阴错阳差地把两封信装错了信封，且都投递到了摩根那里。摩根看过信的内容后非常生气，但他依然坚持友谊长存的原则——"不指责，不争吵，不道歉"。③

他仔细审视了一下自己的动机。他敏锐地发觉，自己看到的人生其实是隔了一层中产阶级的面纱，虽然这些诸如节俭、宽容、礼貌等美德是他坚守的人生信条，但是对于他那些穷苦的朋友们来说，未必做得来。于是摩根想，哈利、雷哲和弗兰克·维卡里他们令人失望的

---

① 爱德华·摩根·福斯特致哈利·戴利，1926年7月18日，引自弗班克，《爱德华·摩根·福斯特》，第2卷，第141页。
② 哈利·戴利致爱德华·摩根·福斯特，引自同上，第143页。
③ 爱德华·摩根·福斯特致乔·兰多夫·阿克利，1928年4月9日，人权委员会。

第二部分
随着年龄增长，幸福终将到来

表现究竟是个体行为还是一种普遍现象——"难道非中产阶级的人都是这样士气低落，都是这种道德属性吗？"①就拿弗兰克来说，他的恐慌感不是没有理由的。负债累累，永久性失业，弗兰克不得不抵押了他在格洛斯特郡的小农场，但这笔钱很快又花光了。摩根非常失望，这深深地伤害了他对维卡里的感情，推翻了他先前对二人未来的构想。他悲伤地告诉乔，他曾想象着自己"年老可能在那个小农场上散散步，身边有一群身强体健、感恩戴德的下层阶级的人照顾着他"。②

的确，摩根想要的那种亲密关系，其尺度往往不是他那些工人阶级的朋友能够拿捏到位的。比如，他跟雷哲在一起就只能满足身体上的需求。要想跟他好好谈谈，他又总说不到点上，这让摩根很是绝望。性事进行到一个阶段之后，摩根在日记中记录道："粗犷的一方和温柔的一方相互亲吻着，但是想象中的那种热情和爱恋，在下层阶级中是不存在的。"③又一个阶段过后，他的满意度上升，又写道："欲望加善意——还有什么比这些更迫切的呢？……虽然我没感觉到幸福，但我很骄傲我还活着。"就他本人而言，他保持着克制，担心自己表现得"肤浅，为了受人欢迎而渴望与他人保持亲密，但其实我并不是这么想的"。④

乔·阿克利和塞巴斯蒂安·斯普罗特为摩根新的双重生活提供指导。但在摩根手里，再好的计划有时也会变成闹剧。在1924年的那场旅行中，他答应乔瞒着他的父母，不告诉他们他去意大利会见情人的事情。摩根的第一反应合情合理，他问乔："有必要撒谎吗？"⑤但是，乔坚持执行他精心策划的方案，他告诉父母自己是去哈汉姆探望摩根。然而乔的父亲突发心脏病，而当时他还在去意大利的路上。由于

---

① 爱德华·摩根·福斯特，上锁的日记，1928年12月31日，肯尼迪文化中心。
② 爱德华·摩根·福斯特致乔·兰多夫·阿克利，引自弗班克，《爱德华·摩根·福斯特》，第2卷，第159页。这封信写于1929年。
③ 爱德华·摩根·福斯特，上锁的日记，1925年3月24日，肯尼迪文化中心。
④ 同上，1923年10月24日。
⑤ 爱德华·摩根·福斯特致乔·兰多夫·阿克利，星期一，日期不详，人权委员会。

摩根在威布里治的家中没有电话，阿克利的母亲就派遣家中的一个用人急匆匆地赶去通知他的儿子，于是摩根和乔的阴谋就这样暴露了。最终，这场旅行也因此华丽丽地收场。家长们总是能碰巧发现一些令人不舒服的事情。一天，莉莉碰巧打开看了一封塞巴斯蒂安写来的电报。文中内容有失体面，语言污浊不堪，后来摩根不得不对此进行了好一番解释。所以日后所有寄到西海克斯特的包裹和信件都要精心伪装。比如，摩根就曾经要求乔把一管除阴虱的药膏装在一个伪装成书本的盒子里寄过来，他还好心地在药膏上标明"生育迹象"的字样。①

到了20世纪20年代中期，摩根对双重生活已然十分自如。摩根给乔列举了一下他的性伴侣，总共有十八个，而乔有两百多个。摩根为他们二人伴侣的多样性（而不是为数量）感到高兴。列表中包括"一个苏格兰人、一个殖民地居民和一个贵格会教徒"。②他与这些人都保持着友好的关系。但乔不一样，他就像钟表的发条，一年要心碎好多次。摩根告诫乔，他的秘诀很简单："无论你想与谁建立长久的关系，都不能有占有欲，甚至也不要有被谁占有的感觉。"③

摩根越来越擅长利用自己的关系网来发觉或发展国外的恋情。在与乔治·巴杰一起参加哥本哈根的会议时，摩根遇见一个名叫奥格的丹麦小伙，他是乔的一个朋友。摩根不仅把他带上了床，还颇为诗意地带他去参观了埃尔西诺城堡。在去法国看望查尔斯和玛丽·莫龙的途中，他在船上结识了一位烧锅炉的师傅，名叫查理·戴（Charlie Day）。这个男人体格健硕，皮肤松垮，面部圆润，笑容狡黠。（后来，回到伦敦以后，查理成了一个讨厌鬼，不是闹事就是要钱，摩根不得不让乔介入其中劝他罢手。）必要的时候，只要合他的胃口，摩根也愿意在一些小把戏里充当配角。他偶然认识了一位法国水手，开始了一段新的韵事。这个人名叫阿喀琉斯·莫根罗特（Achille Morgenroth），也

---

① 爱德华·摩根·福斯特致乔·兰多夫·阿克利，1926年6月22日，人权委员会。
② 同上，1926年12月15日。
③ 同上，1928年4月9日。

是乔的一个旧识。跟阿喀琉斯在一起的时候，摩根配合着他的一些小伎俩，心甘情愿地扮演着一个邋里邋遢"长期居住在英国、搞服装贸易的大叔"。①阿喀琉斯对二人的每次幽会都做了详细的规划，计算好他们分头离开酒店的时间，避免让别人看到他们在一起。这些小小的、扰乱阿喀琉斯亲人视听的阴谋诡计，让摩根觉得非常有趣。

冒险体验让摩根觉得年轻。1929年夏季，摩根与巴杰从南非回来，由于对自己的秘密生活饥渴难耐，他写信给乔·阿克利："回来两周的时间，我感觉自己都二百五十岁了，现在你可以来把最后那个零除掉。"这证明，这些年来他在大众面前苦心经营的个人形象是非常成功的，连弗吉尼亚·伍尔夫这么亲近的朋友都没搞清楚他的状况。伍尔夫在给妹妹瓦内萨·贝尔的一封信中哀叹说，莉莉的爱很强势，她"在慢慢毁掉摩根……现在他又瘸又衰，气息弱得还不及一头牛"。②而事实绝不是弗吉尼亚所认为的那样。倘若她知道摩根做过的冒险事，她会吓一大跳的。

摩根想写的那种小说让他与自己的读者分离疏远。他调整了自己的笔锋，开始创作自己想听的故事，开始为他的朋友、为他在《莫里斯》的赠言中设想过的更美好的未来而写作。在《印度之行》快要完成的时候，摩根把之前写的那些拉伯雷式的幻想故事全部都销毁了。与以往粗俗幽默的风格不同，他写的新故事是关于一个英国男性同性恋对于内心压力所进行的严肃而又深刻的审视。摩根去世后，这些短篇故事得到了克里斯托弗·伊舍伍德和约翰·雷门的大加赞赏并出版发行。《沃尔科特医生》(*Dr. Woolacott*)、《亚瑟·斯耐驰福德》(*Arthur Snatchfold*)和《生命降临》这三个故事，从严格意义上来说并不具有自传性质。《生命降临》讲的是一名传教士与一个当地酋长间的绝命爱恋。《沃尔科特医生》讲述的是战壕中一位青年老兵精神分裂的故事。

---

① 弗班克，《爱德华·摩根·福斯特》，第2卷，第186页。
② 弗吉尼亚·伍尔夫致瓦内萨·贝尔，1926年5月19日，《弗吉尼亚·伍尔夫书信》，尼克尔森和陶德曼编，第266页。

但是这些角色的焦虑情绪都是通过角色们在两种不同世界中生活所具有的压力表现出来的。当时,摩根觉得没有几个人可以信得过,来读一下他的这部新作。

所以,与两年前一样,他找到托马斯·爱德华·劳伦斯,寻求他的意见和建议。劳伦斯自战后便被推到公众面前,而他早就厌倦了名人的身份。为了躲避众人的视野,他申请加入英国皇家空军。在遥远的卡拉奇服役期间,他曾写信给摩根,向他表达自己的钦慕之情。但几个月后,劳伦斯忽冷忽热的态度让摩根恼羞成怒。劳伦斯天资聪颖,这一点摩根确认无疑,但是他内心总是选择逃避。摩根发觉,"劳伦斯喜欢在他自己设计好的平台上结交人。"①所以,就摩根而言,他想"我得扮演成一个伟大的艺术家才行",而实际上,他却假扮成了一个"笨拙的业余分子"。摩根重新给劳伦斯发了一份《莫里斯》的手稿,但是这个年轻的朋友小心翼翼地回绝了他:

> 我想要拜读您的长篇小说,但是又不敢读。我感觉这像是您最后的保留。如果我读了,您就会被我看穿。可如果我不想这么做怎么办?在性方面,我的情况有点好笑。在我看来,到目前为止,您都是对的,因为您在尽可能地有所保留,我也是这样。如果您知道了我的一切(或许您已经知道了,您是如此的明察秋毫,或者也可以说是"如果我知道您知道……"?)您会看不起我的。②

摩根很懂劳伦斯,他那"恶毒的嘲笑"③实际上是他在刻意保护自己的感情。无论是从具体意义还是从抽象意义来说,劳伦斯都"不愿意

---

① 爱德华·摩根·福斯特,《T.E.劳伦斯》(*T.E.Lawrence*),选自《朋友笔下的劳伦斯》(*T.E. Lawrence by His Friends*),A.W.劳伦斯编,第247页。
② 托马斯·爱德华·劳伦斯致爱德华·摩根·福斯特,1927年9月8日,选自《T.E.劳伦斯:书信精选》,马尔科姆·布朗编,第368页。
③ 爱德华·摩根·福斯特,《T.E.劳伦斯》,选自《朋友笔下的劳伦斯》,第247页。

第二部分

随着年龄增长,幸福终将到来

被人触碰",[1]意识到这一点以后,摩根自此就"尽可能地不碰他"。

这个年轻人迷人又聪慧,但他像弗兰克·维卡里一样,又是一个"只可远观而不可亵玩焉"的尤物。这让摩根既烦恼又悲伤。他告诉弗洛伦斯·巴杰,劳伦斯无法跟他人成为朋友,不过他并不想揣测导致这项缺陷的心理原因。私下里,摩根认为劳伦斯所遭受的性虐待,可能是影响其性格的原因所在。

尽管摩根很失望,但他还是决定把"即将诞生的一卷故事集"[2]献给劳伦斯。《永恒的时刻》(*The Eternal Moment*)一书中的故事之前都发表过了。他借机告诉了他一些严酷的事实。在写信给劳伦斯的信中,摩根告诉他赠言已经写好了:"'献给什么都缺的T.E'这一赠言可能会被误解,而这正合你的胃口,我也希望你会喜欢。所以这件事就这么定了。"这个故事集"将成为我最后公开发表的文字"[3];他警告劳伦斯,"如果你再给我题写什么,无论是好的、坏的,还是无关紧要的,我都会非常生气"。

他是从西海克斯特把这封信寄到卡拉奇的。西海克斯特是"一座老女人们的破房子",[4]它在告诫着摩根和劳伦斯,他俩一直都是错的,不要有"妄想摆脱"[5]这里的想法。这个房子太有韧劲了。摩根明白:"虽然榆树上的一个树枝就能把它击碎,但它的力量储存在内部。我母亲依然把女仆们管理得井然有序。"

作为一个可以出版小说的作家,摩根虽然沉寂了下来,但他调整了自己在公众面前发声的方式,开始依靠他在1924年出版的《印度之行》所建立起来的名声。1926年春天,他受邀到剑桥大学的三一学院进行克拉克讲座——英国文学史上继乔叟之后涉及所有题材的经典系列讲座。摩根讲授的是小说的形式诗学,他从一个有创新精神的实践者

---

[1] 爱德华·摩根·福斯特,《T.E.劳伦斯》,选自《朋友笔下的劳伦斯》,第248页。
[2] 爱德华·摩根·福斯特致托马斯·爱德华·劳伦斯,1927年12月16日,肯尼迪文化中心。
[3] 同上。
[4] 同上。
[5] 同上。

的角度出发,而不是从一个学者的角度出发,来传授这个问题。与其说他讲的是小说形式的历史,不如说是早期的叙事学——小说是如何实现的,小说都做了些什么,从人物刻画到情节设置,到现实主义的传达——人们根据自己的经验,对这些讲座的评价褒贬不一。观众中的那些"普通读者"认为,按照约翰逊博士的说法(弗吉尼亚·伍尔夫在她的论文里也用到过这个名字),这些讲座不拘礼节、合情合理,让人感觉耳目一新。而那些在英国文学方面颇有学识的专家学者们(他们开始觉得在剑桥教书让人感到精神焕发)则认为,摩根的文学批评不太具有说服力。F.R.利维斯直接表示,这些讲座"不具知识性"。[1]德高望重的A.E.豪斯曼是三一学院的一位研究员。摩根一直很崇拜他,十几年前在什罗浦郡的时候,他曾经在一家烟雾缭绕的酒吧里给他写过一封表扬信。但是,这两位作家第二次的见面效果并不如意,甚至还不如第一次。春季的时候,摩根没能出席在学院大厅举行的正式晚宴,豪斯曼感觉自己受到了怠慢。于是,在给摩根的回信中,他言辞恶毒。摩根看完后,直接把信给烧了,从那以后再也不提此事。对于这些讲座,最具重要意义的回应来自国王学院的研究员。他们为摩根提供了为期三年的研究员任期,期望他每年能过来待上六周。

  1928年夏天,摩根的亲密老友伦纳德·伍尔夫找到他,希望他加入到一项事业当中。有一位名叫瑞德克利芙·霍尔的女作家,她的外表酷似男性,是个同性恋。她刚刚出版了一本颇具争议的小说《寂寞之井》,由于其性方面的主题而被告上法庭。现在,作者和出版商都被卷入一场法律纷争,被指控犯有猥亵罪。霍尔的小说讲述的是一对成年女同性恋之间的爱情故事。《寂寞之井》与《莫里斯》非常相似。故事的主人公(一位名叫斯蒂芬·戈登、饱受折磨的年轻女性)通过不断挣扎,终于找到了自己的定位和爱情,然而这并不能被现实社会所接受。霍尔的故事以悲剧告终:斯蒂芬的家人不接纳她,她的爱人玛丽也

---

[1] F.R.利维斯(F.R.Leavis)致奥利弗·斯塔利布拉斯,引自弗班克,《爱德华·摩根·福斯特》,第2卷,第144页。

第二部分

随着年龄增长,幸福终将到来

离她而去，跟一个男人跑了。小说最终在斯蒂芬·戈登的祈祷声中收尾："也请给予我们生存的权利！"①

几乎是在这部小说刚一出版时，保守派《周日快报》的编辑就立马展开了一场公共运动，以道德为由来镇压这部作品。在一篇言辞犀利的社论中，詹姆斯·道格拉斯要求霍尔的出版商撤回所有发行的书籍，但未能如愿。后来，他又要求内政大臣以猥亵罪起诉出版商和发行商。霍尔呼吁大家对"性倾向颠倒者"宽容一些，她解释说："这部小说是通过诱导和隐晦的方式，表达了一种特殊的乞求，旨在向人们展现出一个残忍的社会对这些边缘人的迫害，使他们成为不正当性关系的牺牲品。"②然而《周日快报》却明确拒绝了霍尔的请求。

英国的内务大臣，威廉·约翰逊-希克斯（William Johnson-Hicks）醉心于风化整顿运动。对于城里诸如赌博、夜总会等伤风败俗的活动和声色场所，他都进行了清理。几天之内，报纸上的报道又引他上了钩。虽然出版商乔纳森·凯普（Jonathan Cape）已经撤回了发行的书刊，希克斯还是要求检察官召集证人来作证，证明此书会对年轻人产生不良影响。他期待"被告人会去找一些文人墨客来证明此书的无害性"。③找是一定要找的，所以摩根就被找来了。他受邀来到弗吉尼亚和伦纳德·伍尔夫夫妇二人位于罗德梅尔的苏塞克斯别墅。他们一起坐在别墅外"僧舍"中那低矮的客厅里，一边饮酒，一边"激动地"讨论着"鸡奸与女同性恋的话题"，④计划着作何反击。

弗吉尼亚·伍尔夫给她的情人维塔·萨克维尔·韦斯特写信说："我们迅速打电话，做采访，并收集签名。"⑤镇压这部小说和起诉其出版商的消息，很快让阿诺德·本涅特、萧伯纳、赫伯特·乔治·威

---

① 瑞德克利芙·霍尔（Radclyffe Hall），《寂寞之井》（The Well of Loneliness），第506页。
② 《周日快报》（Sunday Express），1928年8月19日。
③ 英国内务部致阿奇博尔德·博德金阁下，1928年10月22日，国家档案馆，检察官1/92。
④ 《弗吉尼亚·伍尔夫的日记》，第3卷，第193页，1928年8月31日。
⑤ 弗吉尼亚·伍尔夫致维塔·萨克维尔-韦斯特，1928年8月30日；《弗吉尼亚·伍尔夫书信》，尼克尔森和陶德曼编，第520页。

尔斯（H.G.Wells）、利顿·斯特雷奇、T.S.艾略特和维拉·布里顿（Vera Brittain）等其他著名作家加入到了签名的行列。伦纳德认为，摩根是去找这位女作家的最佳使者。霍尔是个强势之人：她穿着一身细直条纹的男士西装，戴着一副黑框单片眼镜，令人生畏。在他们见面的过程中，摩根无意说道，他觉得这部小说勇气可嘉，但是文笔方面有待提高。弗吉尼亚是这样描述摩根败退的惨状的：

> 瑞德克利芙骂他的时候，像个泼妇一样。她说，除非信中提到她的作品具有艺术价值，甚至是天才之作，否则她不会接受跟这本书有关的任何信件。问题是，所有签名的人，没有一个读过她的书，也没法读。可是现在，我们不得不去跟所有签了名的这些著名作家一一解释清楚……就这样，我们对于争取言论自由的热忱逐渐冷却了下来。我们不仅不再要求重印，反而希望这本书从来没出现过。[1]

从原则上讲，摩根愿意维护这本"无聊但有价值的书"。[2]但是，经受了霍尔言辞犀利的责骂之后，他回到僧舍，对伦纳德和弗吉尼亚坦白说，他觉得女同性恋"很讨厌：一方面是由于习俗，另一方面是他不愿意看到妇女离开男人也能保持独立"。[3]霍尔的小说包含着现代心理学理论，即"性倾向颠倒"是天生的。但是，当时这三位作家的谈话探讨的是同性恋是否能够"被治愈"。摩根告诉伍尔夫夫妇，他之前听到一位著名的神经专家吹嘘说，他能够通过一种厌恶治疗法来"转变鸡奸者"，就像拉斯科·琼斯（Lasker Jones）医生建议莫里斯进行的那种治疗。伦纳德问他："你想要转变过来吗？"[4] "'不'，摩根相当坚定地说。"

---

[1] 弗吉尼亚·伍尔夫致维塔·萨克维尔–韦斯特，1928年8月30日；《弗吉尼亚·伍尔夫书信》，尼克尔森和陶德曼编，第520页。
[2]《弗吉尼亚·伍尔夫的日记》，第3卷，第193页，1928年8月31日。
[3] 同上。
[4] 同上。

最后，弗吉尼亚和摩根写了一封温和的"有趣而简短的信",①以表达二人的谴责。他们说，正如同霍尔的例子，社会上的谴责会压制艺术家们"创作的冲动"，导致他们"回避所有本源的东西"。10月的时候，摩根与其他四十位杰出的科学家、神学家和文人墨客一同坐在弓街地方法院的硬板凳上，等待为霍尔作证。在一大段结束语过后，地方法官总结说，作为一个法律事件，即使没有任何专家作证，他也能够决定这本书淫秽与否，然后突然宣布大家立刻解散。

真正的好戏发生在摩根自己的生活当中。正是在《寂寞之井》被审判的同一周，摩根用讽刺的话语体现了他在人前人后形象上的冲突。他把故事的来龙去脉告诉了塞巴斯蒂安，甚至还为当时发生的情景增添了些喜剧效果："周三被人勒索，周五又去了弓街受审，生活真的是个大旋涡。"②简短的一句话，却包含着福斯特的个人秘密与他苦心经营的公众形象的对立关系。被人勒索的事情比较周折。摩根临时找来一个性伙伴，那人的妻子发现了自己的丈夫与摩根发生关系的事情。她找到摩根说，如果他肯出钱，以后就不会再拿这件事来烦他。

在遇到这件事之前，摩根一直都相当幸运，冒的险都没有被人发现。在贝丝·帕尔默面前，他一直扮演着一位糊里糊涂的中年男人，对她的丈夫毫无企图，只是他的一个忠心耿耿的朋友。贝丝甚至不知道，摩根居然能够让她的丈夫做了他一辈子的情人。但是现在情况就有所不同了。记录有限，但也足以揭示出这件事给摩根带来了强烈的刺激。摩根销毁了几乎所有的证据，只留下了只言片语，最直白地记录下这件事所带来的创伤。他把这些内容进行加密，隐晦地传达给了几个最为亲近的朋友。摩根在给乔的信中写道："她发誓我不用担心，她甚至说再也不会来找我了。"③

---

① 弗吉尼亚·伍尔夫致维塔·萨克维尔-韦斯特，1928年9月8日；《弗吉尼亚·伍尔夫书信》，第3卷，第530页；爱德华·摩根·福斯特，《新审查》(The New Censorship)，选自《国家文艺杂志》(The Nation and Athenaeum)，1928年9月1日。
② 爱德华·摩根·福斯特致塞巴斯蒂安·斯普劳特，1928年11月，日期不详，肯尼迪文化中心。
③ 爱德华·摩根·福斯特致乔·兰多夫·阿克利，1928年11月16日，人权委员会。

摩根看上去好像不太会处理敲诈勒索的事情。但是，对于书中的人物，他早在十年前就设计过类似的情节，甚至比他当年在亚历山大港的海滩上第一次接触那个士兵的时候还要早。书中亚力克在大英博物馆勒索莫里斯的一幕，要早于他自己受到敲诈的经历。现在，他把敲诈信拿给杰拉尔德·赫德看。但可悲的是，赫德早就被这部小说洗了脑。杰拉尔德对于书中这一幕莫里斯的表现大肆赞赏，所以摩根头一个就来找他，想"寻求他的建议和同情"。①但摩根很快发现，宅心仁厚的杰拉尔德也受到了莫里斯的影响。杰拉尔德"不该读这本书"，②他"就只会劝解……和同情前来勒索的人"。这令摩根啼笑皆非，他跟斯普罗特说，回想一下那部分内容，他想起来那个环节并不是非常吓人，毕竟"那个勒索者的肤色不是很黑"。

一个"肤色不是很黑的"勒索者，这句话暗示出，摩根的那个情人，像雷哲一样，也是个皮肤黝黑的人士。但对摩根来说，更重要的教训是，不要在此类差强人意的事情上太较真。他们只不过是在一起了一天，调调情而已。但很快，恐慌感又开始膨胀起来。③"我迅速冷静下来，现在已经没事儿了。"无论是对人还是对己，摩根都生性豁达。他交付了勒索金，对自己的焦虑一笑置之，也不太在乎自己的尊严。

《寂寞之井》事件结束几个月后，摩根与哈利·戴利的关系开始不断恶化。哈利脾气暴躁，喜欢计较，还容易记仇。他清新的表象逐渐消退，露出了他躁动不安甚至是危险、自私的一面。摩根尽可能婉转地让哈利看到，他爱出风头和说人坏话会带来什么后果。哈利明白他话语的分量，但他很高兴看到摩根"总是在担心他接下来会说什么"。④在几十年之后出版的《备忘录》中，哈利明确地记载着，他不能够将摩根的谨慎小心完全视为关怀。

---

① 爱德华·摩根·福斯特致塞巴斯蒂安·斯普罗特，1928年11月，日期不详，肯尼迪文化中心。
② 同上。
③ 同上。
④ 哈利·戴利致弗班克，1968年，日期不详。

> 用"爱"来形容其中的怨恨和诽谤似乎并不合适。恋爱中的人们应该永远不会感到生气或者失望。貌似我就应该放弃我所有的前任男友、旧识、兴趣爱好,一直坐在家中等我的爱人,等他有时间的时候给我来个电话,还绝对不能告诉任何人我认识他们。①

慢慢地,摩根发觉哈利完全无法管控自己的内心。他告诉乔:"跟你比起来,哈利的行为让我感到恶心。我现在又有了这种感觉,他完蛋之前一定会把我们都拖下水。"②

与哈利断绝关系真的让摩根感到非常痛苦,但他还是这么做了,而且还断得很彻底。双方都同意,把二人来往的信件全部焚毁,只有一个小小的被遗忘之物躲过了这一劫,它们就藏在哈利的几本书里。又过了十年,摩根彻底失去了问询的耐心。他劝乔也跟哈利断绝来往。摩根写道:"哈利的事情我不怪你。我觉得他跟任何人相处早晚都会出现问题。"③摩根分析起他的前任就像是在分析书中的一个角色一样。摩根在给乔的信中写道:

> 说起哈利这个人,跟介绍风车上一个翼板的位置一样简单。他比较悲惨,总是不开心,还很冷漠。说好听点,他就是被惯坏了。这一年来我对他的关心和照顾让他变得不太在乎别人的感受。那天他失控的表现让我觉得他简直不是人,不过那却起到了抑制性欲的作用。我希望这个效果能够持久一点。④

与哈利断绝来往后,摩根开始权衡哈默史密斯圈子整体所带来的

---

① 哈利·戴利,《小云朵》,第135页。
② 爱德华·摩根·福斯特致乔·兰多夫·阿克利,1930年11月13日,人权委员会。
③ 同上,1931年2月14日。
④ 同上,1928年1月3日。

利弊得失。他感觉自己一直以来过于轻信工人阶级的美好品质了。浪漫似乎最终都沦落成了怨恨和中伤。哈利指责摩根和乔，说他俩就像是皮条客。他这么说虽然不无道理，但谁也没逼他去充当走卒。单独相处的时候，摩根的新朋友每个人都很有趣也很有魅力，但放在一起就会让人觉得乏力。①"哈默史密斯整体感觉就像只鹅，虽然每根羽毛可能都很可爱也很值钱。"身边发生点这样的小变动让摩根的身心都感到非常愉悦。②"我很高兴你今晚没去里奥那里。"他给乔写道："我感到有点厌烦——有这么多的迪克，这么多的汤姆……我觉得我身上还是有神秘感的，除非我变老了，不够神秘了。"他总结说，或许是自己太老了，不适合在这个年轻人的圈子里待着。卡林顿一直是个明察秋毫之人，她给斯普罗特写信说，她发觉摩根在这个人生阶段过得"相当不开心"。③"他好像在试图掩盖自己的真实情感，竭力表现出快乐的样子，尽管他的内心痛苦不已。"摩根发现布鲁姆斯伯里这个地方和这里的朋友可以缓解他在哈默史密斯那里的"厌烦之感"。1930年1月，他公寓的租约到期了，于是他搬到附近的不伦瑞克广场26号，他在那里一直住到"闪电战"爆发之前。

乔在哈默史密斯的排屋依然是大家聚会的好地方。他喜欢结交来自不同国家的朋友，并以此为傲。泰晤士河上，每年都会举办牛津-剑桥的划船比赛，乔就会借机举办聚会，气氛热烈，风格别致。阿克利故意挑衅，让这里聚集了社会各个阶层的人。他邀请了他在英国广播公司新结识的朋友（他现在在英国广播公司的访谈部工作），他当天的情人（一般是一个卫兵或者是一个乐呵的无赖，这个人可能还带着自己的妻子），艺术家，演员，地头蛇，还有他幸存下来的家庭成员：他古怪的母亲（曾经是一位光彩照人的杂技演员，就喜欢戴艳丽的帽

---

① 爱德华·摩根·福斯特致乔·兰多夫·阿克利，1928年1月5日，人权委员会。
② 同上，1926年8月，日期不详。
③ 多拉·卡林顿致塞巴斯蒂安·斯普罗特，1929年3月初，选自《卡林顿》，加尼特编，第405页。

第二部分

随着年龄增长，幸福终将到来

子),邦尼(Bunny)姨妈[她"性格有点像梅·韦斯特(Mae West)"[1]"笑声洪亮,颇具感染力"]和妹妹南希(Nancy)(外形骨感,举止优雅,不开心的样子非常像一个刻薄的贵族)。摩根也来了,一起来的还有安瓦尔(Anwar)和阿克巴。阿克巴是马苏德的儿子,还是个十几岁的青少年。由于父母婚姻发生变故,他被送来英国留学。乔为剑桥这边的人准备了大瓶的香槟,为警察准备了瓶装啤酒。天色渐晚,两帮人说话的声音都渐渐沙哑,都呆呆地看着河上划船的帅小伙。大家脸上都带着微醺的红晕,可能是酒精作用的结果,也可能是因为身边陪伴的人而酒不醉人人自醉。这个宴会就像是一部阿加莎·克里斯蒂(Agatha Christie)的小说,疯狂无忌惮。

  1930年的4月12日是个星期六。这天早上,天气凉爽,平淡无奇。摩根在乔举办的划船比赛聚会上,与一个魁梧的年轻警察相谈甚欢。这个人是哈利从分区房带过来的。摩根觉得他有点面熟:中分、头发黝黑且梳得溜光;面部宽阔,一脸坦诚,张嘴就笑。这个小伙子也就二十来岁,是个健谈且热心之人。一开始,为了给摩根留下深刻的印象,他谎称自己正在读陀思妥耶夫斯基的书,后来又对撒过的这个小谎百般解释。其实,在现实生活中,他对于男性户外艺术懂得更多。他过去是个业余拳击手,到处挣点小钱。他脸上宽大塌陷的鼻子正是他真诚的写照。他们说话的时候,这个年轻人热了热身。他喜欢划船运动,对船只和这条河流也颇为了解。他咧嘴笑了笑。这个人叫作鲍勃·白金汉,他后来成为摩根一生的挚爱。

---

[1] 乔·兰多夫·阿克利,《我和我的父亲》,第20页。

第十章
"有点像结婚了"

　　与哈利·戴利一样，鲍勃·白金汉也在哈默史密斯工区房外工作，而且他也出身于重度贫困的家庭，虽然父亲还健在，但却形同虚设。鲍勃小小年纪就开始赡养母亲和兄弟姐妹，而他软弱无能的父亲常常一下子就失踪好几个月。他们家住在苏默斯小镇上的贫民区，地处圣潘克拉斯站和尤斯顿站之间。与许许多多二十几岁的年轻人一样，鲍勃靠打零工勉强度日，经常会遇到找不到活儿的情况。他心灵手巧，进取心强：能够拆卸和修理小型摩托车，也能做一点木匠活。当警察之前，他在码头扛过大包，也做过快递员送过包裹。巡逻的时候，他为人友善却也严格。魁梧的体格加上洪亮低沉的嗓音，让他看上去格外有威慑力。哈利觉得，多亏他的介绍，鲍勃和摩根才能认识。出于对二人友好关系的忌妒，哈利把矛头转向了鲍勃这个竞争对手。他自我安慰说，鲍勃是个傻帽，"不爱读书"，[1]为人浮夸，还有点喜欢阿谀奉承。而鲍勃身上那种中产阶级人士才具有的稳重气质深深地刺激着哈利。鲍勃并不把哈利当作威胁，而是将他的阴谋诡计视为一种"有趣且善意的自我保护"。[2]对于摩根来说，尤其是见识过戴利的臭脾气之后，鲍勃的忠诚和冷静对他来说简直是一剂良药。

　　与前几次恋爱一样，摩根和鲍勃二人的关系也始于巧妙地周旋，毕竟不好意思公然引诱。摩根邀请鲍勃一起看电影，看喜剧，吃饭，到不伦瑞克广场的公寓共度周末。每次接受完摩根的款待之后，鲍勃

---

[1] 哈利·戴利致弗班克，1968年4月12日。
[2] 同上，1968年3月底，日期不详。

都会礼貌地送去一封字迹工整的感谢信，表达可以继续约见的意愿。摩根承担了鲍勃的教育经费，借书给他看，还会热心地询问他从中学到了什么。二人刚开始接触的时候，摩根就觉得与鲍勃志趣相投，因为这位新朋友非常冷静，这是哈默史密斯这个环境里其他人所不具备的特质。乔·阿克利看到摩根努力保护着这个彪悍的年轻人，使其免受流言蜚语的影响和阴谋诡计的算计，觉得很有意思。不过摩根决心要保护好鲍勃的名誉，不管乔怎么想。①"我必须再强调一遍，对鲍勃，要保持沉默。"

摩根处理得很巧妙。他告诉斯普罗特，因为"我比较确定鲍勃对我的感觉，这是他之前从未经历过的"。②尽管鲍勃跟男人在一起很舒服，但是他只跟女人上过床。1931年的夏天，摩根记录说，鲍勃已经"疯狂地爱上了"③他。摩根非常自豪地告诉利顿·斯特雷奇，在与自己年轻的新情人的"情事"中，他取得了"完胜"。这一征服性的描述让经验更加丰富的利顿觉得既"贴切"又"有趣"。④摩根对塞巴斯蒂安是这样描述他与鲍勃的性生活的，即"一种内在心灵上的感受蔓延到了外部肉体之上"。⑤他并未禁止鲍勃同女性发生关系，这还是从雷哲和贝丝那里吸取的教训。他甚至偶尔还会把不伦瑞克广场公寓的钥匙留给鲍勃，让他带着梅·霍基过来。梅·霍基是摩根在治疗上一段情伤期间认识的。她是一位护士，正在接受培训，聪明而又务实。梅不会对他构成威胁，为人风趣幽默，让人感觉舒服。她不会刻意追求女性化的做法。她不化妆，着装中性，没有宗教信仰，也不多愁善感。

随着二人感情发展顺利，摩根带着鲍勃回到西海克斯特，佯装是要对房子周围进行一些小的翻修。莉莉虽已年近八十高寿，但依然非

---

① 爱德华·摩根·福斯特致乔·兰多夫·阿克利，1931年1月14日，人权委员会。
② 爱德华·摩根·福斯特致塞巴斯蒂安·斯普罗特，1931年7月16日；《书信精选》，拉戈与弗班克编，第2卷，第105页。
③ 同上。
④ 利顿·斯特雷奇致罗杰·森豪斯，1931年4月21日；《利顿·斯特雷奇书信》，第105页。
⑤ 爱德华·摩根·福斯特致塞巴斯蒂安·斯普罗特，1931年7月16日；《书信精选》，拉戈与弗班克编，第2卷，第105页。

常敏感，她怀疑有什么事情将要发生。莉莉评价说，他的这位新朋友鼻子又大又扁，长相丑陋，还说他就是个平庸之辈，妄图用刻薄的言辞来刺探摩根的感情。她有点耳聋，一直没听清楚鲍勃到底叫什么名字，到最后也一直称呼他为"巴克纳姆先生"。①摩根像往常一样，对莉莉毫不抵抗，无论她批评鲍勃什么，他都保持缄默，也不会站出来维护鲍勃。与此同时，摩根还把鲍勃介绍给自己最亲密的女性朋友们，如弗洛伦斯·巴杰，她一上来就对鲍勃非常友好热情；还有卡林顿，她"觉得警察鲍勃长得很有魅力，很吸引人，正像大家所说的，是个'十分容易相处'的人"。②

正是因为鲍勃非常普通，才让他对摩根独具吸引力。他身上有太多值得赞赏之处。他通过努力奋斗和坚持不懈才找到工作；尽管拥有一个狄更斯式的过去，但他依然能够乐观向上，对这个世界抱有好奇心。鲍勃与《莫里斯》中的主人公颇为相似，"英俊、健康、性感"，这跟摩根"完全不一样"。③鲍勃与莫里斯的情人亚力克·斯卡德也很像，工人阶级出身，为人非常忠诚。鲍勃非常崇拜摩根，深深地被他吸引，热切渴望进入摩根让他看到的文学世界，与此同时，摩根朋友们的热情和接纳让他非常感动。他之所以努力提高自己的修养，不断进步，部分原因就是自己的成功会让摩根感到高兴。甚至连哈利都不得不承认，他俩在性情方面非常般配。④"鲍勃就是摩根要找的那个人，他比我合适多了，我很高兴事情的结局是现在这个样子。"

摩根深深地坠入了爱河。自从鲍勃跟他开始了这段关系，二人睡过以后，鲍勃要求摩根承诺对他专一，这让他既开心又惊讶。这种强烈的忠诚感是摩根从来不敢奢望的。他开始重新审视他的这位"情人

---

① 爱德华·摩根·福斯特致塞巴斯蒂安·斯普罗特，1931年7月16日；《书信精选》，拉戈与弗班克编，第2卷，第105页。
② 多拉·卡林顿致塞巴斯蒂安·斯普罗特，1931年夏，肯尼迪文化中心。
③ 爱德华·摩根·福斯特，《莫里斯》中的注释，第216页。
④ 哈利·戴利致弗班克，1968年3月21日。

第二部分
随着年龄增长，幸福终将到来

和爱人",①认为他这个朋友跟自己之前认识的人完全不同。幸运降临得太突然了。这时,他碰巧找到了三年前不明去向的一把钥匙,那是他自1909年就开始使用的日记本锁的钥匙。又一次打开这本上锁的日记,重读以往的记录,摩根对自己的人生轨迹有了重新的认识。摩根对找到钥匙这件事的解释颇具迷信色彩,认为这象征着某种复兴,于是他自觉地修改起这本日记来。首先,他先从之前撰写的短篇日记中挑选保留了一些段落,把早期与鲍勃在一起时的印象写了进去,然后把剩下的原稿全部烧掉。后来,摩根做了一件非同寻常的事情,他把鲍勃·白金汉写进了自己的人生故事里。

从他用这个大本子记日记以来,摩根就只用本子的正面。现在翻回到先前用过的那几页,用它们的背面来写附录。摩根模仿了普鲁塔克在传记集——《一部伟大的经典传记》中的做法,重新编排了日记结构,改成了他的人生与鲍勃的人生进行对话的形式,时间一直追溯到他俩相识的那一天。1909年,摩根还在为欧内斯特·默茨的自杀心痛不已。这一年,"鲍勃五岁,去了一家位于温彻斯特大街的幼儿园。"②1915年,与累计的战争中阵亡的旧识们的人数相反:这一年,"鲍勃十岁,去了休·米尔顿小学。"两人二十三岁的年龄差距已然变得不再重要。他们分别是一个柏拉图式灵魂的半边。所有记录的过往都在预示着如今这个命中注定的时刻。

几乎是在同一时间,摩根开始启用一本新的通讯录,一直用到他生命的尽头。这本通讯录反映出摩根那年轻又宽广的世界:A代表阿克利和年轻的诗人威斯坦·休·奥登,这个人的耳朵很大,脸很长;B代表白金汉,D代表戴利,P代表威廉·普洛默。普洛默是一位年轻的南非小说家,架着一副猫头鹰式的圆形眼镜,言行谨慎。然而,他只是看上去沉默寡言,品行端庄,实际上却非常不正经,离谱到令人发指。他的话来

---

① 爱德华·摩根·福斯特致塞巴斯蒂安·斯普罗特,1932年10月4日;《书信精选》,拉戈与弗班克编,第2卷,第112页。
② 这几个条目均选自上锁的日记,未注明日期,列在1909—1915年日记的反面条目下。

得出奇地快，因滥用双关语而臭名昭著。他喜欢将首音误置成古怪的名字来用，总喜欢把泰晤士河河堤上的大型雕塑，"印度的克莱夫（Clive）"说成"奥莱夫（Olive）"。①他可以用一副天真无辜的表情把见到的情景用犀利的语言加以描述，把一起吃饭的同伴逗得前仰后合。摩根发现，这种幽默具有传染性，他说，有一次威廉"毫无防备"，被他逮个正着。弗吉尼亚和伦纳德·伍尔夫对普洛默的第一部小说《图沃特·沃尔夫》（*Turbott Wolfe*）印象深刻。这本书讲述的是一个发生在南非不同种族的人之间的爱情悲剧。1931年，霍加斯出版社出版了他的第二部小说《茶道》。故事的背景设置在日本，大致内容改编自他本人与一个日本男孩的爱情故事。弗吉尼亚发现，普洛默其实是个机智聪明的小伙伴，不过她还是忍不住在日记和信件中将他刻画成一个尖酸刻薄的形象。

  摩根的许多青年朋友都搬去了梅达谷——位于伦敦的帕丁顿站附近，曾经是个高雅圣地，而如今却糟糕透顶。乔·阿克利也搬去了那里。父亲的离世迫使他不得不从哈默史密斯的豪宅中搬离出来。在世人和儿子看来，罗杰·阿克利一直是个富裕、强健、顾家的好男人，但等到遗嘱公开于世的时候，乔才明白，这个人的真面目远比自己印象中要不堪得多。乔没能继承到一大笔财富，反而发现父亲居然还在外面另有家室。不仅如此，他还在遗嘱中严格地规定，乔需要赡养那个秘密家庭以及母亲和妹妹南希。罗杰不但一分钱都没有留下，他那家烂公司还拒绝支付人寿保险。至此，乔无忧无虑的生活彻底结束了。他去英国广播公司找了份工作，最后升职成为《倾听者》（*The Listener*）的文学编辑，后来在这个岗位上一直做了下去。

  在梅达谷，乔的生活花销可以减去一半。在这个简陋的集会之地，他结识了一帮年轻的朋友，这些人都受到过伍尔夫夫妇的帮扶。斯蒂芬·斯彭德是个土耳其诗人，二十四岁，但看上去更像是个十几岁的少年。约翰尼·辛普森是一个古怪的年轻人。他写了一部朦胧的同性恋小

---

① 亚历山大，《威廉·普洛默》（*William Plomer*），第231页。

说，《灰狗巴士上的周六夜晚》(Saturday Night at the Greyhound)，由霍加斯出版社出版，署名用的是笔名约翰·汉普森。约翰·莱曼是霍加斯出版社的排字工兼编辑助理和勤杂工。通过他，摩根结识了克里斯托弗·伊舍伍德。①"约翰·莱曼从维也纳带回了克里斯托弗·伊舍伍德这个蠢货，但在所有人里面，我最喜欢他。"在日记里，弗吉尼亚从不隐藏自己对这些"谷中百合"的厌恶之情。②"在邓肯·格兰特的表演上，我们遇到了乔、摩根、威廉等人，这些同性恋男人，真是别具一格。"

1932年夏季，戈兹沃斯·洛斯·迪金森也就是戈尔迪，因做前列腺手术而来到伦敦。他找到摩根，交给他一小包重要的文件，里面包括：刚刚完成的自传以及万一他发生不测，需要转交给两个妹妹的信。这是他在清醒的时候做出的交代。戈尔迪的本我依然像过去那样温和、敏感和认真，也还是那么冷静。7月的时候，他在苏豪区（红灯区）的饭店里请一帮朋友吃饭。晚餐快要结束的时候，他向大家敬酒。没人能够记起当时他说了些什么，但是他的语气熟悉依旧。尽管戈尔迪"对所有的事情都保持着高昂的兴致……但他越发觉得，从某种程度上来说，在事物的发展过程中，所有人的重要性或者无关紧要性都一样，然而我们现在才知道这些"。③手术地点定于伦敦的盖斯医院，时间是8月1日，星期一。虽然是个大手术，不过他很顺利地挺过来了。第二天，摩根来看望他，坐在他的床边，他还很虚弱，不过心情舒畅，头脑清醒。他计划去他的老朋友兼信徒，乔治·特里威廉的家里做康复理疗。然而，第二天晚上，摩根就收到了"不真实"的消息——戈尔迪死了。④

他是在黎明前咽的气。⑤"主要是怕给我们添麻烦，让我们浪费感情。"戈尔迪在现实世界中留下的印记十分有限，只有几样财产：纸、信

---

① 爱德华·摩根·福斯特致塞巴斯蒂安·斯普罗特，1933年9月21日，肯尼迪文化中心。
② 《百合》(Lilies)，选自《弗吉尼亚·伍尔夫致昆廷·贝尔》(VW to Quentin Bell)，1933年12月21日，《弗吉尼亚·伍尔夫书信》，尼克尔森和陶德曼编，第5卷，第266页；《同性恋男人》，选自《弗吉尼亚·伍尔夫的日记》，第5卷，第120页，1937年11月30日。
③ 爱德华·摩根·福斯特，《戈兹沃斯·洛斯·迪金森（阿宾杰）》，第196页。
④ 同上，第197页。
⑤ 同上。

和书，还有一顶破旧的用中国丝绸做成的帽子，他习惯写作的时候戴着它。摩根急忙给杂志《旁观者》(The Spectator)写了一篇吊唁，赞扬了迪金森一生的成就。他是一位伟大的学者和决策者，一位时代精神的塑造者，一位有影响力的公众人物。不过，对他最高的评价却写在了寄给戈尔迪的老朋友马尔科姆·达林的信里。马尔科姆早在读大学的时候就认识戈尔迪了。① "纽曼(Newman)夫人是他的寝室管理员，她说'戈尔迪是世界上最好的人'。如果戈尔迪需要的话，我会把这句话写在他的墓碑上。"怀着无比愕然与悲痛的心情，摩根开始帮忙安排缅怀戈尔迪的活动。地点选在一座宏伟的哥特式教堂，就在戈尔迪房间对面的院子里。活动时间定于8月6日星期六，而这天本来应该是戈尔迪的七十周岁寿诞。

教堂的长椅上高朋满座，有来自大学的名流、国王学院的朋友们、从前教过的学生以及使徒社成员和助手等，大家纷纷特意赶到伦敦，来见证这一伟大生命的终结。摩根几乎是在鲍勃的搀扶下参加完了整场纪念活动。他虚弱的身躯依靠在这个年轻人宽阔的臂膀上。等到与会的人都走了，鲍勃悄悄地告诉摩根，梅怀孕了，他的话直截了当。他们必须结婚，而且还要快，这个月末就去办理。现在就看哪天休息，好去登记处把婚礼办了。鲍勃提议摩根来做证婚人。

1932年8月的最后一天，一个闷热潮湿、阴沉灰暗的下午，一行五人（牧师、新郎和新娘以及两个证婚人）聚集在民政登记处。摩根站在鲍勃和梅的身边，声明二人的婚姻没有任何障碍。原本计划是要到当地的饭店举行一场庆祝仪式，但摩根太难过了，于是以身体不适为托词没有参加。

鲍勃和梅在夏天结的婚，转眼间到了秋季。尽管针对此类状况摩根曾为朋友们提出过许多意见和建议，可是一旦事情发生到自己头上，却发现要做到之前说的那样有些困难。他始终无法释怀，也无法

---

① 爱德华·摩根·福斯特致马尔科姆·达林，1932年8月24日，人权委员会。

不去胡思乱想。他想到过自杀,也威胁说要离开这个国家,甚至有时候觉得自己要疯了。一次,鲍勃取消了二人的约会。摩根告诉乔,"如果他再放我一次鸽子,我觉得我会崩溃的。"①摩根禁不住对梅恶语相向,平白无故地说人家是个"霸道、狡猾和有心机的女人"。他也贬低鲍勃,说:"应该让他明白三角恋是行不通的。不过我觉得鲍勃暂时就想这么干,可能梅也是这么想的。不过告诉他这样行不通,他也就明白了。"②摩根想,不如就简单粗暴地把自己的想法和盘托出,其他人应该也不会说什么。可面对摩根的爆发,鲍勃却表现得很镇定,只是告诉他:"我们短时间内就不要寻欢作乐了。"③但摩根并不满足于此,对自己遭受的如此悬殊的待遇感到非常愤慨。④"昨天,我按约定去工区房喝茶,他看见我立马转身走了……当然了,当时梅也在场。"

摩根饱受焦虑和忌妒的折磨,但同时他又讨厌自己的所作所为和无能为力。于是他找到塞巴斯蒂安·斯普罗特,向他咨询自己到底该怎么办。塞巴斯蒂安既是朋友,也是一个心理学家。

> 如果我不能"得到我想要的",我就会发脾气,就像是怒火中烧的查尔斯。比如昨晚的那些小情绪充满了狡猾和算计,虽不至于自杀,但是我讨厌这些。即便明年孩子出生后,他能够管控好他的妻子,我又能从中得到什么好处呢?……或许,我会像现在这样,仅仅因为我的周末是在剑桥戈尔迪的房间里度过的。但那时似乎只是悲伤而已,人们总会有悲伤之处,但其实悲伤以外的东西才是真正难以控制的。⑤

---

① 爱德华·摩根·福斯特致乔·兰多夫·阿克利,1932年11月10日,人权委员会。
② 爱德华·摩根·福斯特致塞巴斯蒂安·斯普罗特,1931年7月16日、1932年10月4日,《书信精选》,拉戈与弗班克编,第2卷,第105、112页。
③ 同上,1932年10月11日,肯尼迪文化中心。
④ 同上。
⑤ 同上,1932年10月16日,第112页。

摩根处于一种纯粹焦虑的状态之中。与梅·白金汉争夺鲍勃既意味着失去，也是一种害怕失去的惶恐。事实上，戈尔迪的死本身就是一种"额外的悲伤"。在鲍勃结婚之前，已经有好多人去世了，这早就对摩根造成了沉重的打击，而戈尔迪只是这些人中最后走的一个。1月的时候，也就是戈尔迪去世前六个月，利顿·斯特雷奇死于胃癌；卡林顿悲伤欲绝，没有利顿她活不下去，于是两个月后开枪自杀了。摩根把这两起悲剧记在了日记里。对于卡林顿的自杀行为，他表示理解，只是希望她依旧还活着。

戈尔迪去世前十八个月，也就是1929年夏季，老爱德华·卡彭特也走了，比他挚爱的小情人乔治·梅里尔晚了一步。戈尔迪在人生最后几个月的时间里去拜访过卡彭特。他告诉摩根，让人难过的是，这是他俩的最后一次见面，其间，那位老人坚持要去墓地看看。戈尔迪默默地站在一旁，看着卡彭特在梅里尔的墓碑前啜泣，哽咽着说自己的爱人就埋在这冰冷的地下。

甚至连性情暴躁、充满活力的D.H.劳伦斯也离开了人世。1930年3月2日，他死于肺结核，年仅四十四岁。尽管二人的关系一直别别扭扭，但摩根始终认为，劳伦斯是"我们这一代人中最具想象力的小说家"。[①]他还公开维护劳伦斯，当时，一篇充满敌意的讣告刊登在《泰晤士报》上，摩根对此予以抨击。劳伦斯去世两天后，摩根还私下写了一封简短的信给劳伦斯的遗孀弗莱达：

> D.H.L去世的噩耗让我非常震惊。他，还有他那些尚未完成的书籍，对我来说，一直很重要。我也想到了你，不知道你现在过得怎么样，接下来准备做些什么？提笔写这封信实属不易，请务

[①] 爱德华·摩根·福斯特，《D.H.劳伦斯》，选自《国家和雅典娜神庙》(Nation and Athenaeum)，1930年3月29日。

必不要回复。我希望能够帮得上你。①

E.M.福斯特

鲍勃结了婚,紧接着这些亲密友人又相继去世,摩根感觉像是到了世界末日。摩根下决心专心致志地进行一项修缮工程——给戈尔迪写一部传记。摩根在朋友的房间里安顿下来,透过眼前半圆形的大窗户,人们可以放眼看到对面院子里那座金碧辉煌的教堂。他手边的书籍、文件以及戈尔迪生前写过的那些晦涩难懂的信件堆积成山。挑选资料的时候,摩根发觉,戈尔迪大部分的信件都无聊至极。他写信给乔说:"我一直用平稳的语气给梅念戈尔迪的信,然后听到她说'摩根,亲爱的,我们一定要这样吗!'"②

不过,不知不觉中,写传记渐渐开始给摩根带来了乐趣。他告诉弗吉尼亚·伍尔夫,写作的过程让他比以前更爱戈尔迪了,而且进度比预想的要快得多。写传记这种行孝之举也让摩根开始思考,自己死后能留下些什么:"希望死后也能有人给我写本传记。"③他对乔说,"我希望能把所有的事情都讲出来,所有的事情,可是现在能讲的实在太少了。戈尔迪在这方面做得就比较突出,因为他反对删减。"

这些"删减"指的是关于戈尔迪同性恋的细节。他给摩根的"回忆录"明确地建构出一个主题,即五十五年来,他与男性爱情上的失利或升华所产生的影响。他把这些韵事坦诚地记录下来,"希望我现在所写的东西,如果有朝一日能够出版,可以帮助和鼓励那些具有相同性取向的人;或者起到启发和教化的作用。因为民众,尤其是英国民众,对这方面的看法特别偏激和残忍。"④

---

① 爱德华·摩根·福斯特致弗莱达·劳伦斯,1930年3月4日;《书信精选》,拉戈与弗班克编,第2卷,第91页。
② 爱德华·摩根·福斯特致乔·兰多夫·阿克利,1933年2月12日,人权委员会。
③ 同上,1933年1月10日。
④ 《戈兹沃斯·洛斯·迪金森自传》的序,普罗科特编,第9页。

但是他也限制了摩根的发挥。

  我现在感觉,如果有什么不可以发表的内容(在这方面我无法判断),关于性的那部分应当省略掉。现在还无法(今后或许也未必能够)确信人们不会往歪处想。毕竟我的亲人还健在。别忘了,我的姐妹们还没有看过这部自传,而且我也不希望她们看到,除非是删减过的版本。①

  在写作传记的过程中,摩根不得不面对一个现实,即戈尔迪人生的"平淡无奇"。洛斯·迪金森是个有头脑的人,人生轨迹的确也符合学术型故事里所设定的那种平实的情节。但是,将他的人生叙述出来面临着一个巨大的难题,那就是:虽然性升华和性放弃让戈尔迪的生活走了样,但是内心导致这种矛盾的原因却不能出现在传记里。

  因此,摩根采用了一种全新的体裁。他写的是一部真实但并不完全纪实的传记。摩根开创性地运用沉默的方式来叙述故事,在跟鲍勃和梅打交道的过程中,他也是这么做的。因为故事一旦被贴上了标签或者接受命名的话,就彻底毁了。就像阿德拉·奎斯特德,当她默认成为罗尼的妻子之后,她感觉自己变得渺小了。②"不同于绿色的鸟儿或者毛茸茸的动物,她现在被贴上了标签。"在写作《戈兹沃斯·洛斯·迪金森》一书时,摩根为"敏感的"读者们预留了空间,让读者自己去发掘导致戈尔迪不幸的原因。

  在写作时,摩根尽可能地在迪金森的条条框框之内做到坦白直率。在他描绘的画面中,主人公生活在一群男人之间,拥有诸多同性好友,但从未有过结婚的想法。③"尽管,就性爱意义而言,他从未被女性吸引。虽然他把自己最深刻的情感全都倾注在男人身上,但如果没有女

---

① 《戈兹沃斯·洛斯·迪金森自传》的序,普罗科特编,第9页。
② 爱德华·摩根·福斯特,《印度之行》,第85页。
③ 爱德华·摩根·福斯特,《戈兹沃斯·洛斯·迪金森》,第47页。

性，他的生活一定空虚难过。"或者"迪金森明明很爱斐迪南·席勒，却又常常离开他，常常怀疑自己的投入是否有所回报。多年以来，迪金森一直有种挫败感，这其中的痛苦，只有敏感的人才能体会"。[1]

摩根也会直接引用戈尔迪的话，诸如："如果爱这个字眼形容的是身体上的一种持久的挫败感，那么我没有不在爱里的时候。就以上问题，我问过诡辩家和医生，虽然我并不期待他们能给出什么重要的观点。"[2]还有"我认为没有几个男人体会到的浪漫像我这样少。因为浪漫需要通过女人来实现，但这种方法在我这里又行不通"。[3]

为了完成他这部古怪的传记，摩根写了一篇奇特的编后记，采取的是迪金森式的风格，即苏格拉底式的对话，对话双方是身为传记作者的自己和梅菲斯特。那个恶魔要求他守护自己的选择，记录下这个人如此不合逻辑的内心生活。梅菲斯特反对的话语表明，对于摩根来说，那些利害攸关的东西都是个人的，即同性恋全部消失的危险。

> 梅菲斯特……这个时候探出头来，他让我把个人感情全部放到一边，客观地说一下我为什么要写一部迪金森的回忆录。如果我说"因为我想写"，回答便是"你是谁啊？"如果我说"我的朋友深受喜爱，感情真挚，大公无私……"那个恶魔可能又会说"是的，但是你说的这些，这里没有，那里也没有。或者说，那里曾经有过，但这里再也不会有了。你要说话算话，其他人也要保证，这个人曾经这样过，但是如果你们也都消失了，还有什么能够留下来吗？"[4]

摩根曾经在给爱德华·卡彭特写吊唁词时用过这种幻想体。文中，

---

[1] 爱德华·摩根·福斯特，《戈兹沃斯·洛斯·迪金森》，第63页。
[2] 《戈兹沃斯·洛斯·迪金森自传》的序，普罗科特编，第56页。
[3] 同上，第58页。
[4] 同上，第199页。

他主张说卡彭特有可能会被人们遗忘。他对比了两种名誉——一种是在历史书籍中"设法宣传"自己，还有一种是卡彭特身上的那种，即"依靠他对朋友们持久和浓烈的爱"。①毫无疑问，后者更容易消散，尽管它弥足珍贵。弗吉尼亚·伍尔夫为了朋友罗杰·弗莱写传记的事而苦恼挣扎，摩根则告诉她，传记这种体裁不会"引起下一代人的兴趣"。②

下一代人已经成为现实。1933年4月21日，摩根在那本上锁的日记本中记载道："鲍勃的儿子于早上五点出生……是个好看的孩子，跟他一样，像有颜色的压扁的树莓。"③梅和鲍勃给他们唯一的孩子起名叫罗伯特·摩根。为了跟他的父亲区别开来，他们叫他罗宾。这是第三个以摩根命名的孩子。在宠溺他的父母和教父眼中，他就是宇宙的中心。

这个孩子的诞生，如同海伦·施莱赫尔和伦纳德·巴斯特（霍华德庄园的继承人）的孩子出生时一样，让摩根开始揣摩时光流逝以及对未来的希望。罗宾六周大的时候，摩根给"我亲爱的鲍勃"写道：

> 今天下午，我差点去你家喝茶，但又不确定你们是否方便……于是我转而去了科芬公园。我发现了那栋小时候跟我姑奶奶玛丽安·桑顿一起去过的房子。而她生于1798年。这简直太令人难以置信了。
>
> 这里也有你的小孩，从某种意义上来说也算是我的孩子，因为他用的是我的名字。他生于1933年，即一百三十五年之后。在我有生之年，他们两个人我居然都见到了。④

1933年的夏天，摩根说服鲍勃陪他开车去英国西南部旅行，一方面可以让梅休息一下；另一方面为了重获鲍勃的感情。哈利·戴利

---

① 爱德华·摩根·福斯特，《论卡彭特》(Carpenter)，选自《爱德华·卡彭特》，贝斯编，第81页。
② 《弗吉尼亚·伍尔夫的日记》，第5卷，第314页，1940年9月2日。
③ 爱德华·摩根·福斯特，上锁的日记，1933年4月21日，肯尼迪文化中心。
④ 爱德华·摩根·福斯特致鲍勃·白金汉，1933年6月初，周日，《书信精选》，拉戈与弗班克编，第2卷，第117页。

第二部分
随着年龄增长，幸福终将到来

一段未被记录的历史：
E.M.福斯特的人生

趁鲍勃不在的时候来看望梅，一如既往地想要兴风作浪。他露骨地指出，摩根和她丈夫之间的友谊很不正常，试图以此来破坏梅对鲍勃的信心，让她怀疑丈夫对她的爱。但是面对这一切，梅的立场既坚定又不僵化。她不想跟摩根角力，因为她相信鲍勃对自己的忠诚。她觉得，两个人分开时，鲍勃跟一个男人比跟其他女人在一起更有利于他们夫妻关系的稳定。有时，哈利的恶意中伤让鲍勃很恼火——"哈利总是拄着拐回来，在哈默史密斯大声嚷嚷，说鲍勃·白金汉的坏话"①——但是梅就是不为所动。

所以，罗宾出生后的第一个月，这三个人制定出一个缓和之计，即建立一种不同寻常的亲情关系，虽然在外界看来，那跟传统的婚姻没有什么不同。在这种关系中，他们既需要放弃探究那些未说出来的事情，也需要依靠一些传统习俗观念，比如梅对家务事拥有绝对主导权。但是，慢慢地，这种安排逐渐变成了一种恩惠，一种复杂和难以界定的亲属关系。原因主要是摩根和梅之间开始了相互欣赏和关爱。梅生性泰然自若。摩根死后，她把二人之间所经历的"暴风雨般猛烈的阶段"进行了如下描述：

> 我现在知道了，他正因为爱鲍勃，所以才会忌妒我，对我百般挑剔。我们前几年的关系如暴风雨般激烈，主要是因为他当时一点都不了解我们的生活模式，而且当时他认为罗伯特不应当被家务事所埋没。多年以来，他让我们两个人都发生了改变。我们两人开始彼此相爱，开始分享接下来的喜怒哀乐。②

梅没有问，所以她也没法说。

如果说摩根不想让鲍勃与梅一起"被家务事所埋没"，那是因为他

---

① 爱德华·摩根·福斯特，上锁的日记，1933年12月26日，肯尼迪文化中心。
② 梅·白金汉，《回忆录》，选自《爱德华·摩根·福斯特：访谈和回忆》重印版，J.H.斯特普编，第77页。

自己想要跟心爱的人一起做这些事情。摩根初尝做家务的乐趣，就是与鲍勃一起在不伦瑞克广场的公寓里经历的。那是一种属于两个男人的安静生活，是他自从写了《莫里斯》以来一直向往的生活。他给鲍勃写道："我生命中最幸福的时光，永远是我们在那间公寓里共度的那短短几个小时。"①罗宾出生后的那个夏天，摩根把这些家里发生的小插曲翔实地收录进一个不朽的故事里，他开心地告诉弗洛伦斯·巴杰：

> 鲍勃与我上午八点半在利物浦大街见面，我已经在公寓里备好了早餐。我想这种感觉有点像结婚了似的！不管怎么说，这都让人非常愉快，而且我从未体验过这种感觉……我非常感谢你能接受鲍勃。要知道，对于一个五十三岁的人来说，接纳一个重要的人进入你的生活非常不容易。一般来说，到了这个年龄，接纳之门都是紧闭的。然而我爱的人们，包括鲍勃本人，都在竭尽全力让这件事变得简单易行。我发现，为年龄之事苦恼没有任何意义。不到生命最后一刻降临，每个人都是永恒的。过去的岁月把你我联系在一起，因为它给予了我宝贵的经历——我们共同拥有的宝贵经历。②

他想要开创一种属于自己的婚姻模式，不同于普通的规则，这种婚姻需要真正的耐心和欢乐，并伴随着奇思妙想。这在一定程度上稀释了鲍勃对梅的爱，就像那是工人阶级的男性普遍拥有的某个习惯；摩根告诉克里斯托弗·伊舍伍德，自己正在考虑修改《莫里斯》的手稿。③"有时我会有让亚力克·斯卡德结婚的想法。"

摩根给戈尔迪撰写传记的时候，其实也重新书写了自己的人生。

---

① 爱德华·摩根·福斯特致鲍勃·白金汉，1933年6月初，周日，《书信精选》，拉戈与弗班克编，第2卷，第117页。
② 爱德华·摩根·福斯特致弗洛伦斯·巴杰，1932年7月4日，肯尼迪文化中心。
③ 爱德华·摩根·福斯特致克里斯托弗·伊舍伍德，1938年8月28日，亨廷顿；《书信精选》，拉戈与弗班克编，第2卷，第158页。

第二部分
随着年龄增长，幸福终将到来

此番人生，是戈尔迪这种踏踏实实生活在维多利亚时代里的人永远不可能拥有的。摩根看着罗宾一天天长大，感觉到这个孩子把他和白金汉夫妇联结到一起，便开始享受这种变化。弗吉尼亚·伍尔夫有趣地发现，摩根在给戈尔迪写传记时看上去非常开心。或许是为了向戈尔迪回忆录的主旨表示敬意，摩根在自己的日记中开辟出一个独立的部分，命名为"性"，用来记录他自己对于肉体之欢最早期的记忆。针对戈尔迪留给他的需要注意的一些内容，摩根在他这本"普通的书"里稍微进行了一下反驳。他想象着他对鲍勃的爱或许能为其他人带来希望。

> 这两年来我过得很幸福……幸福可能会降临在顺其自然的成长中，有宗教信仰的人们往往会这样想，这不足为奇。从五十一岁到五十三岁，我一直很幸福。我想要提醒其他人的是，幸福也会青睐你们的。这是唯一值得给出的信息。[①]

令人不解的是，摩根的内心世界此刻变得如此陶醉，而外部世界——玛格丽特·施莱格尔称为"电报和愤怒"的世界却变得越来越充满恶意。从管区回来，鲍勃告诉摩根，即使是在伦敦的街道上，也有麻烦正在酝酿。奥斯瓦尔德·莫斯利把奥林匹亚（一个爱德华七世时的会议大厅）租了出去，并劝诫一个英国的法西斯暴徒；莫斯利的黑衫党成员冲到哈默史密斯的大街上，呐喊着各种口号。鲍勃刚好在执勤，他需要维持秩序，在海德公园中，这一大帮黑衫党人维持和平；应摩根的要求，他对现场做了记录。

政治局势对于同性恋和犹太人来说可谓暗无天日。鲍勃和摩根去阿姆斯特丹拜访伊舍伍德的时候，路上遭到了几个神秘男子的跟踪，这些人有可能是便衣警察。摩根断然拒绝了克里斯托弗出版《莫里斯》的请求。在年轻人看来，柏林，至少在希特勒出现之前，是自由精神

[①]《备忘录》(1932)，菲利普·加德纳编，第94页。

的化身。但是，摩根的眼光比较长远，他觉得应当更加谨慎小心才是：

> 的确，如果钟摆一直按照现在的方向摆动，此书可能会适时出版。但是，一个人跟体面和明智的人（现在已经有不少这样的人了）接触越多，他就越容易忘记还有成百上千万的禽兽和白痴在暗处徘徊，时刻准备着胡说八道和吞噬毁灭。我认为，三十年前我对文明做出的预见还是比较真实的。当时我就认为，自己隐藏着一个致命的秘密①。

克里斯托弗和他的德国情人海因茨·尼德迈尔陷入了险境，这对于摩根来说是一个沉重的打击。两人想去旅行，这样一来海因茨就可以免于征召进入德国军队，摩根随即资助了他们。然而，希特勒当选后，政策变得更严苛。英国移民官员禁止海因茨入境，他们对海因茨到英国找工作的借口深表怀疑，于是他被"送上下一艘回德国的船"。② 这两个男人暂时逃到了加那利群岛上的特纳利夫岛上。但最终海因茨在丹麦边境被抓，而且被强征入伍。他们绝望的处境让摩根焦虑万分，既是为他们二人担心，也是为自己担心。国籍有那么重要吗？这简直太荒唐了！在个人关系方面，摩根更加信赖古老的使徒伦理了。

伊舍伍德圈子里的一些同性恋青年制订出了一个创造性的方案，将罗马教皇时期的伦理观运用到此刻这个紧要关头上：他们不妨与异性结婚。艾莉卡·曼恩是托马斯·曼恩的女儿，也是一个同性恋者。1935年年初，她找到克里斯托弗，问他是否愿意跟自己结婚，这样她就可以获得英国护照，从而逃离德国。原来，她与女演员特雷泽·吉瑟表演的政治歌舞剧——布莱希特的第一部《大胆妈妈》(*Mother Courage*)让她成为纳粹攻击的目标。然而，当时伊舍伍德对海因茨爱

---

① 爱德华·摩根·福斯特致克里斯托弗·伊舍伍德，1933年7月16日，亨廷顿；《书信精选》，拉戈与弗班克编，第2卷，第118—119页。
② 帕克，《克里斯托弗·伊舍伍德》，第277页。

得深沉,没有答应曼恩的请求。不过他还是开开心心地把她介绍给了威斯坦·奥登,后者直接回了一个词"非常乐意!"①并于1935年和曼恩结了婚,打那以后,二人以好朋友兼合法夫妻的身份共度余生。

下一个应征入伍的是小说家约翰尼·辛普森(他的长相十分怪异,下巴很大,脸很长,看上去像一轮新月,辛普森自三十出头便认识了威斯坦和摩根)。现在,特雷泽·吉瑟有危险——不仅仅是因为她的政治活动,还因为她是个犹太人。奥登找到辛普森,先问道:"同性恋是干吗用的?"②其逻辑性真是让人"无可辩驳"。1936年5月,一场奇怪的婚礼出现在了索利哈尔的登记处。索利哈尔位于伯明翰的郊区,风景秀丽,辛普森就住在那里。新娘一句英文都不会说,手里拿着一小束捧花。奥登是这场仪式的司仪,他身着晨礼服、条纹裤,对整个事件做了精心的安排。这对夫妻和他们的一帮嘉宾一起去了一家当地酒吧,喝了好多酒,花了一大笔钱。奥登大声宣布说,没关系,"托马斯·曼恩请客。"③

但并不是所有的婚礼都是以喜剧收场的。1933年11月,摩根在《泰晤士报》上获悉,西格夫里·萨松订了婚,这让他倍感吃惊。摩根对此的疑惑是可以理解的,毕竟在过去的十年间,他一直耐心地倾听着萨松和他那做作却深情的恋人斯蒂芬·坦南特向他诉说心声。此外,通过这种公开的方式得知这个消息也让摩根觉得很受伤。他写给萨松"几句话,表达了自己的感情和美好祝愿,(从某种意义上来说)也是一种道别"。④实际上,他表达了两个意思。萨松一直渴望成为乡绅,他的这种想法让摩根觉得很有意思。很明显,萨松已经屈从于习俗了。而且,他也背叛了二人之间的友谊。

但萨松迅速回信解释说,自己身上突然发生了一些神奇的变化:他

---

① 汉弗莱·卡彭特,《威斯坦·休·奥登》(W. H. Auden),第176页。
② 艾伦,《走在新格拉布大街上》(As I Walked Down New Grub Street),第56页。
③ 同上,第58页。
④ 爱德华·摩根·福斯特致西格夫里·萨松,1933年11月6日,引自弗班克,《爱德华·摩根·福斯特》,第2卷,第181页。

爱上了海斯特·盖蒂。虽无法解释，但却是真的。摩根做了简单的回复，"你的消息虽是个好消息，但还是让我大吃一惊。（不是一个需要回答的问题。）"①

但是为了公平起见，他决定既不把西格夫里当成叛徒，也不把海斯特当成敌人。

1935年，摩根的身体每况愈下。颇具讽刺意味的是，他碰到了与戈尔迪相同的状况：医生诊断出他的前列腺出了问题，建议他做当年洛斯·迪金森的那种手术。医生认为这是过度手淫导致的病。医生的态度让得这个病显得更丢人。②"他看起来是真觉得恶心，还说这种事情是不自然的。如果你做出有悖于自然的事情，自然就会拿走它。如果他想看到我吃惊的样子，那就让他看到好了。"摩根去拜访伍尔夫夫妇。他把伦纳德叫到一边，悲伤地跟他说了以上那些话。两个男人"说了点悄悄话"③之后，弗吉尼亚在日记中写道："我想，他感觉自己可能要死了。"

莉莉虽然不知道事情的起因，但大概知道一些来龙去脉，于是惶恐起来，担心最坏的事情会发生。虽然摩根已经五十六岁了，但他仍然不知道该如何对付自己的母亲。他回到伦敦的公寓里做术前准备，但主要是为了临时逃离西海克斯特。手术前几天，他写信给莉莉，刻意调整了一下语气："等我回去的时候，你不要像对小孩儿似的对我！有时你说我在家里感到无聊，其实我不是无聊，是压抑，因为你管得太严了……"④"我买了个长沙发。我觉得这事跟你商量也没什么用，因为我知道你不喜欢变化，尽管你想要我舒服一点。"⑤于是，为了让自己最过分的行为获得批准，他在信的结尾用颇具孩子气的语言写道："现在你喝点可可或者橘汁（不确定你想喝哪种），然后上床睡觉觉，好吗？"⑥

---

① 爱德华·摩根·福斯特致西格夫里·萨松，1933年11月8日，引自同上。
② 爱德华·摩根·福斯特致乔·兰多夫·阿克利，1933年12月1日，人权委员会。
③ 《弗吉尼亚·伍尔夫的日记》，第4卷，第357页，1935年12月14日。
④ 爱德华·摩根·福斯特致爱丽丝·克拉拉·福斯特，1932年11月30日，肯尼迪文化中心。
⑤ 同上，1932年12月6日。
⑥ 同上。

手术定于12月18日。手术前两晚，摩根给鲍勃写了一封告别信，勇敢地告诉他"至于能不能逃过这一劫，我看得很开。你的爱成就了这样的我，我什么也不害怕"。①手术分为两个阶段。第一个阶段进展顺利。他恢复得很快，把当年戈尔迪的命运忘得一干二净。不同于戈尔迪，摩根选择在一家私人疗养院里慢慢康复，他注意到，人们有意把他跟最爱的人分开，觉得这有伤尊严，于是他向乔抱怨道："我觉得不是我母亲来这儿说了什么。他们不让鲍勃来只是因为我喜欢他……"②

即使有些痛苦，他依然不失幽默，他给乔写道：

> 对于阴茎，我昨天产生了一些超然脱俗的想法，或许就像大君当年一样。我的这个器官常给我带来极致的乐趣，也让我了解他人，这是我身体其他部分所无法做到的。现在它在湿乎乎的法兰绒裤子里立着，或者耷拉着，等待着有什么变化发生。怪不得人们给它冠以"万寿菊"的名号，用酥油把它沾湿。但是这些细节在西方人看来，一定很傻。③

---

① 爱德华·摩根·福斯特致鲍勃·白金汉，1935年12月16日，肯尼迪文化中心。
② 爱德华·摩根·福斯特致乔·兰多夫·阿克利，1936年3月17日，人权委员会。
③ 同上，1936年2月19日。

第十一章
"最后的英国人"

摩根渐渐从手术中恢复过来,与莉莉蜗居在西海克斯特一带的房子里,建筑风格是维多利亚时代的,但看上去有些杂乱无章。此时母亲已经八十一岁,体态矮胖,脾气乖戾,是个"十足的独裁主义者"①,而摩根刚刚五十七岁。两人困在了这个地方,仿佛是困在琥珀里的蜜蜂,还有两名用人住在这间杂乱的房子里,这两位用人分别是:"英格兰最后一名客厅女侍"②——艾格尼丝·道兰德和园丁亨利·博恩,这两人与莉莉年纪相仿,年老体弱。房子里用的是烧煤的壁炉,炉灰得倒进花园里。屋里没有自来水管道,没有电,没有安装电话。如果想洗澡,艾格尼丝得先用厨房里的炉子烧好开水,然后费力地把热水提到楼上的黄铜浴缸里。这里距离村子有一英里的路程,途经一片黑莓灌木丛。

在哈默史密斯区,朋友们可能会把福斯特母子当作乡绅阶层,然而就在六十年前,莉莉还曾在阿宾杰大宅做过家庭女教师,即便几十年过去了,如今这位体面的寡妇对自己那飘忽不定的社会地位还是非常敏感。福斯特母子二人依赖于阿宾杰大宅的法勒夫妇,这点他们深有体会,夫妇二人虽然允许劳拉·福斯特在这里建造房屋,但却拒绝承认他们对这块土地的所有权。自从劳拉姑妈过世后,摩根和莉莉便在法勒勋爵那晦暗不明的态度中提心吊胆,因为他不愿执行租赁上的

---

① 爱德华·摩根·福斯特致弗雷斯特·里德,1942年9月4日,引自弗班克,《爱德华·摩根·福斯特》,第2卷,第252页。
② 弗班克,《爱德华·摩根·福斯特》,第2卷,第235页。

条款。而现在还有几个月租期就要满了，这距离埃迪·福斯特设计这座房子不过隔了六十年。随着租期渐满，摩根不得不小心翼翼地向法勒勋爵谈起这个问题。然而，得到的答复却令人忧心忡忡。法勒勋爵并不想宣布最初的条款无效，因为这样会束缚住他自己的继承者。摩根以正式书信的形式跟法勒进行了几番较量，就延长其有生之年的租期与对方进行了讨价还价，不过最终他还是被迫接受了一个含糊其辞的协定，以较短的租期替代莉莉余生的租期。在西海克斯特居住的十几年里，他们从未被邀请去"大房子"①共进晚餐。只是偶尔情况下，为了避免水管破裂，他们会吩咐艾格尼丝去打开厨房的水龙头，以此来减轻大厅的水压。

然而，想要回到白金汉郡的生活状态是绝无可能的。他们纷纷遭受着健康方面的困扰，梅被诊断出患有肺结核，于是被送到松林的疗养院，并在那里度过了长达一年的时间。小罗宾被寄养在一位姨妈和姨夫那里，鲍勃此时也有些身心俱疲，一边履行警察的职责，一边还要去看望梅、罗宾和摩根。有一次去医院探望时，这个孩子竟然认不出梅来，这令梅和鲍勃心痛不已。新家庭出现的紧张关系唤醒了摩根内心的柔情，他源源不断地给梅寄去了鼓舞人心的书信、书籍，还有小礼物，并在信里向她分享一些罗宾的趣事，鼓励她积极治疗，争取早日康复。其中，他特别关心鲍勃和梅有一天能够重建家庭生活，并为此给了几点中肯的建议："首先你和鲍勃，还有罗宾需要长时间的独处，只要你重新习惯了家庭生活，你就会不得不常常去做一个女人要做的事情，而这些事情对你来说显然非常重要。"②

摩根通过书信和实际帮助给予了梅莫大的支持，梅也变得更加喜爱他。反之，于摩根而言，在长期疗养期间，他非常钦佩梅的胆识和忠诚。去医院探望变得有些矫揉造作，因为占有欲有如针刺般侵袭着他的

---

① 爱德华·摩根·福斯特，《西海克斯特：马车游记》(West Hackhurst: A Surrey Ramble)，国王学院档案馆。
② 梅·白金汉致爱德华·摩根·福斯特，1935年6月16日，国王学院档案馆。

内心。然而，给她写的信区别于往常的写作，好在他对语言拿捏得恰到好处，内心的爱意和赞赏得到充分地表达。摩根的笔下仿佛正在孕育一个人物，在他的意识中，梅·白金汉渐渐变得有血有肉，栩栩如生。生病期间的梅变得与众不同起来，"非常得体"①，成为一位"独立的朋友"。

她回到家里后，摩根和这对夫妇的关系发生了微妙的变化，渐渐形成一种稳定的三角关系，在接下来长达三十五年的时间里，这层关系以不同的方式支撑着他们。这种新颖的家庭结构既无方法可循，也没有什么经得起检验的界限。每个人通过一种英式的保守，保持着克制，相互间分享沉默，营造出一种平静安定的氛围。对于两人的挚爱——鲍勃、摩根和梅巧妙地为他们各自的"婚姻"划分一块亲密的空间，比如鲍勃可以在时间充裕的周末陪伴梅，在时间较短的周末陪伴摩根。在牧人灌木小公园对面的一间小小的砖瓦房里，梅完全主导着这里面的家庭生活。而摩根则将布伦瑞克广场上的公寓据为己有，鲍勃会用公寓里的煤气炉煎蛋卷。无论摩根去哪里旅行，鲍勃都会陪伴着他，从塞纳·阿巴斯（那里有一座巨型阴茎状的史前人物巨像）到巴黎，再到阿姆斯特丹。

鲍勃和梅也决定不再多要孩子，两人维持着一段丰富多情的婚姻。至于摩根，在这三十五年里，他偶尔会放纵一下，并经常安慰鲍勃说，自己一直很谨慎，不会传染上性病。他自己也承认，白金汉夫妇之间激情四射的性生活能够带给双方愉悦和亲密的感觉，而这是他所不能分享的，然而他不能接受的是，自己和鲍勃特殊结合形式的合法性受到了贬低。鲍勃和梅之间高高在上的夫妻关系令摩根无地自容，对此，他诚恳地反驳道：

> 你昨天说的一些事有点令我伤心②，并不是说你故意这么做，

---

① 爱德华·摩根·福斯特致克里斯托弗·伊舍伍德，1935年9月9日在亨廷顿，国王学院档案馆。
② 爱德华·摩根·福斯特致鲍勃·白金汉，1943年2月20日，《书信精选》，拉戈与弗班克编，第2卷，第201页。

而是你让我想到了自己身上的种种缺陷，而平日你通常不会令我在意这些缺陷的存在。我相信你是对的——那些奇妙特殊的体验是我从未经历过的，它们可能会给两人一种奇妙的感觉——透过彼此便可以触摸到浩瀚宇宙。然而遗憾的是，并不是所有人都会有这种奇妙的体验。

T.E.劳伦斯与摩根之间的友谊已经稳定为一种断断续续的书信关系。摩根曾参观过几次云山小舍，那是一座多赛特的博温登兵营附近的小房子，虽然房子年久失修，看上去有些破败，但令他开心的是那里有一群热闹的伙伴，是劳伦斯来自工人阶层的战友。劳伦斯对摩根写的同性恋故事反应甚是怪异，但为了缓解两人的关系，劳伦斯向他透露了自己的新书《铸造》(*The Mint*)。这本书肆无忌惮地描述了兵营的生活，里面充斥着污言秽语和同性情谊。摩根万分沮丧地肯定，这本书根本不可能出版。

从巴基斯坦回来以后，劳伦斯的官方工作就变得极其秘密。身为英国男人的符号——温文尔雅、不顾一切、爱国、谦虚，尽管他自称对身上所肩负的公众形象惴惴不安，但还是激起了公众的幻想，最终他做到了抽身而退。一个月后，他接到来自温斯顿·丘吉尔的最高机密命令，前往索伦特海峡检验快艇。但接下来他便躲在了一栋白色小木屋里，用大喇叭状的白色留声机听听音乐。摩根接受邀请到这里来拜访劳伦斯，他感觉得出，被解雇后的劳伦斯需要人的陪伴。小木屋的环境要比兵营稍微好一点：没有厕所，只有一个极其简陋的浴缸，两个睡袋，上面绣着"我的"[1]和"你的"，客人坐在一只皮革长椅上，而劳伦斯则四仰八叉地躺在地板上。通往小木屋的车道非常偏僻，劳伦斯向摩根保证，他会在新建的那面墙上放一块涂成白色的石头作为标记。1935年4月初，他离开兵营不过数周，劳伦斯和朋友一起做好了迎

---

[1] 托马斯·爱德华·劳伦斯致弗朗西斯·罗德，1934年11月23日，出自马尔科姆·布朗，《T.E.劳伦斯: 书信精选》，第500页。

接摩根的准备。

就在计划达成的那天，摩根得知劳伦斯在一次摩托车事故中受伤，并且伤势很重，原来他开车经过那条路时，被墙上的白色石头砸到。浮躁和沮丧之下，劳伦斯开始变得有些粗心大意——骑自行车超载两个男孩，最后车子失控相撞。没有了劳伦斯的陪伴，只有睡袋和留声机，摩根恍然间发觉自己正在小村子里出席劳伦斯的葬礼。劳伦斯下葬时，站在他旁边的温斯顿·丘吉尔啜泣起来。劳伦斯的兄弟建议摩根编写一本回忆版的劳伦斯书信。尽管他对于唤起劳伦斯神话十分矛盾，他还是接受了这一工作。在威廉·普洛默的鼓励下，他还收集整理了劳伦斯的随笔集，一直追溯到亚历山大派的文章。他把这些对英国人性格的思考称为《阿宾杰收获集》，在劳伦斯去世后的这一年里，他不辞辛苦地同时致力于这两项工作。

1935年7月的一个星期五晚上，天气酷热难耐，近三千人挤进位于巴黎拉丁区的视觉艺术馆的大厅，来听摩根在国际作家大会的第一场演讲。虽然听起来有点不可能，但他还是在绝望的驱使下走进了大众的视线中。整个世界似乎已经演变成了充斥着"电报和愤怒"①的世界：六年来，英国、德国和美国在经济萧条中举步维艰；这个夏天来临之前，希特勒——现在称元首——在德国开始重整军备，对抗《凡尔赛条约》；墨索里尼入侵埃塞俄比亚已迫在眉睫；六个月前，弗朗哥将军已经杀了几千名罢工的矿工。三十年来，摩根看到欧洲文明再次陷入漫长而缓慢的"衰落"②，而他则要跟这股似曾相识的绝望感斗争下去。

安德烈·马尔罗邀请他去巴黎发表"捍卫文化"的演讲，但摩根对于凭作家们的力量来扭转政治事件已不再抱有幻想。不过他认为，自己必须适时挺身而出。他催促弗吉尼亚·伍尔夫加入他，"我并不期待这次会议会带来任何的转机，毕竟事态发展已经病入膏肓。但我相信，我们这群人的加入对这次会议有着重要意义。我们要代表文明最

---

① 爱德华·摩根·福斯特，《霍华德庄园》，第25页。
② 爱德华·摩根·福斯特，《亚历山大城》中的《迷失的指南》(The Lost Guide)，第355页。

后一次发出呼声。"①伍尔夫拒绝了，而摩根则率领英国代表团坐在阿道司·赫胥黎的旁边。

这次会议的议题有意不限制内容，因此吸引了形形色色的左翼分子和反法西斯思想家。与会人员囊括了欧洲最伟大的作家们：贝尔托·布莱希特、古斯塔夫·雷格勒、遭到希特勒驱逐的亨利希·曼、鲍里斯·帕斯捷尔纳克、苏联的伊扎克·巴别尔、法国的勒内·克勒韦尔和安德烈·布列顿。而会议的组织者——亨利·巴比塞和马尔罗则着迷于共产主义。大家不约而同地接受法国人的独特信条，即只有大众知识分子才能够拯救世界脱离政治灾难。站在会场中心的是马尔罗的老友安德烈·纪德，他最近才皈依了社会主义信仰，由追随狄德罗和卢梭的启蒙思想变为信奉苏联社会主义，"社会性条件将会保障每一个人的全面发展，培养并激发一个人身上的一切潜能。"②

摩根一如往常地站在了一个不怎么舒适的位置，但从这个角度观察事情太过于清楚，反而不容易对他进行归类。法西斯主义令他惊惧，这是一种"说来就来的意识形态"。③对于共产主义，他愿意承认其中美善的意图，尽管它"做了许多我认为罪恶的事情"。④虽然和平主义是左派普遍的立场——牛津辩论社曾经为此投过票，275对153，只不过"在任何情况下，它都不会为国王或国家赴汤蹈火"，⑤摩根对参加一场无关紧要的战争表示拒绝。不过，另一场战争的发生似乎不可避免，也是无法想象的。在这次会议的准备中，他向克里斯托弗·伊舍伍德坦承道：

> 我认为当下没有人具备社会意识，除非他是一个傻瓜或者共

---

① 爱德华·摩根·福斯特致弗吉尼亚·伍尔夫，1935年6月6日，弗班克，《爱德华·摩根·福斯特》，第2卷，第193页。
② 安德烈·纪德，引自沙特克，《无辜的眼睛》(The Innocent Eye)，第23页。
③ 同上。
④ 爱德华·摩根·福斯特，《阿宾杰收获集》中的《自由在英国》，第61页。
⑤ 沙特克，《无辜的眼睛》，第9页。

产主义者，我太聪明却不敢为天下先，年纪又太大，又不甘屈居人后。我唯一能做的是想出一种个人道德伦理，等到战争爆发时或许会起到帮助。比起以往任何时候，个体更像是一种商品……正如我们所称呼的那样，我个人是比较满意的。"①

"个人的"是一种口号。这大概是他最后一次作为个体向他所钦佩的个体们讲话，这也是摩根出席此次大会的原因。到了"明年"，他给约翰·雷门写信道："或许每个人就只知道自己的想法。"②

大会礼堂宽阔敞亮，摩根穿着一套皱巴巴的粗呢西装站在讲台后面，盘子大小的耳机几乎盖住了他的脸。他望着面前一排排的人穿着长袖衬衣，衣领外翻，袖口咧开。在这炎热的天气里，这些知识分子看上去与他们的工人阶级兄弟别无二致。他向大家谈到英国传统中的言论自由。

然而，摩根的演讲取得了一种微妙的胜利，即便他所讲的内容完全不对听众的胃口。对于沉醉于意识形态中的年轻人来说，言论自由是一种资产阶级的、地方性的问题，大家对此热情并不高涨。接着，摩根开始剖析英国自由的种种局限："这是英国人的自由，而不是臣服于这个帝国的种族的自由。"③然而，在描述自由时，摩根承认，相比起政治学，他更关心潜在的自我省察。四天来，坐在他面前的这些知识分子一直在歌颂他们与工人阶层之间的团结，而摩根则告诉他们，他们在大会上所推动的一切都是不切实际的："饥饿和无家可归的人不会关心自由，他们至多关注一下文化遗产。"④他用一种非常英国化的方式集中谈到了文化中的独裁精神以及"国家保密需要"的渗透。他最主要的内容

---

① 爱德华·摩根·福斯特致克里斯托弗·伊舍伍德，1934年2月17日，引自帕克，《克里斯托弗·伊舍伍德》，第281页。
② 爱德华·摩根·福斯特致约翰·雷门，1935年7月12日，弗班克，《爱德华·摩根·福斯特》，第2卷，第196页。
③ 爱德华·摩根·福斯特，《阿宾杰收获集》中的《自由在英国》，第60页。
④ 同上，第61页。

是关于《煽动法令》(Sedition Act)，一部为保卫国防安全刚刚通过实行的法律，法律规定英国士兵散布传播有关共产主义或法西斯主义的文章属于犯罪行为。该法律不仅通过干涉士兵的道德教育来限制自由，而且这是近两百年来第一次对公民实行空白搜查令（针对个人而不是一项具体的罪名）。他警告大家，这部法律"使得告密者大受鼓舞"。①

过分的彬彬有礼和小心谨慎不足以引起大家对这些惯常伎俩的注意，因为这次会议加强了他们对共产主义道统的重视，在演讲接近尾声时，摩根讲述了一个自身的例子——一部因其内容而受到打压的作品。詹姆斯·哈利的同性恋题材小说《男孩》(Boy)曾在1931年出版面世，受到好评如潮，但就在这次会议召开三个月之前，也就是距第一次出版四年之后，这部小说却被指责为淫秽下流之作，并对出版商处以高额罚金。作为新任国家公民自由言论的主席，摩根曾公开倡导反抗《煽动法令》，并对哈利遭受的迫害表示抗议。他将此次会议视为一个工具，将国家对民权的践踏公之于众。不过他也承认，对在座的听众来说，他所谈的问题或许是小事一桩，不值一提。

> 我的同事们……或许觉得在这个差强人意的社会经济结构里探讨自由与传统有些浪费时间。他们可能会说，如果再有个像我这样宣扬个体主义和自由的战争作家的话……将会遭受封杀。我确信我们将会遭受封杀，我也相信……将会出现另外一场战争。如果各国继续扩充军备的话，他们将会变得声名狼藉。这样一来，我的工作……不过是暂时的了。在面临崩溃前，我们得修补一下我们这些又老又旧的工具。以后——如果还有以后的话——文明的任务将会落在那些跟我们接受不一样的教育的人的肩上。②

从大厅中心望去，凯瑟琳·安娜·波特发觉"这个纤细瘦小、前额

---

① 爱德华·摩根·福斯特，《阿宾杰收获集》中的《自由在英国》，第62页。
② 同上，第65页。

大、下巴小的人"讲起话来令人非常悲哀感伤。不仅是因为他的语气；而是他的表达有种溢于言表的绝望感。

> （福斯特）并没有在意麦克风，而是来来回回走动着，轻轻地从一边走到另一边，每次他的脸扫过话筒时，我才能捕捉到一两个清晰的音节，但听不到一句完整的话，传来的声音微弱反复，像风吹过烟囱一样……然后，出人意料的是，一旦他在话筒前停顿一下，一句完整的"我坚信自由！"就会清晰而热切地响彻大厅。[①]

这次令人好奇的演讲过后，摩根的朋友查理斯·莫龙毅然决定去读这次演讲的法语版。听众们逐渐听懂了这些词的含义——古董、资产阶级、英国人，他们爆发出"不怀好意的讥诮声。福斯特先生和他这类人像是一只早已灭绝了的渡渡鸟"。[②]

但他们全然不清楚谁才是"他的同类"。摩根出席这次会议也是为了与安德烈·纪德见面：纪德是一位性英雄，他讲起话来毫不留情，曾经出版过《牧童》（*Corydon*），书中用一种苏格拉底式的对话形式捍卫了同性恋者。他在那部坦白直率的回忆录《如果麦子不死》（*Si le graine meurt*）里编纂了在摩洛哥同奥斯卡·王尔德一起与男孩子们乘船游览的经历。（在摩根拒绝琼·艾克莱的请求即出版《莫里斯》时，琼向他所举的例子就是纪德。摩根对此辛辣地回复道，"可是纪德不曾有过一个母亲！"[③]）这位纪德正是会议开幕式上所介绍的那位，摩根痛心地谈道，"在英国，（作家们）创造性的作品比其他任何地方更容易受到压制，因为他们不能自由地表达有关性的话题，而我想要令大家认识到的一点是，性是一个值得认真对待的主题……"[④]

[①] 凯瑟琳·安娜·波特，《巴黎，1935》，《爱德华·摩根·福斯特：访谈和回忆》，J.H.斯戴普编，第15—16页。
[②] 同上。
[③] 帕克，《阿克利》，第338页。
[④] 爱德华·摩根·福斯特，《阿宾杰收获集》中的《自由在英国》，第64页。

第二部分

随着年龄增长，幸福终将到来

摩根希望向这样的纪德敞开心扉，吐露心声。当受邀同纪德和马尔罗共进午餐时，摩根激动不已，并带上了鲍勃·白金汉一起去做客。这一次，知识分子和工人阶级实现了真正的团结。然而，英俊高冷的鲍勃连一个法语单词也不会讲，整个用餐期间，这两位伟大的法国人一直津津乐道于会议上的政治学。不同于理想主义式的纪德，摩根对面的这个人非常自满，长相贼眉鼠眼，神态自鸣得意。而现在的这个纪德"狡猾得像条鲑鱼"，他基本没有跟摩根讲上一句话，也完全不认可鲍勃。午餐刚结束，他们就立即放下手中的咖啡杯扬长而去，摩根甚至都没来得及清一下喉咙，就眼睁睁地看着他们"华丽的背影"①离去。会议其余的内容都集中在了政治话题上："对苏联文化歌功颂德……卡尔·马克思的大名一次次引爆全场，像是瞄准的电荷……随后，掌声雷动，如同石块轰然滑落。"②（第二年，纪德曾经去过斯大林领导下的苏联，然而他早于某些同行率先批判和否定了共产主义。）

摩根回到英格兰，他既看得出这次会议实际上形同虚设，又坚信践行会议议题十分必要。十年前，他的老朋友兼对手D.H.劳伦斯（曾离开英格兰，经年累月地追寻自由，无休无止）一针见血地判断出了摩根身上的那种洞悉力和无力感。他"悲伤依旧"，③劳伦斯告诉他说，"像一颗失落的灵魂呼唤着以迦博。不过，相比起（尖酸讽刺的）斯特雷奇主义，我更喜欢悲伤。对于我来说，你是最后一位英国人，而我则不是。"④

在伦敦，庸俗之辈同样很多。1936出版的《阿宾杰收获集》被判定犯有诽谤罪，因此不得不回收，化为纸浆。原来摩根曾不慎陷入一场争论，争论双方都是英国公务员，两人就尼罗河源头的问题争执不下。后来，摩根将这次争执写进散文集《办公室里的洪水》（*A Flood in*

---

① 爱德华·摩根·福斯特，《为民主喝彩两声》中的《纪德之死》（*Gide's Death*），第232页。
② 爱德华·摩根·福斯特，引自桑德斯《知识分子为这个世界所做的贡献》（*What Have Intellectuals Ever Done for the World*），第3页。
③ 托马斯·爱德华·劳伦斯致爱德华·摩根·福斯特，1924年2月19日，引自《D.H.劳伦斯书信》，罗伯特等人编，第4卷，第584页。
④ 圣经《旧约》中的人物。——译者注

the Office）来博读者一笑。起初摩根在1919年就将此发表，但中间，参与争论的一方当事人以诽谤罪控诉他，文集重新改版后依旧认定有诽谤嫌疑，名誉受损的一方力图向摩根和出版商爱德华·阿诺德索取一大笔罚金。五百英镑罚金，并重新改版印刷，摩根被这些事情弄得胆战心惊。摩根仔细阅读了托马斯·爱德华·劳伦斯的来信，认为信中的坦率、劳伦斯那模糊不明的性倾向，还有他的政治观念都会给自己招来麻烦。后来，他辞去了编辑的工作，更多的是出于悲哀而并非愤怒，这些事令胆小怯懦的他备受伤害。

英国人的例外论和《米尼佛的夫人》的大肆褒扬令他非常厌恶，中产阶级的骄矜和斯多葛主义被"充分地发展为一种矫揉造作的价值观……在对抗政府的团体手中"。[1]二十年以前，自封的颓废小分队在街道上巡逻寻找搞同性恋的男人，就在这时，摩根意识到这是一种"守旧的群居本能"，"堕落者"和"文明者"之间展开了一场熟悉的似是而非的拉锯战。然而，以前的他胆小羞怯，常会默默地谴责"文明发出的刺耳的喋喋不休声"[2]，而现在的他已经有了明显的进步。在公开场合上，他力图重新定义这个术语，并以自身的视角定义何为文明的幔子。"我最为钦佩的是那些细腻敏感的人，他们旨在创造或发现新事物，不按照力量大小判断生命的价值。"他写到。他不愿将人类文明史同残忍暴力混为一谈，"一些人把它的缺陷称之为'堕落'；而我却要称之为'文明'，我还要在这个小插曲上为人类的大胆尝试寻找最有说服力的辩护理由。只是，就我自己而言，我不敢肯定这是归因于自己的勇气还是懦弱"。[3]

《慕尼黑协定》签订的前夕，摩根同伊舍伍德见面，他刚刚从"战火纷飞"的中国游历归来，并打算移民到新大陆。战争的前景令人感到十分恐怖，摩根坦白道，自己脑海中常常萦绕着一种幻觉，仿佛从

---

[1] 爱德华·摩根·福斯特，《为民主喝彩两声》中的《米尼佛的夫人》（Mrs. Miniver），第300页。
[2] 爱德华·摩根·福斯特致弗洛伦斯·巴杰，1917年8月25日，国王学院档案馆。
[3] 爱德华·摩根·福斯特，《为民主喝彩两声》中的《我的信念》，第71页。

高处俯视的时候，一切"变得疯狂①——大街上的人们突然开始狂奔逃命"。但克里斯托弗则意识到，摩根的情感中有一股清晰而坚定的力量。他在日记中写道：

> （摩根）同我们当中的任何人一样，内心充满焦虑害怕，却时时刻刻装作淡然的样子……然而实际上，他绝对不会发疯，在我认识的所有人当中，他最为理智清醒，内心坚强，非常人所能及。他变得坚强是因为他不想成为一个执拗的禁欲主义者，因此他不会崩溃发狂。他是一个极其灵活多变的人。他为爱而生，不为意志而活……我心目中的"英格兰"就是爱德华·摩根；他是一位反英雄式的英雄人物，胡须凌乱如杂草，眼神明亮如炬，蓝眼睛如同婴孩般清澈，驼着背，一副老态龙钟的样子。②

克里斯托弗的朋友威斯坦·奥登在福斯特为他朗诵十四行诗时，也称赞起他那孤独寂寥的语调。

> 尽管意大利和国王已经远去，真理只能靠炮弹来讨论，
> 我们的耳朵不再友好，直到你同我讲话
> 坚持内在生命才能偿还。③

在作家大会和战争爆发之间的日子里，摩根学会了如何更好地使用麦克风来讲话。新诞生的英国广播公司的会谈部门主管，希尔达·马西森邀请摩根（同许多知名作家一道）写临时性新闻报道。摩根坐在一间以毛毯隔音的小隔间里，面前的麦克风高高立在一张铺着粗呢布的小桌子上，这里的环境让他倍感舒适，甚至胜过之前住过的宫

---

① 克里斯托弗·伊舍伍德，《南下旅行》(Down There on a Visit)，第162页。
② 同上，第162、175页。
③ 威斯坦·奥登，《战争之旅》的序言，《致爱德华·摩根·福斯特》。

殿。他讲话时很谨慎小心，语调轻和，吐字清晰，透过机器听起来仿佛是讲给单独的一位读者听。英国广播公司的主管约翰·里斯爵士口述道，他的声音拿捏得恰到好处，听起来稍微有点尖细的男高音的感觉，有点乡下口音，比起标准发音少了很多圆润之处。（里斯的下属在背后偷偷管他叫"墨索里尼"。）

摩根的独特音质中有股亲密感，令听众无法抗拒。这种亲密感倒是跟他的观点不谋而合，正如在选择广播内容上，他更愿意选择播放一种个体的观点，作为一个独立个体去邀请非信仰国教者，摩根的方式有意驳斥了戈贝尔的新闻计划。在德国，听无线广播时关着窗户是违法的；收音机成为培育国民顺从性的最佳工具——同一个民族，同一个德意志，同一位元首。对于摩根而言，这个麦克风不仅是一个扩音器，更是一个能够击败敌人的工具。长期以来，他深受英国民族气性的熏陶，现在，他像一位慎重的行家，承受着所学的一切，诚恳地讲出个人的种种局限。在道德良知上，他仅能运用的一点点权力，那就是在公众面前用他那平静微弱的声音讲述真理。借引莎士比亚的《理查德二世》，他告诉听众："我曾一直学着如何体会'这监狱就是我生活的世界'这句诗的含义，令我好奇的是，在当代社会里，究竟哪里是终结自由和开启管制的地方。我想，我们是自由的。"①

在他的英国广播公司访谈中，他又回到了之前谈过的几个老问题。在国王学院宿舍的壁炉前，戈尔迪和摩尔第一次向他提出这个问题——如何才能做自己以及怎样才能做个好人。虽然没有明确地表述出什么，但他就矛盾重重的主体身份建立了伦理观。尽管他觉得自己是一个懦夫，但他们在谈话中对权力和无能为力的细致观察展示了他们身上的勇气。无能为力成了谈话的要点。他告诉一位朋友说，"我所能做的一切就是'行得好'……即便用尽所有的知识，我的行为也不可能改变事态的发展。"②

---

① 爱德华·摩根·福斯特，1934年3月10日，《艰难的七天》，《BBC谈话》，拉戈等人编，第124页。
② 米奇森，《你最好问问》(You May Well Ask)，第106页。

然而，他能够改变人们的想法。摩根的一个重要天赋就是他会带有倾向性地看待生活。在广播演讲中，他狡黠地邀请听众去思考和对比那些令人不安的事情。他提醒大家提防以国家安全的名义不惜牺牲公民民主自由的做法。在《论出版自由》（*Areopagitica*）的三百周年纪念日上，摩根着重指出弥尔顿对政治自由的经典呼召："我们衷心赞美自由，她被小心翼翼地裹在历史中，她绝不是我们的阻碍。"[1]他写道："当下危机重重，我们无法预料她的结局，我们既对此紧张不安，又许可审查制度的存在。"

他认为，庆祝英国的国民同一性本身就是一项"激进的做法"，跟纳粹常做的那样没什么两样，这非常令人不安。尤其是令人熟悉而又惊恐的莫过于国内滋生的反犹主义。在一篇《犹太人的观念》的文章中，他精辟而中肯地指明，任何人都可能成为反复无常的冷血动物。

很久以前，维多利亚女王即位时，我曾经上过两所预科学校。在第一所学校里，若是家里有个姐妹，就会被认为是件丢人的事。那些有姐妹的小男孩都会受到讥笑。各处流传着这样的话："哦，男人们，见过皮克托斯的姐妹了吗？"男人们会左右摇摆着踉踉跄跄地走着，哭喊着"糟透了"，还假装吓得快要晕倒了……[2]
我已经完全接纳了自己，因为我的良心无可指责……但到了第二所学校时发现又不一样了，在这里，有没有姐妹已经变得微不足道，拥有母亲反而变成一件丢脸的事了。克拉布的母亲，戈布的母亲，嘘……在预科学校经历的两种愚昧的社会形态——姐妹意识型和母亲意识型社会，让我对生活有了充分的准备，远比我意识到的要好。现在要我去思考的是，那些我遇见过的或者说过话的人是否是犹太人……在第一所学校时曾见过一个外邦人，在第二所学校见过一个犹太人，我很清楚自己在说什么。

---
[1] 爱德华·摩根·福斯特，《为民主喝彩两声》中的《〈论出版自由〉的三百周年纪念》，第54页。
[2] 爱德华·摩根·福斯特，《为民主喝彩两声》中的《犹太人的观念》，第12—13页。

他把这些谈话重新塑造写进文章中；战后，他把这些文章冠以《为民主喝彩两声》(他未能争取到第三声)的题目出版。

1938年，摩根告诉威廉·普洛默，自己"正在尝试构建一种哲学观"。它是由"破碎的自由主义"拼凑而成。①这篇文章写得非常通俗，甚至称不上一则信条，题目就叫作《我的信念》。文章开头写得令人拍案叫绝。

> 我不相信信念这种东西。然而，这的确是一个充满信念的时代，而且有那么多激进的信条，出于自我防卫，一个人必须要有自己的信条。在这个弥漫着宗教和种族迫害的世界里，宽容、善良和怜悯已经远远不够，这个世界充满着无知的规则，还有科学，那些理应去管理的人，却扮演着曲意迎合的皮条客角色。②

这篇文章语气坚决，思路清晰。它通过否定大男子主义和大男子主义式的对外政策彻底驳斥了公共政治和国民"事业"。文中有一句话非常有名——"我憎恨这种事业观，如果我必须在背叛国家和背叛朋友之间做个选择的话，我希望自己能够有胆量选择背叛国家。"③这话给人一种异样的刺痛感。

他拒绝背叛朋友克里斯托弗和威斯坦，尽管他们被指控在英国最需要的时候背叛了国家。1939年，国内对他们的抨击十分强烈，于是两位年轻的作家动身前往美国。而摩根对他们的处境则有不同的看法。他独自到滑铁卢车站送他们离开，告诉他们要"远远地离开"④，然后"从远处看着我们沉沦"。而他要做的则是承受另一种见证，"我得自己面对一

---

① 爱德华·摩根·福斯特致威廉·普洛默，1938年3月9日，达勒姆；爱德华·摩根·福斯特，《为民主喝彩两声》，第76页。
② 爱德华·摩根·福斯特，《为民主喝彩两声》中的《我的信念》，第67页。
③ 同上，第68页。
④ 爱德华·摩根·福斯特致克里斯托弗·伊舍伍德，1939年7月10日，亨廷顿。

第二部分
随着年龄增长，幸福终将到来

个悲惨的世界，然而这种悲剧绝不只发生在我一个人的身上。"①

从收音机里听到宣战时，他正在西海克斯特的会客室里。独自默默地流了一会儿眼泪，然后他过去安慰起莉莉来。收敛起多愁善感的情绪，借助贝多芬的钢琴奏鸣曲，他决定按照自己的方式继续工作。"一个人无论做什么都是错的。"②战争打响的那天，他告诉克里斯托弗："所以，无论如何都不要回来，一旦回来就是大错特错了。"他把信寄到朋友那里，一个看起来不像是真实的美国地方的地址——圣塔莫尼卡的艾尔·卡南酒店，好莱坞的维丹塔中心，克里斯托弗在那里同哲人学习，末尾是同名的乡村路。摩根的回信简单利落："伦敦，旧世界。"③

摩根看到战争期间物质极其匮乏，于是搬离了布伦瑞克广场的公寓，向西搬到了奇西克的一所小公寓，在那里可以俯瞰哈汉姆绿地公园。租金便宜一半，而且距离鲍勃更近。这所公寓位于战后大厦街区的顶层，只能乘坐一间摇摇欲坠的电梯到达顶层，然后沿屋顶小心翼翼地走过狭小的过道到达出口。这个冬天寒冷刺骨，水管也经常冻结，可若要俯瞰这个战火纷飞的城市，这里却是一个绝佳之处。事实证明，这个临时住处幸运地避开了战火的侵袭，1941年，乔·阿克利在麦达谷的公寓在"闪电战"中被彻底摧毁，与死神擦肩而过的他跑到街角去看当时正遭遇炮弹袭击的威廉·普洛默。在轰炸的过程中，这两位一直保持沉着冷静。普洛默讥讽这枚未能命中的炸弹是"行为不检点的处女"④。伍尔夫的大型图书室在西边较远的梅克伦堡广场，距离摩根在布鲁姆斯伯里的旧公寓仅有数米之隔，也在战火中遭到毁坏。夫妇二人为了紧缩开销搬到苏塞克斯的乡村，弗吉尼亚的心情变得沮丧透顶。

摩根走在伦敦的大街小巷中，目睹战争造成的伤疤如何为人们打开一幅幅意想不到的愿景："圣保罗的南部荒芜一片！我站在圣奥古斯

---

① 爱德华·摩根·福斯特致威廉·普洛默，1934年3月21日，达勒姆。
② 爱德华·摩根·福斯特致克里斯托弗·伊舍伍德，1939年7月1日，亨廷顿。
③ 帕克，《克里斯托弗·伊舍伍德》，第578页，1940年4月21日，爱德华·摩根·福斯特致克里斯托弗·伊舍伍德，亨廷顿。
④ 亚历山大，《威廉·普洛默》，第233页。

丁的一只瘦小的巧妇鸟旁边,看见圣尼古拉斯·科尔从平原升起……太阳落山,寒冷袭来……我内心充斥着寂寥与孤独,我想'这里不会有好转了',同时'这儿就是美'。哦,我渴望来一场公共哀悼,以重视起所发生的一切。"①"闪电战"期间,伦敦街道巡逻的工作使鲍勃陷入极其危险的境地,摩根向鲍勃承诺会"照顾好罗宾和梅。爱会大大抵消那些看似难以承受的东西"。②"我们真的生活在一个光怪陆离的时代。"③摩根告诉他,"唯一真实的东西就是我们之间的爱。"

伦敦到处挤满了身着军装的英俊青年,然而间谍也是无处不在。随着朋友们一个个陷入危险当中,生性沉默寡言的摩根渐渐变得焦虑不安起来。普洛默辞去乔纳森·凯普出版社的工作,转而去了海军部从事机密情报工作,就在那时,他出版了自传《双重人生》(*Double Lives*),或许是无意地,书中提到了自己严格区分的公开生活和私密生活。他在海军部里十分谨慎小心,但执行巡航任务的时候比较粗心大意。1943年年初,由于在帕丁顿火车站附近招募了一名士兵,普洛默被逮捕。

要不是一位机智的年轻同事伊恩·弗莱明伸出援手干预,他可能会失去工作和自由。(战后,为了报答,普洛默向凯普出版社推荐了弗莱明的小说,是关于一位干劲十足的英国代理商詹姆斯·邦德的故事。)心惊胆战之余,普洛默烧掉了他跟阿克利、斯彭德、伊舍伍德和莱曼之间的通信。对于摩根的信件,他则仔细地挑出并销毁每一封可能暗含同性恋线索的信,还督促摩根也这样做。日后他写的信便没有了原来的幽默和特色,即便在私密场合,他也感觉好像有人在监视自己。

乔·阿克利在性方面的越轨行为变得愈加放肆,丝毫没有收敛,

---

① 《备忘录》,格兰德编,第150页。
② 爱德华·摩根·福斯特致鲍勃·白金汉,1939年4月21日,《书信精选》,拉戈与弗班克编,第2卷,第164页。
③ 同上,1939年7月19日,第167—168页。

他频繁地让摩根来收拾自己留下的烂摊子。就在战争爆发前的一阵子，他在多佛租了一间夏日小屋，接连不断的精壮的年轻士兵和几个小偷最终引起了房东老太太的注意，摩根由于年纪的缘故，看上去比较体面，后来被叫去赔罪。他愿意为他这么做，同时也责备道："我所担忧的是你不能勇敢地面对现实，面对每一个人，这种事情令人作呕，尤其那咯吱作响的床板总是引来人们的注意。毫无疑问，这不应该被厌恶。虽然现实中是这样。"①

摩根试图劝告他打消对收受贿赂的卫兵、小偷和投机取巧者的兴趣，不过却是徒劳，他还是照常试图去"拯救"这些人，摩根对他说："乔，你必须放弃在煤矿里寻找金子，这只会让你失去寻得一块好煤的乐趣。"②但在1943年，乔让自己和他的朋友们陷入了真正的危机。他用坠入爱河的理由来说服自己，错误地教唆了一个责任心不强的卫兵开小差，给了这个年轻人一些钱，并把他隐匿在一间空房子里。后来，警方参与进来，摩根开始担忧他和乔之间的通信也可能被发现，那样一来，他和鲍勃可能会受牵连，被判以重罪。

摩根向约翰·莫里斯，前军人和英国广播公司远东服务的主管求助，试图能跟乔通一下气。莫里斯是普洛默的一个朋友，为人直率，但对待同性恋却十分谨慎小心，他很清楚这件事的危机性。然而，乔却已经"改变"了，摩根把他那令人抓狂的自恋症视为对真友情的"冷漠"。③"我曾经爱你，现在也是。"④摩根写信给乔。"可是我担心，你已经不在乎任何人了。"他要求乔归还他的所有信件。"想必我这次做得很自私怯懦，但就这件大事而言，这是我唯一能够做的事。"⑤但这些信对乔来说弥足珍贵，他把信转移到英国广播公司的办公室里保管起来，回避了他的请求。这份友谊和这些信件在战争中幸存下来，要不

---

① 爱德华·摩根·福斯特致乔·兰多夫·阿克利，1938年7月底，日期不详，人权委员会。
② 同上，1939年8月18日。
③ 爱德华·摩根·福斯特致威廉·普洛默，1943年6月16日和9月25日，达勒姆。
④ 爱德华·摩根·福斯特致乔·兰多夫·阿克利，1943年9月25日，人权委员会。
⑤ 同上，1943年9月27日。

是战争的缘故，事情不会变得这么平顺。

　　1941年4月上旬，摩根在《泰晤士报》上读到弗吉尼亚·伍尔夫的讣告，当时整个人极为震惊。伍尔夫长期陷入精神病的魔咒，她不愿给伦纳德增加负担，无助和痛苦之下选择在洛德梅尔住处附近的河里溺水自杀。听到这个噩耗，摩根当即给伦纳德写了信。由于震惊于她的死讯，摩根接连数月身体抱恙，"茶饭不思，如同行尸走肉"，①他思量着伍尔夫的自杀是否是"一位纯洁的艺术家最好的归宿"。弗吉尼亚去世的那个月里，里德在剑桥评议会大楼发表了演讲，题目就简单地叫作《弗吉尼亚·伍尔夫》。摩根前往苏塞克斯看望伦纳德，并带去了这篇演讲稿。带着尚未痊愈的伤痛，他摒弃了"布鲁姆斯伯里残疾女性的传奇"的称呼，而是称她"坚强而敏感"。"像所有朋友一样，我非常想念她……然而……我坚信我们没有悲痛的理由……弗吉尼亚·伍尔夫创作了大量作品，她以一种全新的方式带来一种敏锐的愉悦感，她对抗黑暗，推动英语语言朝向光明发展。这些都是事实。"②甚至一年后，他告诉克里斯托弗，感觉她"似乎总是在隔壁的房间里。我的大脑也分辨不清，她的离开到底是正确的还是错误的"。③

　　然而，对于摩根而言，尽管自己并非是一位纯真的艺术家，但他清楚自己必须留下来。西海克斯特地处大都市偏僻的西部边缘，却在战争中避开了最惨烈的轰炸。这个乡下避难所成为许多古老家族成员及朋友的战时转移地：他的表亲珀西·维切罗和妻子，达奇——最近刚从教会神职人员卸职；菲利普叔叔（七十五岁）；莉莉的老友玛维夫人；最后是战争前夕刚刚沦为寡妇的弗洛伦斯·巴杰，她在汉普斯特德的房子在战火中被毁。由于双方没有过多的遗憾，早在三十年前，摩根和弗洛伦斯的关系已经亲密到超过他和穆罕默德的关系了。在阿

---

① 爱德华·摩根·福斯特致乔·兰多夫·阿克利，1941年6月8日，人权委员会；爱德华·摩根·福斯特致鲍勃·白金汉，1931年4月4日，国王学院档案馆。
② 爱德华·摩根·福斯特，《为民主喝彩两声》中的《弗吉尼亚·伍尔夫》，第258页。
③ 爱德华·摩根·福斯特致克里斯托弗·伊舍伍德，1942年7月25日，亨廷顿。

第二部分
随着年龄增长，幸福终将到来

宾杰，她给予他们很多实际的帮助，也是莉莉的一个好友，在那里平静地待了近两年的时间。其他拜访者则在几个月后就纷纷离开了，大家都沉不住气了。

摩根想竭力看到新家庭里的幽默感。"或早或晚，每个人都会觉得自己是个乡下人，这是战争遗留的心理之一。"他给克里斯托弗写信到。他劝自己"要警惕忧郁，那是一种愤怒的表现"。① 他开始用一种横格纸编纂一部同性恋文学，一方面为了供自己消遣，另一方面为了增加他"种族"的信史。一个笔记本为此留出了某种特定的尊严，由于纸张非常稀缺，摩根开始把图书室的书籍拆开，用来当信纸。这也是一种对书籍不敬的行为。笔记本封面②是第一次世界大战的宣传海报，上面描绘着四位站在战舰甲板上的海军炮手，正在往炮筒里装载巨大的炮弹。摩根用纤长的手在开头写道，"我们无法忘记他"，并娴熟地将吉卜林的爱国热忱［出自1897年的诗歌《后退》（*Recessional*）］运用到一个与众不同的关键之处。文中他小心翼翼地转录了多恩、惠特曼和西蒙兹的文章、朋友亚瑟·韦利翻译的一本古老中国的枕边书选段，还有年轻同性恋作家——丹顿·韦尔奇、德斯蒙德·斯图尔特和罗杰·盖勒特的作品片段。他不会忘记他们这些人。

他有些挖苦地将其称为笔记簿，但它的构想却在于关注消亡。摩根就像是"种族里的最后一个人"，与最爱的人断绝了关系。③ 一旦有一天他被杀害，摩根还记下了一张告别名单，里面包含他的朋友和爱人："约翰尼、雷吉、查理斯·洛维特、查理·戴、哈利·迪格比、乔

---

① 爱德华·摩根·福斯特致克里斯托弗·伊舍伍德，1942年7月25日，亨廷顿。
② 国王学院档案馆，目录xvi/5—C。这个目录可以追溯到1942年的内容，而且很有可能日期稍晚些，原因是莉莉去世后，由于缺少监督，福斯特改变了自己的作息习惯。例如，他不再给自己的日记上锁。1958是最接近这本书出版的日期。创作海报"让我们别忘却他"的那位艺术家是塞勒斯·库尼奥（1879—1916年）。库尼奥出生在美国，1903年移民到英国。作为一名商业艺术家，他有着不错的生活，他的画发表在《伦敦新闻画报》（*Illustrated London News*）上。他笔下的以爱国主义为主题的画作非常受欢迎；他拍卖了几幅画作来筹款，为国家打仗效力。作为平民，他死于因偶然被帽针所扎而引起的败血病。
③ 爱德华·摩根·福斯特致克里斯托弗·伊舍伍德，1938年3月17日，亨廷顿。

治·道兴、阿希尔、穆罕默德和鲍勃本人……"①战争让他陷入沉思，内心也变得忧郁，"我无比渴望过去的点点滴滴……想要再次回到离别之时，然而当时却不曾想，时隔竟如此之久。"②而最糟糕的莫过于他觉得自己曾抛弃了在法国的故友，查理斯·莫龙。摩根无法摆脱那段回忆，战争前的那个夏日，他心不在焉地爬上一列山间小火车，留下了"泪眼模糊"③的查理斯，他戴着一副墨镜来掩饰婆娑的双眼，在站台上孤独无助地挥着手。

在格林尼治村，年轻画家保罗·卡德摩斯在《国家民族政坛杂志》（*The Nation*）上读到《我的信念》一文，福斯特那非凡而独特的愿景深深地鼓舞着他。作为粉丝，他给摩根写了一封信，信中附带着两幅画作的照片，而这画作的灵感则是来自其文章的鼓舞。福斯特在文章中争论道："不是为了一种基于社会地位和影响力的贵族政治权力，而是一种明智、体贴而又无畏的贵族政治形式。其成员来自各个民族和阶级，涵盖各个年龄段，在他们中间有一种神秘的默契。他们代表的是真正的人类传统，我们奇异的族类战胜冷酷与混乱，赢得永久胜利。"④卡德摩斯的回应非常清晰，他使用"奇异的族类"一词来直接称呼自己。卡德摩斯称自己是"奇异的"⑤，对此他一直满心自豪。

透过伊舍伍德身上的种种流言蜚语，卡德摩斯了解到这种"神秘的默契"之于福斯特而言亦是一种同性恋关系。然而，卡德摩斯和年轻友人们对福斯特信条中所怀揣的激情非常认真而热切，尽管两人素未谋面，但卡德摩斯的信中则极尽赞赏与热忱⑥：

> 我觉得自己要朝着你的作品努力——借着这些作品，朝着你

---

① 爱德华·摩根·福斯特致乔·兰多夫·阿克利，1939年9月8日，人民委员会。
② 爱德华·摩根·福斯特致克里斯托弗·伊舍伍德，1942年7月8日，亨廷顿。
③ 同上。
④ 爱德华·摩根·福斯特，《为民主喝彩两声》中的《我的信念》，第73页。
⑤ 保罗·卡德摩斯对于自己的性倾向拒不辩解，而且他总是被认为是怪异之人。2007年10月10日，乔恩·安德森的访谈，韦斯特波特。
⑥ 保罗·卡德摩斯致爱德华·摩根·福斯特，1943年12月12日，乔恩·安德森，国王学院档案馆。

的方向努力。《我的信念》跟我所持守的信念不谋而合，因此我经常为身边有潜力的朋友们阅读这篇文章。我对它深信不疑，充满感情。读的时候，我和朋友们常常忘记这些话其实不是出自我的口。他们总是给予我这份信任。曾经，它甚至让我感觉被爱，至少它曾深深地激励过我。你的确赢得了爱情，也值得拥有它；我有些担心自己做不到你那么好。

作家的温情和才智可以触动人的心弦，这位老人和小他三十岁的画家就这样通过书信建立起了友谊。反过来，卡德摩斯也拓宽了他的朋友圈子。不久后，画家杰瑞德·弗伦奇和妻子玛格丽特（也是一位艺术家）也给摩根写信，杰瑞德与卡德摩斯共用在圣卢克广场的画室以及床位。随信附送的还有丰盛的食品包裹。这些来自大西洋彼岸的稀缺奢侈品涌现出了一股浓浓的慷慨之情。

富有同情心的美国人给予摩根的喝彩声来得恰是时候。这些外国人唤醒了他对现实的关切感，即对下一代同性恋男性的关注，虽然当时一切对他来说都是未知的。在西海岸，克里斯托弗为朋友们精心安排了一场英格兰之旅。其中，他打扮成一位英俊不凡的青年演员，演绎了欧文·柏林的爱国时事讽刺剧《从军乐》（*This Is the Army*），为大家带来了"惊喜"。在他化装打扮之前，比尔·罗德里克就了解到，克里斯托弗在好莱坞待过。高大英俊、博学多识的他是一位完美的追随者，他带着一份香飘四溢的主菜来到摩根门前，呈上一封信，内容是：

最最亲爱的摩根，

若此举能够打动到您①，那一定是得益于比尔（罗德里克），我无须对他多做介绍，因为您一定也会喜欢他。

---

① 克里斯托弗·伊舍伍德致爱德华·摩根·福斯特，1943年7月27日，国王学院档案馆。伊舍伍德将比尔的姓氏拼写为"罗德里克"，他将这个名字作为一个艺名。

爱你，一如既往的克里斯托弗。

比尔生性开朗健谈，诙谐有趣，是大家的开心果。他们"迅速地发展成"①一种柏拉图式的暧昧友情。尽管比尔生性挥霍无度，但摩根仍能感觉得出，在他那无限魅力之下"有一种扎实可靠的东西"。他详列了一张礼品清单给普洛默看："两百根香烟、两包巧克力、一瓶柠檬香精、1畿尼的（演出）门票、两本当代美国书、两颗从新大陆引种到本地的橡树果。"摩根有些嘲弄地承认道，"我其实非常喜欢在一场暴风雨中淋透。"②作为一种回应，摩根长途跋涉到贝尔法斯特去看望弗雷斯特·里德，又到伯明翰去看望约翰·辛普森。比尔渐渐充当起一位年轻的密使，帮助摩根传达他的好意，颇像印度的阿克利，代表着那个年轻的摩根。

这段新的友谊使他在面对家里的情况时变得坚定起来。他一门心思地想要提出分手。摩根在日记中记下了每一次和鲍勃分手的情形，仿佛每一次都是最后诀别："晚上八点，在滑铁卢车站出口的3号站台，鲍勃亲吻了我两次，然后坚定地转身而去，他穿着蓝色运动外套，那是我最后一次看到他那副宽厚的肩膀。"③1943年，鲍勃将他所坚持的和平主义抛置一边，自愿受遣参与一场自杀式袭击活动，这次袭击险些成真。当时摩根和梅陷入极度恐惧和忧虑之中，不过，由于投弹时视线极差，鲍勃不得不作罢，这令他们大大松了口气。他昼夜不停地为警方效力，两人见上一面都很难。

1945年春，岁月和战争的折磨彻底击垮了莉莉。一连串的打击令她心灰意冷。尽管摩根常常责怪她妨碍了自己的生活，但随着母亲一天天地衰老虚弱下去，摩根对她的同情与日俱增。他发现了老迈的母亲内心的"美丽之处"。他开始反思自己对她的怨恨，他们相互间的依

---

① 爱德华·摩根·福斯特致克里斯托弗·伊舍伍德，1944年2月10日，亨廷顿。
② 爱德华·摩根·福斯特致纳撒尼尔·韦德，1943年，达勒姆。
③ 爱德华·摩根·福斯特，上锁的日记，1939年9月，国王学院档案馆。

赖关系如此压抑，摩根觉得自己对此应该负有更多的责任。十年前，他曾向乔控诉莉莉毁了他的人生，"尽管这三十多年来母亲时不时地令我感到厌烦，扼杀了我的天赋，干扰我的事业，把我的房子搞得乌烟瘴气，还抵触我爱的人，可是我不得不承认，她也为我提供了一片富饶的深层土壤，让我得以休息和成长。"① 莉莉去世后，摩根的这种感受愈加强烈。

> 我老了，也更加理解母亲当时的郁闷……我时常想起在母亲面前做过的错事，或者说是一种态度上的不端正，而这些本来是可能避免发生的。我觉得她过于为一些琐事操心，我自己还不是一个顶天立地的男子汉，既不能安慰她，也不能让她开心起来。我注视着她那美丽的脸庞，即使不再年轻，可我还是觉得要是能再为她做点什么就好了。我们真是一桩经典案例。②

1945年3月11日，莉莉去世，享年九十岁。母亲去世的前一晚，摩根裹着毛毯蜷缩在卧室外的走廊上，聆听着母亲的呼吸声。聪慧的她已经坦然接受了死亡的事实，并跟她唯一的孩子说自己可能活不久了。"不。"他温柔地对她说，"你的爱会永远伴着我。"③ 在一个春寒料峭的星期天下午，摩根像喂婴儿一样喂了她一点儿肉汤，莉莉望向儿子，之后永远地闭上了双眼。

葬礼过后的几天里，弗洛伦斯·巴杰和艾格尼丝前来照料摩根。在过去的六十六年里，他跟莉莉在心理上俨然难舍难分，融为一体，现在的他内心平静如水，他跟克里斯托弗说道："母亲死亡的那一刻，我的心似乎也死了，我想必是嗅到了坟墓的味道。"④ 想要从母亲去世

---

① 爱德华·摩根·福斯特致乔·兰多夫·阿克利，1938年，人权委员会。
② 爱德华·摩根·福斯特，上锁的日记，1953年，国王学院档案馆。
③ 出自2008年对弗班克的采访，伦敦。
④ 爱德华·摩根·福斯特致克里斯托弗·伊舍伍德，1945年8月26日，亨廷顿；弗班克，《爱德华·摩根·福斯特》，第2卷，第259页。

的阴影中走出来不是一件容易的事。偌大的房子里的每个房间，连马厩也算上，都塞满了各种"物件"——"许多无用的杂物，有草扇，有衣柜，其实许多东西也不是绝对没有用处了，而是还有半辈子的时间来丰富它们的命运。"①而且，还有许多纸张：易碎的旧柳条篮里塞满了信件、木盒子，还有家族传下来的精装书，这些书可以追溯到莫尼姑妈的父亲，亨利·桑顿和他那群忙碌节俭的克拉珀姆的朋友们。摩根点起篝火，并记录下焚烧的东西，拽出"准备烧毁的东西——一百五十年积攒的信件，大多是女人之间的"。②"成百上千封信里有三分之一的内容是一个女人向另一个女人倾诉自己的健康问题。"除了烧掉挑出的信件，他还告诉克里斯托弗，自己陷入了迷失，"我将要做的已经超出了我的理解，也超出了这个世界的理解。"③

每一次自己发生"故障"④，他就会记在日记里，最后再合计起来。他最常见的活动就是站在杜金火车站站台上，因为这样做会使他感觉释然。梅和罗宾假期里从萨夫伦沃尔登的贵格派学校前来看望摩根，这令他心情好了许多。威廉·普洛默过来陪伴他时，摩根送给他一套精美的金白色相间的茶具。他还把莉莉那个结实的银制茶壶和盛白糖的小碗送给了弗洛伦斯。看到莉莉留下的财产送到了这些朋友手中，他整个人有了几分精神。

为了让他散散心，减轻心里的忧郁，朋友们催促他接受邀请，前往斋浦尔参加印度的国际笔会。于是他决定通过改变环境来改善一下心情，尽管知道那里已经没有朋友来为自己接风了。1937年，马苏德和邦主殿下在六个月里相继离世，以自己的方式迎来人生悲剧的结尾。在所有朋友当中，马苏德的高大形象总是萦绕在眼前，他被剥夺了在大学里的职位，而这个大学是其祖父在阿里格尔创建的，并为此

---

① 爱德华·摩根·福斯特致克里斯托弗·伊舍伍德，1945年5月9日，亨廷顿。
② 爱德华·摩根·福斯特致威廉·普洛默，1945年4月15日，达勒姆。
③ 爱德华·摩根·福斯特致克里斯托弗·伊舍伍德，1945年5月9日，亨廷顿。
④ 同上。

十分自豪。在生命最后的几年里,他过着凄凉无比、颠沛流离的生活,后来英年早逝,年仅四十七岁。

巴布·萨希卜的宏伟壮观也超越了印度,是摩根畅想出来的一个地方。最后,马尔科姆·达林见到了在印度散心的摩根,那时达林还没有留下一塌糊涂的账目离开王宫隐匿起来。老朋友见面时,巴布·萨希卜将头放在他的膝头上抽泣起来。《泰晤士报》登出了邦主殿下的讣告,并将其垮台归咎于"喜怒无常和自我放纵",[1]但摩根却向报社写信抗议这种说法,他在信中赞扬了印度土邦主的想象力、热情好客和宽容善良。

因此,摩根以一个公众人物的身份开启了此次印度之旅。尽管这是一次颇受欢迎的消遣之旅,尽管一路上备受关照,但记忆中的这场旅途却异常孤单。"我觉得自己仿佛是一块海绵落进一片汪洋之中,已然忘记自己的存在。我的灵魂正在膨胀。"[2]他给鲍勃写信到。驼队、洞穴和黏黏的糕点——两个月里频频受到宴请的他感到自己处于走马观花的状态。"虽然不怎么满意,"一天晚上他返回住处,在旅行日记里写道,"但在印度时我回头看看自己,一个幽默风趣、擅长安慰他人的可爱老头,为人慷慨,但从不妥协……现在对我来说,头等大事就是我的不幸。"[3]

然而,很快就有更加不幸和悲伤的事情降临。返回伦敦的第一个早晨,摩根就得知鲍勃在西海克斯特的租期已满。房东们声称要把房子租给一位亲戚。摩根向克里斯托弗宣布了这个消息,"回来后,我变得更加担忧和伤心,因为我已经收到离开这座房子的通知——不是我的房子要出售。"[4]在他的札记里,他精心绘制了一幅厨房花园的地图(那时他已在鸦巢生活了近六十年),但这一年却是"我被赶出去的那

---

[1] 弗班克,《爱德华·摩根·福斯特》,第2卷,第220页。
[2] 爱德华·摩根·福斯特致鲍勃·白金汉,1945年10月8日,引自同上,第260页。
[3] 爱德华·摩根·福斯特,《印度之行》,国王学院档案馆。
[4] 爱德华·摩根·福斯特致克里斯托弗·伊舍伍德,1946年4月1日,亨廷顿。

年，在这之前，我已经在这里生活了七十年"。[1]

他并非感觉自己背井离乡，而是感到生命的土壤被冲刷得所剩无几。他在给朋友的信中一再强调这种一无所有的感受。"我视自己为一个具有历史意义的人物。"[2]他告诉普洛默，"即非如此，也是一个重要的人物：是一种特别传统的最后一位幸存者和拥有者。"他对伊舍伍德坦承道："母亲去世对我的影响比想象的更加糟糕。我很高兴，不会有人因为失去我而变成这样。"[3]然而，在第二轮的破坏中，他已经打算永远地离开这座房子，或许是无意识地，他开始塑造自己来世的生活，用一个新的故事取代莉莉和莫尼姑妈的女家长制，以男性为主，以自己的私生活为中心。他销毁了大部分有关家庭的记载，却保留下了这本关于他个人旅程的《一段未被记录的伟大历史》。除了几张残留在灰烬里的照片和几封信件外，他仔细地保存了日记、照片、关于艾尔·阿多的回忆录，还有同最普通的工人阶级在一起生活过的点点滴滴。

就在那时，一种神奇的转变突然降临在他的生命里。当时，他正被迫搬出西海克斯特，国王学院为他提供了配有住处的职位。在学院里，他只有一间房间——位于一楼的一间宽敞的起居室，靠近大门内侧。这是一种特殊的邀请，因为学院并不期待他去教课。房间里光线明亮，通风透气，哥特式的窗户，窗外是小小的庭院。（他同时还在特兰平顿街留有一间客厅和卧室，那是古典主义学者帕特里克·威尔金森和其妻子西德尼的家。）离开阿宾杰后，他收拾了一些最为珍贵的物品，带到了国王学院，一个由他祖父设计的精美的壁炉架，一张莫尼姑妈的旧婴儿桌，现放在克拉珀姆广场已遭毁坏的府邸里，他就是在这张儿童桌上兴致勃勃地学习礼仪书籍《不要做！》的。在阿宾杰举行的离别聚会上，当地居民赠送给他一本书，上面有村子里每个人的签名。亨利·博恩依旧留在花园干活，艾格尼丝·道兰德终于迎来了姗

---

[1]《备忘录》，菲利普·加德纳编，第169页。
[2] 爱德华·摩根·福斯特致威廉·普洛默，1946年7月3日，达勒姆。
[3] 爱德华·摩根·福斯特致克里斯托弗·伊舍伍德，1946年4月1日，亨廷顿。

第二部分
随着年龄增长，幸福终将到来

姗来迟的退休生活，在家与侄女为伴。10月下旬的一天，摩根在家整理他的图书室，还有两个维多利亚时代的红木箱子、几幅烛刻版画和风景画，后来停下整理，注视着家里那只灰头土脸的老猫托马，它过来跳上膝盖来"取悦"自己，发出心满意足的咕噜声。但他并没有把这只耳朵溃烂的家伙带上。第二天托马将会——"残忍的词语"[1]——永远长眠。

1947年秋，摩根搬到剑桥大学，他将在那里度过余生。他的内在生命还需要一点时间来赶上这个时代的变迁。战争期间他曾去参观过鸦巢，之后做了一个奇怪而暴力的梦。梦里，波斯顿夫妇被迫搬离他那"充满童年回忆的、安全的"家……死亡和耻辱。房子已经面目全非，他们正在扔掉包裹，直到我离开那里"。[2]现在他被和梦里相似的紧张气氛所感染，不过令人更为恐惧的是，莉莉的棺材放在小庭院里，可她的身体"阴差阳错地留在了西海克斯特……渐渐腐烂。我望着她躺在去世时的那张床上——一张令人入迷的脸庞"。[3]伴随着三声尖叫，"我从梦中惊醒。"但他脑海中偶尔还是会有一种想法，"母亲现在是不是放弃死亡了？"[4]

日子越来越暗淡，摩根过着漂泊无依的生活。然而，他花尽一生之久所建立的友谊陪伴他走出了这段阴暗的日子。他欣慰地发现，自己的本科导师，纳撒尼尔·韦德先前就是住在自己的这间国王学院宿舍里。走到人生的尽头时，他内心已然满怀感激，简单而郑重地说道："愿上帝祝福鲍勃……感谢鲍勃。我在这里。感恩在这里生活，在这里离开。如今我的生命就要结束了。"[5]

---

[1] 爱德华·摩根·福斯特，上锁的日记，1946年10月22日，国王学院档案馆。
[2] 同上，1944年7月15日。
[3] 同上，1945年6月1日。
[4] 同上，1945年9月6日。
[5] 同上，1947年12月21日。

第十二章
"我亲爱的美国"

美国之行终究是非常圆满的。1947年4月中旬，摩根抵达纽约拉瓜迪亚国际机场。欢闹的比尔·罗德里克和他的情人汤姆·科力（Tom Coley）到机场接他，他们开车沿着法拉盛湾前往纽约市。在纽约，人们不可能感受不到她的活力——沿着人行道涌进的人群，城市里高耸入云的大楼，拥堵的交通，到处人山人海。似乎整个曼哈顿市中心都被夷为平地，为摩天大楼腾出空间。其中两栋最高的大楼分别是帝国大厦和与它旗鼓相当的克莱斯勒汽车公司，该楼仅有十五年的历史。剧院散场后，时代广场灯火通明，使得皮卡迪利广场相形见绌。

即使有比尔和汤姆的陪伴，在剧院，摩根也能察觉到纽约的丰富多彩。他们带着摩根欣赏吉安·卡洛·梅诺蒂（Gian Carlo Menotti）的新歌剧《媒介与电话》（*The Medium and The Telephone*）和欧文·柏林（Irving Berlin）著名的音乐剧《飞燕金枪》（*Annie Get Your Gun*）（又名：《安妮，拿起你的枪》）。摩根被艾索尔·摩曼（Ethel Merman）笔下的安妮·奥克利这一残酷的人物形象深深吸引。中场休息的时候，他开心地模仿起她的歌《我也是一个印第安人！》。百老汇剧院区到处都是新歌剧和前来看剧的观众。就在汤姆扮演"像老鼠一样的小角色"[①]那部情节剧的街上，马龙·白兰度排练了田纳西·威廉姆斯的新剧《欲望号街车》。这座城市创造性的活力从百老汇一直散发到伦敦。在伦敦，该季度最受欢迎的歌剧来自纽约的《俄克拉荷马》（*Oklahoma*）。

[①] 爱德华·摩根·福斯特致汤姆·科力，比尔·罗德里克，《福斯特的面面观》（*Aspects of E. M. Forster*）中的《福斯特和美国》，奥利弗·斯塔利布拉斯编。

摩根在美国的旅程为期三个月,其主要目的是从各个高校得到资金,用于拜访他的朋友们。他的出版商和税务官员起了争执,版税被暂时冻结,因此资金短缺。他接受哈佛大学的邀请,做一场关于音乐批评的讲座,主要是想避免在前往剑桥大学国王学院的路上不停地收拾行李。演讲是他主要的经济来源,在罗德里克的帮助和建议下,他制定了一份马蹄形的旅程路线,从纽约前往西海岸,然后再返回纽约。只要有可能,他就负担起和朋友居住的费用,并坚持在附近朗读自己的作品。他意识到因为临近期末,伯克利英语系的资金已经用完了,他十分失望,因此从纽约开始,他便继续寻找资金来源。

在美国,到处是请他前去参观访问的朋友。他们很多都是移居到美国的,像克里斯托弗·伊舍伍德、威斯坦·休·奥登、杰拉尔德·黑尔德和弗洛伦斯·巴杰的儿子哈罗德,他现在是哥伦比亚大学的教授,他们都想与摩根分享自己在这个新世界的新生活。还有些邀请来自普通的美国人和在加拿大的美国军人,比如罗德里克。摩根和鲍勃的初次相见是在伦敦。战争中摩根通过书信往来结交了一批朋友,他也渴望和他们见见面,听听他们的声音。其中有保罗·卡德摩斯、法国人艾迪斯·奥利佛(Edith Oliver)以及汉密尔顿学院合唱团的成员们,他们都曾把宝贵的食品寄到阿宾杰。他还很期待和古怪的芭蕾舞蹈家皮特·马丁内斯(Pete Martinez)相见。伊舍伍德和林肯·科尔斯坦(Lincoln Kirstein)都曾是皮特·马丁内斯的情人,他们给摩根讲过很多有趣的故事。

罗德里克是这个热闹场面里的主角。在英国,摩根很欣赏比尔的慷慨。在他的故乡,比尔的礼节是拜占庭式的,十分讲究。像阿齐兹博士一样,他时常对自己花费的心思轻描淡写。尽管比尔没什么钱,但他把自己的卧室腾给摩根住,尽心尽力地安排好一切,还不想让别人看出他花费的心思。几年后,比尔得知摩根病重,为了买张飞往剑桥的机票,他卖掉了一个小的温斯洛·霍默,那是他收藏的宝石,在一家旧货商店以十分低廉的价格买下。他从未把这些告诉过他的朋友。

摩根只是模糊地感到比尔和汤姆把他理想中的个人友谊看得如此神圣，已将其深深地转变为世俗宗教了。摩根的书改变了他们的生活，触动了他们，唤起了他们内心卓越的人性，因此比尔和汤姆把他尊奉为精神领袖。摩根的到访对他们来说就是认可他们的爱、确定他们的价值观，"忠诚、理想友谊和对艺术的热忱"，这是他们共有的三个价值观念。比尔和汤姆从没有足够的勇气把自己想象成贵族阶级的一部分，有着"敏感的、体贴的和勇敢的"精神，摩根曾在《我的信仰》一文中赞美这种精神。

比尔和汤姆成为演员这件事对于他们这种过得糊里糊涂又总会逢凶化吉的中产阶级家庭来说，真是一件意外的事。他们二人都是大学生，他们的父亲都渴望变得富有，不幸的是都英年早逝了。比尔的故事非常悲惨。他向摩根透露，他的爸爸"担心因为自己不是大学生……失去了理智，开始为事业上的一些小事担忧。他试图大展身手，但最终却在百慕大群岛自溺"。[1]这两个年轻的男人现在都三十五岁了，他们想在事业上获得成功，而不是成为演员，过着动荡不安的生活。他们都是贪婪的读者，经常把这些书强烈推荐给其他演员，他们参加讲座，使自己跟上艺术和政治的快速发展。一个朋友称他们是"真正的知识分子"[2]。

他们的相识是命运的转折：1938年在《我们的小镇》（*Our Town*）这部不成熟的作品中，他们都扮演棒球选手这个小角色，那是他们初次相遇。这部剧情节非常简单，没有什么吸引力，所以当它获得普利策奖时，演员们和剧作家都十分震惊。这部剧的成功加深了他们两人的友谊，成就了他们的事业。比尔和汤姆都是初恋，一直是最好的朋友。他们在一起五十多年，除了战争和工作，他们都不曾分开过。两

---

[1] 一个来自汉密尔顿学院报社的学生记者欣喜若狂地描述福斯特的拜访："爱德华·摩根·福斯特在这里。但是谁能说关于珀西瓦尔、加拉哈特，或者鲍斯爵士的（故事）……通过他的艺术，我们确实感受到真正的福斯特的神圣之处……因此，我们也正是被这种和谐的美妙所祝福。"《这里和那里》（*Here and There*），1949年6月7日。

[2] 玛丽·杰克逊访谈，好莱坞，2002年8月6日。

第二部分
随着年龄增长，幸福终将到来

人都十分谨慎，举止端庄，不善于表达情感，并且对同性恋这个话题避而不谈。即使住在一起，他们俩也总是小心翼翼地保留各自的住处和单独的卧室。

在与这个世界打交道时，他们处于一种完美的平衡状态：比尔负责处理世俗琐事，而汤姆则更关注良知和智慧这种精神层面的问题。"我尽量不去做毫无保留的、极其绝对的表述。"摩根曾告诉他们，不过，"难道汤姆不是世界上最有趣的人吗？"①比尔喜爱社交、英俊潇洒、肌肉发达，散发出一种特有的魅力。汤姆的个子很高、非常腼腆、沉默寡言。他的威严来自他那非凡的智慧。汤姆是一个敏感、真实的演员，对自我推销没有兴趣。他不知疲倦地工作着，虽然在地区剧院和夏令剧目中扮演的都是小角色，但他毫无怨言。比尔的性格给他带来了更为显著的成功：他已经去过好莱坞，拍摄了一部音乐电影。他那强劲而又甜美的男中音就是他的入场券，使他从步兵团加入了欧文·柏林世界巡演的音乐剧《从军乐》。汤姆在一家战时比较困难的剧场工作。在太平洋和阿拉斯加州，他是一名宪兵，后来晋升为上尉。作为军人，在世界各地长达五年的服役中，他们常常思念彼此。最近他们团聚了，整天黏在一起。

在纽约，他们从身边亲密的朋友中组建了新的家庭，他们是演员和作家、男人和女人，他们逃到这座城市，都热爱艺术。艾迪斯·奥利佛是他们最亲密的朋友，她是《纽约客》外百老汇②的戏剧评论家，也是摩根的恩人。摩根在美国的第二晚就住在她家。奥利佛小姐身材矮小、目光敏锐、满口脏话。她像城市居民一样咄咄逼人，对乡下的事情感到不自在。她曾同意见她挚爱的侄孙女的马，条件是他们要把马牵到车旁，而她则笔直地坐在车里，还关上了车窗。③为了向她表达敬意，马的名字也叫奥利佛。像比尔和汤姆所有亲密的朋友们一样，

---

① 这一碑文被刻在汤姆·科力位于马萨诸塞州蒂林厄姆的墓碑的背面。
② 纽约百老汇主要剧院区外面的一个小剧院。——译者注
③ 与希瑟·汤普森的通信，2007年8月31日。

奥利佛过着十分节俭的日子，对摩根敞开心扉。在美国的第二个夜晚，摩根沉浸在谈话中，细细品尝她自制的浆果酒。

拜访者和他的东道主们在简陋、拥挤的营地安顿下来，这个营地令人回想起伦敦大轰炸期间的西海克斯特。罗德里克夫人的公寓位于大理石山，那里是布朗克斯中产阶级的飞地①。公寓由房子最上面的两层组成，这是在战争期间分割的。在这里，罗德里克夫人和她的儿子、汤姆，比尔的妹妹和妹夫，还有一条名叫米基、警觉的腊肠犬住在一起。他们把折叠床搬到阁楼，这样摩根就有了自己的房间。摩根的床上堆满了信件、报纸、眼镜和水果。他们给了摩根一把钥匙，方便他随时出入。他常常慢慢地爬上房子后面的楼梯，出其不意地出现在厨房。经历过极度贫困后，摩根对这座城市的富有感到十分震惊。汤姆和比尔发现他经常站在第三大道的一家小型蔬菜水果店的门口，眼前的一排排意大利红橘让他惊叹不已。"我认为，"摩根冷淡地说道，"英国人的味觉天生就习惯了脏乱的环境，但他们却用战争作为借口。"②

这座城市令人炫目，但它也清晰可辨。他手拿着地图，步行探索这座城市，就像几年前他在亚历山大港所做的那样。这让他可以无忧无虑、不受约束地自由走动。他没有事先告知就来到接待处，吓了罗伯特·吉鲁一跳。罗伯特·吉鲁是哈考特·布雷斯（Harcourt Brace）出版社新上任的主编。摩根要求与布雷斯先生见一面。自退休以后，布雷斯先生在二十多年前就出版了《印度之行》一书。尽管摩根快七十岁了，但他看起来非常年轻。他是"一个其貌不扬的男人……留着一撮灰白色的小胡子，戴着一副金属框架的眼镜，身穿一套起皱的灰色西服"。③他唯一的行李是一个淡蓝色的背包，里面装着一支牙刷，一套干净的床单，还有两本企鹅平装书，轻得连他自己都忘了还拎着

---

① 指某个国家境内有块土地，其主权属于另外一个国家，是指包围国来说。——译者注
② 比尔·罗德里克，《福斯特的面面观》中的《福斯特和美国》，奥利弗·斯塔利布拉斯编。
③ 罗伯特·吉鲁（Robert Giroux），《爱德华·摩根·福斯特：访谈和回忆》中的《会见一位年长且重要的作者》，J.H.斯戴普编，第91页。

第二部分

随着年龄增长，幸福终将到来

一段未被记录的历史：
E.M.福斯特的人生

行李。

摩根在旅行前临时抱佛脚，设计了一套美国文学速成大纲——吐温、梅尔维尔（Melville），还有他挚爱的惠特曼。他为面对异域文化做好了充足的准备，以至于他曾把派克大街下火车的隆隆声误以为是地震。摩根在第26大街东边找到了这栋房子，梅尔维尔曾在此给比尔·布德写信，也是在这里去世。但看到这里不过像纽约一样，被夷为平地，为更高大的建筑腾出空间，摩根感到十分失望。看到附近兵营军械库的铜绿色弧形屋顶，他认为——融合了梅尔维尔和《哈姆雷特》中的人物奥斯里克——它看起来非常像一只白鲸①。操纵地铁让他感到非常开心。看到这座巨大的城市中人们之间的寒暄与交流，他感到非常开心。他买了一本美国学生用的笔记本，封皮上是黑白斑点，里面是带条纹的纸张。他在本子上记录下，当他在大理石山下车，准备去罗德里克的公寓时，列车长追在他后面温柔地说道："规矩点，先生。②"

他的探索之旅十分广泛。其中一个朝拜地是圣路加的住所。它是格林威治村的一部分，卡德摩斯和法国人在此居住。现在它已经是一个不受世俗陈规束缚的目的地，如同神话般的世界，尽管是迟来的一个。西奥多·德莱赛（Theodore Dreiser）和玛丽安·穆尔（Marianne Moore）已经在同一个街区住了三十年。穆尔只需要走几步穿过这条街，就能到达她工作的图书馆分馆。在北边，一排相连的维多利亚式褐沙石房屋面对一片空旷的庭院而立，庭院四周是铁丝网围栏。这里曾是一处公墓，现在是一个用沥青铺成的操场。"一战"前，无政府主义者约翰·里德宣称，他的乡村公寓对所有人开放，公寓的门上钉着一块牌子，上面只写着"财产即盗窃"。但是战后，财产可就真成了财产了——而且更值钱了。两条新开通的地铁钻入低矮砖房的飞地，荷兰隧道进一步对更广泛的城市居民开放通车。新一代的年轻人修缮了

---

① 罗伯特·吉鲁,《爱德华·摩根·福斯特：访谈和回忆》中的《会见一位年长且重要的作者》,J.H.斯戴普编，第95页。

② 爱德华·摩根·福斯特，美国日志，国王学院档案馆。

这个村庄，他们想要一种艺术感觉，但是还有看门人和电梯。卡德摩斯告诉摩根，圣路加的住处现在位于"纽约可居住区域的边缘地带[①]"，他和杰瑞德·弗兰奇（Jared French）分摊工作室的房租，他几乎无力承担居住的费用。

摩根在谢里登广场下地铁，然后向南前往卡德摩斯和弗兰奇的工作室。这个广场就是二十年后"石墙暴动"的发生地，同性恋男子在石墙酒吧抵抗警察的骚扰，但是即使福斯特走在这些街道上，格林威治村的这个部分也还没有显眼的"同性恋的"领域的记号。作为1934年工程振兴局项目的一部分，卡德摩斯在广场上一家名叫斯图尔特的咖啡店里画了一幅画。画面里，十几个男男女女挤在几张小桌子旁，服务员勉勉强强地从他们中间穿过，手里的托盘几乎要倾斜到地上。有四仰八叉躺着的、打嗝的、舒展四肢的、几个抛着媚眼含混地谈论着性话题的，还有互相调情的。这些"长头发的男人和短头发的女人"[②]挤在狭小的桌子旁吗？这很难说。不过在男厕所门口弄错戴戒指、品性不端的花花公子的邀请却不太可能，他会回过头看那个人，意为"跟我来"。

像霍加斯一样，卡德摩斯描绘了这座热闹的城市，但在他忙碌、粗鄙的世界里，同性恋的生活是日常琐事本质的一部分。在卡德摩斯的一生中，他对自己同性恋的身份持开放态度，也不愿为此道歉。有段时间，这种另类的态度冒犯了权威机构。1934年，一位愤怒的海军上将审查了卡德摩斯的绘画展《舰队》（The Fleet's In），理由是它玷污了海军的名声。这幅画作是工程振兴局的项目，并且和卡德摩斯的《上岸许可》（Shore Leave）、《基督教青年会》（Y.M.C.A.）、《衣帽间》（Locker Room）等作品的主题一样，都是他直接从在曼哈顿对生活的观察中取材。

画面完全是平面的，《舰队》描绘了十四个人（还有一条不情愿的狗）或坐或站在河滨公园的矮墙前，靠近哈德逊河的码头，海军的船就

[①] 保罗·卡德摩斯致爱德华·摩根·福斯特，1944年5月7日，国王学院档案馆。
[②] 昌西，《长头发的男人》（Long Haired Men），格林威治村，第153页。

第二部分
随着年龄增长，幸福终将到来

停靠在那里。其中有六个水手正在休假，他们利用在岸上短暂的休息时间里调情、抛媚眼、摆姿势、划船和获得肉体上的满足。那条小狗的主人是一个长着一张苦瓜脸的中年妇女——这个人物的原型是卡德摩斯的姨妈，她不喜欢这种场面。一名水手接受了一个金发、女里女气的男人递来的香烟，这个男子故意和他对望；三个身材丰满的年轻女人开心地降服了两个对她们抛媚眼的水兵；一名水手坐在墙上，把腿缠绕在一个女人身旁，这个女人开玩笑似的把他的腿推开。

这幅画作轻松愉快，它展示给观众的是，水手就是水手。然而，海军上将、助理部长亨利·罗斯福（Henry Roosevelt）却觉得这幅画作非常过分。他要求科克伦美术馆把这幅画从工程振兴局画展中撤下，因为对应征入伍的士兵们来说，它是"一种毫无根据的侮辱[1]"。罗斯福指责卡德摩斯有一种"肮脏、腐败的想象力"，他对服役的真实情况一点都不了解。因此这幅画作被撤下了。但是这位海军上将在道义上非常正直，他没有阻止卡德摩斯把这幅画作展示在他的私人俱乐部中，这个俱乐部有个非常迷人的名字——阿利比俱乐部。这幅画作在壁炉架上摆放了好几年，直到一个有决心的学者指出，它被买下了，用纳税人的钱。

六年后，卡德摩斯出现在征兵局，参加入伍面试，胳膊下夹着一本书，只需看一眼他的作品主题，征兵局便以不适合服兵役当即拒绝了他，书面理由是他因患有疝气而被归为4F。

卡德摩斯完成《斯图尔特的咖啡店》（*Stewart's Coffee Shop*）这幅具有讽刺性的画作后，对于男同性恋和女同性恋以及想要一睹有着标志性的卷发、镊子修过的眉毛、戴着红领带的"仙女们"风采的游客们来说，"油腻腻的勺子"便是他们喜欢光顾的地方了[2]。一首流行歌曲里有这样一句歌词"仙境离华盛顿广场并不遥远"。[3]摩根在写给保罗的信中

---

[1]《时代》，1934年4月30日；林肯·科尔斯坦，《保罗·卡德摩斯》，第25页。
[2] 昌西，《纽约同性恋》（*Gay New York*），第166页。
[3] 昌西，《长头发的男人》，第152页。

吐露道:"你无法想象我们到达英国之后有多么枯燥乏味。"①卡德摩斯对于他是同性恋的明确态度,还有乡村街道上男女同性恋的公开存在都给人耳目一新的感觉。

从卡德摩斯站立的地方看,哈德逊河波光粼粼的河面清晰可见,右侧吹来的风中夹杂着河水中杂草的味道。在4月的那个阳光明媚的早晨,摩根沿着褐色砂石台阶走上去,给正在工作室工作的主人们一个惊喜,他们还没有制订出合适的方案来招待这位伟大的作家。②这个疏忽反倒成了好事。摩根的美国朋友们对他的尊敬开始让他觉得乏味俗套,又有点不适应。这种突然的造访虽让摩根显得有些失礼,却让人感觉更有人情味。保罗和杰瑞德(杰里)跑到附近的熟食店,买来"美味的意大利熏火腿、熏制鲑鱼、酒"……③然后,他们三个小心翼翼地沿着咯吱作响的火炉走出去,来到房屋后一个阴凉的小花园中,开始他们的户外午餐。他们将裹在肉类外层的蜡纸剥下,整个下午都在喝酒聊天。福斯特一反常态,口若悬河、喋喋不休。在家里他很安静。那天下午,对于他们来说,他只是变成了摩根,之后也一直如此。

摩根的主人们和他们的朋友都被摩根深深地"吸引"住了。他颇为赞赏地写下"这个公寓是布鲁姆斯伯里文化圈的,环境不太卫生"……④5号的工作室在破旧的褐色砂石建筑最顶层,这座建筑被楼层分成一些公寓住宅。整栋楼房非常破旧,但却保留着维多利亚时代的典雅高贵:一个大理石壁炉架上摆放着保罗和杰瑞德拍摄的他们的朋友们的裸体照,花边状的石膏框架上有一扇凸出来的天窗,门廊附近有一处荒废的锻块栅栏。所有的墙壁都被粉刷成灰绿色,"很聪明地把灰尘融入进来。⑤"公寓外缘的两个房间被用作工作室——杰里的那间对着街对面洒满阳光的操场,保罗的那间则向北面对着簇叶丛生的小花园和公

---

① 爱德华·摩根·福斯特致保罗·卡德摩斯,1944年7月30日,国王学院档案馆。
② 爱德华·摩根·福斯特致鲍勃·白金汉,1947年5月8日,国王学院档案馆。
③ 爱德华·摩根·福斯特,美国日志,国王学院档案馆。
④ 同上。
⑤ 保罗·卡德摩斯致爱德华·摩根·福斯特,1944年5月7日,国王学院档案馆。

寓后面的景象。只要气候足够温暖，杰里就光着身子作画，周围一片混乱："大本的解剖学书籍、肌肉发达的乌东的人体模型、涂粉颜料的瓶子、脏兮兮的工作服，还有散发出轻微臭鸡蛋味儿的油漆破布，（它们）堆得到处都是：家具上、绘图台、画架，等等，还有两架钢琴——一架大的，一架立式的，这两架钢琴无论是单独弹奏还是合奏都走调了。它们中间有一间袖珍的小卧室，里面堆满了书籍，光线透过一扇巨大的天窗射进来，照亮了整间屋子，坐卧两用的长沙发上覆盖着一个涡旋花纹图案的披巾，组合的家具破旧不堪，以至于要是有个狂妄自傲的客人坐上去，它就可能会坍塌。"① 午餐结束前，他们为摩根提供了一处地方，方便他接下来的拜访，他们还让摩根承诺去他们位于普罗温斯敦的避暑别墅参观，并拜访他们及杰里的妻子玛格丽特。

从保罗的回信中看，摩根想着他会是一个身材圆胖、其貌不扬的男子；但是见面后，摩根松了一口气，他发现保罗是一个瘦高的男子，有着一张棱角分明的脸和剪成刷状的头发，这是最时尚的发型。摩根在他的日记中写道："他那深陷的炙热的蓝色眼眸、鹰钩似的鼻子和轻微的龅牙，让他看起来像一只亲切的'晒伤的啮齿动物'。"② 卡德摩斯散发出和善的芳香。杰里的个子相对较矮、还有点壮实，他像春天的伤口一样有种郁积的能量。保罗被杰里的魅力、强大的才智和感召力所吸引，在1931年的工作中，他把他作为第一部完成的画作中的模特。画像中，杰里赤裸上身，躺在他俩凌乱的床单上。他肌肉发达，满脸忧郁，看起来就好像他前一秒正在阅读的被禁的小说《尤利西斯》中的人物，这时却被打断了——他的手指仍在抚摸书籍的纸张，停留在他看到的地方——他抬起头，用坦诚而又坚定的目光凝视着他的情人。这种目光的强烈使杰里比他见到的任何人都性感。杰里非常自信，有时都达到了好战的程度。他知道他想要什么。他想要保罗，并

---

① 保罗·卡德摩斯致爱德华·摩根·福斯特，1944年5月7日，国王学院档案馆。
② 爱德华·摩根·福斯特，美国日志，国王学院档案馆。

且，他想要的不只是保罗。

在保罗所认识的男子中，杰里是"唯一真正的双性恋"。[①]1933年，在欧洲消费水平最低的地方过了两年田园般的生活后，他们回来了。杰里与刚从史密斯毕业、学习绘画的研究生玛格丽特相爱并发生了关系。1937年，他们结婚了。玛格丽特是一个难以捉摸、才华横溢、安详宁静的女子。杰里为他的妻子画了一幅小型的蛋彩画，只有明信片大小，她那双大大的蓝色眼睛里流露出的神情就和那些青年雕像一样平淡无味。她的眼睛能看到一切，但似乎从不作任何评价。

玛格丽特深爱着保罗——谁又不是呢？她和卡德摩斯的心里都有一个地方留给杰里，他们二人也都在房间里为杰里留有一张床位。他们的朋友格伦韦·威斯考特留意到，他们俩都是把别人放在首位的那类人：吃完饭，玛格丽特和保罗轻轻地站起来，一起洗碗，杰里则与剩下的客人们滔滔不绝地聊天。玛格丽特对她丈夫的保护欲望十分强烈，但她也尊重他，十分耐心地等待他处理好他的那些风流韵事。结婚十年后，杰里依然爱她，他们对彼此的身体还有激情，这是事实：玛格丽特在他们余温尚存的床上给她的朋友们写信。杰里给他和玛格丽特画了一幅是实物两倍大小的画像，画面里，他们俩半裸着身体，懒洋洋地躺在床上，半睡半醒间，用宽松拥抱的方式把彼此系在一起。他们的朋友乔治·普拉特·莱斯把这幅画绣成一个巨大的针绣花边套，套在长沙发上。

杰里很有吸引力，他非常自信、自豪，他强迫自己做自己的事情，看不起艺术界和过去的时尚。他可以非常残忍，"十分乖戾，脾气很坏。"[②]杰里从阿默斯特学院毕业后在一家一流的金融公司工作。但自从他参加了纽约艺术学生联盟的课程，他就放弃了美好的前景。保罗、杰里还有玛格丽特把他们三人的艺术生活混合在一起，他们给这

[①] 约翰·安德森访谈，2007年10月10日。
[②] 杜伯曼，《林肯·科尔斯坦的世界》(The Worlds of Lincoln Kirstein)，第414页。杜伯曼的引言选自乔治·图克的一次访谈。

种融合的伙伴关系取名为"保杰玛",取自他们三人名字的第一个字。多年来,他们为自己和朋友们拍摄了许多引人注目的照片,有的在普罗温斯敦的海滩;有的在火烧岛的海滩;有的在楠塔基特岛的海滩;有的在霍博肯玛格丽特儿时的家中空荡荡的房间里;还有的在他们位于圣·路加住所工作室下面的公寓里,杰里和玛格丽特在这间公寓里住过一段时间。有时这些照片就是他们画画的素材,身体在空间中原始的位置,平静或坚忍、现代或古代,这都取决于观看者的心境。法国人对他们的工作刻意表现出兴致不高的样子。保罗的画作让人倍感亲切,充满了傲慢的情感,表达的更多是有形的物质层面而非理智。

就在摩根前来拜访之际,第四个人进入到这个奇怪、令人满意、离不开的工作和友谊的世界中。他是青年画家乔治·图克,最近刚刚离开海军陆战队,成了保罗的情人。像保罗一样,他开始尝试杰里那种极其仔细的蛋彩画画法,脆弱的蛋黄在他的两个手掌中来回传递,戳破那层薄膜,混入颜料,缓慢并小心谨慎地把乳白色无情的混合物分层,就像中世纪的画家们做的那样,直到一幅精美的画作出现在眼前。图克有一双天真无辜的眼睛,这双眼睛让他从一个不寻常的艺术视角看待这个世界。像一些神秘的拉斐尔前派画家那样转换到现代世界,他勾勒出城市景观的形象,观察中央公园里的鸟儿,冻结一个铺满瓷砖的地铁走廊,站在等候室或者毫无生气的政府办公室里一动不动,与这个世界相遇。1948年夏,莱恩斯在圣·路加住所上面的工作室里用后退的透视法给这三位艺术家拍照,他们每个人都坐在画架前画画。这幅三人画像主要是有象征意义——尽管他们的想法和主意相互且深深地影响着彼此,但图克从来没有同保罗和杰里分享他的工作室。渐渐地,在大多数情况下都很亲切随和的"保杰玛"三角关系变成了两对。

尽管布鲁姆斯伯里是摩根理解这种住宅结构的参照点,但对摩根来说,它实际上是一种全新的工作习语和性表达。卡德摩斯在写给摩根的信中这样描述它:"我看起来不像你的那位胡子上有虱子的波西米亚人①。事实上，我的穿着打扮是非常优雅的，领带有种故作时髦的趋势。但是我的生活与他一样潇洒自如。"保罗是一个崇尚文字复兴的人：与早期绘画大师一样，他是一个古典、一丝不苟的绘图师，一个娴熟、自学成才的画家，一个很棒的作家、厨师，还是一个忠诚的朋友。他写实主义的画作就像古代的技艺，在今天的艺术世界里完全过时了，但是他依然坚定沉着地沉醉其中。他的温顺、他那邪恶的嬉笑，还有他对生活的热爱使他成为年轻、自由奔放的同性恋朋友们和前任情人们旋涡的中心。"保杰玛"就像一种理想化的版本，摩根希望他和梅还有鲍勃的生活能够像"保杰玛"一样，成为精神恋爱和性爱相结合的一种难以形容的亲密关系。尽管保罗和玛格丽特都是杰里的伴侣，但摩根认同卡德摩斯。摩根担心的是自己对他人的欲望无止境地妥协和让步。他在日记中写道："保罗·卡德摩斯必须通过退让的方式来保护自己②。否则，他不但无法过自己的生活，也不能练习他精通的艺术。"

摩根带着些许不舍离开了纽约这个有"更多血液和诱惑的地方③"，前往比尔位于马萨诸塞州蒂林厄姆的偏远的乡村小屋，以此更改他在哈佛的地址。4月底他们到达的时候，那里大雪纷飞，比尔那栋殖民地风格的坡顶小楼房被大雪困住，无法居住。迷失的农场——之所以叫这个名字是因为它位于丛林深处，要经过一条废弃的泥土路才能到达。那里没有暖气、没有电、没有厕所，也没有自来水。刚开始的几天，摩根和比尔住在比尔的大学同学罗伯特·巴尔内斯·拉德（Robert Barnes Rudd）的家里。他们一家博学多才，并且都很有同情心。他们住的地方是19世纪初震教派建造、后来废弃的一处飞地。摩根敏锐地察觉到，对很多富有的美国人来说，伯克郡的这个地方非常迷人④，他们

---

① 保罗·卡德摩斯致爱德华·摩根·福斯特，1944年5月7日，国王学院档案馆。
② 爱德华·摩根·福斯特，美国日志，1947年6月29日，国王学院档案馆。
③ 爱德华·摩根·福斯特致塞巴斯蒂安·斯普罗特，1947年5月24日，国王学院档案馆。
④ 爱德华·摩根·福斯特，美国日志，1947年4月20日，国王学院档案馆。

不想看到这样："他对这栋建筑十分着迷……它脱离了低级趣味，占地面积广，道路从中间把它一分为二……"几天后，气温回升，他和比尔一起住在这栋舒适的房子里，用蜡烛照明，火光取热。摩根的房间面朝远方的山肩。"迷失的农场"让摩根想起了托马斯·爱德华·劳伦斯的"云山小舍"，那是一处属于男性的"写生风格、让人不舒服但不知怎么却令人欣慰的"地方①。像不切实际的亚力克和住在冰冻绿林里的莫里斯一样，他们一起忙于哈佛大学的演讲，从不完整的笔记开始。摩根把它捏成模型，但是他的想象力并没有被这项任务抹杀掉。相反，他专注于欣赏风景："成千上万的桦树②，它们的树干比英国的桦树还要白，是奶白色的，在明媚的阳光下呈苍白色……"

在艾略特楼，摩根是主人的客人。这位主人是年轻的古典学者约翰·休斯顿·芬利（John H.Finley）。在哈佛大学举办的为期三天的音乐座谈会有点像一场盛大的演出，委任阿隆·科普兰（Aaron Copland）和维吉尔·汤姆森（Virgil Thomason）创作了几首新曲子，晚上举办音乐会，白天则讨论一整天。玛莎·葛兰姆（Martha Graham）最新的芭蕾舞剧在座谈会的最后一晚揭开面纱，一位评论家把这部舞剧描述成"一个非常精炼的、非写实的、有象征意义的繁殖仪式③，它的性取向明显易辨，没有任何异议"。福斯特在他的日记中辛辣地把这个舞蹈比作导尿管。

作为一个著名的音乐爱好者，福斯特有着和头条新闻一样的吸引力，但是哈佛大学的氛围一点都不鼓舞人心。他的演讲《艺术批评存在的意义④》描述了批评家的神秘呼唤，他们呼吁尊重"艺术家工作的"地方。他把批评，即对一件艺术作品的正确认识描述成"一种异常的状态⑤，我们只能通过爱进入到这种状态中"……他的方法本能地和他的观众中的文人意气相投。战后的学术批评家们支持带有科学热情的人文

---

① 比尔·罗德里克，《福斯特的面面观》中的《福斯特和美国》，奥利弗·斯塔利布拉斯编。
② 爱德华·摩根·福斯特，《为民主喝彩两声》中的《美利坚合众国》，第332页。
③ 伯卡特，《美国的来信》，第8页。
④ 爱德华·摩根·福斯特，《为民主喝彩两声》，第47页。
⑤ 爱德华·摩根·福斯特，《为民主喝彩两声》，第118页。

学科，他们寻求和科学一样的技术研究水平来研究文学，并像尊重科学一样尊重文学研究。托马斯·斯特尔那斯·艾略特属于他们那个时代，也是一位哈佛校友，他的叙事诗《荒原》附带大量的脚注。一场鸡尾酒酒会把座谈会推向高潮，福斯特和艾略特都是这场酒会的贵宾。这两位文学巨匠站在公共休息室里一个巨大的仪式壁炉的两侧，摩根看着一群追随者像飞蛾一样围绕在这位诗人的身边。摩根与艾略特聊天的距离越来越远——学生和教职工们与艾略特探讨着一些感兴趣的话题：客观对应物的几个要点、《四个四重奏》(*Four Quartets*)的意义、恰当地不带感情阅读的最好方法，等等。摩根被遗弃了。他和一个志趣相投的学生亲切地聊天，告诉他自己探索美国西部的计划。

他从波士顿向西行进，到达位于大峡谷谷口的阿尔托瓦尔酒店。他飞过沙漠，隐约看见一个巨大的被废弃的停机坪，上面堆放着剩余军需，他意识到成千上万架飞机将要被摧毁。对于美国人的"浪费精神"，他感到十分沮丧，但这是资源富足的必然结果。到达大峡谷后，他考虑下降到峡谷底部。他花了好几天时间才鼓起勇气到达顶点，结果发现那里是一个名叫"猴子"的山脊，类似一个体格巨大且行动缓慢的骡子的背部。在这个有利位置，他能够清楚地看到一副令人叹为观止的景象：科罗拉多河在"暗红色的悬崖峭壁间跳动地狂怒"，一个名叫詹姆斯的"瘦弱电影牧童"背对着他，在迂回曲折的小路上前行。夜晚，他坐在篝火旁，听到音乐声，"是詹姆斯或者其他人在弹吉他①，看起来一定帅极了。"

洛杉矶、伯克利、接着是科罗拉多。讽刺的是，他最终抵达加利福尼亚南部后却和伊舍伍德错过了——伊舍伍德返回到柴郡的家中处理祖上留下的财产，将自己应得的那份转给了他的弟弟。在加利福尼亚北部，摩根和诺埃尔·沃格还有诺埃尔的新妻子玛丽埃塔一起待了一周。诺埃尔·沃格是一位年轻的学者，战争期间，鲍勃在泰晤士

---

① 爱德华·摩根·福斯特致鲍勃·白金汉，1947年5月15日，国王学院档案馆。

一段未被记录的历史：
E.M.福斯特的人生

河河岸和他见过面。诺埃尔带他去约塞米蒂国家公园和洛斯加托斯的大型果园。此次拜访充满了羡慕和隐藏的淫欲，就像他寄居在弗兰克·维卡里的家里一样。他从加利福尼亚坐火车前往芝加哥，途经洛基山脉，这条线路虽然漫长，但沿途的景色十分壮观。他看到了十分奇妙的景象①：一名年轻的摩门教女"圣徒"喝得醉醺醺的，步履蹒跚地走在街道上；最后一位气喘吁吁地降落在洛基山脉的东面；而顽石坝带来的是一个彻底改变的世界美景。在盐湖城，一位女服务员让摩根十分感动，她没有收取摩根的小费，并说道："我不想拿你的钱②，伙计，因为你比我更需要它。"

摩根写信给斯普罗特，如今，他已经把名字恢复为"杰克"。自他开始访问以来，他饱受噩梦的困扰，这些梦都与从西海克斯特背井离乡有关。汤姆·科力的母亲住在费城附近，摩根和她一起居住后，就梦想着莉莉告诉他她死后很开心。他意识到自己"在精神上不正常③"，断定"或许嗯哼两下能缓解一点"。怀着能有一次短暂性放纵的希望，他写信给约翰尼·肯尼迪（Johnny Kenney）。肯尼迪是加拿大的一名飞行员，摩根和他在伦敦相遇。摩根接受了他（还有他的妻子和孩子）的邀请，一起住在他位于尼亚加拉瀑布的家中。摩根告诉鲍勃"我只是④以友谊的名义做一件有点冒险的事情"，他勇敢地面对移民局官员，冒着可能会蒙受屈辱的风险而着手开始他的迂回计划。但是摩根对于发生性行为的希望并没有实现，他错误地推断，他们将不会出现在自己的旅行中。他在笔记本上写道："我的写作、音乐、天赋和谦逊给人留下深刻的印象⑤，但谦逊让我感到悲伤，这并不是因为它不值得，而是因为没有人作为报答，给我留下同样深刻的印象。我应该平淡、不带

---

① 爱德华·摩根·福斯特，美国日志，1947年；爱德华·摩根·福斯特致鲍勃·白金汉，1947年6月5日，国王学院档案馆。
② 爱德华·摩根·福斯特，《为民主喝彩两声》中的《美利坚合众国》，第334页。
③ 爱德华·摩根·福斯特致塞巴斯蒂安·斯普罗特，1947年5月29日，国王学院档案馆。
④ 爱德华·摩根·福斯特致鲍勃·白金汉，1947年6月5日，国王学院档案馆。
⑤ 爱德华·摩根·福斯特，美国日志，1947年6月7日，国王学院档案馆。

一点情感色彩地离开殖民地。"

漫长的火车旅行让摩根有时间回想在过去几周的旅行中他所了解到的美国。此次经历让他有了更多的思考。普通人易于接近，他为此深受感动。他告诉乔·阿克利，"这和营养不良、满腹牢骚的英国人形成多么鲜明的对比①！美国人从不怠慢，甚至有时候刚好相反。我在亚利桑那州的一面墙上坐了半个小时，一位墨西哥人正在为他的母亲用水泥加固那面墙，随后我们就有了书信往来。"

战后的种族关系迅速改变，这让他尤其感兴趣。尽管摩根曾在印度和埃及待过一段时间，但除了雷哲·帕尔默，他很少有机会和其他黑人接触。在英国，摩根把最普遍的人物形象称作"黑人"，它是吟游诗人的残余，是罗宾逊的橘子酱瓶上怪物的动画形象。保罗工作室的对面，一群流落街头的黑人小孩儿在沥青路上打棒球，这对摩根来说有种异域的魅力和色情的诱惑力，但是这些小孩儿在模仿他，他便带有防御地断定，"这些黑人基本上②没给人留下一个好印象——他们具有攻击性，并且粗鲁无礼。"在漫长的中产阶级氛围下的火车旅行中，摩根能够更加自在地观察从国外服役回来的美国黑人士兵的俗气和权威。"我和一个从日本回来的黑人军士长一起吃早饭③，听他的铂尔曼随从讲他如何责备一个美国白人士兵，只因他在一个太过气派整齐的盥洗室里洗漱。""快点！你们这些家伙真让我吃惊。"士兵低下了他的头，他的脸上满是雀斑。这和单调乏味、一成不变的英国人的社会秩序感是多么鲜明的对比啊。尽管赞美诗集《万物有灵且美》中的第二首诗被删除了，但它④在英国依然被忠实地柔声歌唱：

---

① 爱德华·摩根·福斯特致乔·兰多夫·阿克利，1947年5月31日，人权委员会；《书信精选》，拉戈与弗班克编，第2卷，第224页。
② 爱德华·摩根·福斯特致塞巴斯蒂安·斯普罗特，1947年6月15日，国王学院档案馆。
③ 爱德华·摩根·福斯特致乔·兰多夫·阿克利，1947年5月31日，人权委员会；《书信精选》，拉戈与弗班克编，第2卷，第224页。
④ 与马克·兰卡斯特的通信。

> 富人住在他的城堡里，
> 穷人住在大门口，
> 他使他们变得高贵或卑微，
> 还订购他们的房产。

美国人简单、粗俗的幽默感使性话题公开化。1935年，摩根注意到英国广播公司的一个突发事件，他满是厌恶与怀疑："自从星期六晚上开始，所有的英国人都感到十分震惊①，因为无线电台里开了一个不恰当的玩笑。艺人克拉彭和德怀尔在过去九年里一直为听众带去欢乐，但如今二人的事业受到重创。德怀尔问道：'你是否想过沙漠浪费产生了什么？'克拉彭回答：'是漂亮姑娘的腰？'德怀尔惊呆了，不知如何作答。"美国人民对于性的态度似乎更加包容和好脾气。他草草记下一系列柏马剃须膏的广告牌"沿着纽约到费城的那条路，按照一定的间隔巧妙地排列着"，正如伊舍伍德和他的情人比尔·卡斯基带着他驱车从纽约前往布林茅尔学院参加一场朗诵会：

> 我们知道你有多爱那个姑娘②，
> 但还是要用双手开车，姑娘。

这种友谊的必然结果就是一种恐吓的暗流，使他着迷，却又难以完全理解。摩根的主人们和朋友们告诉他，在他们的生活中，犯罪行为非常普遍。摩根对这种随意的方式感到震惊。每拜访一处，他都要测量那里的温度，小心谨慎地评估危险，对比芝加哥和伯克利，在芝加哥，他的主人在门上装了五把锁，"在浴客穿衣回来前，有人把浴客的衣服偷走了③，拔出钥匙，破坏公寓……"而在伯克利，沃格的家无

---

① 爱德华·摩根·福斯特，上锁的日记，1935年6月22日，国王学院档案馆。
② 爱德华·摩根·福斯特，美国日志，国王学院档案馆。
③ 爱德华·摩根·福斯特，美国日志，国王学院档案馆。

论白天夜晚都不上锁。

深深萦绕在摩根脑海里的场景是人们对像他、单身作家还有知识分子这种独自居住的男子的攻击。他记录下的出于暴力的作案动机是否本应是同性恋恐惧症？又或者他描述的所有受害者是否都是同性恋？这很难从他日记里粗略的记录中辨别出来。但他们中有一些是。1947年的冬天，门罗·惠勒和他的伴侣格伦韦·威斯考特被一名"好战的壮汉[1]"从床上拽下，在枪口的威胁下遭到暴打和抢劫，然后这名壮汉又把他们锁在一个壁橱里。他们对那名壮汉略微有所了解。他们报告了这起抢劫案，但却后悔这么做：门罗在派克大街公寓里的电梯工告诉警察，他们有时会把钥匙借给朋友们。不久，这起抢劫案就成为一项强制性的调查。一名侦探来到门罗在现代艺术博物馆里的办公室，试图从那里拿到他所有同性恋朋友们的名字和地址。很显然，作为一名同性恋，摩根对美国犯罪状况的担忧被他的脆弱感放大了。

1947年6月中旬，摩根返回东海岸，这一举动证明他"非常有同情心"。他在"格林威治村的最深处[2]"——杰里和保罗空荡荡的工作室里安定下来，他们曾非常慷慨地"把工作室从这一头到那一头打扫干净……在冰箱里放满食物，还给了我八瓶酒"。他催促斯普罗特明年来纽约："这个地方非常迷人[3]，整个西部都在我的身后，我能够傲视一切，我不允许自己被威慑住。"但"来自史泰登岛渡轮的奇观"使他犹豫了。该处景象与众不同，让人不安。夜晚，福斯特独自待在工作室，杰里的画作《大海》(*The Sea*)让他烦恼不安。弗兰奇一直在读卡尔·荣格(Carl Jung)，这幅画作就是一个神秘的灵魂斗争的寓言。画面里，两个非写实、赤身裸体的人物平躺在海天之间明亮的蓝色区域，一个浅肤色的人在有尖角的裂口处游泳，他转过头，睁大眼睛瞪着观看者，

---

[1]《不断的教训》(*Continual Lessons*)，费尔普斯编，第180页。
[2] 爱德华·摩根·福斯特致乔·兰多夫·阿克利，1947年5月31日，人权委员会；《书信精选》，拉戈与弗班克编，第2卷，第224页。
[3] 爱德华·摩根·福斯特致塞巴斯蒂安·斯普罗特，1947年6月15日，国王学院档案馆。

在他下面，一个暗灰色的人在水中漂浮着，他也睁大眼睛，露出可怕的笑容，或许他已经被淹死了。摩根打开他的布衣盖住这幅画，让自己看不到它。一位朋友来到工作室，看到这副滑稽的景象，然后说了出去，不久，杰里和保罗，最终保罗的妹妹费德拉玛和她的丈夫林肯·科尔斯坦，还有整个普罗温斯敦的人都在悄悄谈论摩根强大的想象力①。他们没有告诉他。

工作室里还有一些手稿是唐纳德·温德姆（Donald Windham）的作品，他是卡德摩斯圈子中一位年轻的作家。他的短篇色情故事《搭便车的人》（The Hitchhiker），还有一些关于同性恋主题的作品温暖了福斯特。福斯特认为，温德姆是一个真正的天才，6月底他们二人相遇时，福斯特把自己的这个想法告诉了温德姆。在他的余生里，他们开始了一种混杂着友谊和文学推广的相处模式。回到纽约，他终于见到了无与伦比的约瑟·马丁内斯。马丁内斯以"皮特"这一名字而闻名，他是一位墨西哥舞蹈家，给林肯·科尔斯坦当了十年情人后，成为林肯最爱的人之一②。皮特与林肯分分合合，费德拉玛·科尔斯坦默许着他的存在。皮特还是伊舍伍德的前任情人和至交，1942年在马丁内斯完成初稿前，他们二人在费城的和平旅馆一起工作。从最古老的词义上讲，皮特是同性恋，是很好相处的有趣的人，他庸俗下流，喜欢恶搞。在昏暗的贵格会教徒会堂，他转向伊舍伍德，大声喊道："亲爱的……如果你不亲吻我，我就大喊大叫！"他"黑色的睫毛颤抖着③，洁白的牙齿闪烁着，做出芭蕾手势，脖子上缠绕着围巾，看起来像个面纱"，伊舍伍德用慎重保守的表达写下，皮特是"哈佛福德学院一个不正常的人物"。他在中央公园苍翠繁茂的林地里更像是待在家里，那里是一处完善的巡航点，以至于到20年代，它就被人们称作"结果实的平原④"。6月下旬，在摩根出

---

① 伯纳德·佩林访谈，庞德·里奇，纽约，2001年9月30日。
② 杜伯曼，《林肯·科尔斯坦的世界》，第326页。
③ 《克里斯托弗·伊舍伍德：日志》，巴克内尔编，第2卷，第210页。
④ 昌西，《纽约同性恋》，第182页。

发去普罗温斯敦前的那个晚上，马丁内斯带福斯特到公园，他们度过了一个美妙、随意性交的夜晚；无论是和皮特还是和其他人，摩根都没有记录下来。在旅程的最后，摩根回忆起"从比尔、保罗·卡德摩斯还有其他人那里感受到的好意[1]"和"皮特的亲切"。

法国人位于弥勒山路的出租房屋紧挨着海滩。摩根在这里度过了三个夜晚，最为意气相投的伙伴图克和卡德摩斯，还有杰里和玛格丽特·弗兰奇陪伴在他的身边。为了使摩根成为关注的中心，他们打破了自己平常严谨的工作假期习惯。在普罗温斯敦，摩根"有了归属感[2]"。他通过和保罗的钢琴二重奏摸索出自己的方式，还坐在那里让杰里给他画肖像。被马尾藻覆盖的乔木挨着杂乱无章的房子，摩根坐在乔木斑驳的树荫下拍照，十分自然地开快大笑。杰里为了取悦他，给他看一些关于艾默斯特同性恋互助会典礼的故事。"保杰玛"三人组给他看一些他们和朋友们的照片。照片上，这些人赤身裸体地站在沙丘上、躺在洒满阳光的床上，嬉笑地模仿健美运动者，在沙滩上，他们摆出与复活节岛石像一样的造型。一次下午散步成为一种波西米亚理想征服传统的力量的寓言：

> 我在普罗温斯敦的钻石（洞察力）[3]：我在沙丘上散步，头顶上是湛蓝的天空，我望向天空，它呈现出明亮的蓝色。散步回来，我们很不情愿地吓跑了镇上叫卖的小贩，他是一位老年人，脸庞像胡桃夹子，他愚蠢地把自己打扮成17世纪的清教徒。他觉得我们要戏弄他，便从小路仓皇离开。

在波士顿，摩根错过了一个机会，落入"一个名叫马修斯的神经病

---

[1] 爱德华·摩根·福斯特，美国日志，国王学院档案馆。
[2] 同上。
[3] 同上。

学家肥胖的双手中①。马修斯在战争期间指挥一艘驱逐舰,他想成为一个热情好客的人。他说他不赞成我们摇摇晃晃走过的这条塞勒法德街道,那正是我想探索的地方"。在迷失的农场,摩根度过了"在这片最亲切的土地上②"最后的几天,保罗·卡德摩斯和乔治·图克陪伴在他的身边,之后,他便返回了纽约。

福斯特的存在就像是滚雷:他在普罗温斯敦的拜访极富同情心,报道一出,东海岸越来越多的同性恋朋友们向他发出邀请。尽管此次旅行非常成功,摩根感到很开心,但他没有时间了。他拒绝了格伦韦·威斯考特的邀请。作为一种替代,威斯考特把一位共同的朋友送给摩根,他是年轻的艺术家伯纳德·柏林,在战争期间,摩根和他在伦敦见过面。第一次见面时,柏林作为一名附属于军队的艺术家刚刚退役回来,他记录下东京大轰炸和德国从叙利亚的撤兵。那一天,为了净化他们的视觉和味觉,摩根和伯纳德去参观了国家美术馆,两人讨论着"鲁宾斯的挤压能力③"。

如今,在卡德摩斯的工作室,柏林用银尖笔画法快速地勾勒了一幅肖像画,另一边,卡德摩斯和图克仔细地收拾着摩根的行李,就像完成一幅拼图一样。威斯考特声称柏林的肖像是一个奖品,因为他还没有见过摩根。目前,这份纪念品就足够了。

---

① 爱德华·摩根·福斯特,美国日志,国王学院档案馆。
② 同上。
③ 爱德华·摩根·福斯特致门罗·惠勒,1945年10月2日,拜内克。

第十三章
"我不喜欢坦诚相待"

体验了一把兴奋与被人吹捧过后,摩根又回到英国,重新过上了单调乏味的生活。每周,他都要往返于奇西克(Chiswick)和剑桥大学之间,与鲍勃一起吃顿晚餐,抑或看场表演。有时他也会去找雷哲·帕尔默,雷哲"现在善良温暖①、风尘可爱",摩根仍旧很吃他这一套。克里斯托弗·伊舍伍德派比尔·罗德里克过来,想让他推动事情的发展,但他的这位使者却令人大失所望:田纳西·威廉斯将事情搞得一团糟,没来成,摩根"非常不喜欢"戈尔·维达尔②(Gore Vidal)。

到了1948年的秋天,摩根与鲍勃之间的年龄差异开始显现出来。摩根再过几个星期就七十岁了,而鲍勃只有四十五岁。摩根担心自己会变老,担心自己已经老了,担心自己会无聊乏味,担心自己把一切视为理所当然。他开始顾及自己受伤的感情和猜疑心。他曾斥巨资为鲍勃和梅在牧羊人的丛林(西伦敦地区)买了一幢阶梯式的连栋住宅。这里离他在奇里克的公寓不到一英里,他生气地说,自己的慷慨只会让鲍勃变得"粗鄙、有优越感和疏忽大意"。"不幸的是,在我给他们买下这幢房子一年后,鲍勃对我表现得漠不关心③,却对梅嘘寒问暖。我去他那里的时候,已经不太受待见了。"

深秋的寒冷愈发显出摩根的孤独,他感到害怕。10月初,他开始写日记:

---

① 爱德华·摩根·福斯特致乔·兰多夫·阿克利,1951年4月11日,人权委员会。
② 爱德华·摩根·福斯特致克里斯托弗·伊舍伍德,1948年7月25日,亨廷顿。
③ 爱德华·摩根·福斯特,上锁的日记,1948年10月8日,国王学院档案馆。

> 在伦敦待的这三天，实在是太糟糕了[1]，我得自己想办法解决自己的问题。因为我最大的麻烦就是讨厌与他人打交道，所以没法跟别人说……除非我今年能够全身心投入到工作中去，否则我会疯掉的。我感到非常孤独且一无是处，明眼人一下就能从我的脸上看出来。走在去托特纳姆宫的路上时，一位北美印第安人过来拍拍我的肩膀说："振作起来。"……我感到非常害怕。如果人类已经辜负了我，那我还剩下什么？

很快摩根就发现，鲍勃跟梅都算不上"明眼人"。不过，冬季的时候，随着邀请函的纷至沓来，摩根的焦虑感大大减轻了。他受到了白金汉宫圣诞计划的邀请，还参加了由威廉·普洛默和乔·阿克利组织的一场庆祝他七十岁生日的豪华派对。他猜想"鲍勃突然改变"[2]的原因是"人们都说我老了，被惯坏了，被那些名气所带来的善意和体贴、无微不至的关怀以及大家的恭维给惯坏了。我很庆幸自己没有深究下去。一知半解才是真正的智慧，至少在隐私方面是这样的……""一知半解"一直以来都是莉莉的专长。现在，随着年龄的增长，摩根也渐渐学会了。他学着让自己变得不要那么敏感脆弱，偶尔忽略掉一些生活细节，也不失为一门艺术。

摩根狂热的追随者大都在大西洋的另外一边。摩根的纽约之行让保罗·卡德摩斯深受鼓舞，他决定画一幅关于性自由的寓言画，但并不仅仅是为了表达友情与性欲这些抽象的概念。保罗在遇到摩根之前，刚刚结束了一段感情，同时，他与杰里·弗兰奇和玛格丽特·弗兰奇之间反反复复的微妙关系也使他痛苦不堪；而最近一段时间，他与乔治·图克之间的交情却日益深厚。他试图与前任们继续做朋友，却未曾想到其中困难重重。在接下来的生活中，他步履维艰。他将福

---

[1] 爱德华·摩根·福斯特，上锁的日记，1948年10月8日，国王学院档案馆；弗班克，《爱德华·摩根·福斯特》，第2卷，第282页。
[2] 同上，1948年12月27日。

斯特的作品作为人生信条，指引着自己前行。保罗早先拜读过摩根写的一篇名为《我的信念》的文章，开启了他与摩根的友谊，而他几个月来一直在画的作品也沿用了这篇文章的名字。他的一个朋友，乔治·普莱特·莱尼斯（George Platt Lynes），是一位摄影师。一次，乔治爬上了圣卢克宫那摇摇欲坠的逃生梯，试图用相机捕捉下卡德摩斯、图克和杰里·弗兰奇这三位艺术家同框的场面，当时，《我的信念》这幅画作正摆在那间画室里保罗的办公桌上。

　　在保罗的思想中，宽容与性自由是彼此联系的。在他的笔下，《我的信念》这幅画更像是一曲赞歌，崇尚人们用多种方式去表达欲望。在赤身裸体的一群人当中，福斯特的形象赫然醒目——只见他赤裸着身体，面带微笑，头发如同被微风吹散的蒲公英一般，随风飞扬。画中，福斯特摊开他那双纤纤玉手，掌心向上，既像是在耸肩，又像是在行宣福礼，动作传神又略显局促，颇具特点。画中，与之对应的反面角色是一个从新挖掘的坟墓中飘出来的死神形象，十分可怕。在他俩周围，到处是赤裸着身体的情侣和友人，他们身材各样、肤色各异，人们纠缠在一起，场面或荒诞或唯美，有人喜不自禁，有人情意绵绵。一眼望去，肉体，肉体，都是肉体。

　　再来说说精神方面。杰里对荣格的双重自我很感兴趣，受其影响，保罗也把画中的几个人物画了两遍。他给自己画了两次画像：第一次画的自己是坐着的，在非常认真地画画，杰里在一旁揽着他，而玛格丽特则站在二人身后，双臂环绕在他俩的肩上。第二次画的则有点让人摸不着头脑。画中保罗趴着，在读一本叫作《我的信念》的书，名为"关系"的这一章。卡德摩斯给自己的表兄弟林肯·科尔斯坦也画了两次画像。在第一幅中，林肯比较滑稽。他吹着排箫，头上还顶着一只猫。菲德尔玛把头靠在科尔斯坦的大腿上。而在第二幅中，林肯则比较温柔。他站着，手臂环绕在皮特·马丁内斯的脖子上。福斯特，身为这场特别的同性恋聚会的大家长，全身上下只围了一条缎带，上面写着"爱，乃有爱之人的共同国度"。远处，小小的法罗斯灯塔投射出一缕启蒙之光。摩根是性伙伴这一幕的灵感源泉,画家的这一创意让摩根"陶醉不已",不过,他还是跟保罗说,画像过于美化了自己,"毕竟我现在都这么胖了!"① 而且,成为性爱乌托邦里的守护神很有意义,这个形象意味着永恒。

保罗并不是唯一寻求摩根支持的青年艺术家。1948年夏天,作曲家本杰明·布里顿(Benjamin Britten)在自己家附近的奥德堡(位于萨福克海岸)组织了一场音乐节。他邀请摩根②,这位"英国最伟大的小说家",前来做个讲座。摩根与布里顿及其恋人,男高音彼得·皮尔斯(Peter Pears),一起在克莱格屋的客房里住了几晚。克莱格屋是一幢小型别墅,表面粉刷了一层灰泥,前院与北海的鹅卵石相接。傍晚时分,主人们开始为摩根表演节目。本伏在大钢琴前,皮尔斯站在一旁,倚在合着的钢琴盖子上。他们编着小曲,唱着民歌,一直玩儿到深夜。奥德堡是"一个荒凉的小地方③,并不美丽",福斯特写到。但他觉得大客厅很舒服,而且本和彼得是"最甜蜜的人"④。

十年来,无论是在爱情里还是在工作上,布里顿与皮尔斯都是密不可分的一对。本的一头卷发浓密而杂乱,还有点溜肩,与威风凛凛的彼得一比,他显得有些瘦弱。彼得面部轮廓分明,正好与其富于表现力的高音相得益彰。房子的主卧在楼上,视野开阔,美丽的海景一览无遗。他们二人就公然睡在同一个房间的同一张床上,这令他们的一些朋友"震惊不已"。但是考虑到公众的感受,他们在外人面前还是尽可能表现出较为纯洁的关系。旁边房间⑤里有一张斯巴达式的单人床(摩根就睡在那儿),房间里贴着一张庆祝新生节的拼集照片,上面有"彼得·皮尔斯的房间"几个大字。在拜访期间,布里顿提议将来一起

---

① 爱德华·摩根·福斯特致保罗·卡德摩斯,1949年4月21日,国王学院档案馆。
② 本杰明·布里顿致亨丽埃特·博斯曼斯,1949年3月18日,《一生的信件》(*Letters from a Life*),米歇尔等人编,第499页。
③ 爱德华·摩根·福斯特,《乔治·格拉贝:诗人和人》(*George Crabbe: The Poet and the Man*);布雷特,《本杰明·布里顿:彼得·格兰姆斯》(*Brett, Benjamin Britten: Peter Grimes*),第3页。
④ 爱德华·摩根·福斯特致威廉·普洛默,弗班克,《爱德华·摩根·福斯特》,第2卷,第282页。
⑤ 汉弗莱·卡彭特,《本杰明·布里顿》(*Benjamin Britten*),第257页。

合作。当为英国春节表演歌剧的委任下来后,他邀请摩根写剧本。他们将会一起选择歌剧的主题。

虽然布里顿当时只有三十四岁,但他已经是英国公认的20世纪最伟大的作曲家了。他十多年前就见过摩根。与摩根许多年轻的朋友一样,他们也是由克里斯托弗·伊舍伍德介绍认识的。之后,只有二十三岁的本偶然创作出乐曲《F6升调》(*The Ascent of F6*)。首次公演后,布里顿的母亲就去世了,摩根的同情心和他对音乐的敏感一直留在本的心里。七年后,在1944年,摩根专门来到伦敦听皮尔斯演唱布里顿的《米开朗琪罗的七首十四行诗》(*Seven Sonnets of Michelangelo*),这是由J.A.西蒙兹翻译的版本。

作品中强烈的同性恋元素在大多数评论家的眼里丢失了不少。然而这两位艺术家深谙这种不言而喻的艺术,整首歌变成一种理想的对话形式,将彼此之间与显而易见的未记录的历史联系起来。首先,本给了摩根一份乐谱。后来,摩根完全被皮尔斯的表演感动了,虽然他没有留声机,但他还是购买了一张唱片。本知道后为摩根买了一台精致的留声机。他将《阿尔伯特·赫林》(*Albert Herring*)刻在上面送给了摩根——"献给我亲爱的摩根①,献给一位伟大人物的薄礼"。本记得是摩根在滑铁卢车站看见克里斯托弗和威斯坦一起离开去美国的,在反战主义的刺激下,摩根这位守旧者没有嘲笑他们,本和彼得在1939年追随他们的朋友一起去了美国。

布里顿和皮尔斯在美国居住的三年并不顺利。本是一个脆弱、敏感的人,他需要安定的环境来工作。他和彼得为了赚钱不得不巡回演出,这种不安定的生活令他们很不开心,也未能创作出什么作品。1940年11月,他们与奥登、托马斯·曼(Thomas Mann)的儿子戈洛(Golo)、保罗·鲍尔斯(Paul Bowles)和他的夫人简(Jane)、滑稽的艺术家吉卜赛·罗斯·李(Gypsy Rose Lee)以及卡尔森·麦卡勒斯(Carson

---

① 《一生的信件》,米歇尔等人编,第363页。

McCullers）住在布鲁克林高地的同一排房子里。这个放荡不羁的家庭付出了代价，布里顿和皮尔斯向西逃到加利福尼亚。1941年夏天，在加利福尼亚，摩根的作品改变了他们的生活。那时候的他们思念家乡、囊中羞涩并且郁郁寡欢，他们发现了《倾听者》的复印本，在这本书里，他们读到摩根在广播讲话中谈到的被遗忘的诗人乔治·格拉贝（George Crabbe）以及他笔下的人物——"野蛮的渔夫[①]彼得·格兰姆斯……他将自己的三名学徒杀死，被学徒们的冤魂缠绕"。

与格拉贝一样，布里顿也是在萨福克沼泽地奥德堡的一个小城镇里长大的。但他对格拉贝与自己的近亲关系以及他的诗歌并不了解。读了福斯特的文章后，本有"一种思乡的感觉[②]"，他和彼得来到洛杉矶的二手书店寻找格拉贝的《自治市》（The Borough），这本书首次出版是在1810年。他们找到了一本，如饥似渴地读着里面的诗。

在市井生活引发的情绪中，"思乡"是两个奇怪的字眼。格拉贝的诗歌也是晦涩的。《自治市》描写了生活在乡下偏远地区的穷人们艰难、不幸福的生活环境。福斯特的文章是这样简单地开始的："谈论克布雷就是谈论英国[③]。"作为一名男性同性恋，布里顿很可能察觉到这些话里面的矛盾情绪。摩根察觉到了克布雷"不自然的想法"[④]，这里荒凉、无情的风景影响着奥德堡的市民、格拉贝以及他的艺术风格，他被这里深深地吸引，但又感到厌恶，两种情绪相互交织。摩根将同样的"精神紧张[⑤]、对厌恶的事情同样地渴望"安置在诗人和他笔下不开心的渔夫身上。布里顿身上浮现出一种同样的紧张感，作为一名同性恋和一名拒服兵役的人，他的这种不稳定的身份使他想要成为受推崇的宫廷作曲家的愿望变得复杂化。阅读福斯特的作品使本的思乡情

[①] 爱德华·摩根·福斯特，《乔治·格拉贝：诗人和人》；布雷特，《本杰明·布里顿：彼得·格兰姆斯》。
[②] 布雷特，《本杰明·布里顿：彼得·格兰姆斯》，第148页。
[③] 爱德华·摩根·福斯特，《乔治·格拉贝：诗人和人》；布雷特，《本杰明·布里顿：彼得·格兰姆斯》，第3页。
[④] 同上，第10、11页。
[⑤] 同上，第18页。

绪变得愈发强烈。布里顿回想这一刻的时候写道，摩根写的"具有揭示性的文章"[1]使他"突然意识到……自己属于哪里，又欠缺了什么"。他与彼得决定回英国，摩根已经指引他们回家了。

布里顿1944年一整年都待在英国写歌剧《彼得·格兰姆斯》[这是布里顿的第一部歌剧，由蒙塔古·斯莱特根据格拉贝的长诗《自治市》（1810年）撰写脚本，布里顿作于1944—1945年,1945年6月7日于伦敦萨德勒泉剧院首演。这部歌剧由序幕及各分两场的三幕构成，各场之间由六首间奏曲连接]。布里顿的改编是生动的。当格拉贝笔下的格兰姆斯由于疏忽和贫困杀死了自己的学徒时，布里顿和皮尔斯构想出一位人物形象，将他对男孩的性渴望与性暴力联系在一起。在他们初步的草图中，格兰姆斯复制了一个暴力循环，就像他的父亲曾经殴打他一样，他也殴打男孩们，心里想着"你愿意我爱你吗[2]？你温柔、年轻，但你必须爱我，你为什么不爱我呢？该死的，快爱我"。布里顿的剧本作者蒙塔古·斯莱特在早期的草稿中选取了这个视角，强调了格兰姆斯的恋童癖以及串通在一起正寻找其他出路的村民们。（他直接引用格拉贝[3]的话："有人听到了哭泣声，平静地说道：'格兰姆斯在耍他的老把戏。'"）

但在修订本中，布里顿和皮尔斯重新考虑了他们对格兰姆斯动机的看法。他们抹去了恋童癖的线索，塑造了一种模棱两可、不恰当的"自由观点"，"这种行为是值得原谅和理解的[4]"。皮尔斯明确地放弃自己原来的观点，给布里顿写信说，"我听说得越多[5]，我越觉得这种怪异并不重要，也不存在于音乐中（或任何韵律中），因此它在文字上不应该是这样。P.G.是一个内向的人，他是一名艺术家，也是一名神经

---

[1] 汉弗莱·卡彭特,《本杰明·布里顿》,第156页。
[2] 彼得·皮尔斯的格兰姆斯独白，引自菲利普·布莱特；布雷特,《本杰明·布里顿:彼得·格兰姆斯》,第50页。
[3] 爱德华·摩根·福斯特,《为民主喝彩两声》中的《乔治·格拉贝和彼得·格兰姆斯》,第177页。
[4] 彼得·皮尔斯，引自布雷特,《本杰明·布里顿:彼得·格兰姆斯》,第57页。
[5] 彼得·皮尔斯致本杰明·布里顿,《一生的信件》,米歇尔等人编，第1页。

第二部分
随着年龄增长，幸福终将到来

病。"完整的剧本里将格兰姆斯描写成一位与充满敌意的社会抗争的普通人。布里顿改变了故事情节，为格兰姆斯引入了一位充满同情心的女性同伴，并且清楚地表明那些学徒是死于意外。因此他创造了一部情节复杂、隐秘的歌剧①。人们可以将故事情节解读为一个关于善与恶的宏伟寓言。但如果观看者们愿意，他们可以从这个黑暗的同性恋故事中村民们的排斥和格兰姆斯的行为发现这个寓言。

摩根对自己曾给本带来灵感感到很开心。他把与布里顿一起写作看作一件严肃的事。重返工作使他感到充满活力。作为一名技艺娴熟的钢琴家和音乐评论家，摩根发现"音乐有温度②和活力，这是文学所欠缺的"。不仅如此，因为受到美国的同性恋艺术家的逢迎，摩根觉得自己与布里顿的合作会产生一种象征性的父子关系，就像他和卡德摩斯间的友情所达到的那样。但由于在创作形式方面没有任何经验，他在写剧本的过程中心神不安。他谦恭地接受埃里克·克洛齐（Eric Crozier）的帮助，这个人是有经验的剧本作家和制片人。

为了改编赫尔曼·梅尔维尔的中篇小说《比利·巴德》（*Billy Budd*），本和摩根立即就有同样的"心灵感应和同步的"想法③。克洛齐对此表示反对，他认为，在同性恋背景下创作一部全是男性的歌剧即使不危险，可能也是有困难的。但享受所有男性演员身体之美的机会和"保持人类④和焦油气味"的机会都太吸引人了，本和摩根占了上风。1949年1月中旬，他们一起工作的第一个早晨，摩根、本和埃里克就列出了人物和事件的清单，还粗略地设计了故事背景——拿破仑战争期间的"战威号"（The Indomitable）战舰。他们还选定了故事框架。他们决定比利·巴德的故事将由故事中唯一的幸存者船长爱德华·维尔（Captain Edward Vere）通过长篇的倒叙讲述。这位船长是"一位经历

---

① 马赛尼斯，《寻找本杰明·布里顿》（*The Haunting of Benjamin Britten*），第4页。
② 爱德华·摩根·福斯特，日记，1963年11月5日，国王学院档案馆。
③ 本杰明·布里顿，引自汉弗莱·卡彭特，《本杰明·布里顿》，第270页。
④ 爱德华·摩根·福斯特致本杰明·布里顿，1948年12月20日，《书信精选》，拉戈与弗班克编，第2卷，第235页。

过风雨的老者①"。因此，他们使维尔的年龄和摩根一样，并且决定由彼得演唱歌剧的一部分。

摩根认为《比利·巴德》有戏剧强度，可以成为一部伟大的歌剧。故事中的三位中心人物被卷入悲剧：比利·巴德是一位天真无辜、受人爱戴的水手，他口吃得厉害；凶狠的海军士官约翰·克莱加特不实地指控比利·巴德造反，当比利舌头打结、没有办法为自己辩护的时候，他击打并杀死了约翰·克莱加特；船长维尔虽然知道比利是无辜的，但还是调用了严格的海军法，宣布以过失杀人罪绞死比利。梅尔维尔的这部中篇小说的基调使摩根感到痛苦。他告诉评论家莱昂内尔·特里林说，这项工作是"从创造者的手中拯救维尔②"。这位写了《我的信仰》一书的男人无法赞美维尔的责任感，也无法享受这个悲剧。摩根因为把维尔塑造成自己故事中的英雄而受到梅尔维尔的排斥。他希望英雄是比利·巴德自己。

在某种程度上，摩根表现得非常强烈，就像他对格拉贝表现得那样。就个人而言，他认同作者的困境。《比利·巴德》的发表过程与他长期受压制的小说《莫里斯》的发表过程离奇地相似。像福斯特一样，梅尔维尔在空闲的时候是一名小说作家。沉寂了将近三十年后，梅尔维尔在接近生命的尽头写出《比利·巴德》。梅尔维尔去世的时候是七十三岁，他去世的几个月前才完成这部小说，那时的他几乎与摩根现在同岁。梅尔维尔死于1891年，他死后的三十年中，这些手稿被搁置。这部小说首次于1924年在伦敦发行，与摩根的小说《印度之行》同年。

作为补救，摩根重新构思这个故事，使它成为一种关于男子气概的冥想。对他来说，这个故事真正的悲剧在于盲目的男子气概，三位主人公由于无意识的男性责任概念陷入暴力和道德不作为中。将慷

---

① 爱德华·摩根·福斯特、埃里克·克洛齐和本杰明·布里顿，《比利·巴德》，第7页。
② 爱德华·摩根·福斯特致莱昂内尔·特里林(Lionel Trilling)，1949年4月16日，哥伦比亚；《书信精选》，拉戈与弗班克编，第2卷，第237页。

第二部分
随着年龄增长，幸福终将到来

慨、率真的人物比利放在①歌剧的中心位置造成一种充满色欲的三角关系，比利既是维尔亲切的对象，又是克莱加特邪恶的爱慕对象。（"N.B."，他向特里林写道，"为什么维尔碰了比利②的肩膀就造成一种沉重的打击？"）梅尔维尔细想着克莱加特的"自然的堕落"。对摩根而言，这个词语明白无误地呼应了伪科学的争论，那就是同性恋本身是罪恶的、不正当的，他人生中的前几十年对这样的争论很熟悉。他将克莱加特的"堕落"诊断为由欲望受挫和欲望腐败导致的自我憎恨。他批评本在原版乐曲的第二幕中将克莱加特的独白写得太温和——一种"沉闷的抑郁和咆哮的悔恨③"。相反地，他希望本将克莱加特对比利的爱描写成"充满激情——热爱狭隘、变态和毒害……一次性释放导致罪恶"。他警告说，不要为故事创造过多的道德约束，对本来说，虽然比利可能是"我们的救世主，但他还是比利，不是基督④"。摩根将梅尔维尔的故事重新变成一部关于同性恋社会经历的寓言。

1949年3月，埃里克·克洛齐和摩根"像两个修道院的僧侣一样沉浸⑤在比利·巴德的故事里"，他们在本开始编写乐谱前仔细推敲剧本。这三个男人在克莱格小屋一起度过了"十六个卓越的比利·巴德日⑥"。一星期内，克洛齐给他的妻子写信说，他们已经掌握了"众多技术性的海军术语⑦"，还分配了写作任务——"摩根负责剧本，我指挥船只……这将成为一部举世瞩目的歌剧。"克洛齐发现摩根是一个谦逊的人，"他是一位典型的慷慨大方的人⑧……是一个最善良的人。"但在创作初期，

---

① 爱德华·摩根·福斯特致威廉·普洛默，1949年3月10日，达勒姆。
② 爱德华·摩根·福斯特致莱昂内尔·特里林，1949年4月16日，哥伦比亚；《书信精选》，拉戈与弗班克编，第2卷，第235页。
③ 爱德华·摩根·福斯特致本杰明·布里顿，1950年12月初；《书信精选》，拉戈与弗班克编，第2卷，第242页。
④ 同上，1948年12月20日，第235页。
⑤ 埃里克·克洛齐致南希·埃文斯，1949年3月4日，《一生的信件》，米歇尔等人编，第497页。
⑥ 爱德华·摩根·福斯特，日记，1949年4月12日，国王学院档案馆。
⑦ 埃里克·克洛齐致南希·埃文斯，1949年3月11日，《一生的信件》，米歇尔等人编，第498页。
⑧ 同上，1949年4月4日，汉弗莱·卡彭特，《本杰明·布里顿》，第282页。

他们之间也有嫌隙。作为布里顿的密友，克洛齐作为一个中间人，发现"本处于不幸的情形下……他并不是真的想把《比利·巴德》创作成一部歌剧，但却觉得无法回头了……我和摩根一起度过的长时间与世隔绝的时光似乎让他有一点嫉妒"。布里顿告诉克洛齐说，他要"经历一个厌恶《比利·巴德》的阶段①，因为他对这个故事的目的性有误解，他想放弃整件事"。但克洛齐使他暂时恢复平静，继续实行计划。

由于醉心于工作，摩根没有发现这出幕后好戏。他的创作活力转化成一种快乐。鲍勃在奥德堡充满深情地看望了他。摩根在日记中把自己的快乐与他们的友好联系起来："鲍勃的善良和爱意②高高耸立。我想知道为什么去年他在我眼里是那么矮小和严厉，不要以为那只是因为健康因素。"但本对创造性的困难的反应往往是躲避或逃跑。他突然答应和彼得一起去国外进行音乐会演出使摩根感到困惑。在这个间隙里，摩根开始计划第二次"美国冒险③"，他想把鲍勃介绍给自己在美国的新朋友。他的歌剧工作表明他"应该在尽可能短的时间内远离英国④"，摩根把自己限制在东海岸两个有利可图的公共事件中———一个是布拉什菲尔德在纽约市的美国文学艺术学会的讲座，另一个是在比尔·罗德里克的母校汉密尔顿学院获得的荣誉学位。

他两年前就计划重游这块高地，通过鲍勃的眼睛观察每一个目的地——和比尔一起去罗斯特农场（Lost Farm）、保罗的工作室，去费城短期旅行拜访汤姆·科力的母亲。这次拜访有一种自觉的告别性质。摩根开始感觉自己被时间纠缠，就像许多处于中年后期的人一样——经历每一个事件前都会提前产生一种思乡的情愫。"人们以为我还是健康的。我很享受这样的生活。他们认为这是一个珍贵的时刻。"在这样的一种意识下，在摩根的眼里，即使是鲍勃，也变老了。他对保罗说：

---

① 埃里克·克洛齐致南希·埃文斯，1949年3月6日，引自同上。
② 爱德华·摩根·福斯特，日记，1949年4月12日，国王学院档案馆。
③ 同上。
④ 爱德华·摩根·福斯特致保罗·卡德摩斯，1949年2月21日，国王学院档案馆。

"我希望你能给鲍勃画一幅素描①,样子是我二十年前第一次见到他时那样……"把每一个时刻与它的自然起源对照变得可能。"没有在纽约见到你,我感到很难过②。"他给保罗写信说。保罗在夏天的时候又离开了。"我经常想起自己第一次到达圣卢克宫,第一次在那里用餐:想起那里的每一种精美的冷菜和葡萄酒……"

事情会变得不一样吗?还是一切都永远是相同的延续?威斯坦高兴地移民了,克里斯托弗也是。能将整个白金汉宫家族移植到一块更经得起检验的土壤上吗?为什么不呢?在计划拜访期间,摩根搜索着这三个问题的答案,他盯着自己旧爱的眼睛。要检验他的美国朋友们对鲍勃的反应暂时是足够冒险的事,"福斯特先生一生挚爱的③……警察。"公共荣誉是引人瞩目的,注定会给鲍勃留下深刻的印象,鲍勃在午餐会上坐在奥马尔·布拉德利(Omar Bradley)将军的身边,欢迎汉密尔顿学位的获得者们。但过于盛大的场面使摩根变得无礼:他将毕业证书归档,对一个非正式的引用做出特别声明,"由比尔·罗德里克在分开的啤酒瓶背面经过一定的区别或其他方式写下'为了成为摩根④',从而将荣誉授予我。"

请摩根办一场有利可图的关于布拉什菲尔德的讲座是格伦韦·威斯考特的点子。虽然他与摩根自从1940年就开始通信,但当摩根寄来自己的新小说《天路历程》(The Pilgrim Hawk)时,格伦韦是他朋友圈里唯一没有见过摩根本人的人,他很羡慕他们已经接近了"伟大作家"的荣誉。格伦韦最近当选为学会中的一员,他听命于自己的主席——诗人阿奇博尔德·麦克利什(Archibald MacLeish)。他对一位朋友扬扬自得地夸口⑤说,自己已经通过劝摩根回到美国而"杀死了知更鸟"。摩根接受了格伦韦的劝说,开始着手寻找"一些深刻却不令人烦扰的讨论

---

① 爱德华·摩根·福斯特致保罗·卡德摩斯,1949年4月21日,国王学院档案馆。
② 同上,1949年6月18日。
③ 格伦韦·威斯考特致伯纳德·佩林,1949年4月20日,贝奈克。
④ 爱德华·摩根·福斯特,美国游记,1949年,国王学院档案馆。
⑤ 格伦韦·威斯考特致伯纳德·佩林,1949年4月20日,贝奈克。

内容①"来赚取讲座费用。

成为学会中的一员给格伦韦带来一些慰问性的工作，虽然他早期曾是一名作家，但却没有得到伟大的文学荣誉。他有不可否认的才华和与正确的人为伍的本领。格伦韦是一个金发碧眼、身材苗条的农场男孩，有着柔和的态度。当格伦韦和他的情人门罗·惠勒一起逃到中西部的格林威治村时，他只有十九岁，后来他们又去了巴黎，再后来去了法国南部。到那时，玛丽安·穆尔（Marianne Moore）和威廉·卡洛斯·威廉姆斯（William Carlos Williams）已经出版了威斯考特的诗歌。门罗是一位年长两岁的芝加哥男孩，他的身体结构紧凑，有着忧郁的姣好面容。比起任何特定的神召，这两个年轻男人更多地受到不成熟的性自由的刺激。门罗机灵地告诉格伦韦，"在美国文化中②，艺术家有公认的自由的特权……如果你将成为一名诗人，靠写作为生，他们会让你一个人待着。"因此，格伦韦迅速开始写作，出版了两部小说和一本短篇故事集。到二十五岁左右时，他已经成了名人，他的名字可以与海明威和菲茨杰拉德相提并论，他们被誉为"新美国的先知③"。

海明威尤其忌妒格伦韦，还辱骂他。他憎恶威斯考特写的优美句子、修饰成分和他笔下人物细腻的情感中的欧洲气息。他还厌恶格伦韦与格特鲁德·斯泰因（Gertrude Stein）之间的友谊。最重要的是，他憎恨同性恋作家的成功："格伦韦·威斯考特、桑顿·怀尔德④（Thornton Wilder）和朱利安·格林（Julian Green）都在一年里变得富有，我作为一名报纸记者却赚的少得可怜——我是唯一需要养家的人。"他厌恶格伦韦说话的声音。他对斯泰因发牢骚说，"当你被芝加哥大学录取的时候⑤，你写下自己想要的口音，当你毕业的时候，他们就会把这种口音给你。"还有很多关于格伦韦的坏话。

---

① 爱德华·摩根·福斯特致格伦韦·威斯考特，1949年2月28日，贝奈克。
② 罗斯科，《格伦韦·威斯考特》，第19页。
③ 同上，第46页，《波士顿晚报》的评论标题。
④ 同上，第41页。
⑤ 格特鲁德·斯泰因，《艾丽斯·B.托克拉斯自传》，第200页。

在他和门罗为自己创造的世界里，他们寻找到富有同情心的伙伴。在法国，他们与一批卓越的艺术家成为终生的朋友，这些人包括：凯瑟琳·安妮·波特（Katherine Anne Porter）、让·科克托（Jean Cocteau）、马克·夏加尔（Marc Chagall）、威利·毛姆（Willie Maugham）、桑顿·怀尔德、西特韦尔兄妹，还有一位奥斯博特·西特维尔（Osbert Sitwell）称为"弗洛伊德·马多克斯·弗洛伊德[1]"的小说家。他们吸引朋友们回归斯泰因的圈子。他们离开纽约前，门罗和格伦韦遇见一位长相英俊、焦躁不安、看上去很痛苦的年轻人，这位年轻人是一位圣公会牧师的儿子，来自时髦的新泽西地区。乔治·普莱特·莱尼斯还不到二十岁。他曾经和林肯·科尔斯坦一起上过预备学校，但只在耶鲁待了几个星期，违背了家族的传统。莱尼斯是一个异常世俗的人：他为这对伙伴提供了巴黎移居者世界的所有通行许可证，他已经从巴黎回来了。

乔治·普莱特·莱尼斯是一位没有固定职业的唯美主义者，他令自己的父亲恼火，对朋友而言却很有吸引力。他曾在新泽西的恩格尔伍德开了一家高雅的小书店，六个月后为了利润又把书店卖了。他了解书、戏剧、芭蕾、绘画、摄影、时尚和家具。他积极向上、俏皮迷人、热爱生活、为人风趣，是个让人无法拒绝的人。格伦韦曾写信纠缠他——叫他"亲爱的小乔治[2]""小甜心""纽约宝贝"——还极力劝说乔治来法国找自己和门罗。"亲爱的小乔治"后来确实去法国找他们了，不过在这之前，他曾试图引诱随格伦韦一路向东最后住在纽约的同性恋弟弟劳埃德（Lloyd）。格伦韦对此十分愤怒，门罗却冷静沉着。将乔治和劳埃德二人引荐相识是格伦韦"本人的错误[3]"。后来乔治遵从指示，他像一颗彗星一样，在1928年夏天回到法国。

格伦韦曾经邀请过乔治，但乔治却先上了门罗的床。对这三个平凡的男人而言，这种曾经不可能发生的情况莫名其妙地发生了，既微

---

[1] 罗斯科，《格伦韦·威斯考特》，第24页。
[2] 乔治·普莱特·莱尼斯与门罗·惠勒通讯，1927—1929年，费尔普斯编。
[3] 格伦韦·威斯考特致乔治·普莱特·莱尼斯，1927年6月24日，贝奈克。

妙又令人快乐,他们发展了匀称的三角关系——他们三个人找到一种明确的方式发展亲密关系,直到生命的尽头。他们仨没有一个人困扰于为这种关系贴标签或下定义。这是一种混杂着性的友谊:乔治和门罗之间的激情性爱;乔治和格伦韦之间伙伴般的、彬彬有礼的、频率较低的性爱。乔治到来之前,格伦韦和门罗之间的热情就冷却下来了,他们三人最终形成了一种虔诚的婚姻关系,每两个人舒舒服服地当几个月的情人,一切都非常开放、友好。

乔治有一双渴望发现美的眼睛。当这三个男人游览欧洲时,他开始为他们拍照片。他们三个人都穿着精美的白色亚麻西服,棕榈树的影子映在他们身上。照片中有梳着罗马发型的格特鲁德·斯泰因的侧脸,远处普罗旺斯的山峰变成一个个小点。让·科克托正在戒鸦片,他紧张地面对着镜头。他长着一个鹰钩鼻,一头浓密的卷发向上竖起,就像燃烧的火一样。曼·雷(Man Ray)为乔治拍了一张引人注目的肖像,虽然乔治系着菱花格束腰带,但曼·雷打算把他拍成像希腊神话里的人一样。1934年,当整个家庭搬回纽约时,乔治的盲目追求都集中到一个职业上,就像曾经的格伦韦一样。他成了一名时尚摄影家。

当摩根和鲍勃在1949年拜访他们的时候,格伦韦、门罗和乔治在这座城市已经扎下根。这三个男人住在①"我们的家里",这是一个特别的三口之家,直到乔治"变得茫然,不满足于自己的生活,也对自己不满意",离开了格伦韦和门罗——他们本来可能继续一起过五十年的。他们三个人都在不同的社会圈闯荡过——包括林肯和美国芭蕾剧院的舞者,保罗和他放荡不羁的朋友们,初期的现代艺术博物馆富有的赞助人,门罗曾经是那里的出版总监。乔治吸引了时尚模特和一群轻浮的年轻男人,其中包括来自普尔曼的服务员、男妓和广告里的艺术人物。生活在这些社会圈中通常意味着需要依赖他人的钱财。格伦韦享受着弟弟劳埃德和弟弟的妻子芭芭拉的资助,芭芭拉靠自己继承的丰

---

① 《连续课程》(Continual Lessons),费尔普斯编,第107页;取自一封写给劳埃德和芭芭拉·威斯考特的信,1943年2月24日。

厚遗产支撑着整个家庭。乔治不管是富足还是负债，"似乎把世界看成一份礼物①，他为了使自己快乐买下这份礼物送给他的朋友们。"门罗像是一位贫困潦倒的贵族，他聪明并且有品位，但却没有什么钱。在他移居国外的日子里，他遇见了雷诺阿、夏加尔和毕加索；现在，因为有了这些关系和一双精明的眼睛，他经常作为博物馆最耀眼的使者游览欧洲。他衣着正式得体，举止完美恰当。他的一幅看上去温文尔雅的画像出现在1948年11月的《时尚》杂志上。这种"世俗化②"的光环是博物馆愿意捐助门罗这个只有高中文凭的芝加哥男孩的重要原因。

他们把时间分为在城市和在农村玩乐，完全控制住了摩根和鲍勃的感情。威斯考特计划的亮点是在讲座举办前两晚到门罗家里共进晚餐。门罗的公寓已经为演出而布置好，公寓里有面向派克大街的大型公房、一个小厨房、截短的卧室和朝后的浴室。画室和餐厅像是根据亨利·詹姆斯最新的小说设计的，里面有精美奢华的欧洲家具、小摆设和精装的书籍，其中很多是从格伦韦的弟妹芭芭拉那里借来的。壁炉上挂着一幅库尔贝（Courbet）的风景画。

现在，乔治和他的母亲阿德莱德一起来参加这个小型的鸡尾酒会了。阿德莱德是一位优雅、睿智的女性。先来说说乔治吧，他就像一道可口的点心一样，总能让人消除戒心。为了劝鲍勃和摩根在接下来的几周里去他的工作室拍照片，他在那里逗留了很久。后来莱尼斯一家不知何时悄然离开了。为了使这个夜晚既刺激又受欢迎，六位晚宴客人全是精心挑选好的男性。门罗对同性关系的态度很认真，他在给一位朋友的信中写道："我很担心。我没有警告爱德华·摩根·福斯特（金赛也会来这里），我一直告诉自己，不要把秘密声张出去，担心③会让鲍勃·白金汉感到尴尬。"他有小心的理由：每一场晚宴都是围绕着一

---

① 唐纳德·温德姆，《塔纳奎》（Tanaquil），第84页。《塔纳奎》是一部小说，这个短语用来描述佩奇，一位以乔治·普莱特·莱尼斯为模特的摄影师。
② 格伦韦·威斯考特，《一顿晚餐、一场散步、一次谈话》，贝奈克。
③ 格伦韦·威斯考特致伯纳德·佩林，1949年6月1日，贝奈克。

个主题组织的，这次晚宴的主题摩根并不知晓，就是关于性。

这次聚会不可避免地刺激了新闻和当地的流言蜚语的产生。摩根和鲍勃是尊贵的客人。格伦韦还邀请了约瑟夫·坎贝尔（Joseph Campbell），坎贝尔的作品将"古老、原始的宗教，尤其是印度教"与现代心理学联系起来，为自己赢得了美国学会的资助。坎贝尔对世界神话的历史了然于胸；他认识梵文，与摩根一样，对印度怀有特殊的爱。但争议和讨论的催化剂是那位曾经来过纽约研究"性"的客人。阿尔弗雷德·金赛博士（Dr. Alfred Kinsey）是桌上的第六个男人。门罗在第二天下午用了整整五个小时将金赛的性史记录到自己的日记本中。

金赛博士不是一位医生。他是一位动物学教授，他的职业生涯从研究瘿蜂开始，刚在五个月前发表了自己的权威报告《人类男性性行为》。这本书是由金赛本人写成的，既科学严谨又清晰。这本书根据金赛和他位于布卢明顿的印第安纳大学的一些研究员们进行的一万两千多项一手采访写成，展现了"人类的真实行为①"。

在这群温文尔雅的伙伴中，金赛给人一种来自中西部的感觉。他两侧的头发剪得很短，正好位于耳朵上面，头顶的头发又长又密，他试图将它们中分。他永远穿着一件皱巴巴的夹克、一件洁白的衬衫，打着蝴蝶结领带。但他那强烈的好奇心是骗人的。他曾经是一名童子军，为人诚实、勤奋、真实、朴实、仁慈、真诚。（他对自己和宴会上的同伴们都不了解，正要做出一个危险的决定。他遇见摩根和鲍勃的那晚，也是他第一次遇见格伦韦的那晚。后来的几个月里，格伦韦邀请他参加性聚会。两年后，作为回报，金赛邀请格伦韦来印第安纳拍摄自慰过程。他们两个人在印第安纳成为性伙伴和亲密的朋友。他们的秘密最终危及了这个项目和项目资金，但却没有对金赛开放的婚姻造成威胁。）

对于许多读者来说，探索美国性实践的准则是一种无法抗拒的冲

---

① 《人类男性性行为》（Sexual Behavior in the Human Male），金赛等人编，第3页；盖索恩-哈代，《性——衡量一切的标杆》（Sex the Measure of All Things），第259页。

动。金赛的书迅速成为畅销书。他追求一种迅速的美国式测量性行为的方法：统计性高潮的次数。这样的侧重点造成了一些压力。因为它注重的是行为而不是心理，金赛的作品中从来没有统计过任何一种欲望。但仅仅通过密切的观察和报告，《人类男性性行为》产生了巨大的影响。金赛的调查被证实足够灵活，可以使人类性表达的影片变得复杂化。

三种对同性恋的调查结果令读者受到深刻的刺激。金赛对男性做了大型抽样调查，结果显示：37%的男性在同性性体验中会达到高潮；至少三年内过着绝对同性恋生活的男性比例为10%，他们的年龄在十六到六十五岁之间；"终其一生过着绝对同性恋生活"的男性比例为4%。出于对双性恋者的同情，金赛谨慎地调整了研究方法，"使其尽可能看起来像是同性恋活动。"他的同事后来后悔将三年的性行为作为一种无可辩驳的独断的衡量标准，不过他的报告数据都是透明且无可争议的。

金赛孜孜不倦地对格伦韦的男同性恋圈做了研究工作，他那不偏不倚的作风令他有一种圣徒的感觉。他将同性恋者的经历正常化，并呼吁他们自我爱惜。只有林肯·科尔斯坦拒绝讲述自己的同性恋故事，他告诉克里斯托弗·伊舍伍德：

> 金赛博士属于现代艺术；他是一个令人恶心的老偷窥狂，他的一切工作无非是打着科学的幌子进行欺骗，可他却想要跟艺术家们对话；他想要知道艺术家们如何性交；格伦韦就是他的导师……他有世上最惊人的污秽艺术的合集，尽管我非常想看，但我不能以我的故事为代价。①

门罗没有提醒摩根，金赛也会出现在这里，但晚饭时，格伦韦向伊舍伍德提道，"举止要有魅力②。福斯特先生的确富有魅力。我们一

---

① 林肯·科尔斯坦致克里斯托弗·伊舍伍德，1949年8月底，亨廷顿。
② 格伦韦·威斯考特致克里斯托弗·伊舍伍德，1949年5月16日，亨廷顿。

起品尝鸡尾酒既不需要介绍信,也不用鉴别身份,我们刚一落座,福斯特先生就转身询问第一个重要问题,一场美妙而荒诞的舞会就此泡汤,金赛先生则看起来非常高兴。不管福斯特先生如何去听,现在他看起来满脸担忧,接着咯咯地笑起来——给人的感觉像是一位歌手站在一架听不见声音的钢琴旁边。"

他们谈到金赛的研究发现,谈起克久拉霍的印度寺庙里的带有色情图案的粗呢,上面成千上万具身体相互取悦,坎贝尔和摩根都曾在印度见过;大家还谈起金赛对于女性性高潮和男性性高潮的不同发现;对于"不可强制执行的法律的毒瘤[1](所有关乎性的法律规定中最坏的一种)……"金赛讽刺地指出,在他的调查当中,几乎所有人都或多或少地触犯过性法律,包括婚前性行为、私通、乱伦、杂婚、法定年龄限制内的性行为、同性恋行为、召妓、兽交、口交、鸡奸、甚至是独处时手淫,这些均是法律所禁止的。就此而言,这些污名通常是跟同性恋行为的特定场合联系在一起的——例如城市里的同性恋者,他们并不像"伐木工人、牧牛人、采矿者、矿工和狩猎人[2]"那样随心所欲,他们遵循一种"社会性的习惯"而并非道德力量。

尽管格伦韦不知道该期待鲍勃·白金汉有什么样的表现,但他还是"惊喜[3]"于他在聚会中所表现出的那份安逸,"每时每刻充满活力和兴致。"鲍勃兴致勃勃地邀请金赛下次来英格兰时,来参观苏格兰警察厅没收的一屋子色情文学。两人进行了一次愉快的男人间的交谈。然而,摩根却未向他透露任何有关自己性生活的事情。他只是说了一句隐晦的话,门罗将此话记在了小记事簿上:"我赞成互相间的不诚实[4]。"不管这种不诚实的问题是发生在他自己身上,在鲍勃身上,在读者身上,还是社会所遗留下的,它都只能任凭读者想象。

---

[1] 格伦韦·威斯考特,《爱德华·摩根·福斯特:访谈和回忆》中的《一顿晚餐、一场散步、一次谈话》,J.H.斯戴普编。
[2]《人类男性性行为》,金赛等人编,第631、633页。
[3] 格伦韦·威斯考特致克里斯托弗·伊舍伍德,1949年5月16日,亨廷顿。
[4] 门罗·惠勒,《记事簿》,1949年8月,贝奈克。

对于摩根来说，与金赛的接触让他感受到了一些新鲜的东西。金赛跟欧洲的性学家不太一样。他不像弗洛伊德，需要深入剖析心灵和神秘的欲望——弗洛伊德工作的动机常令摩根感到惊恐和恼怒。他也不像赫希菲尔德和艾宾把性欲进行"分门别类"。最吸引摩根的是，金赛发现，所有的男性，不管是男同性恋还是直男，面对"淫秽的"意象和幻想时都会产生性冲动，而女性则很少这样。对于摩根来说，长期以来，想象力就是性欲的源泉，他非常珍视他那些色情梦境的力量。通过描写充满情色的静态画面，他总能使自己的性欲得到满足。那次晚宴后的第二天，摩根和鲍勃、格伦韦一起徒步旅行，其间有那么几分钟，他默默地走在大家前面，思量着这个宝贵的真理。后来，他停下脚步，柔声说道，"我必须说，听到这些令我颇感安慰。"①

而令摩根感到安慰的另一件事是，金赛认定同性恋并不是中间性别。摩根年轻时代时的科学家，甚至连爱德华·卡彭特都曾坚信同性恋是中间性别。而鲍勃则惯常地错过这个重点。第二天，鲍勃在聊天中引用了《圣经》里"他创造了男人和女人"这句话来断言金赛的观点，即"人性有两个部分……一半是女人味，一半是男人气"。但摩根一针见血地纠正他，"不，鲍勃，并不是这样。"福斯特反驳道，"柔弱娇气只是一种处事性格②。但跟异性恋一样，男同性恋者也是阳刚男儿。唯一需要牢记的发现就是这位善良的医生所告诉我们的：很少有女性对淫秽之事产生兴趣，而绝大多数男人都对此很享受并深感需要……"

晚宴后过了两天，在155号大街的学会大礼堂举行一场文化名流云集的讲座，被摩根戏称为"名声的滑坡"，大家前来听摩根题目为"艺术为了艺术"的讲座。这又是一场老生常谈的争论，摩根深知这一点。

一位作家……在五十五年前能够选择③"艺术为了艺术"的主题想

---

① 格伦韦·威斯考特，《爱德华·摩根·福斯特：访谈和回忆》中的《一顿晚餐、一场散步、一次谈话》，第107页。
② 格伦韦·威斯考特致克里斯托弗·伊舍伍德，1971年9月20日，尽管这封信的日期不明，但格伦韦·威斯考特确定这些引用来自爱德华·摩根·福斯特访谈的同期注释。
③ 爱德华·摩根·福斯特，《为民主喝彩两声》中的《艺术为了艺术》，第88页。

必称得上是时髦的举措,并且对讲座的成功想必十分有信心,他……穿着符合审美,符合场合——一件精美的绣花礼服……或是一件蓝色天鹅绒的西装,佩戴方特勒罗伊小爵爷那样的衣领……一只中世纪风格的手里举着一支罂粟花,或百合,或是长长的孔雀羽毛。时代已经变迁,可他们呢?不同于王尔德那身招摇的装扮,摩根身穿一件皱皱巴巴的花呢西服,面对这一大群学者、新崛起的艺术家如威廉·福克纳、约翰·斯坦贝克、托马斯·曼,还有他的朋友们克里斯托弗、威斯坦、格伦韦,他告诉大家自己感觉像是一个局外人,正如几年前他在给保罗·卡德摩斯的信中所写的那样。他们在探讨画家是否要在绘画中将自己揭露出来。安格尔的观点最为神秘,对此摩根争论道,"我认为一位画家中的画家不需要向外界揭露他自己。"摩根据理力争,坚持这种观点。他向保罗坦承道,"我是个局外人中的局外人。"①

到了下午,摩根终于接受了这种观点,即艺术家必须发现自己失去权力、不被看好,这也是他在《我的信念》中所提到的。他说道,一位真正的艺术家总是会成为"放荡不羁之人、局外人、寄生虫和过街老鼠"。雪莱曾如此,古往今来所有伟大的诗人预言家皆如此。最后,他做了一个华丽的结尾:"很快我会变成一只会游泳的老鼠②,而不是一条会沉沦的船——这样我能更长久地环顾周围发生的所有事情。"他刚刚感到对整个世界充满了悲观情绪,然后就收集起纪念章和支票,"避开跑去"新泽西州格伦韦的农场去了。

"农场"这个词用来形容18世纪格伦韦③一家所居住的房子和土地可能不太确切。借用亚历山大·蒲柏的诗句,穆卢凯维农场"乃是妆点得宜的天然"④。劳埃德和芭拉拉·威斯考特是蒲柏诗中乡绅贵族的现代美国版本。卡德摩斯运用庚斯博罗(Gainsborough)的风格将这对

---

① 爱德华·摩根·福斯特致保罗·卡德摩斯,1943年10月31日,他将自己限定为一位视觉观察者,将自己的身份地位定为一位艺术家。
② 爱德华·摩根·福斯特,《为民主喝彩两声》,第93、94页。
③ 格伦韦·威斯考特致爱德华·摩根·福斯特,1949年2月20日,贝奈克。
④ 亚历山大·蒲柏,《论批评》,第2卷,第297—298页。

第二部分
随着年龄增长,幸福终将到来

夫妇的描绘嫁接到了托马斯·哈特·本顿（Thomas Hart Benton）的画风中，前景丰富地展现了现代谷仓、机器、人工授精的家畜，背景则是一位形单影只、几乎看不见的伴郎。作为这片奇怪的庄园的主人，劳埃德·威斯考特为农场购买了优良的小母牛和马匹，最终渐渐到来的，还有他那一贫如洗的威斯康辛家族——母亲、父亲、几个姐妹，还有"铁三角"审美家乔治、门罗和格伦韦。他为大家提供了一座18世纪的石砌农舍，这座农舍被大家称为"盛开的石头"，鲍勃和摩根睡在楼上两间相邻的卧室里，格伦韦则睡在装有镶板的图书室下面。

生活在这样的一间房子里，格伦韦感觉自己像是一个没有被邀请的男孩，把鼻子紧贴在玻璃窗上眼巴巴地看着屋里的聚会。对于依赖程度的鉴赏力和敏锐的感知能力使他成为完美的主人。他十分坚定地把前来拜访的鲍勃·白金汉视为一个具有独立人格的人。鲍勃对美国的警察工作十分感兴趣，因此大家带他去参观农场附近的一家女子监狱，因为劳埃德了解到那间监狱的监管比较温和亲切。鲍勃对于抓捕罪犯发表了自己的看法，"我甚至都不用警棍[①]。直接用自己的拳头。这样做可以减轻穷人罪犯心里的怨恨。"

在穆卢凯维农场，格伦韦鼓励摩根和鲍勃活出真实的自我，尽情地享受家庭狂欢。晚饭后，大家点起篝火，他妹妹用吉他弹奏着民谣。格伦韦怀着豁达宽厚的心态面对人们相互间的不真诚，他没有提"莫里斯"的问题，因为他之前曾收到过克里斯托弗的来信提醒，也没有提摩根和鲍勃睡房安排的问题——这两个人嬉笑挑逗的"二重唱"弥漫在整个楼上。格伦韦把自己当作一个例子向摩根谈道："相互间保持真诚[②]是人生在世的生存法则之一。"

尽管如此，他还是对摩根和鲍勃之间的真实关系产生了兴趣，福斯特的美国朋友们也对这个问题热切地猜测过。保罗·卡德摩斯相信

[①] 格伦韦·威斯考特，《爱德华·摩根·福斯特：访谈和回忆》中的《一顿晚餐、一场散步、一次谈话》，第105页。

[②] 爱德华·摩根·福斯特，《小说面面观》，第47页。

摩根和鲍勃是爱人关系,发现他们气质相投,从其他方面来看也是"天作之合"①。结合自己的一路所见,格伦韦同意他的看法。林肯发现鲍勃是"我见过最坚强的人②。看看他的脸就知道了",他跟克里斯托弗说道,"他能够成为一名警察绝非偶然,即便是一名很和善的警察,那也非常有魅力。"与之相反,比尔·罗德里克则坚信鲍勃是直男,摩根则在亲密的边缘小心翼翼,如履薄冰。

甚至这些关系亲密的朋友们也发现摩根善于"在不伤感情的情况下拒绝亲密接触",③并引用了摩根自己对托马斯·爱德华·劳伦斯的描述。走在去往农场的路上,门罗和摩根之间有一种似曾相识的奇怪感觉。他们发现了一家乡村餐馆,就停下吃了晚饭。在等待晚饭上来的时候,门罗一把抢过摩根已经放在嘴边的"脏兮兮的"杯子,并清洗了一下。他喜滋滋地问摩根,"现在看上去是不是好多了?"④就在门罗做这些的时候,摩根扶了一下他那副戴了有三十年的眼镜,他畏缩了一下,环顾着弥漫着尖酸与沉默的房间。然后,他极其有礼貌地说,"谢谢你,门罗。但如果你不介意我这么说的话,我觉得自己并不想看到你这样做。"

阵亡将士纪念日后的星期二,他们从"盛开的石头"返回圣卢克广场。第二天下午,鲍勃和摩根穿上他们最好的定制礼服,刮了胡子,梳好头发,乘坐出租车前往位于市中心的乔治·普莱特·莱尼斯的摄影工作室。很难相信,用快门拍下这组鲍勃——这个举止邋遢的中年男人——在"盛开的石头"前吸着烟管的照片竟然只花了一天的时间。乔治一如既往地做着自己的工作,将鲍勃和摩根精心打扮。

尽管才四十二岁,但莱尼斯走的完全是老人路线。有一次,他在曼哈顿的人行道上走着,前面的男人和女人驻足望着他,那一刻他十

---

① 对琼·安德森的访谈,2007年10月10日。
② 格伦韦·威斯考特致克里斯托弗·伊舍伍德,1950年4月26日,亨廷顿。
③ 爱德华·摩根·福斯特,《朋友眼中的托马斯·爱德华·劳伦斯》,A.W.劳伦斯编,第285页。
④ 格伦韦·威斯考特,《爱德华·摩根·福斯特:访谈和回忆》中的《一顿晚餐、一场散步、一次谈话》,第106页。

分受触动。走进摄影室就意味着进入了一个魅力无限、令人神往的人为设计的世界。工作场所其实是一个舞台，一个巨大的空箱子，里面是一面面墙壁和磨损了的水泥地板。连光线的打造也是为了拒绝一切自然光线。乔治设计出复杂多变而又别出心裁的舞台光线，能够令他深入洞察镜头中的人物，这便是他摄影作品的特点。他早已因那些标志性的照片而出名，包括头戴三角帽的玛丽安·穆尔和演绎着希腊神话的克里斯汀的美国芭蕾舞蹈演员。（直到他四十八岁去世后，他依然因其令人眼花缭乱而又充满挑逗性的裸体男模而闻名于世，对罗伯特·梅普尔索普产生过深刻的影响。）

在拍摄摩根的过程当中，乔治遇到了不小的挑战，因为拍摄对象实在是缺乏镜头感。柔光像一面屏幕打在他的脸上，只是比尔·罗德里克观察道，"一旦镜头凑上去[①]，他就会看着镜头，镜头也看着他，他们彼此之间没有交流。他表现出一种严肃的沉默，而镜头则抓到了一种不一样的东西。"只在偶尔拍摄的快照中，摩根"看起来……比较像自己"。然而，乔治内心却有一种野心勃勃的想法：同摩根合作，抓拍人物自我的千变万化，摩根是他所能想象到的最好的模特，兼具公众自我和个人自我心理。

为了做好这项神奇的拍摄工作，乔治暗地里做了不少功课。他利用他那健美的身材和无与伦比的个人魅力来缓解拍摄主体的镜头不适感。他经常赤膊上阵，只穿一条裤子和系一根腰带。他会以一种温和机智的方式使模特们处于放松自在的状态。最为重要的是，他会营造出一种相互信任的氛围。很明显，他那唯一拍肖像照的模特快要找到如男模般的自我感觉了，但他做得更完美。在拍摄期间，乔治避开刻意地让模特表现出自我意识的做法，尽管"他并不担心模特本人的表现"[②]。真实情况是，捕捉到的图像实际上经过了伪装。唐纳德·温德姆说道，"莱尼斯拍我的时候……我正在等待着，听到他跟助手们说要

[①] 比尔·罗德里克，《福斯特的面面观》中的《福斯特和美国》，第62页。
[②] 唐纳德·温德姆，《哪个部位有感觉》（*Which Urges*），第27页。

关掉道具后面的一盏灯来调整一个地点或一个碗，然后他走过去指挥我随意活动，我左看看右瞧瞧，之后他就宣布拍摄结束了。"

在一场九十分钟的拍摄过程中，乔治拍了四组肖像照，在摄影棚里，他将拍摄从一种画面结构调整到另一种，并借助于令人思绪万千的道具（这些道具是他从商业时尚摄影的工作中带回来的）：两张摩根的独照、一系列鲍勃的独照以及一张由两名男士组成的男同家庭照。从这些拼凑到一起的照片可以看出，莱尼斯对于速度和自发性做了令人眼花缭乱的平衡，这就是他的工作方法。乔治成功地实现了他的幻想之作，摩根在信中向保罗坦承道：二十年前他跟鲍勃相遇的时候，他俩看起来就曾这般充满活力，魅力四射。接下来，乔治使用了一个白色的粗削的木头模型，巧妙地指向通往火岛海滩的人行道，他、保罗、杰里和乔治·图克夏天时常常在那里做客。

镜头下的鲍勃背靠在栏杆凹进去的地方，笑容在嘴角渐渐消逝，一身黑色西装与明亮的背景形成鲜明的对比，他看上去像在迷雾中若隐若现。鲍勃意识到这种暗示了吗？他作为一个男同性恋是和照片中的自己串通好了吗？

摩根则被拍得看起来卓尔不群。乔治让他坐在石头仿制的王座上，手上戴着的图章戒指十分耀眼可见。在几组造型中，他把眼镜握在手掌中；在其他造型中，他则握着几张卷起来的纸。乔治并没有要求摩根直接面对镜头。相反，他捕捉的是摩根作为公共人物的一面，镜头里的他陷入沉思当中。照片展示出了摩根身上的一丝绅士气质，他总是不由自主地表现出一种沉思和威严。种种迹象证明，想要忽视他额前那束蓬乱的卷发绝非易事。

莱尼斯再次利用这块平石砌刻的宝座作为双人照的底座，印在玻璃盘上，刻意形成一种对照，营造出两个男人徘徊在一片空荡荡的白色空间里的感觉。这些照片效仿的是十五年前在伦敦拍摄的双人照合集。摩根把这些肖像照委托给了斯蒂芬·斯彭德的兄弟汉弗莱和他的情人，汤姆·埃德米斯顿。摩根对这些照片的润饰和改善表现得十分谨慎。(他用铅笔在照片的背面记下了润饰照片的摄影师们)在斯彭德和莱尼斯的肖像照中,男人身体的位置——鲍勃在摩根之上——均代表了他们精神世界的某个部分。摩根渴望在鲍勃的陪伴中抹掉自己作为"伟人"的地位,变成鲍勃的附属,荫庇在鲍勃的块头之下,成为一个透明的、感情充沛的、内心脆弱的人。在与莱尼斯的双人照中,他们之间的忠诚和亲密显而易见。鲍勃站在摩根上面,一只腿立在他的胳膊旁边,一只手搭在他的肩上,鲍勃整个人几乎包围着摩根。

然而,乔治仔细地保存着最后一组照片,从未分享给摩根看。这两张未删减版的肖像照完全出乎摩根的意料,在这几张王座照片上,他手里抓着一张相同的纸,站在摄影棚未装修的墙角,像一位演员一样待命,随时准备开机。他戴着眼镜,左手插进裤子的口袋里。这张照片捕捉到了摩根的严肃聪慧和脆弱之处,正如克里斯托弗·伊舍伍德所描述的那样,摩根是他所见过的最为理智的人,他是一位孤独、执着而又坚强的人道主义者。五年后,乔治变得穷困潦倒,最后死于肺癌,他收集起自己最为珍贵的底片,并把它们卖给了金赛博士。乔治,一位孤独的先锋,他为摩根拍摄的照片隐匿在这成千上万的照片里,被林肯戏谑地打上了"世界上最伟大的污秽艺术合集"[①]的标签。

不到一周后,门罗就看见鲍勃和摩根从拉瓜迪亚机场离开。回到英格兰之后,这段如梦如幻的旅程很快在人们的记忆中消逝。鲍勃继续在伦敦街道上巡逻,而摩根则回到国王学院休养生息。现在的剑桥为摩根的美国朋友提供了流亡的地点。门罗来到伦敦以便为博物馆收集画作,在此过着漂泊不定的生活;唐纳德·温德姆带来了新的伙伴,桑迪·坎贝尔——这个人曾经一度令保罗·卡德摩斯心碎——他们在此处待了三天,这三天天气潮湿,但他们却感觉十分愉悦。1949年秋,摩根和保罗·卡德摩斯在国王学院重聚了。保罗同乔治·图克一起从意大利返回,他停留了几天,完成一幅早已许诺好的画作。为

[①] 林肯·科尔斯坦致克里斯托弗·伊舍伍德,1949年8月底,亨廷顿。

了使摩根脱离僵化思维，回归自我意识，他们建议他用阅读来充实自己，他要求举行一场熟悉的仪式，突然拿出《莫里斯》的打印稿，并大声读给他们听，保罗在一旁为他画了素描。伊舍伍德发现这张素描毫无说服力，不过摩根非常喜爱它，并把它送给了鲍勃和梅。

移民国外的梦在冰冷的现实中渐渐消逝。摩根告诉格伦韦说，他"非常向往美国[①]，只是，我觉得，自己对她没有生发感情"。回顾自己的旅行，他越来越缩减了自己去美国的可能性。格伦韦在一次交谈记录中写道，"美国人的生活或许会令人无法忍受。"[②]回国两年后，当他回顾和反思时，移民的机会已经悄然流逝。他告诉门罗·惠勒，"有时希望[③]自己过着一种充满奇遇历险的生活，不过之后便只能感叹自己现在过不了这种生活。"

这种事实的产生源自他的身体现状。摩根的身体状态似乎在强烈地暗示自己已经处在人生最不如意也是最让人没有脸面的老年阶段。起先，是被怀疑"患有肛门癌症"[④]，事实证明这不过是空穴来风的诽谤；之后他又被迫接受第二次前列腺手术来摘除一个囊状物。手术计划定于1950年1月份上旬，就在他刚过完七十一岁生日后进行。办完一系列简单却又困扰着摩根的手续后，戈尔迪突然离世的消息传来，于是，他为自己以后被照顾的生活做了详尽的安排，甚至开始思考自己死后可能会发生的事情。随着自己住进斯隆广场的私人医院，他觉得最后悔的事情莫过于他可能没法完成《比利·巴德》的编辑整理了。

由于鲍勃跟他没有亲缘关系，所以被医院禁止探望，这令摩根心里很受伤，但他对此并不感到意外。不过，梅之前接受过护士培训，术后的几天里，她自愿过来照料病人。梅的聪慧和敏锐的医疗经验救了他的命。一天半夜里，摩根渐渐失去知觉，她发觉后立刻叫来了医生。在摩

[①] 爱德华·摩根·福斯特致格伦韦·威斯考特，1951年11月22日，贝奈克。
[②] 格伦韦·威斯考特，《一顿晚餐、一场散步、一次谈话》，贝奈克。尽管格伦韦·威斯考特指的是"别人"告诉他的，但他所说的"别人"极有可能是指克里斯汀·卡德摩根和伊舍伍德。
[③] 爱德华·摩根·福斯特致门罗·惠勒，1951年1月，贝奈克。
[④] 爱德华·摩根·福斯特，日记，1948年12月27日，国王学院档案馆。

根最为脆弱的时候,是梅的善良体贴和无微不至的关心渐渐地使他们之间的亲密关系恢复如初。他发现自己其实很同情她,想到一直以来与自己分享着鲍勃,因而对她身上类似母性的光辉满怀感激。

在康复期间,摩根住在伦敦温德尔大街,与鲍勃、梅以及十六岁的罗宾生活在一起,罗宾已经是一名水管工了;但到了春天,他的身体渐渐恢复,于是就住到奥德堡,与皮特和本一起整理完成《比利·巴德》。整理工作进展得很顺利,然而摩根希望自己与本之间的友谊加深的想法逐渐没有了。布里顿写了剧本大纲,克罗泽和摩根很关心音乐中"船进入干船坞时的感觉"①。在某种程度上,这种冷却是布里顿创新方法的必然结果。他承认,在写这出歌剧时"使用了一种有趣的抽象的方法,相当自私……需要进行大量的处理和额外的考虑"。本则是一如往常地痛斥那些勾结通敌者。就在开始整理《比利·巴德》前,他向克罗泽坦白道,对于突然撤换以前的编剧,他感觉自己做得十分无情,尽管他知道编剧蒙古塔·斯莱特深受癌症的困扰,身体状态十分糟糕。怀着粗野而又遗憾的心情,他告诉克罗泽,终有一天自己也会变成"一具尸体"②。

但摩根并不打算就此陨落。尽管如此,他还是对本的霸道十分气恼,因为本在最后一刻才呈上多重佣金安排并乘飞机离开。对于摩根而言,《比利·巴德》是他长期以来做过的最为紧迫而重要的工作,他发现这曾是他和本之间关系的中间物,而如今却消失得这么快,这令他感到十分受伤。他早早离开了奥德堡。接下来的一个多月,从旁观者的观察来看,歌剧的完成过程变得十分坎坷。比利·伯勒尔是一位当地的年轻渔夫,和善的他跟布里顿和摩根成了朋友,本开始对拒绝摩根来打扰他③"感觉非常抱歉"。伯勒尔说,本并没有准备好应对这位

---

① 埃里克·克洛齐引自汉弗莱·卡彭特,《本杰明·布里顿》,第287页。
② 埃里克·克洛齐致南希·埃文斯,1949年7月,《一生的信件》,第521页。
③ 本杰明·布里顿致欧文·斯坦,引同上,第297页。

老人的逻辑:"摩根是个慢性子的人①……你得把他从剑桥接过来……你还得把他送回去。"摩根攀登奥德堡的钟楼楼梯时滑落,摔断一只脚踝,问题就变得复杂了。伯勒尔告诉摩根,"我们只是卑微之人,但你无论何时想住进来,我们都很欢迎。"从那以后,摩根过来与这位渔夫及其妻子一起住。降级令摩根深深受到伤害,摩根和本以及本和艾瑞克之间的日益紧张的关系开始产生了影响。

1950年11月底,也就是歌剧在考温特花园拉开帷幕的一年前,本和埃里克来到剑桥消除与摩根之间存在的分歧。然而,本漫不经心的态度激化了摩根内心积蓄已久的怨愤。他暴跳如雷。就连态度上不偏不倚的克罗泽也被摩根的恶语相向所震惊:"在我看来,摩根令人不寒而栗,却能保持涵养②。但对于布里顿来说,摩根的态度十分粗暴:他对他讲话时就像在训斥要挨鞭子的下等仆人一样。"就像他曾经对待仆人卡娜雅那样,当他深感自己无能为力、尊严扫地时,摩根就变成了自命不凡的野蛮之辈。他"痛斥起本来就像痛斥一名小学生一样"③。随后,在那个寒冷的夜晚,他气冲冲地走出了房间。

摩根认为,这些不幸的事很快就会被淡忘。年底的时候,他把这些感情上发生的事合计起来,但却忘记了这个事件(小插曲)的重要性:"当时,我是一个脾气暴躁的老头④,他则是一个被宠坏了的男孩,而且他忙得不可开交。"然而,本变得小心翼翼,非常警觉,两人之间的友谊也破灭了。

1951年11月,初次公演的排练进行得非常顺利。男高音西奥多·乌普曼,一头金色卷发,肌肉发达,扮演起比利十分英俊,令人印象深刻——"年轻的男同性恋者,魅力四射、声音优雅、表现力很强。"同时,他是一位坚定的同性恋者。摩根写信给汤姆·科力道:"我们仿佛

---

① 比尔·伯勒尔,引自汉弗莱·卡彭特,《本杰明·布里顿》,第290页。
② 埃里克·克洛齐,引自同上。
③ 埃里克·克洛齐致弗班克,弗班克,《爱德华·摩根·福斯特》,第2卷,第285页。
④ 爱德华·摩根·福斯特,日记,1950年12月31日,国王学院档案馆。

第二部分

随着年龄增长,幸福终将到来

生活在激动人心的天堂里①。我喜欢这样，在一次次排练中度过大部分时间。一些疯狂举动则潜移默化地缓解了大家之间的紧张与不安：本过生日时，管弦乐队突然喊出一句令人惊喜的'生日快乐'，还不是事先规定好的音乐。"琼·阿克利被拒于排练之外，因为他在水手中"恶作剧般地"闲逛，无所事事。1951年12月初，歌剧《比利·巴德》的配乐和剧情在一片热烈欢呼中面向大众。考温特花园可能从未容纳过如此之多来自工人阶级的歌剧观众。摩根邀请了许多关系亲密的朋友前来观看，那也是比利·伯勒尔第一次穿上晚礼服。

在剧本创作中，摩根意识到这是一条"跟空虚作斗争"的路②。他对于自我、对于幸福的诸多思考都跟他那渐渐衰老的身体紧密相关，也跟自己希望对于鲍勃能一直保持吸引力这样的心态有关。因为随着他们纽约奇遇之旅带来的光芒渐渐消散，摩根感到"自己已经无法让鲍勃对自己保持兴趣和爱慕了"③。然而，年底鲍勃的一次出乎意料的突然"表白"再一次感动了摩根，并令他转变了心意。他在日记里对他们之间历时长久的爱情本质进行了评估："对于鲍勃④，如今我明白了，他对我的爱历久弥新，温情不减，而不仅仅是一份信赖，我希望自己以后再也不要小题大做了。我深爱着他，我如今知道没有人能够像他那样帮助我，照顾我好好地生活下去……"

而对于摩根来说，性欲一直激发着他的生命力和想象力。他深深感到，如果这份感觉不是和"人性"有关，和人的身体有关，或是与形而上学有关的话，那么这种欲望还有意义么？——正如多年前在芬斯伯里麦田圈，斯蒂芬·温哈姆的精神在一个牧童身上再次出现那样。

从剑桥回到奥德堡的路上（过去这几年，他经常走这条路），他走进莫尔顿附近萨克福的一条交叉路的路口，路边有一块年久的墓地，

---

① 爱德华·摩根·福斯特致汤姆·科力，1951年11月21日。
② 爱德华·摩根·福斯特，日记，1950年7月29日，国王学院档案馆。
③ 同上。
④ 同上，1950年12月31日。

民风朴素的当地居民小心照料着这块墓地。就像传闻所说的那样，这里躺着一位年轻的吉卜赛男孩，他在自己无法照料好所有的羊群时，一时轻率地选择了自杀。这位绝望的流浪者的故事引起了摩根的共鸣，"不过是以一种不易令人察觉的方式。"①斯蒂芬·温哈姆的形象、潘的样子、那个因爱着自己同学而被赶出学校最终因肺炎死在路上的男孩，这些人的样子和他几十年前剪裁的报纸纸片交织在一起。这种沉痛的感觉萦绕在他的心里，像一个"不被察觉的秘密"。

摩根在旅途中停下来参观那块墓地的时候，他带着一个护身符：他把奥德堡附近的海滩上的"一只略经打磨的贝壳"②埋葬在这里，如同一件秘密的祭品。这个吉卜赛男孩的故事仿佛是"一个未经整理的奇迹，是我在这个空虚的世界里所能坚守的一件小事，这种空虚不是一个卓越的宗教所能填满的"。摩根内心这股"阴暗的力量"与他一直以来不露痕迹的渴望有关。这让他想起了记忆深处的一副场景：

> 我记得——或者说我觉得我记得——1929年，在津巴布韦，一个洒满月光的夜晚，我独自手淫，或者说，我带着手淫的想法独自去了那儿，最终却什么都没有得到。这个仪式——就像我把一只阴茎形状的贝壳埋进这个男孩的坟墓里一样——令人心满意足，却不清晰，就像空洞的证据一样。不过，这一切都是有价值的。

---

① 爱德华·摩根·福斯特，日记，1950年12月31日，国王学院档案馆。
② 同上。

第十四章
"永不死去的虫子"

摩根在国王学院担任研究员，不需要教课或者开讲座。他的生活简单自在。每天早上他都会沿着特兰平顿街走走。途中会经过菲茨威廉博物馆正对面的一些小店，菲茨比利的面包店以及坚固的圣博特尔夫塔，然后到达哥特式风格的门楼，一路上他好像穿梭在时空里。一回到房间，他就会窝进一把威廉·莫里斯躺椅里，膝盖上盖一块小毯子，然后开始处理成堆的信件：加尔各答和加利福尼亚的朋友们的来信；各种讲座或授予名誉学位的邀请函；英国广播公司印度板块的电台节目讲话稿（该节目的制作人当时是马尔科姆·达林）；研究生们的信件内容则是他们最关注的问题——福斯特小说的象征意义；乔·阿克利请求他为《倾听者》一书写评论。他不太情愿接受这一新角色并跟乔抱怨道："我看起来像一位成功人士。[1]"但他这样在日记里写道，"对于我来说，名望带来的幸福感多于烦恼。[2]""然而，做一位名人几乎要花费我的全部时间。"

1949年，白金汉宫方面与摩根接洽并商谈授予其爵士封号。那时他已经是家喻户晓的作家，这份荣誉本就是他应得的。但摩根有着强烈的民主意识，他不能允许自己成为一个有荣誉的贵族，因此他委婉地表示了拒绝。不过在1953年他生日那天，他高兴地接受了荣誉勋爵封号。这一封号是为那些对文学有贡献的人设立的一个民主奖项。本杰明·布里顿也是获奖者之一。1953年2月，摩根去王宫接受绶带勋

---

[1] 乔·兰多夫·阿克利，《爱德华·摩根·福斯特》，第3页。
[2] 爱德华·摩根·福斯特，上锁的日记，1949年1月10日，国王学院档案馆。

章。他知道这一幕肯定会让鲍勃还有女侍艾格尼丝印象深刻。他非常喜欢与女王谈话。在他看来,女王是如此迷人;他告诉朋友们"即使女王是个男孩子①,他也会爱上她"。然而,他并没有与王宫里的哪位仆人成为朋友。注视着那枚耀眼的釉质奖章,摩根开心地宣布:"好了,这下我有小玩具了。②"然而,这番言论让他受到了抨击。(不过,女王可能被他的言论逗乐了。1969年,女王决定授予摩根功绩勋章。该勋章只能由君主授予。)

他每周都会坐火车和地铁去一次他在伦敦的公寓。火车上的旅程总会给他带来莫名的喜悦——还有与年轻人交谈或观察美女怪癖的机会。有一个男孩"手指上有文身③,他是我见过最奇怪的人了——其中一只手上文着TRUE(真),另一只手上文着LOVE(爱)……我也要努力让自己变得异类一点"。他没带什么东西,只带了一个鸡蛋和一小块黄油,并小心翼翼地把它们用棕色的纸包起来,放进他的短袜里。他与老朋友在他奇斯威克的公寓里见面。这些人都挤在狭小的桌子旁聚餐。他会做点简单的饭菜,再请一个打扫卫生的小时工。这里发生着各种或寻常或离奇的家庭琐事:鲍勃用他的尖脚趾戳破了床单;有一次楼下大火,摩根仅仅围着一条湿漉漉的浴巾就跑到了街上,手里还紧紧抓着一瓶白兰地。这间公寓对他三十年来所结交的朋友们一直敞着大门,直到他生命的尽头。威布里治公交车司机雷吉·帕默(Reg Palmer)仍会偶尔过来享受片刻的舒适与性爱。他们的友谊就像一个"恶作剧④……我想不到什么关系能持续这么久并结出如此奇异的果实"。

从大学时期到现在,他的国王学院日常生活就从未变过。晚祷的时候,卡普风琴低沉的旋律婉转悠扬地穿过草坪;晚餐依旧是在礼堂进行;清晨,宿舍清洁工挥动拖把和扫帚时发出叮叮当当的声音;还有公

---

① 弗班克,《爱德华·摩根·福斯特》,第2章,第289页。
② 同上。
③ 爱德华·摩根·福斯特致威廉·普洛默,日期不明。
④ 爱德华·摩根·福斯特,上锁的日记,1966年5月11日,国王学院档案馆。

第二部分

随着年龄增长,幸福终将到来

用教室的雪利酒。院子中间，工人们正忙着拆那座为纪念戈尔迪而建的喷泉。那是一处无用的庭院水景——甚至连间歇的水流都喷不出——但是它宽大的水池结实坚固，所以又无法拆掉，于是他们转而把它翻修成一座大花坛。每当情绪低落的时候，摩根就会在这附近转转，然后来到凯斯学院他的老朋友弗朗西斯·班尼特那里，班尼特会满怀同情地听他倾诉烦恼。学生们对这位校园名人非常好奇，折服于他那划时代意义的能力，然而即便如此，他仍以平等的姿态对待他们。

他并不会让你觉得这是一种恩赐，反而特别欢迎那些来自北方综合性学校的年轻人们。他们的父母是矿工和乡村教师，操着不同的口音。他们站着的时候，把手插在裤兜里，一副直率、豪放的样子。跟过去相比，这样的年轻人很少见了。摩根很快就适应了之前在这里的生活，并且开始重新参加门徒社。1947年，他在那里遇见了刚刚退役的尼克·弗班克（Nick Furbank），一位来自剑桥大学伊曼纽尔学院的优秀年轻人。他是个文人，当时正在写塞缪尔·巴特勒的传记。与摩根一样，弗班克善于倾听，不但通晓法语，而且博览群书。他虽然有些沉默寡言，思维却很敏捷。两人都十分幽默，甚至连笑起来的节奏都一模一样。他们笑的时候，经常先是停顿好一会儿，然后像是遇上什么倒霉事似的突然开始呵呵傻笑。很快，尼克读了《莫里斯的情人》的手稿，然后开始极力说服摩根，让他千万不要再烧任何手稿。从西海克斯特搬走的时候，摩根意外发现了许多他写的东西，这些东西尘封已久。莉莉保留了在第一次世界大战前夕摩根去印度的途中给她写的所有信件。摩根送给她的丝绸虽已褪色，但那些信件仍散发着光芒。摩根开始收集这些信件，把它们归纳成卷，并命名为《女神之丘》（*The Hill of Devi*）。他把这本书献给了老朋友马尔科姆·达林。威廉·普洛默是一位畅销书作家，他创作并出版了《维多利亚日记》（*Victorian Diary*）。在他的鼓舞下，摩根翻阅遍了成堆的家族档案。这些档案直接可以追溯到莫尼姑妈的童年时期。这些尘封的纸上留有这一代女性的手印，她们是家族荣誉的守护者，同时也是这些年来他离开阿宾杰时想要努力忘却的女人们。

读着那些纤纤素手精心抄录的档案，摩根不禁开始后悔自己不该烧毁了那么多。莫尼姑妈（玛丽安·桑顿，即摩根的姑祖母）转录了她父亲价值非凡的回忆录；劳拉姑妈则抄录了莫尼的信件；在摩根出生的时候，他的姑祖母已经尽职尽责地为他准备了十小皮卷的家族历史。

在摩根眼里，莫尼姑妈留给自己的遗产已经不仅仅是供他专心写作的财富了。如今，摩根带着惊叹和愧疚开始了《玛丽安·桑顿：家族传记》的创作。在这本传记中，摩根把莫尼姑妈的一生分成了不同的角色：女儿、姑妈和姑祖母。这本书的内容天马行空，充满了思念之情。摩根于1956年出版了这部传记，并大获成功。他自己也很庆幸写了这本书。

在摩根未出版的最后两本书和描写西海克斯特的手稿中，摩根不断回顾自己的种种过去，在回顾过程中，对于那些"被从房屋里赶出来"①时感受到的尖刻话语，他已经释怀，并跟他的家族坦然道别。他将《玛丽安·桑顿：家族传记》这本书献给了他记忆中的母亲。

经过对他图书室的一番彻底搜寻，人们找到了一些更加私密且被遗忘的珍藏品。其中包括一些穆罕默德·艾尔·阿多写给他的私密信件和一本小说的开头部分。大概四十年前，他受到了穆罕默德·艾尔·阿多的启发，开始写这本小说，不过后来却中断了创作。他在信中与尼克·弗班克分享了这件神奇的事情：

> 虽然我觉得这些信件没什么价值②，但还是在销毁之前瞥了一眼。令人惊异的是，几乎所有我喜爱的东西都在里面。阿多那时候转入了地下，但毫无疑问，在可可身上可以看到他的部分影子……难怪有些朋友觉得我当时挺讨厌的。如果我跟你谈起他

---

① 爱德华·摩根·福斯特，《玛丽安·桑顿：家族传记》（*Marianne Thornton: A Domestic Biography*），第205页。

② 爱德华·摩根·福斯特致尼克·弗班克，1958年7月16日；《书信精选》，拉戈与弗班克编，第2卷，第271页。

第二部分

随着年龄增长，幸福终将到来

来，无论怎样，你不用非得给他找工作。

这里的可可其实是一个被丢弃很久的故事片段里的人物。这个故事本来也是要被丢弃的，但摩根把它拿给乔看了。乔是一个相当严谨的编辑，不料他发现这个故事非常连贯有趣。1948年12月，《通往一本未成文的小说》(Entrance to an Unwritten Novel)在《听众》杂志上刊登出来，成了摩根自《印度之行》之后的第一部新小说。

现在，摩根终于找到了小说创作的灵感。弗班克帮他打出了手稿，他自己又把故事片段拓展成了一部中篇小说。这部小说讲述的是一位叫莱昂内尔·马琪的英吉利青年男子和他儿时在船上遇见的混血男孩之间的爱情悲剧。故事的前半部分讲述的是马琪一家从印度回来；小说的后半部分写到十年后莱昂内尔在一次执行皇家出航任务时遇到了可可。莱昂内尔的母亲曾经严厉地责难可可，说他是"一个愚蠢懒惰、怯弱无比的小男孩"[①]。于是，可可长大之后，他为了报复，诱奸了莱昂内尔。莱昂内尔在恐惧和羞愧中杀了可可，然后跳海自杀。

摩根发现，把性欲、内疚和种族歧视写成悲剧是一种更为容易和坦诚的方式。他告诉弗班克："两个生来就是为了毁灭彼此的人[②]……这个主题相比救赎、'别处而来'的拯救者、小人物亚力克·斯卡德而言更加有意思。那样的主题一看就是凭空编造的。"《另一条船》是克里斯托弗·伊舍伍德和约翰·雷门感到惊叹的故事之一，充满了黑暗与色情。这本小说是在摩根逝世两年之后才出版的。

在摩根创作莱昂内尔和可可的故事的同时，他也开始了对《莫里斯的情人》最后的修订。在此之前，他还未想好如何设定小说结尾处恋人相聚的情节。从1958年到1959年，历经数月的苦苦思索，摩根终于想

[①] 爱德华·摩根·福斯特，短篇小说集《来生》(The Life to Come)中的《另一条船》(The Other Boat)，第170页。

[②] 尼克·弗班克，《爱德华·摩根·福斯特》，第2章，第303页。该句出自弗班克1958年10月25日的日记。

出了亚力克放弃移民后的情节。他想了一个折中的方案，让这对恋人在克莱夫老家彭盖的船库里相拥结束。二十年前伊舍伍德看到书的结尾部分时觉得很混乱。如今，这个新的情节设定抛弃了之前生硬随意的结尾，不但给了这对恋人一个圆满的结局，也使克莱夫得到了应有的报应。读者对这两项安排都很满意。

然而，相比第一次世界大战后的圆满结局，第二次世界大战后的现实生活略显艰难。用昆廷·克里斯普（Quentin Crisp）的话来说，"突然的和平"①使得英国同性恋的处境变得不利起来。英俊的美国士兵们走了，黑暗的伦敦街道也失去了掩护。一切关注点都集中在倡导家庭价值观和新耶路撒冷的现代化进程上。新的政府鼓吹秩序和真诚；伦敦周边的新城镇纷纷崛起，为大批无家可归的人们提供住宿；刺眼的郊区吞噬了斯蒂夫尼奇村庄。现在，摩根深爱的儿时故居——卢克斯尼斯特，孤零零地矗立在一片小小的绿地上，而绿地不远处就是一排排低矮的砖瓦房。

现在鲍勃和梅也住在了那些砖瓦房中。鲍勃已经到了警察退休的年纪。他过了警官的试用期后就被调到了饱受战争摧残的考文垂。摩根曾经为白金汉一家买下了他们在牧羊人丛林区的房子，那里离他奇西克的公寓很近。但现在那所房子已经被亏本出售，并且被一所砖瓦半拼接的房子取代。那所新房子里全是现代设备，里面的花园"看起来糟透了②——它和其他的花园一起构成了一个方形，这个方形任何一边的景色都令人无比失望"。那里种的蔬菜用来弥补食物不足，因为肉、黄油、猪油、人造奶油、鸡蛋、糖、茶叶、乳酪、果酱、巧克力，甚至洗碗皂都是限量供应的。在食物限量的情况下，摩根对玛格丽特·弗兰奇从纽约寄来的"巨型火腿"③充满了感激与敬畏。社会风气也得肃清。新任清教徒式的检察长西奥博尔德·马修斯爵士（Sir

---

① 克里斯普（Crisp），《赤裸的人民公仆》（The Naked Civil Servant），第167页。
② 爱德华·摩根·福斯特致威廉·普洛默，1954年3月27日。
③ 爱德华·摩根·福斯特，上锁的日记，1948年12月27日。

Theobald Mathews)对于那些有伤风化的行为未受到法令的严格惩治而感到十分震惊。虽然各地一直在勇敢地解决类似问题,伦敦却是各种恶习的巢穴。

逮捕同性恋行为的消息被及时地报道出来。在报道中,这些行为被隐晦地称作"重大""严重"的犯罪行为,甚至是难以相容的可怕罪行。但是小报们却附和着上议院塞缪尔子爵的呼吁,他曾公开谴责"英国道德现状中潜伏的毒素",声讨青少年犯罪和通奸如此猖獗,以致"所多玛城和俄摩拉城以及平原诸城的恶习①貌似在我们中又流行了起来"。为了抑制祸害的蔓延,警察卧底们被派去潜入同性恋者内部,通过教唆使同性恋者陷入罗网;都市警察因此而成立了一个特殊部门,专门巡逻查看公共小便池。

曾经在纽伦堡检举过纳粹的内政大臣大卫·麦斯威尔·法伊夫爵士（Sir David Maxwell-Fyfe）现在竟然也开始参与对同性恋的镇压。与同性恋犯罪相关的案件数量激增。甚至有权有名的人都被当作例子报道了出来。这些被报道的人包括最近被授予骑士勋章的约翰·吉尔古德爵士（Sir John Gielgud）和英国工党国会议员威廉·菲尔德（William Field）。在一桩最为轰动的案件里,三位杰出的人士被控为共谋猥亵。他们分别是年轻的蒙塔古勋爵（Lord Montagu）和他的二表弟迈克·皮特里弗斯（Michael Pitt-Rivers）以及《每日邮报》的首席外交记者皮特·王尔德布拉德（Peter Wildeblood）。警察们不仅提前通知了媒体,还精心策划了逮捕的时间,因此这件事成了周日各大报纸的头条。促使他们认罪的证据是一些情书,这些情书是在搜查英国皇家空军飞行员——他们的工人阶级情人以及无证搜查王尔德布拉德的公寓时找到的。

新闻媒体争先恐后地②进行近乎色情的报道,围绕着性犯罪,他们以愈发笃定的口吻和强烈的热情编造出各种自相矛盾的故事。1952年《周日画报》（Sunday Pictorial）5月刊用一整页的专题来教人们如何辨识

---

① 尼克·弗班克,《爱德华·摩根·福斯特》,第2章,第334、335页。
② 希金斯,《异性恋的专政》,第288—290页。

这些"邪恶之子";九年后,《周日画报》又热心地讲解"怎样辨认出一个同性恋者"。读者可以借助一些特征来辨认,比如一件厚厚的粗呢夹克、一双小山羊皮鞋、一只烟斗,或者一丝柔弱的女性气息和扭扭捏捏的步伐。这些对同性恋的"曝光"反映出同性恋者的焦虑和担忧。这种焦虑和担忧源于他们相互矛盾的生活方式:虽然他们被迫过着这种双面的生活,但事实上他们成功地实现了对这种生活的把控。

在心理书籍、报纸、说教布道以及讲演中,同性恋产生的原因通常被解释为:同性恋是一种异化的人类群体,邪恶且异于常人;另一种解释认为,同性恋是在缺乏女性陪伴的情况下,由同性陪伴自然产生的且有传染性的结果。战时服役曾经使同性恋像瘟疫般传播开来。

母爱泛滥或父爱缺失使人们陷入同性恋的关系中。[①]摩根曾经塞缪尔勋爵寄过一封他发表过的信件的复印件,要求对同性恋者"减少社会污名",以寻求一种伤害较轻的解决方法。这位子爵很容易就上了钩。塞缪尔勋爵回复摩根时说道:"同性恋在所有人眼里都是无法想象、极其恶心[②]的东西。同性恋像酒精或者麻醉剂一样,能够潜在地形成一种习惯。"

当时的法律不仅把蒙塔古勋爵和他的朋友们送进了监狱,而且在1985年迫使奥斯卡·王尔德认了同样的罪。1954年,街头公然猥亵的担忧促使内政部任命了一个官员委员会。该委员会由神职人员、贵族和德高望重的学者们组成。他们负责调查女性卖淫和男同性恋关系这两个问题。这个由十五人组成的委员会正是由前公立学校校长、现任雷丁大学副校长的约翰·沃尔芬登爵士牵头成立的,因此委员会以他的名字命名。1957年9月,在沃尔芬登委员会报告中有这样一条建议[③]——"二十一岁以上的成年人之间,双方自愿在非公开场合进行的

[①]《周报》,《成果》,第163页。
[②] 爱德华·摩根·福斯特,《新政治家》(The New Statesman)上的《社会与同性恋——一个地方法官的形象》(Society and the Homosexual: A Magistrate's Figures),1953年10月31日;塞缪尔斯勋爵(Lord Samuels)致爱德华·摩根·福斯特,1953年10月29日,引自弗班克,《爱德华·摩根·福斯特》,第2卷,第335页。
[③] 希金斯,《异性恋的专政》,第115页。这是九条建议中最重要的一条。

同性恋行为不应该再被归为犯罪行为。"这些建议经过十多年才被写入法律，即便那时这条法规还是"没什么效力且十分死板的"。①只有英格兰和威尔士适用于这些法令，不仅服役人员被排除在外，且相对于异性恋的年龄，同性恋的合法年龄（二十一岁）被提高了四年。法律指明的"非公开场合"也十分有限。（不论何地，只要有第三方出现的可能，不管当时在或不在，都被认为是公共场合。甚至于自家室内也不总符合该法令对于非公开场合的规定。）1967年《性犯罪法案》生效后，对于同性恋行为的起诉激增。因此，被吹嘘成同性恋维权史的里程碑在很大程度上只是一个形式。

约翰勋爵召集了委员会的成员们，为成员们不得不完成这样令人讨厌的任务和面对"倒胃口"②的任务对象而道歉。为了顾及委员会里的三位女性成员（以及汇编审议意见的年轻女士），他决定用一种委婉又贴切的说法，使之能被如实地记录到会议纪要里——以一家著名的饼干生产公司名（Huntley & Palmers）来指代同性恋和妓女。于是，同性恋和妓女们在会议记录里就被如实地记录成汉特丽丝（Huntleys）和帕默丝（Palmers）。大多专家列举的例证都是空穴来风，使得审议像是发生在《爱丽丝梦游仙境》的童话里一样空洞虚无。一位证人证实，"我认为我们唯一能做的③就是给出一个中肯的观点。我们只能做这些，因为根本没什么证据。"

一位杰出的神职人员认真严肃地向委员会表示，同性恋行为是"传染的"④；他曾经目睹过，"同性恋关系一经点燃就像火一样急速蔓延，刚发生不久，邻居家的男孩们和男青年们就都受到了传染。"

当然，这番言论是有实证依据的，例如最近发表的金赛报告。阿尔弗雷德·金赛本人在来伦敦听讲座的时候私下见过委员会的成员。但

---

① 《周报》，《成果》，第156页。
② 约翰·沃尔芬登的话，1955年6月20日，引自希金斯，《异性恋的专政》，第15页。
③ 《异性恋的专政》，第19页，尤斯塔斯博士这样说。
④ 《异性恋的专政》中提到，霍兰德博士这样说。

是委员会并未接受他的数据,这些数据被视为畸形的美国社会的产物。一位委员会成员这样推断,金赛所提供的数据并不适用于英国,而他则坚信是因为美国很多家庭破裂,所以美国的同性恋者比英国多。据沃尔芬登和同僚们推测,委员会里没有一个人认识同性恋者。不过,自从去年约翰勋爵的长子杰里米(Jeremy)向父亲公开表示自己是同性恋后,局面就变得令人难堪起来。这样一来,本来决心秉持公正的约翰可能也不得不考虑这一情况了。结果,本来计划用三十二天听取关于合法同性恋经历的证词,实际上只用了三天。而且只有三名同性恋目击者出庭作证。第一位是皮特·王尔德布拉德。他在蒙塔古的审判中认罪后被放了出来,并一直要求修改法律。其他两位是"同性恋优良者"。他们属于受人尊敬的中上阶层职业群体。帕特里克·特雷弗·罗珀爵士(Sir Patrick Trevor-Roper)是出名的眼科医生,而卡尔·温特(Carl Winter)是菲茨威廉博物馆的馆长。同时,庭外私下的游说也进行着。诉讼期间,摩根和约翰安静地吃了一顿午餐。他是"众多同性恋里唯一[①]急切希望讨论同性恋问题的"。摩根离开的时候感触颇多,他明白改革的真实前景不容乐观,因为他深知改变公众的观念是一条多么艰难而漫长的路。

与沃尔芬登见面是摩根众多用来获得公众支持的伴攻之一。战时他和乔·阿克利共同起草了一封信(以乔的名义发表),抗议在威尔士阿伯加文尼发生的令人惊骇的案件。该案件声称当地影院发生了"滥交"[②]。(二十位男性被逮捕,其中认罪的被判处十二年监禁,其中一人试图自杀,另一个十九岁的男孩卧轨。)

摩根担任伦敦图书馆的董事会成员,他在董事会上目睹了大家对此事议论纷纷,这令他感到自己处在了"黑暗的前沿"[③]。达姆·凯瑟琳·弗斯(Dame Katherine Furse)为父亲约翰·阿丁顿·西蒙兹写传记

[①] 霍尔布鲁克(Houlbrook),《奇怪的伦敦》(Queer London),第254页。这句话出自公共档案委员会的一份未注明日期的备忘录中。
[②] 帕克,《阿克利》,第228—229页,包括乔·兰多夫·阿克利的书信,出自《旁观者》,1942年11月(20日和27日)与12月(4日和18日)。
[③] 爱德华·摩根·福斯特,上锁的日记,1939年12月10日,国王学院档案馆。

时，曾想参考父亲在遗嘱中委托图书馆保管的文件。其中一份是关于他挣扎于同性恋关系和与她母亲不幸婚姻的回忆录。不过她的请求遭到拒绝，摩根在他的日记中一字不差地记录了图书馆文件受托人之间的争论。

沃尔芬登报告收效甚微，新的法律又尚未出台，与此同时，摩根给《莫里斯的情人》做了"最后的注释"①。

> 关于同性恋至今在书的结尾处都未对该词给予解释。自《莫里斯的情人》以来，公众的态度已经发生了变化：对同性恋的无知和恐慌变成了见怪不怪和蔑视。这种变化不是爱德华·卡彭特所期盼的……而我……虽然不太乐观，但也曾以为知识能够带来理解。然而，我们没有认识到公众不是真的厌恶同性恋，而是厌恶必须去思考同性恋这件事。如果在我们没有注意到的时候渗入这一问题，并火速把同性恋用法令的形式合法化，那么抗议也就会少很多。但不幸的是，同性恋的立法权是掌握在议会手里的，而国会议员是不得已去想或假装在想这件事。因此，沃尔芬登报告中提出的立法建议将被无限期地否决，而警察对同性恋的迫害也会持续下去。作为法官的克莱夫也会继续审判被告席上的亚力克。莫里斯也有可能免受处罚了。

摩根越来越公开地表示出对现实中被告席上的亚力克的兴趣。1959年，他给《泰晤士报》写信②，对杜伦大学一位来自康塞特的十七岁男孩所受到的不公正待遇提出抗议。这个男孩因被怀疑犯同性恋罪而在等待审讯期间自杀了。虽然他的家人筹集了保释金，但男孩的保释却遭受拒绝。摩根以谨慎的口吻对沃尔芬登报告表示强烈的支持。

---

① 爱德华·摩根·福斯特，《莫里斯》，第220页。
② 该信件于1959年12月11日刊登在《泰晤士报》上。

（他并没有把自己认定为同性恋，但却捍卫了那些要求议会采取措施的"已婚女性"的荣誉①。）不仅如此，他还捐了五百英镑的巨款给同性恋法律改革协会，并且在日记中讽刺自己并不期望得到多大的回报。在哈利·戴利再次短暂露面并宣布撰写回忆录的计划时，他向摩根保证自己会小心谨慎。然而，面对这位早已形同陌路的旧情人，摩根只是漫不经心地跟他说，愿意怎么写就怎么写吧！摩根在日记中写道："一个人的年龄越大②，可能越不重视保密，但是不管怎样，我认为总有一小部分是值得保守秘密的。"

　　有时，警察的镇压活动在离家很近的地方。摩根通过一个朋友认识了一个年轻的保加利亚流亡者——曼特·拉德夫（Mattei Radev），一名艺术品管理员。摩根对他产生了强烈的爱慕之情。拉德夫向摩根坦白，他曾因同性恋群居而遭到逮捕。摩根对"曼特的遭遇"感到震惊，遂决定他必须在法庭诉讼中为他辩护。他为此忧虑了数周，时而为"这里的警察同其他地方的一样丑恶、卑鄙"③而害怕，时而为了替朋友辩护而加快调查。他已是八十五岁高龄，勇敢而倔强，但也有点儿焦虑。当指控撤销（曼特只支付了一小部分罚金）时，摩根还在想他的证词的威慑力是否具有改变事件进程的可能性。第二次恐慌接踵而至，那时，一名警察突袭了索霍俱乐部——被戏称为"鼠洞"，这使得乔·阿克利（不得不）警告摩根，在这件丑闻未平息之前，不要再去那里了。但摩根却安慰这位年轻的朋友，说自己并不害怕；不管怎样，他更喜欢博比，一个在迪思大街的小型俱乐部，还有一个工人阶级的律师委托人。他警惕地告诉乔，博比俱乐部的"入会程序松弛到了令人厌恶的地步"④，并劝说他要警告一下俱乐部的老板。

　　突袭搜捕"鼠洞"令摩根感到愤怒，他敦促乔写一封信进行抗议；

---

① 爱德华·摩根·福斯特在1958年5月9日给《泰晤士报》的信中提到。
② 爱德华·摩根·福斯特，上锁的日记，1958年10月27日，国王学院档案馆。
③ 爱德华·摩根·福斯特，1964年7月11—17日，上锁的日记，国王学院档案馆。
④ 爱德华·摩根·福斯特致乔·兰多夫·阿克利，1958年1月7日，人权委员会。

第二部分
随着年龄增长，幸福终将到来

他以适当的口吻谨慎地写道:"请活跃一些①,不是为'我们这些同性恋',也不是为了自身利益,只是为了以防这种事会影响到你。'我偶尔会独自一人到鼠洞喝咖啡,丝毫未察觉到我的危险处境。或许是有一名警察一直在注意我,可能会因为我穿衣品位的与众不同而询问我的名字和家庭住址'——这些都与社会地位有关。"

大概就在"鼠洞"袭击事件发生的时候,伦敦新闻界被一桩诽谤案件的审判所震惊。美国著名艺人列勃拉斯(Liberace)多次在伦敦露面掀起了巨大波澜。他的张扬招致了《每日镜报》一位专栏作家的恶意谩骂,这位道德家同时也是一个爱传播流言的人,他曾以非常可怕的笔名卡珊德拉(希腊神话中的凶事预言家)发表过一篇文章。在私下里,摩根反复思考着列勃拉斯喜爱者(所表现的)奇妙的现象,"这些拥护者摸到……他的衣服,就好像触碰到救世主的衣服一样②。"但是卡珊德拉对此发表了尖锐的言论:

> 列勃拉斯超越了性别③——男性、女性及中性。一切他、她或者它可曾想到的……自查理·卓别林来过伦敦以后,他这种致命的贬眼、窃笑、蜷缩,光亮的、散发着气味的、颤抖着的、带着果香的、明亮清晰的、冰封的母爱最受欢迎,影响最大。

七十年前的奥斯卡·王尔德曾被昆斯波利侯爵公然斥责为好男色的"鸡奸者",当时尚未出现同性恋一词。王尔德因此上诉其诽谤,结果上诉失败,反被指控与其他男性发生有伤风化的行为。而列勃拉斯指控卡珊德拉诽谤,不同于王尔德的是,在法庭上他表现出了最为冷静的一面。换下身上的燕尾服和莱茵石,穿着灰色的法兰绒西装,列

---

① 爱德华·摩根·福斯特致乔·兰多夫·阿克利,1958年1月,日期不明,人权委员会;引自帕克,《阿克利》,第338页。
② 爱德华·摩根·福斯特,《论文明的特征》(Notes on the Future of Civilisation),日期不明,国王学院档案馆。
③ 《泰晤士报》,1959年6月12日。

勃拉斯（在法庭上）作证，卡珊德拉的言论已经侵犯了他的男子汉气概，并因此使他的母亲生病，"而且花费了多年[①]的职业生涯暗指我就是一名同性恋……这引起了无以名状的苦恼，使我成了被嘲笑的众矢之的。"在最直接的问题上，列勃拉斯同王尔德一样撒了谎，谎称他既不是同性恋也没有进行过同性性行为。他慷慨的陈词把自己包裹在家庭价值观的外衣下，他辩称说："（关于同性恋）我的感觉[②]与其他人都是一样的。我反对这种行为，因为它违背了常理并被社会厌恶。"由十名男士和两名女士组成的陪审团做出决定：这位派头十足的钢琴家有理由相信卡珊德拉的言论是暗指他就是一个同性恋，也有理由担心这些言论将损害他的职业生涯。他们做出裁决，决定给予他八千英镑的赔偿金。后来，列勃拉斯写道："一路上，他是笑着去银行的。"[③]

在接下来的1928年里的另一场民事审讯中，摩根坐到了证人席。他已做好准备为小说家瑞德克利芙·霍尔的女同性恋小说进行辩护；三十二年后，他为大卫·赫伯特·劳伦斯那部具有文学价值的小说《查泰莱夫人的情人》（*Lady Chatterley' Lover*）辩护。这部小说在大卫·赫伯特·劳伦斯去世后得以出版，成了下一个西奥尔博特·马修斯爵士新近开展的肃清运动的判例案件。摩根的辩护即"《查泰莱夫人的情人》具有很高的文学价值"[④]帮助企鹅出版社赢了官司。私下里，他无法抵制少许冷嘲热讽式的评论："顺便提一下，大卫·赫伯特·劳伦斯[⑤]有没有曾经为任何人做过什么呢？既然我们不遗余力地帮助他，就理应想到这一点。"

案件的审判并未带来公正，但无疑的是，他们对待性文化的态度才是真正改变的标志。摩根在1932年给年轻作家威廉·普洛默的一封

[①] 派朗（Pyron），《列勃拉斯》（*Liberace*），第228页。
[②]《纽约时报》，1959年6月9日刊。
[③] 派朗，《列勃拉斯》，第168页。列勃拉斯第一次使用这个短语可以追溯至他在1954年所写的一封信。卡珊德拉案件后，他在自己的演出中又把它当作小笑话重复过。
[④] 尼克·弗班克，《爱德华·摩根·福斯特》，第321页。
[⑤] 爱德华·摩根·福斯特致乔·兰多夫·阿克利，1960年12月4日。

信中描述了（公众）对同性恋态度的演变。

　　（关于《莫里斯》）我感到很激动[1]……针对这本书我进行了重新思考。大多数人认为这本书内涵深刻，说服力强……但他们认为这本书本应以悲剧结尾。我本不应认为它值得写成悲剧。我一直试图逃避二十年前一件十分艰难紧迫的事，而就在早些时候，我却只抱有一种教士般隐秘的态度，迷信于原因和对象。

　　性和同性恋并不是秘密。《查泰莱夫人的情人》可能看起来有些不道德，但摩根这些年读过罗杰·凯斯门特（Roger Casement）的《黑色日记》《尤利西斯》《洛丽塔》和《乔万尼的房间》（Giovanni' Room）。而就在街的另一头，一家当地的电影院里，乔推荐了埃尔维斯·普雷斯利（Elvis Presley），一个帅气的小伙子[2]，极具挑逗性地唱着和跳着《监狱摇滚》（Jailhouse Rock）。

　　随着几个老朋友相继离世，摩根变得十分消沉。他告诉威廉·普洛默说："有时我有一种恐惧之感，人们会不断死去。"他回想起了弗兰克·维卡里之死。几十年前，他们相识于亚历山大港的蒙塔托医院。

　　这二十年来，他是我的一切，因为他总是有求于人，急于工作，而且尽管流下了有情有义的浪漫泪水，他却从未为我做过任何事情，这一切逐渐变成了一无所有。弗洛伦斯（巴杰）看透了他。令我感到苦恼的是，因为我允许被依赖，于是她就对我大加谴责。现在我才明白，这的确怪我，但他才是那个设陷阱的狡猾之人。他是一个很棒的男人，可能在遇见我之前就是一个失败者。

---

[1] 爱德华·摩根·福斯特致威廉·普洛默，1932年12月4日。
[2] 乔·兰多夫·阿克利致爱德华·摩根·福斯特，日期不明（约1958年）；帕克，《阿克利》，第402页。

1960年，八十一岁的弗洛伦斯·巴杰在睡梦中去世。摩根在日记中记录了她的死亡，他在书写这则消息时（手）颤抖不已。他向乔·阿克利吐露说：

　　她好像已经死了几个月①，但这些事足以令人震惊。突然之间，我想要回想一下，或者看看那些男女激情的场面——这恰巧发生在我的身上，令我苦恼了一生，回到了亚历山大港之后……此时我虽然年事已高，但仍然充满了性欲——想要在合适的地方触摸合适的人来摆脱身体的寂寞，寂寞不是全部，也不是不幸的。乱涂乱写可能会减轻这种感觉。虽然这种方法可能有些愚笨，但我从未感到惭愧。

　　他记录下了失去查尔斯·莫龙的悲伤②，以及另一个逝者，他的第一个爱人——休·梅雷迪思——HOM。虽然几十年前他们就分道扬镳，但休·梅雷迪思的死对他来说依然是一个打击："他是这个世纪初最美的人。"

　　他期待着比他的老友活得长久，但是罗宾·白金汉的早亡在他生命中是最大的灾难。罗宾是鲍勃和梅唯一的孩子。他依然用着罗宾这个名字。白金汉一家和摩根都希望这个既古怪聪明又文雅的罗宾能够放弃他工人阶级的出身而融入富贵的生活中。他高大而强壮，曾向摩根表明自己只属于他。在一次去往伦敦的旅行中，林肯·科尔斯坦这样描述罗宾："他七英尺高③，手向火腿一样，有着迷人的微笑……他无论如何也不会

---

① 爱德华·摩根·福斯特致乔·兰多夫·阿克利，1960年3月10日，《书信精选》，第2卷，拉戈与弗班克编，第276页；1960—1961年冬天，日期不明，人权委员会；爱德华·摩根·福斯特致乔·兰多夫·阿克利，1961年10月16日；尼克·弗班克，《爱德华·摩根·福斯特》，第2卷，第317页。
② 爱德华·摩根·福斯特，上锁的日记，1966年12月；爱德华·摩根·福斯特致乔·兰多夫·阿克利，1960年8月4日，人权委员会。
③ 林肯·科尔斯坦致克里斯托弗·伊舍伍德，1950年4月20日。

第二部分
随着年龄增长，幸福终将到来

去剑桥读书的，因为他打算成为一名水管工助手。他也是这么做的。"

1953年，二十岁的罗宾和一个美貌的年轻女士结婚，不久之后，他们有了两个儿子。但几年之后，他便开始出现发热和黄疸，原因不明。这使得他和家人陷入恐慌中，跑遍了大大小小的医院，找了一个又一个的专家。他尝试过探查术、修养疗法以及专家会诊——这是一场希望和恐惧的拉锯战。1961年，他被诊断为霍奇金病晚期。

罗宾渐渐变得苍白而虚弱。在摩根体贴而又静默的陪伴下，他得到了宽慰——"宁静中握着手，互相依偎。"但是摩根知道，漫长地守护罗宾越来越糟的身体将会改变一切。

> 小克莱夫由他的祖父①——我的鲍勃抚养，他在病房的另一端挥着手。鲍勃那么悲伤，他使我们回忆起了一些事情，并为之震惊：从某种意义上讲，他和我不会在一起了。在渺茫与困难面前，正如梅所指的，我们七个人（包括两个吵闹的婴儿）已融为息息相关的一体。这要多感谢她。

1962年9月8日，二十九岁的罗宾平静地死去。

正如摩根所担心的，罗宾的死使得鲍勃与自己逐渐生疏，他沉浸在悲恸中，对于摩根的羸弱变得不耐烦，时而狂暴乱吼，时而颐指气使。但是梅想要不加掩饰地说话，她在罗宾最后的日子里一直陪伴着他。她和摩根都不信上帝和来世，他们告诉自己，罗宾的悲惨离去只是茫茫宇宙中无关紧要的一部分。这样他们的心灵就能得到安慰，罗宾死去的事实就变得更加易于接受。罗宾之死的确改变了"我们七人间"的情感。摩根比以往更加亲近他所挚爱的梅。

那个圣诞节，可能出于对梅的同情，摩根在日记中表达了"耶稣是讨厌的"的观点，从玛丽的角度讲述了一个故事："12月25日，想到玛丽

---

① 爱德华·摩根·福斯特，上锁的日记，1962年1月16日，国王学院档案馆。

不幸的人生①——这是极大的快乐！那时玛丽从来没有在他身上得到过性快感，他跑出去制造麻烦，远离这个家并忽视了她。最终玛丽看到他自杀了。除了悲伤，他还能给她带来什么？给年轻人和自然出生的孩子带来些许安慰吗？"

摩根睿智的老朋友杰拉德·赫德曾告诉过他："一旦一个男人②不再对性感兴趣，他将关注对死亡的恐惧。"1950年，在摩根做完了第二次前列腺手术后，他认为自己是彻底的阳痿了，但他年迈的身体给了他惊喜。八十二岁的他完成了一次勃起，达到了性高潮，"这是一个情人不能赋予的重生喜悦。"③

今天早上，这条从未死去的小虫④一定是尝试了最后一搏。再会与感激。脱离了孤独与年老的快感比以往显得更加突出，与那些通过眼、耳以及舌头等能感受到的是明显不同的。特别之处就在于通过一小块一小块的肌肉每日的排汗活动和有技巧的处理来改变它的功能。然而，如果没有适当的考量此刻就放弃的话，是不会起作用的。这门艺术在消亡后才为人们所认识。之前它一直帮助维系或者损坏人际关系。

他对死亡的感觉也同样好奇。他"并不惧怕死亡⑤，同时也保有害怕的权利"。他曾做过关于死亡的梦。

我得知死神就在楼上⑥，发现他们就在几个阁楼里，躺在种苗箱里……多数呈小小的块状。没有液化，骨头呈暗黑色而非闪着

---

① 爱德华·摩根·福斯特，上锁的日记，1962年12月25日，国王学院档案馆。
② 同上，1962年1月16日。
③ 同上，1963年1月7日。
④ 同上，1962年4月21日。
⑤ 爱德华·摩根·福斯特致埃里克·弗莱彻（Eric Fletcher），1951年9月24日。
⑥ 《备忘录》，菲利普·加德纳编，第227页。

第二部分
随着年龄增长，幸福终将到来

光。头盖骨如同腌制的卷心菜。他们好像知道我就在那里，我听见我自己一直在说："我喜欢死神。"以一种喜悦的低语声……一个戴着红色塔布什帽的人从他们当中走出来，可能是穆罕默德，但又不是，因为我们已经太久没有见面了。

在他八十多岁的时候，两度因严重的贫血和小中风而入院，但都侥幸脱险。从这两次住院中，他从鲍勃坚定不移的爱中得到了启示。在他的日记中，以"行将逝去"为标题，准确而又详细地记述了他的感受："我确信的是，如果一个人像这样如此接近死亡，那死亡也就没什么大不了的了①。我只是一盏小小的夜灯，因本身是蜡而呼吸困难，濒临死亡。"

没有痛苦，没有恐惧②，没有来生，无限，命运，爱，罪恶，人性或任何平常的思绪。只有脆弱，因太过脆弱而无法弄清楚任何事情，只有脆弱……鲍勃的小指压在我的小指上，移动着，纠缠着。这是我无法忘记的。

在考文垂白金汉的家中，我出现了中风③。这种感觉很奇怪，但我却要求不要送我去医院。我毫无痛苦地恢复着。当我把左臂伸进枕头下面时，发现很热，两只手就抱着鲍勃，因疼痛而大声叫了出来。就听到他说："你亲爱的鲍勃"——这句话我至今记忆犹新。

虽然他有时头脑混乱，毫无头绪，并且健忘，但他的想象力却陡然而升。在他八十二岁的时候，他开始着手写最后一部短篇小说《小因伯》(*Little Imber*)，对此他猜测这部短篇小说可能好得足以"在我死后看见夜的光"④。小说以未来世界为背景，在这个世界里几乎所有的女

---

① 《备忘录》，菲利普·加德纳编，第231页。
② 同上。
③ 同上，第256页。
④ 爱德华·摩根·福斯特，上锁的日记，1961年12月1日，国王学院档案馆。

性都不能生育；几个颇有男子汉气概的男人被派遣到这个坐落在乡下的宏大的孵化农场女修道院，但有两个男人却喜欢上了彼此，他们时常做爱达到高潮。神奇的是，他们相互混合的精液①开始孕育出某种有生殖力的生命［小说读起来像是大卫·赫伯特·劳伦斯和玛格丽特·阿特伍德的小说《侍女的故事》(*The Handmaid' Tale*)的结合］。摩根宣称，他对离奇的结尾感到满意。

威尔金逊家族离开了特兰平顿大街，这也是他们最后一次搬家。摩根完全搬进了富贵家庭。在靠近客厅的旁边，他发现了一间斯巴达式的小卧室。三位要好的老友来此拜访他并帮他处理一些日常事务——乔·阿克利从帕特尼来，杰克·斯普罗特从诺丁汉来或从诺福克郡海岸的一座小别墅来，威廉·普洛默一直热忱地陪着他前往苏塞克斯的一间小屋。他们每个人都担负一项工作：乔担任秘书，负责打印稿件和支付小额账单；杰克接受了作为遗嘱执行人的职务，负责摩根的最终遗产；威廉开始搜集相关资料，为摩根已经授权的传记做准备②。

跟普洛默谈话时，摩根为他将在死后出版的传记提出了两项硬性要求。较突出的一点是："摩根说他想澄清的是③，同性恋是起作用的。"第二，摩根告诉他，"他的几个亲密至交没有一个是有名的。"这些就是他的人生故事，是一段未曾记载的历史的核心。摩根对能陪伴他的普通朋友和有名望的朋友一视同仁，都极为珍视。对他来讲，人类是平凡的，历史学家伊蒙·达菲将这称为"未公开的，隐形的④……往昔本质"。这两条准则因摩根而纠缠在一起。

> 我想爱一个来自底层阶级、强壮而又年轻的男子⑤，被他爱恋着甚至被他伤害着。除此之外，我要写一些值得人们敬佩的小说。

---

① 爱德华·摩根·福斯特，《小因伯》，国王学院档案馆。
② 威廉·普洛默，《对一本传记的注解》(*Notes Toward a Biography*)，普洛默存档，杜伦大学。
③ 同上。
④ 伊蒙·达菲(Eamon Duffy)，《莫贝斯的声音》(*Voices of Morebath*)。
⑤ 爱德华·摩根·福斯特，《性恋日记》，该书于1935年出版，后于1959年修订。

难怪他们创作出来的东西是那么古怪。"被他伤害"应轻描淡写。虽然这也是我的梦想之一，但它并不像"完美联合"那样鲜明。这也没有想被人任意践踏侮辱的变态欲望。在最美好的性爱中，我知道有一种类型的笑声和最为猛烈的拥抱可以通过它变得柔和。也就是说，作为一名作家，我的问题并不像某些人的那样可怕。正是这些来自底层的年轻人而非那些古怪的人令我感到不安。（我从来没有试图把一个男人转变成女孩，正如普鲁斯特对艾伯丁做过的一样，因为这贬低了我的作家身份。）

（当我将近八十岁再去读它时，已没有多大兴趣了。）

因此，他一生的主题规则就是简明而浓墨重彩的书写——这是摩根和威廉达成的共识。

同乔维持朋友关系变得更难了。他已"裂变"[①]为不问世事和愤世嫉俗的人了。他在战争期间使摩根疏远他并留给他一件珍贵的东西——一只漂亮的名叫奎尼的阿尔萨斯母狗。她成了唯一的雌性生物，并最终成为乔唯一的真爱。多年来，乔逐渐被她所迷惑，而她——冷酷而做作——成了他的无情美人。可能她"真的爱他"，但她却使同其他人的生活变得不可能。她的叫声盖过了谈话声；她对乔急切的占有欲令她咆哮和撕咬。（据哈利·戴利所说）"乔曾经和一个公共汽车售票员不断地相互谩骂[②]……更不必说邻居的抱怨以及警察的电话警告了。"但他依然确信："整个帕特尼区都嫉妒和羡慕他和他的狗。"

不可思议的是，出于对奎尼的爱，乔为她撰写了传记，《杜莉与我》(*My Dog Tulip*)，乔宣称："从长期来看，每一个人[③]必须为他自己做出决定，是站在人类的一边还是动物的一边——二者不可兼得。"他不停地给报社写信，谴责人们对待动物的态度。当朋友外出度假时，

[①] 爱德华·摩根·福斯特，上锁的日记，1961年12月1日，国王学院档案馆。
[②] 哈利·戴利致爱德华·摩根·福斯特，1968年11月24日。
[③] 同上。

他来到朋友家陪伴他们的猫；观赏着在泰晤士河游泳的老鼠；为黄蜂受困于室内的不公正对待而鸣不平，抑或哀叹于鸟类被人们用嘘声从桑树上赶走。1961年，奎尼高龄去世时，摩根为乔支付了去日本长期度假的费用，为的是让他从悲伤中走出来。（在那里，他有过最后一次而且早已预料到会是灾难性一般的情事。）对于麻烦不断的摩根，乔是那样的令人不快和冷漠。他们分开也就不可避免了。

在这种情况下，可预料的是"三者一致"①（普洛默、阿克利和斯普罗特）的状况应该结束了。"编织着一种极其复杂的模式。"三位老友相互间的看望越来越少，总有一天，他们之间会断了联系。杰克和乔喝了很多，威廉·普洛默也是如此，回归到属于他自己的生活方式，对宗教虔诚，而随着年龄的增长，他看起来更加一丝不苟地谙于常理。

最初的计划是普洛默来为摩根作传，七年之后，由乔执笔，摩根给尼克·弗班克写了一封信，要求他承担起这项工程。弗班克接受了，但完全不知道之前有过任何协议。乔责怪摩根因日益衰退的记忆力而变得糊涂，但威廉怀疑这是不法行为。他因被剥夺了撰写传记的权利而受到了深深的伤害，但很宽厚地同新任的正式传记作者分享他的笔记。摩根十分沉着，似乎并不在意争夺他遗产的拉锯战。争夺遗产有时候是偷偷进行的，有时候直接摆在了明面上。事实上是摩根的三位朋友都在伟人事业的最底层挣扎。再来看简·奥斯汀，在摩根死后出版的这件事上，已变得无法分辨是唯利是图还是动机正当了。

乔·阿克利有些心生怨气，因为白金汉一家得到了摩根很多钱——先是那栋房子和一辆车，之后还有救济金，还有一大笔钱留给罗宾的遗孀和她的儿子上学之用。就连斯普罗特也曾得到过一笔救济金，后来他还成了遗嘱的执行人。乔觉得自己受人利用，被占了便宜。他从英国广播公司拿到的津贴少得可怜。而他年迈的姑姑和精神有问题的姐姐全都要靠他生活，事实上，她们跟他挤在那狭小的公寓

---

① 帕克，《阿克利》，第424页。

第二部分

随着年龄增长，幸福终将到来

里已经有一段时间了。所以他给摩根写信，直接向他要钱。在回信中，摩根给他寄了一千英镑，并写道这样做"既简单直接又能让人接受"①。但是，乔怀疑摩根担心他会把钱全拿去喝酒才没有给他更多的钱。事实上，他的怀疑是对的。乔越来越绝望，他给摩根写了一封很长且感人的感谢信，后来打算作为讣告。但是，当他去《泰晤士报》购买板块要发表的时候，他发现自己没办法抵挡威廉·普洛默获奖的诱惑。他在《观察者》上找了个地方发表了缩减版的手稿。最终，他把注意力转向了他拥有的唯一遗物——1922年至1966年，摩根给他写的一百一十来封信件。他以六千英镑的价格，把全部的信件卖给了德克萨斯大学。摩根是否知道这件事，无人知晓。但是如果知道了，他肯定伤透了心。

在摩根的后事和荣誉问题上，朋友们之间的分歧越来越大。而在这些曝光后，他们自己的性生活问题又该怎么解释呢？普洛默终其一生都在运用着含蓄的表现方式。他写的书名可以被解读为普洛默对自己私生活进行的隐晦性的评论：《秘密信息》(*A Message in Code*) 是他编写的军人理查德·朗姆保德（Richard Rumbold）的日记合集。日记中记录了他作为同性恋的苦闷，并因此走向自杀；战后诗歌集《边界之歌》(*Borderline Ballads*)；他的回忆录《双面人生》——其中自然也提到了他的流放身份。（摩根巧妙地批评了这本书。他告诉威廉"如果你能多写点你自己的事情就好了"。）摩根对于自传的构思有着截然不同的框架。

然而，普洛默发现"公开同性恋就像是哗众取宠一样，都会惹人厌恶，让人不舒服"，在他看来，乔已经开始享受身为作家的创作自由了。他出版了《奎尼自传》(*Queenie*)，其中有一章叫《液体与固体》(*Liquids and Solids*)。还有一本小说《我们眼中的你的世界》(*We Think the World of You*)，讲述了与他的秘密情人、妻子和狗的奇妙故事。现

---

① 爱德华·摩根·福斯特致乔·兰多夫·阿克利，1966年11月14日，人权委员会；帕克，《阿克利》，第427页。

在，他又开始创作一本自传《我和我的父亲》，措辞犀利，毫无避讳。这本自传主要讲的是两个秘密——他父亲的重婚和他的同性恋问题。（在其中一版[①]里，开头这样写道，"我父亲的阴茎有十二英寸长"；他对出版的这个版本十分满意，"我出生在1896年，而我的父母是在1919年结的婚。"）

两边的朋友都恳请摩根支持他们描写私生活的想法。双方想法都没错，因为这位老人的地位已经不同以往。像威廉，他就觉得乔·阿克利的回忆录过于悲伤，本不应该出版。"关于乔的这本书，我赞同你的观点又怎样[②]？事实上，我非常赞同……在人死后还留下一本这样的回忆录，是挺悲伤的，而且写出来也很麻烦，我应该想到的。然而，他又觉得是值得的，也是给文坛添砖加瓦。"摩根给尼克·弗班克讲了所有情色故事，以保证它们在他死后得以出版。他知道威廉和杰克不会喜欢这些的。

1967年7月4日，乔·阿克利在睡梦中死去，终年七十一岁。在他去世前的一周，他还大张旗鼓地宣布自己要戒烟呢。鲍勃和梅知道这个消息的时候，他们正和摩根在奥德堡的音乐节上。他们决定晚上睡觉的时候告诉摩根这个消息。摩根很平静地接受了这个事实。从某种程度上来说，他可能早就感觉到他已经失去这个朋友了。第二天早晨，在吃早饭的时候，摩根情绪低落甚至掉了些许眼泪。

他拿起几张纸，在上面做了修改并添加了社论。在《莫里斯》的手稿中，他这样写道——"可以出版，但是值得吗？"在他未出版的日记中，公众那种对性司空见惯，对同性恋却大惊小怪的态度，他仍表现得十分厌恶："我本来可以成为更著名的作家[③]，如果我能多写点或者多出版些作品的话。但是性问题使得我没办法出版更多……"再说了，

[①] 帕克，《阿克利》，第316、317页。
[②] 爱德华·摩根·福斯特致威廉·普洛默，1968年10月29日，杜伦大学；这本书为阿克利死后出版，时间是1968年12月。
[③] 爱德华·摩根·福斯特，《性恋日记》，国王学院档案馆。

"当我八十五岁的时候,我还和社会一起把同性恋定性为犯罪,那我该多懊恼自己把时间都浪费在这上面了。这些诡计和自我意识本可以避免的。"

年纪越大,摩根想的反而越来越少,因为他的耳聋问题越来越严重,发呆也成了一种习惯。在摩根的第九十个生日时,威廉·普洛默为他写道,"让我们假想①,摩根最伟大的小说就是他的生命。这部小说可能有虚构的成分……但它还要更加奇幻。"这句话可能十分尖锐,直指摩根压抑的私生活。但同样也敏锐地解读了他的创造力。在他的一生中,他的想象总是超前于现实经历,并指导着后者。他对人类的互爱能力有着乌托邦式的信仰,并且这种信仰限定了种种可能性。尼克·弗班克说,"他的确认为②,人类的历史就是一部情感的历史。"

普洛默注意到了"似乎③小说家都会把活生生的人当成人物形象……他是一个小说家,他让这些人物形象填满了自己的生活。就像小说里那样,他和这些人物形象形成了一个复杂的关系网"。

晚年时,摩根经常讨论这些人物形象的命运,就好像他们真的存在一样。1958年,在《看得见风景的房间》出版的五十周年纪念日里,他写道,露西·霍尼丘奇"现在一定快七十岁了"。

而她十分嫌弃的未婚夫西塞尔·维斯,也已经投胎转世:

> 他正直、聪慧④,天生就是干保密工作的料。1914年,他被借调到情报部还是什么部门,后来也获得了了解机密的权力。有这么一件好事发生在了亚历山大港。当时正在举行一个安静的小型聚会,有人想要听贝多芬的曲子。女主持人不同意。我们听听匈牙利的音乐也能凑合。但一位青年官员突然说道,"不用了,现在这样

---

① 威廉·普洛默,《福斯特的面面观》中的《朋友福斯特》(Forster as a Friend),奥利弗·斯塔利布拉斯编,第104页。
② 尼克·弗班克,《爱德华·摩根·福斯特》,第2卷,第295页。
③ 威廉·普洛默,《福斯特的面面观》中的《朋友福斯特》,第101—102页。
④ 爱德华·摩根·福斯特,《看得见风景的房间》,第212页。

就行。一个知道内情的家伙跟我说，贝多芬其实是比利时人。"

这个知道内情的家伙一定是西塞尔。这种夹杂着文化背景的恶作剧是不会弄错的。我们的女主持便放心了。禁令被解除，《月光奏鸣曲》便在沙漠中响了起来。

即使是无生命的物体，也有自己的意志和自己的生活。但他却不太迷信这个。他不愿意去倾听它们内心的声音。听到了硬币从裤兜里掉出来的声音，他对弗班克半滑稽半悲伤地说，"当它们开始吟唱时[①]，它们就都没了。"

八十五岁时，摩根回到了威尔特郡麦田怪圈那片迷人的土地，那里给了他创作《最漫长的旅程》的灵感。

作家威廉·戈尔丁把他带到了那里。两人爬到了陡峭的山顶。摩根剃发时，他的白头发就像蒲公英一样。在他勾勒出与那个跛脚牧羊男孩邂逅的六十年后，摩根再次翻看他的日记本，想着这奇怪的巧合：就在他们相遇时，他后来的爱人鲍勃"好像出生了"。

那天，威尔特郡的天气灰蒙蒙的[②]，但我并不介意。我们看到了两只蓝色的蝴蝶，这种蝴蝶在其他地方几乎灭绝了。第二只蝴蝶正在展示自己：它在内圈的开口处勇敢地打开了翅膀。

这些怪圈比我想象的大得多。在我的印象中，这些怪圈没有这么大，也没有这么零散，里边也许还长着萝卜。草地湿漉漉、乱蓬蓬的。这些宽阔的入口使威尔特郡被掩藏了起来。索尔兹伯里的麦田怪圈亦是如此。

摩根不信任他的这位东道主，因为怀疑他"捕捉到并浓缩了空气中的同性恋气息"。但这个情形奇迹般地成为一个幻想的他，离开了他

[①] 尼克·弗班克，《爱德华·摩根·福斯特》，第2卷，第297页。
[②] 爱德华·摩根·福斯特，上锁的日记，1964年6月26日，国王学院档案馆。

的物质生活,进入了想象中的世界。他想念《最漫长的旅程》结尾时里基·艾略特的温暖,想到了直率的弟弟斯蒂芬·温哈姆躺在他的背上仰望夜空,女儿在旁边,被紧紧裹在他的大衣里。他说,"蝴蝶是一个移动的光点①。斯蒂芬抱着的应该是我,而不是他的孩子。我多么希望这本书没有问题啊!但即便有问题,也并不会影响这本书的光彩和伟大。草地依然还是草地。其他的我也并不想要。"

  1970年5月下旬,摩根九十一岁。在国王学院的房间里,他最后一次中风发作。尼克·弗班克刚刚搬到他下面的屋子,他听见摩根摔倒后在大声呼喊。他和马克·兰卡斯特一起把摩根抬到了床上。马克曾经跟摩根一起在小电视上看登月实况。摩根的腿再也不能动弹了。当时他只想着跟鲍勃待在一起。听到鲍勃近几天没法接他回去的消息后,他可怜兮兮地嘟囔着自己以后会变成什么样子。不过,鲍勃后来的确带他去了考文垂,他把摩根安置在自己的特别卧室里。摩根在那里慢慢恢复,心情也逐渐变好。但接下来,他却变得越来越虚弱。

  在最后的日子里,他一直静静地躺着,梅一直拉着他的手。如果她放开,摩根就会睁开眼睛,以示抗议。6月7日,星期天,摩根在睡梦中离开了人世。他深爱的家人一直陪伴着他。

  摩根的葬礼是按照他的意愿举办的。没有演讲,没有挽歌,也没有人祷告。葬礼十分简单——举办方对此感到十分惊讶,但印度人拜的神一定十分高兴。不过,灵车发动机居然坏了。最后,摩根的骨灰就被撒到了考文垂一家火葬场的玫瑰花园里。

  按照摩根的意愿,梅和鲍勃每人都能获得他一千英镑的遗产。罗宾的遗孀西尔维娅能够获得两千英镑,用于抚养孩子。一些远亲也分到了一部分遗产。国王学院替他打扫屋子的勤杂工也分到了一百英镑。他同样也给休·欧文·梅雷迪斯的孩子们和马苏德的那些小男孩留了一笔钱。他给查尔斯·洛维特和罗格·帕梅尔各留了一百英镑。

---

① 爱德华·摩根·福斯特,上锁的日记,1964年6月26日,国王学院档案馆。

这两位是他的爱人和朋友。杰克·斯普罗特拿了他遗产的大头，但他的去世也只比福斯特晚一点点。后来，摩根的钱和作品都被送回国王学院。

摩根担心的事情还是发生了。他的同性恋身份被曝光，白金汉郡的人们对此心存芥蒂。克里斯托弗·伊舍伍德比较乐观，他说，"贫穷善良的白金汉人①一直在向大地探索。"他们非常喜欢摩根，因为摩根让他们过上了好日子，让他们的孙辈有了安全感，但他们却将"我们七个"的历史改得更加传统——他们把摩根刻画成了一个善良的老爷爷。摩根记录自己中风的情形时，将这一场景称作"亲爱的鲍勃"。那次发作之后，鲍勃告诉梅，摩根拥抱了他，并向他告白，这让他十分震惊。

摩根去世后，新的故事变得十分可怕。让威廉·普洛默和约翰·莫里斯十分反感的是，白金汉郡的人们在摩根生命的最后一年里震惊地发现他是同性恋这一事实后，"又开始强调他们之间'美好的友谊'②。"莫里斯无法忍受这一点。"如果这件事没发生在他们的身上③，我就会忍不住问，摩根的大部分朋友都是同性恋吗？是的。但我不会质疑摩根是否公开过他的性取向。"

鲍勃去世后，梅开始慢慢接受丈夫和摩根可能曾经是一对恋人的事实。鲍勃可以对自己撒谎，但梅不行。

在尼克·弗班克获得授权为摩根撰写传记时，梅提供了她记忆中的一切以及所有家庭信件。该传记于1977年出版。她给了尼克·弗班克很大的自由权，让他放手去写。比尔·罗德里克认识他们所有人。对于比尔，梅一直捍卫着④自己婚姻的合法性以及与鲍勃的爱情。这些事实毫无争议。

遗嘱同样规定了哪些人可以看到那些未经发表的作品，即"伟大

---

① 克里斯托弗·伊舍伍德致威廉·普洛默，1967年5月6日，杜伦大学。
② 约翰·莫里斯致威廉·普洛默，1972年8月23日，杜伦大学。
③ 同上。
④ 爱德华·摩根·福斯特致弗雷斯特·里德，1915年3月13日，国王学院档案馆。

的未被记录的历史"。它记录了他深藏心底的那份同性之爱。他没有限制读者能够看到哪些内容,但他禁止别人复印他的手稿。从奥斯汀的得州大学兰塞姆中心漂亮的玻璃盒到汉普斯特德朋友家的客厅,从加州南部亨廷顿图书馆(午饭时间读者都会被赶到一个香气怡人的玫瑰花园里)的庄严肃穆到耶鲁大学百内基图书馆的安静祥和,尤其在国王学院安静的小屋(透过窗户能看到外面的草坪以及草坪那边的哥特式大礼堂)里,你就会看到这些信件、笔记本、照片、穆罕默德电车的票据存根,甚至是摩根小时候纤细的头发团。在这里,你一定会花上大量的时间。仔细欣赏这些晦涩难懂的复杂文字,或是逐字逐句抄写,你就会入迷,感觉自己好像在发自内心地书写,在一瞬间,你觉得自己完全触到了摩根的心灵。摩根是一位如此伟大、如此正直的作家,也是一个普普通通的人,"他每当作出最终判断,就会说'我只是试着将自己与生俱来的那些碎片拼接起来'。"

致 谢

近二十五年来，迪金森学院一直是我智慧和灵感的来源地。它还一直为这项长达十年之久的项目提供材料支持。我想感谢研究和发展委员会中我的同事们，以及教务长尼尔·斯曼（Neil Weissman），感谢他们付出的金钱和时间，并让我有机会和学生们合作，使用德纳和梅隆基金（Dana and Mellon funds）。迪金森学院的学生杰森·穆雷（Jason Murray）、萨拉·胡佛（Sara Hoover）和乔治·菲廷（George Fitting）提供了非常有价值的帮助和见解。我现在的同事劳拉·哈博尔德（Laura Harbold）校对了文中的引语，并且她惯有的智慧和沉着冷静获得了我的认可。

杰出的代理人西黛尔·克雷默（Sydelle Kramer）从中看到一些超乎我想象的事情，并帮助我向他人展示出来。乔纳森·加拉西（Jonathan Galassi）和一位典雅、有耐心的禅宗大师一同编辑。他教会我如何写这本书，给予我的比任何人都多。杰西·科尔曼（Jesse Coleman）、杰夫·西罗伊（Jeff Seroy）以及很多在法勒、施特劳斯和吉罗斯出版社的人都给了我不可估量的关照。比尔·斯温森很喜爱文学，他用自己那无可挑剔的耳朵倾听我写的文字。坎伯兰县最后一位独立的书店老板杰夫·伍德（Jeff Wood）多次引导我朝正确的方向发展，次数多得我都数不清了。

在迪金森学院很多人的帮助下，我成为一名更好的老师和作家。学院的图书管理员们，尤其是克里斯·邦巴德（Chris Bombaro）和蒂娜·马雷索戈（Tina Maresco），都创造了许多奇迹。同样还要感谢拉斐尔·阿尔瓦拉多（Rafael Alvarado）、格雷格·贝瑞（Greg Berrier）、丹·巴肯（Dan Buchan）、瑞安·伯克（Ryan Burke）、安德鲁·康奈尔（Andrew Connell）、阿曼达·德·洛伦佐（Amanda de Lorenzo）、布伦达·兰迪斯（Brenda Landis）、帕特·帕尔曼（Pat Pehlman）、安迪·彼得鲁斯（Andy Petrus）、汤姆·史密斯（Tom Smith）、查克·斯蒂尔（Chuck Steel）、布伦达·斯蒂利（Brenda Steely）和吉恩·韦弗（Jean Weave）多年来提供的技术支持。

我要感谢我的朋友们，感谢我们之间进行的丰富且具有挑战性的对话，以及通过对我进行指导，探索这些问题的自由。凯利·温特斯·法西奥（Kelly Winters Fazio）自始至终都给予了我莫大的支持。苏珊·罗斯（Susan Rose）、鲍勃·温斯顿（Bob Winston）、卡罗尔·安·约翰斯顿（Carol Ann Johnston）、鲍勃·内丝（Bob Ness）还有大卫·鲍尔（David Ball）一直鼓励并鞭策着我。早在我相信自己能完成这本书以前，莎伦·奥布莱恩（Sharon O'Brien）就知道我可以做到。1997年和1998年，东安格利亚大学的迪金森项目使人感到宾至如归。感谢杰基·菲尔-西格尔（Jackie Fear-Segal）和艾伦·西格尔（Allan Segal）、西蒙·米德尔顿（Simon Middleton）和卡洛琳·韦德（Caroline Wade）、苏菲·里基特（Sophy Rickett）和罗伯特·英尼斯·霍普金（Robert Innes Hopkins）、玛格丽特·杭伯格（Margaret Homberger）、朱迪·杭伯格（Judy Homberger）和埃里克·杭伯格（Eric Homberger）。（他们都仔细、全面地阅读了这本书的早期草稿。）

2007年9月，我在耶鲁大学拜内克古籍善本图书馆待了长达一个月之久，从而有机会看到福斯特很多美国朋友们的文献资料，结识一群志同道合的学者，并且获得丰厚的奖学金。那段时间，莉莉安·格林（Liliane Greene）非常仁慈地把自己的家和内心的想法同我分享。

我紧跟着非凡的福斯特传记作家们的脚步。在这个项目开始的最早期，弗朗西斯·金（Francis King）就同我进行了一次交谈。尼古拉·博曼热情地向我伸出双手，并提供了一些非常有用的建议。尼克·弗班克同我分享了他的见解、未公开过的信件、照片和录音带。我非常感激他们的慷慨。

各个领域的学者、专家都给我提供了一些锦囊妙计，他们是：保罗·阿姆斯特朗(Paul Armstrong)、凯伦·阿兰德尔(Karen Arrandale)、托德·艾弗里(Todd Aver)、迈克尔·伯恩斯坦(Michael Bernstein)、罗伯特·卡塞里奥(Robert Caserio)、乔治·昌西(George Chauncey)、大卫·康明斯(David Commins)、尼古拉斯·德·容(Nicholas de Jongh)、艾德·德卢卡(Ed DeLuca)、布鲁斯·邓恩(Bruce Dunne)、麦克斯·艾格蒙特(Max Egremont)、菲利普·伊利亚斯夫(Philip Eliasoph)、尼克·弗班克、杰·格罗斯曼(Jay Grossman)、朱迪恩·谢勒·赫兹(Judith Scherer Herz)、丽萨·和德玛斯科(Lisa Hodermarsky)、休伯特·肯尼迪(Hubert Kennedy)、已故的玛丽·拉戈(Mary Lago)、琳达·里维尔(Linda Leavell)、大卫·雷利德(David Lelyveld)、格伦·伦纳德(Glen Leonard)、克里斯托菲利斯·马格蒂斯(Christofilis Maggidis)、杰西·马茨(Jesse Matz)、艾拉·纳德尔(Ira Nadel)、皮特·帕克(Peter Parker)、泰德·帕西尼(Ted Pulcini)、杰里·罗斯科(Jerry Rosco)、S.P.罗森鲍姆(S.P.Rosenbaum)、埃弗雷特·K.罗森(Everett K. Rowson)、理查德·肖尔(Richard Shore)、贾斯汀·斯普林(Justin Spring)、比尔·汤普森(Bill Thompson)、凯伦·万·迪克(Karen Van Dyck)、罗宾·沃霍尔(Robyn Warhol)、乔纳森·温伯格(Jonathan Weinberg)、帕特里夏·威利斯(Patricia Willis)、格伦·韦鲁姆斯(Glenn Wil lums)和提摩西·杨(Timothy Young)。贝蒂·萨姆斯(Betty Sams)借给我一本罕见的贝德克尔旅行指南。苏·帅克把摩根的名片护身符借给我，那是她父亲在一本书中发现的。现在，它可以重新回家了。

感谢下列人士接受我的采访：大卫·阿德金斯(David Adkins)，蒂林厄姆ＭＡ和纽约市(2002年6月30日、2002年8月21日、2002年12月6日)，格温妮丝·巴杰尔(Gwyneth Barger)，雷诺克斯ＭＡ(2002年6月

27日),莫莉·巴杰尔(Mollie Barger),汉普斯特德(2001年7月24日、2009年6月26日),加里·哈勒(Gary Haller),纽黑文市ＣＴ(2002年6月28日),尤金妮亚·鲁德·福西特(Eugenie Rudd Fawcett)、约翰·福西特(John Fawcett)、唐纳德·福西特(Donald Fawcett)和吉姆·福西特(Jim Fawcett),蒂林厄姆ＭＡ(2002年6月29日),已故的玛丽·杰克森,洛杉矶(2002年8月6日),布鲁斯·凯尔纳(Bruce Kellner),兰卡斯特ＰＡ(2003年3月14日),玛丽·D.基尔斯泰德(Mary D.Kierstead),蒂林厄姆ＭＡ(2002年6月29日),弗朗西斯·金,肯辛顿(2001年6月20日),伯纳德·柏林,里奇菲尔德ＣＴ(2001年9月30日、2007年9月23日),乔治·图克,哈特兰ＶＴ(2001年9月28日),马克·兰卡斯特,詹姆斯敦ＲＩ(2007年2月24日),艾德·德卢卡,纽约市(2007年9月25日),乔恩·安德森(Jon Anderson)和菲利普·拉斯金德(Philis Raskind),韦斯顿ＣＴ(2007年10月10日),约翰·康诺利(John Connolly)和伊凡·阿什比(Ivan Ashby),罗斯蒙特,新泽西(2007年10月5日),乔治·莱恩斯二世(George Lynes Ⅱ)和简·莱恩斯(Jane Lynes),纽约市(2007年10月11日),安吉拉·赫德曼(Angela Hederman),纽约市(2007年10月12日),唐·巴查迪,圣塔莫尼卡(2007年11月5日),延森·尤,加利福尼亚,新泽西(2007年11月20日),尼克·弗班克,伦敦(2008年6月6日、2009年6月24日)。与诺曼·科茨(Norman Coates)、洛尔·肯尼特(Lord Kennet)、已故的马太·拉德夫(Mattei Radev)、马克·兰卡斯特以及蒂姆·莱格特的通信发人深省。同样感谢剑桥大学南亚研究中心的芭芭拉·罗伊(Barbara Roe)和凯文·格林贝克(Kevin Greenback)提供的关于马尔科姆和乔茜·达林的信息;感谢史密斯学院莫蒂默·勒尔(Mortimer Rare)图书室的凯伦·库基勒和芭芭拉·布鲁门塔尔;感谢贝尔法斯特女王大学诺顿美术馆的珊·麦克安妮娜(Shan McAnena);感谢圣安东尼奥麦克博物馆的里克·弗雷德里克;感谢史密森学会的美国艺术档案馆的温蒂·赫洛克·贝克(Wendy Hurlock Baker);感谢卡瓦菲档案馆的曼纽尔·萨维迪斯(Manuel Savidis);感谢谢尔菲德城市档案馆的迈克尔·斯比克(Michael Spick);感谢纽约公共图书馆林肯表演艺术中心的比利·罗斯;感谢摄影收藏的杰里米·梅格罗(Jeremy Megraw)。特别感谢帕特·贝尔肖(Pat Belshaw)、马克·兰卡斯特和白金汉家族与我分享珍贵的照片和私有的记忆。

在提摩西·杨(Timothy Young)、帕特里夏·威利斯(Patricia Willis)、南希·库尔(Nancy Kuhl)、苏·霍德森(Sue Hodson)、安德鲁·格雷(Andrew Grey)、杰克·考克斯(Jacky Cox)、罗莎琳德·莫德(Rosalind Moad)、查理斯·佩兰(Charles Perrin)和托马斯·斯特利(Thomas Staley)这些图书管理员和档案保管员的帮助下,在耶鲁大学拜内克古籍善本图书馆(莱茵斯、威斯考特、惠勒)、哥伦比亚大学档案馆(特里林)、杜伦大学档案馆(普洛默和莫里斯)、亨廷顿图书馆(伊舍伍德)、国王学院现代档案馆(白金汉、福斯特、斯普罗特、斯特雷奇)、纽约公共图书馆林肯表演艺术中心(科尔斯坦、马丁内斯)和德克萨斯大学奥斯汀分校兰塞姆人文学科中心(阿克利、英国社会对"性"的心理、达林)进行的档案研究都令人十分愉快。感谢布拉德·米德(Brad Meade)和布拉德·戈夫博士(Dr. Brad Goff)给予我的欣赏杰出画作的机会。国王学院的帕特里夏·麦奎尔无所不知,并且做了很多义务之外的事情。在关键时刻,雷切尔·马尔金(Rachel Malkin)、露西·考夫曼(Lucy Kaufman)和帕特·福克斯(Pat Fox)在远方档案馆充当我的眼睛,替我查阅资料,我非常感谢他们。

我还要感谢阿默斯特学院、布林茅尔学院、加州大学伯克莱分校、加州大学洛杉矶分校、芝加哥大学、哥伦比亚大学、佐治亚大学、汉密尔顿学院、德克萨斯大学奥斯汀分校、亨廷顿图书馆、华盛顿与李大学以及耶鲁大学工作人员的协助。同样感谢的还有耶鲁大学的威廉·凯利·辛普森(William Kelly Simpson)和加里·哈勒(Gary Haller)教授;凯瑟琳·安妮·约翰逊(Catherine Anne Johnson)和金赛研究所;约翰·史蒂文森(John Stevenson);惠特尼博物馆、直流摩尔画廊、伯克希尔历史学会、培克郡鹰报、托宾画廊、白兰地酒博物馆、大卫·勒迪克（David Leddick）、科妮莉亚·吉尔德（Cornelia Gilder）、爱丽丝·杜亚士（Alice Truax）、拉里·辛普森（Larry Simpson）、詹姆斯·赛德尔（James Seidel）、弗兰克·洛伦兹（Frank Lorenz）、比尔·罗伯茨（Bill Roberts）、安德鲁·帕特森（Andrew Patterson）、杰里·萨特菲尔德（Jay Satterfield）、皮特·纳尔逊（Peter Nelson）和丹尼斯·比特利希（Dennis Bitterlich）。我还十分感激林肯·科尔斯坦的遗稿保管人尼古拉斯·詹金斯（Nicholas Jenkins），让我有机会阅读林肯·科尔斯坦的文献。

我要感激许多人，不仅仅是因为他们给予我的帮助和友好，还因为他们无私地告诉我他们的故事。我尽力做到准确、真实。本书出现的任何错误都应由我来承担责任。

很久以前，三位非常杰出的老师教会了我思考和写作。本书用于纪念理查德·塞缪尔（Richard Sewall）、马丁·普林斯（Martin Price）和我的良师益友爱丽丝·米斯基明（Alice Miskimin）。

这本书的写作已经融入我挚爱的大家庭。阿奇（Archie）和弗里茨（Fritz）是我志趣相投的伙伴。我的两个弟弟加布（Gabe）和詹姆斯（James）、我的两个妹妹林恩（Lynn）和凯瑟琳（Catherine）以及弟妹南希（Nancy）和莫莉（Molly）都非常支持我。我的祖母珍（Jean）一直陪伴在我身边，尽管她未能在有生之年看到本书出版。我所有的父母们：我的妈妈安妮（Anne）、我的父亲唐纳德（Donald）和继母格温（Gwen），还有我的岳父岳母芭芭拉（Barbara）和特雷西（Tracy）非常期待阅读新的章节，他们的期待让我这个作者有想要继续写下去的动力。对父亲来说，这本书缺少很多对福斯特时代，英国社会结构的理解。在这个漫长的写作过程中，尤其令我感到开心的一件事就是看到我的女儿露西（Lucy）和艾玛（Emma）成长为两个美丽的作家，她们的热情和想法也渗透到我的写作当中。

谨以此书，献给我一生的挚爱唐纳德·考夫曼（Donald Kaufman）。

参考文献

ARCHIVES

Beinecke: Beinecke Rare Book and Manuscript Library, Yale University (Lynes, Wescott, Wheeler)

Columbia: Columbia University Archives (Trilling)

Durham: Durham University Archives (Plomer and Morris)

HRC: Harry Ransom Center for the Humanities, University of Texas at Austin (Ackerley, British Society for Sex Psychology, Darling)

Huntington: Christopher Isherwood Collection, Huntington Library, San Marino, California

KCC: King's College Modern Archives, Cambridge University (Buckinghams, Dickinson, Forster, Sprott, Strachey)

New York Public Library for the Performing Arts at Lincoln Center, Lincoln Kirstein Papers (Kirstein and Martinez)

Smithsonian Institution, Archives of American Art

PRIVATE COLLECTIONS

David Adkins (Roerick and Coley)

Gwyneth Barger (Harold Barger)

Mollie Barger (Florence Barger, Evert Barger, Mollie Barger)

P. N. Furbank (Daley)

PUBLICATIONS

Ackerley, J. R. *E.M.Forster: A Portrait.* London: Ian McKelvie, 1970.

——, ed. *Escapers All.* London: Bodley Head, 1932.

——. *Hindoo Holiday.* New York: Viking, 1932.

——. *My Dog Tulip.* New York: Poseidon Press, 1965.

——. *My Father and Myself.* New York: Harcourt Brace, 1968.

——. *Prisoners.* London: Chatto and Windus, 1925.

——. *We Think the World of You* (1960). New York: Simon and Schuster, 1988.

Adams, Phoebe. "Prisoner of the Perverse." *Atlantic Monthly*, September 1964, 122–123.

Aldrich, Robert. *Colonialism and Homosexuality.* New York: Routledge, 2002.

Alexander, Peter F. *William Plomer: A Biography.* Oxford: Oxford University Press, 1989.

Allen, Walter Ernest. *As I Walked Down New Grub Street: Memories of a Writing Life.* Chicago:University of Chicago Press, 1981.

Annan, Noel. *The Dons: Mentors, Eccentrics and Geniuses.* London: Harper Collins, 2000.

——. *Our Age: English Intellectuals Between the World Wars, a Group Portrait.* New York:Random House, 1990.

——. "Preface," in Dennis Proctor, ed., *The Autobiography of Goldsworthy Lowes Dickinson.*

Anstruther, Ian. *Oscar Browning: A Biography.* London: John Murray, 1983.

Arlott, John. "Forster and Broadcasting," in Oliver Stallybrass, ed.,

Aspects of E. M. Forster:

Essays and Recollections Written for His Ninetieth Birthday, Jan. 1, 1969.

Armstrong, James. "The Publication, Prosecution, and Re–Publication of James Hanley's Boy（1931）." *Library* 19:4（1997）, 351–362.

Arran, Lord. "The Sexual Offenses Act." *Encounter*, March 1972, 3–9.

Ashby, Margaret. *Forster Country*. Stevenage, UK: Flaunden, 1991.

Auden, W. H. "Forward," in Forster, *Goldsworthy Lowes Dickinson*, ed. Oliver Stallybrass.

——. "Introduction" in Cavafy, *The Complete Poems of Cavafy*, trans. Rae Dalven. New

York: Harcourt Brace Jovanovich, 1976.

——. "Papa Was a Wise Old Sly–Boots." *New York Review of Books*, March 27, 1969, 34.

Auden, W. H., and Christopher Isherwood. *Journey to a War*. New York: Random House, 1939.

Avery, Todd. *Radio Modernism: Literature, Ethics and the BBC, 1922–1938*. Burlington, Vt.: Ashgate, 2006.

Bachardy, Don. *One Hundred Drawings*. Los Angeles: Twelvetrees Press, 1983.

——. *Stars in My Eyes*. Madison: University of Wisconsin Press, 2000.

Bachardy, Don, and James P. White, eds. *Where Joy Resides: A Christopher Isherwood Reader*. New York: Michael di Capua, 1989.

Baedeker's Egypt. Leipzig: Karl Baedeker, 1914.

Bakshi, Parminder Kaur. "Homosexuality and Orientalism: Edward Carpenter's Journey to the East," in Tony Brown, ed., *Edward Carpenter and Late Victorian Radicalism*, 151–177.

Banerjee, Jacqueline. *Literary Surrey*. Headley Down, Hampshire, UK:

John Owen Smith, 2005.

Barger, Evert. "Memories of Morgan." *New York Times Book Review*, Aug. 16, 1970.

Barnes, Clive. "Theatre: A Passage to E. M. Forster." *New York Times*, Oct. 28, 1970, 57.

Bartlett, Neil. *Who Was That Man: A Present for Mr. Oscar Wilde*. London: Serpent's Tail, 1988.

Bawer, Bruce. "Glenway Wescott: 1901–1987." *New Criterion*, May 1987, 36–45.

Baxter, Walter. *Look Down in Mercy*. London: Reader's Union, 1953.

Bayley, John. "Sex and the City." *New York Review of Books*, March 25, 2004, 17–18.

Beard, Rick, and Leslie Cohen Berlowitz, eds. *Greenwich Village: Culture and Counter Culture*. New Brunswick, N.J.: Rutgers University Press, 1993.

Beauman, Nicola. *Morgan: A Biography of E.M.Forster*. London: Sceptre, 1993.

Beaver, Harold. "Homosexual Signs." *Critical Inquiry* 8:1 (1981), 99–119.

Bedford, Sybille. "Poor Old Chap! Review of Isherwood's *A Single Man*." The Spectator, Sept. 11, 1964, 343.

Beith, Gilbert, ed. *Edward Carpenter: In Appreciation*. London: George Allen and Unwin, 1931.

Belshaw, Patrick. *A Kind of Private Magic*. London: Andre Deutsch, 1994.

Benson, E. F. *As We Were: A Victorian Peep Show*. New York: Blue Ribbon, 1930.

Bergman, David. "J. R. Ackerley and the Ideal Friend," in Peter F. Murphy, ed., *Fictions of Masculinity*, 255–267.

Bien, Peter. "Cavafy's Homosexuality and His Reputation Outside Greece." *Journal of Modern Greek Studies 8* (1990), 197–211.

———. *Constantine Cavafy*. Columbia Essays on Modern Writers. New York: Columbia University Press, 1964.

Bland, Lucy, and Laura Doan, eds. *Sexology in Culture: Labeling Bodies and Desires*. Chicago: University of Chicago Press, 1998.

Blyth, John A. *English University Adult Education, 1908–1958: The Unique Tradition*. Dover, N.H.: Manchester University Press, 1983.

Boone, Joseph Allen. *Libidinal Currents: Sexuality and the Shaping of Modernism*. Chicago:
University of Chicago Press, 1998.

Boulton, George J., James T. Zytaruk et al., eds. *The Letters of D. H. Lawrence*. 8 vols. Cambridge: Cambridge University Press, 1979–2000.

Boyle, Richard J., Hilton Brown, and Richard Newman, eds. *Milk and Eggs: The American Revival of Tempera Painting, 1930–1950*. Chadds Ford, Pa.: Brandywine Museum, 2002.

Braybrooke, Neville, ed. The Ackerley Letters. New York: Harcourt Brace Jovanovich, 1975.

Brett, Philip. "The Authority of Difference." *Musical Times*, 1993, 633–36.

———. *Benjamin Britten: Peter Grimes*. Cambridge Opera Handbooks. Cambridge: Cambridge University Press, 1983.

———. "Britten and Grimes." *Musical Times*, December 1977, 111–124.

———. *Music and Sexuality in Britten: Selected Essays*, ed. George E. Haggerty. Berkeley: University of California Press, 2006.

Bristow, Joseph. *Effeminate England: Homoerotic Writing after 1885*. New York: ColumbiaUniversity Press, 1995.

———, ed. *Sexual Sameness: Textual Differences in Lesbian and Gay*

Writing. New York:Routledge, 1992.

Brown, Malcolm, ed. *T. E. Lawrence: The Selected Letters*. New York: Norton, 1989.

Brown, Tony, ed. *Edward Carpenter and Late Victorian Radicalism*. London: Frank Cass,1990.

Browning, Frank. *The Culture of Desire: Paradox and Perversity in Gay Lives Today*. New York: Vintage, 1994.

——. *A Queer Geography: Journeys Toward a Sexual Self*. New York: Crown, 1996.

Buckingham, May. "Some Reminiscences," in G. K. Das and John Beer, eds., *E.M.Forster: A Human Exploration: Centenary Essay*s, 183–185.

Bucknell, Katherine, ed. *Christopher Isherwood: Diaries, Volume One, 1939–1960*. London:Vintage, 1996.

——, ed. *Christopher Isherwood, Lost Years: A Memoir, 1945–1951*. New York: HarperCollins, 2000.

Bullough, Vern L., ed. *Before Stonewall: Activists for Gay and Lesbian Rights in Historical Context*. New York: Harrington Park Press, 2002.

Burkat, Leonard. "Letter from America." *Tempo* 4 (Summer 1947), 7–9.

Burnett, A. D. "A Literary Ghost: William Plomer's Proposed Biographical Account of E.M. Forster." *Review of English Studies* XLVII:185 (1996), 53–59.

Burton, Peter. *Talking to ... Peter Burton in Conversation with Writers Writing on Gay Themes*. London: Third House, 1991.

Bush, Russell. *Affectionate Men: A Photographic History of a Century of Male Couples*. New York: St. Martin's Press, 1998.

Cadmus, Paul. "Interview" (1988). Archives of American Art, Smithsonian Institution.

Calisher, Hortense. "A Heart Laid Bare." *Washington Post*, Jan. 13,

1991, 15.

Capote, Truman. *Music for Chameleons*. New York: Random House, 1980.

Carpenter, Edward. *Days with Walt Whitman with Some Notes on His Life*. New York: Macmillan, 1906.

——. *Edward Carpenter: Selected Writings, Volume One: Sex*. London: GMP, 1984.

——. *Homogenic Love and Its Place in a Free Society*. Manchester: Labour Press Society, 1894.

——. *Iolaus: An Anthology of Friendship*. London: Swan Sonnenschein, 1902.

——. *Love's Coming of Age*. New York: Mitchell Kennerley, 1922.

——. *My Days and Dreams*. London: George Allen and Unwin, 1916.

——. *Narcissus and Other Poems*. London: Henry S. King, 1873.

——. *Towards Democracy*. London: George Allen and Unwin, 1883.

Carpenter, Humphrey. *Benjamin Britten: A Biography*. London: Faber and Faber, 1992.

——. *W.H.Auden: A Biography*. Boston: Houghton Miffl in, 1981.

Carter, Miranda. *Anthony Blunt: His Lives*. New York: Farrar, Straus and Giroux, 2001.

Cavafy, C.P.*The Complete Poems of Cavafy*（1961）. Trans. Rae Dalven. New York: Harcourt Brace Jovanovich, 1976.

Chapman, R.W., ed. *Jane Austen: Selected Letters*（1955）. Oxford: Oxford University Press,1985.

Charlton, Lionel Evelyn Oswald. *More Charlton*. London: Longmans, Green and Co., 1940.

Chauncey, George. "Christian Brotherhood or Sexual Perversion? Homosexual Identities and the Construction of Sexual Boundaries in the World War I Era," in Martin Bauml Duberman et al., eds., *Hidden from*

History: Reclaiming the Gay and Lesbian Past.

———. *Gay New York: Gender, Urban Culture, and the Making of the Gay Male World, 1890–1940.* New York: Basic Books, 1994.

———. "Long Haired Men and Short Haired Women: Building a Gay World in the Heart of Bohemia," in Rick Beard and Leslie Cohen Berlowitz, eds., *Greenwich Village: Culture and Counter Culture*, 151–165.

———. "The Policed: Gay Men's Strategies of Everyday Resistance," in William R. Taylor, ed., *Inventing Times Square.*

———. *Why Marriage? The History Shaping Today's Debate over Gay Equality.* New York:Basic Books, 2004.

Childs, Peter, ed. *E.M.Forster's A Passage to India.* London: Routledge, 2002.

Claudel, Paul-André. " 'De la part d'un ami sans visage' : Agostino J. Sinadino, 1876–1956, un poète sans profi l: Correspondance inédite avec André Gide." *Studi Francesi* 147（2005）, 565–598.

Cocks, H.G.*Nameless Offences: Homosexual Desire in the Nineteenth Century.* London: I. B. Tauris, 2003.

Coley, Thomas. *Our Town Remembered.* New York: Hudson Rudd, 1982.

Coley, Thomas, and William Roerick. "A Passage to E. M. Forster." Unpublished play, David Adkins.

Cooke, Mervyn. *The Cambridge Companion to Benjamin Britten.* Cambridge: Cambridge University Press, 1999.

Cooper, Emmanuel. *Fully Exposed: The Male Nude in Photography.* New York: Routledge,1995.

Cooper, John M., ed. *Plato: Complete Works.* Indianapolis: Hackett Publishing, 1997.

Cozzolino, Robert Marshall, N. Price, and M. Melissa Wolfe, eds.

George Tooker. London:Merrell, 2008.

Craft, Robert. "Tea in Cambridge," in J. H. Stape, ed., *E.M.Forster: Interviews and Recollections*, 24–26.

Crisp, Quentin. *The Naked Civil Servant.* New York: Penguin Classics, 1997.

Crozier, Eric, ed. *Benjamin Britten: Peter Grimes, Vol. 3*. London: Sadlers Wells Opera Books,1946.

Crozier, Ivan. "Becoming a Sexologist: Norman Haire, the 1929 London World League for Sexual Reform Congress, and Organizing Medical Knowledge About Sex in Interwar England." *History of Science* XXXIX（2001）: 299–329.

Crump, James. *George Platt Lynes: Photographs from the Kinsey Institute.* New York: Little Brown, 1993.

Culme-Seymour, Mary. "Memories of E. M. Forster," in J. H. Stape, ed., *E.M.Forster: Interviews and Recollections.*

Cummings, Dave. " 'Now with My Hand I Cover Africa' : A Love Poem Sent by Stephen Spender to William Plomer." *Journal of European Studies* 32:2–3（2002）, 223–233.

Curley, Daniel. "The Reality of Love: Review of Isherwood's *A Single Man.*" *New Leader* 18（Jan. 1965）, 22–23.

Daiches, David. "Life Without Jim." *New York Times Book Review*, Aug. 30, 1964, 5, 16.

Daley, Harry. *This Small Cloud.* London: Weidenfeld and Nicolson, 1986.

Das, G. K. *E.M.Forster's India*. Totowa, N.J.: Rowman and Littlefield, 1977.

Das, G. K., and John Beer, eds. *E.M.Forster: A Human Exploration: Centenary Essays.* New York: New York University Press, 1979.

Davenport, Guy. *The Drawings of Paul Cadmus*. New York: Rizzoli International, 1989.

David, Hugh. *On Queer Street: A Social History of British Homosexuality, 1895–1995*. London: HarperCollins, 1997.

Davidson, Michael. *The World, the Flesh and Myself* (1962). London: GMP, 1985.

Davies, John Llewellyn. *The Working Men's College, 1854–1954*. London: Routledge, 1954.

Deitcher, David. *Dear Friends: American Photographs of Men Together, 1840–1918*. New York: Harry Abrams, 2001.

de Jongh, Nicholas. *Not in Front of the Audience: Homosexuality on Stage*. London: Routledge, 1992.

Delavenay, Emile. *D.H.Lawrence and Edward Carpenter: A Study in Edwardian Transition*. London: Heinemann, 1971.

Dellamora, Richard. "Textual Politics/Sexual Politics." *Modern Language Quarterly* 54:1 (1993), 155–164.

Dent, Edward. "Angel Wings," in Gilbert Beith, ed., *Edward Carpenter: In Appreciation*.

Deslandes, Paul R., ed. *Oxbridge Men: British Masculinity and the Undergraduate Experience, 1850–1920*. Bloomington: Indiana University Press, 2005.

Dewey, Clive. *Anglo–Indian Attitudes: The Mind of the Indian Civil Service*. London: Hambledon Press, 1993.

Dickinson, Goldsworthy Lowes. *Appearances: Being Notes of Travel*. London: Dent and Sons, 1914.

——. *The Choice before Us*. London: George Allen and Unwin, 1917.

——. *The Greek View of Life*. London: Methuen, 1989.

——. *Proposals for the Avoidance of War*. N.p., 1915.

——. *Sex Life in Greece and Rome.* Little Blue Book No. 163. Girard, Kans.: Haldeman–Julius, 1924.

Doan, Laura, and Jay Prosser, eds. *Palatable Poison: Critical Perspectives* on The Well of Loneliness. New York: Columbia University Press, 2001.

Doctor, Jenny. "Afterword," in Philip Brett, *Music and Sexuality in Britten: Selected Essays.*

Dowling, Linda. *Hellenism and Homosexuality in Victorian En gland.* Ithaca, N.Y.: Cornell University Press, 1994.

Driberg, Tom. *Ruling Passions.* Briarcliff Manor, N.Y.: Stein and Day, 1979.

Duberman, Martin. *About Time: Exploring the Gay Past.* New York: Penguin, 1986.

——. *Cures: A Gay Man's Odyssey.* Boulder: Westview Press, 2002.

——. *The Worlds of Lincoln Kirstein.* New York: Knopf, 2007.

Duberman, Martin Bauml, Martha Vicinus, and George Chauncey, Jr., eds. *Hidden from History:*

Reclaiming the Gay and Lesbian Past. New York: Penguin New American Library, 1989.

Duffy, Eamon. *The Voices of Morebath: Reformation and Rebellion in an English Village.* New Haven: Yale University Press, 2001.

Dunne, Bruce W. "French Regulation of Prostitution in Nineteenth-Century Colonial Alge–ria." *Arab Studies Journa*l 2:1（1994）, 24–30.

——. "Power and Sexuality in the Middle East." *Middle East Report*, Spring 1998, 8–11.

——. "Sexuality and the Civilizing Process." Ph.D. diss., Georgetown University, 1996.

Dyhouse, Carol. *Students: A Gendered History.* New York: Routledge,

2006.

Egremont, Max. *Siegfried Sassoon: A Biography.* London: Picador, 2005.

Ehenrenstein, David. *Open Secret: Gay Hollywood, 1928–2000.* New York: HarperCollins, 2000.

Elia, John P. "History, Etymology and Fallacy: Attitudes Toward Male Masturbation in the Ancient Western World." *Journal of Homosexuality* 14:3/4 (1987), 1–19.

Eliasoph, Philip. *Paul Cadmus: Yesterday & Today.* Oxford, Ohio: Miami University Press, 1981.

Ellem, Elizabeth. "E.M.Forster's Arctic Summer." *Times Literary Supplement* Sept. 21, 1973, 1087–89.

——. "E.M.Forster: The Lucy and the New Lucy Novels." *Times Literary Supplement*, May 28, 1971, 623–624.

Ellenzweig, Allen. *The Homoerotic Photograph: Male Images from Durieu/Delacroix to Mapplethorpe.* New York: Columbia University Press, 1992.

Ellimann, Michael, and Frederick Roll, eds. *The Pink Plaque Guide to London.* London: GMP, 1986.

Ellis, Havelock. *My Life.* New York: Houghton Mifflin, 1939.

——. *Studies in the Psychology of Sex.* 2 vols. New York: Random House, 1936.

——. *The Task of Social Hygiene.* London: Constable, 1912.

Epstein, Joseph. "Maurice, by E.M.Forster." *New York Times Book Review*, Oct. 10, 1971, 1.

Faulks, Sebastian. *The Fatal Englishman: Three Short Lives.* New York: Vintage, 1996.

Fieldhouse, Roger. *A History of Modern British Adult Education.* Leicester, U.K.: National Institute of Adult Continuing Education, 1996.

Finney, Brian. *Christopher Isherwood: A Critical Biography.* New York: Oxford University Press, 1979.

Fletcher, John. "Forster's Self-Erasure: Maurice and the Scene of Masculine Love," in Joseph Bristow, ed., *Sexual Sameness: Textual Differences in Lesbian and Gay Writing*, 64–90.

Forster, E.M.*Abinger Harvest.* New York: Harcourt Brace, 1936.

——. *Abinger Harvest and En gland's Pleasant Land.* Abinger Edition, ed. Elizabeth Heine. London: Andre Deutsch, 1996.

——. *Alexandria: A History and a Guide and Pharos and Pharillon.* Abinger Edition, ed.

Miriam Farris Allott. London: Andre Deutsch, 2004.

——. *Anonymity: An Enquiry.* London: Hogarth Press, 1925.

——. *Arctic Summer and Other Fiction.* Abinger Edition, ed. Elizabeth Heine and Oliver Stallybrass. London: Edward Arnold, 1981.

——. "Army English." *Egyptian Mail*, Jan. 12, 1919, 2.

——. *Aspects of the Novel* (1927). Abinger Edition, ed. Oliver Stallybrass. London: Edward Arnold, 1974.

——. *The Celestial Omnibus and Other Stories.* New York: Knopf, 1923.

——. "Charlie Day." Unpublished ms., King's College, Cambridge.

——. "De Senectute." *London Magazine* 4:11 (1957), 15–18.

——. "D.H.Lawrence." *The Listener*, Apr. 30, 1930, 753–756.

——. *The Eternal Moment and Other Stories.* New York: Harcourt Brace, 1928.

——. "Gippo English." *Egyptian Mail*, Dec. 16, 1919, 2.

——. *Goldsworthy Lowes Dickinson.* New York: Harcourt Brace, 1934.

——. *Goldsworthy Lowes Dickinson* (1934). Abinger Edition, ed. Oliver Stallybrass. London: Edward Arnold, 1973.

——. *The Government of Egypt: Recommendations*. London: Labour Research Department, 1921.

——. "Henry James and the Young Men." *The Listener*, July 16, 1959, 103.

——. *The Hill of Devi*. New York: Harcourt Brace, 1953.

——. *The Hill of Devi and Other Indian Writings*(1953). Abinger Edition, ed. Elizabeth Heine. London: Edward Arnold, 1983.

——. *Howards End*. New York: G. P. Putnam's Sons, 1910.

——. *Howards End*. Abinger Edition. London: Edward Arnold, 1973.

——. "Incidents of War Notebook." King's College Modern Archives, 1915–1919.

——. *The Life to Come and Other Stories*. Abinger Edition, ed. Oliver Stallybrass. London: Edward Arnold, 1972.

——. *The Longest Journey*(1905). Abinger Edition, ed. Elizabeth Heine. New York: Holmes and Meier, 1984.

——. *The Machine Stops and Other Stories*. Abinger Edition, ed. Rod Mengham. London: Andre Deutsch, 1997.

——. "A Magistrate's Figures." *The New Statesman and Nation*, Oct. 31, 1953, 508–509.

——. *Marianne Thornton: A Domestic Biography*. New York: Harcourt Brace, 1956.

——. *Maurice: A Novel*(1971). Abinger Edition, ed. Philip Gardner. London: Andre Deutsch, 1999.

——. "The National Council for Civil Liberties." *Time and Tide*, July 5, 1941, 560–561.

——. "The New Censorship." *The Nation and Athenaeum*, Sept. 1, 1928, 696.

——. "Obituary for E.K. (Francis) Bennett." *The Caian* 55:3 (1959),

123–127.

——. *A Passage to India.* New York: Harcourt Brace, 1924.

——. *A Passage to India.* Abinger Edition, ed. Oliver Stallybrass. London: Edward Arnold, 1978.

——. *Pharos and Pharillon.* London: Hogarth Press, 1923.

——. "The Poetry of Cavafy," in Denise Harvey, ed., *The Mind and Art of C. P. Cavafy.*

——. "Presidential Address to the Cambridge Humanists," Summer 1959, King's College, Cambridge.

——. "Prosecutions of Publishers." *The Spectator*, April 25, 1935, 696.

——. "The Psychology of Monarchy." *The New Statesman and Nation*, Feb. 11, 1936, 260.

——. *A Room with a View* (1908). Abinger Edition, ed. Oliver Stallybrass. London: Edward Arnold, 1977.

——. "A Room Without a View," in *A Room with a View*, Abinger Edition.

——. "Still the Sedition Bill!" *Time and Tide*, Oct. 27, 1934.

——. "Three Countries," in *The Hill of Devi and Other Indian Writings.*

——. "The Torque: An Unpublished Story." *Encounter*, July 1972, 3–11.

——. "Two Cheers for Democracy." *The Nation*, 1938, 65–66.

——. *Two Cheers for Democracy.* New York: Harcourt Brace, 1951.

——. *Where Angels Fear to Tread* (1907). Abinger Edition, ed. Oliver Stallybrass. London: Edward Arnold, 1975.

Forster, E.M., Eric Crozier, and Benjamin Britten. *Billy Budd.* London: Boosey and Hawkes,1951.

Foucault, Michel. *A History of Sexuality.* 3 vols. New York: Pantheon, 1978.

Francis, Richard. *Mark Lancaster, Paintings.* Cambridge and New York: Walker Gallery,1973.

Freud, Sigmund. *New Introductory Lectures on Psycho–Analysis*, trans. W. H. J. Sprott. London: L. and V. Woolf at the Hogarth Press, 1937.

Furbank, P.N.*E.M.Forster: A Life.* 2 vols. New York: Harcourt Brace Jovanovich, 1977.

——. "Introduction," in E.M.Forster, *A Passage to India.* New York: Everyman's Library, Knopf, 1991.

——. "Introduction," in J.R.Ackerley, ed., *We Think the World of You.* New York: Simon and Schuster, 1988.

——, ed. *The New Collected Stories of E.M.Forster.* London: Sidgwick and Jackson, 1985.

——. "The Personality of E. M. Forster." *Encounter*, Nov. 1970, 61–68.

Furbank, P.N., and F.J.H.Haskell. "E.M.Forster," in *Writers at Work: The Paris Interviews*, ed. George Plimpton. New York: Penguin, 1958.

Furness, Robert Allason. *Poems of Callimachus.* London: Jonathan Cape, 1931.

Gardiner, James. *A Class Apart: The Private Pictures of Montague Glover.* London: Serpent's Tail, 1992.

——. *Who's a Pretty Boy Then? One Hundred Fifty Years of Gay Life in Pictures.* London: Serpent's Tail, 1996.

Gardner, Philip, ed. *E.M.Forster: Commonplace Book.* Stanford: Stanford University Press,1985.

——. *E.M.Forster: The Critical Heritage.* London: Routledge and Kegan Paul, 1973.

——. "The Evolution of E.M.Forster's Maurice," in Judith Scherer Herz and Robert K. Martin, eds., *E.M.Forster: Centenary Revaluations*, 204–224.

Garnett, David, ed. *Carrington: Letters and Extracts from Her Diary.* New York: Holt Rinehart & Winston, 1971.

Garver, Thomas H. *George Tooker.* San Francisco: Pomegranate Artbooks, 1992.

Gathorne–Hardy, Jonathan. *Sex the Measure of All Things: Alfred C. Kinsey, A Biography.* London: Pimlico, 1999.

Gellert, Roger. *Quaint Honour.* Gay Plays. Vol. II. Methuen: London, 1985.

Ghoussoub, Mai, and Emma Sinclair–Webb, eds. *Imagined Masculinities: Male Identity and Culture in the Modern Middle East.* London: Saqi, 2000.

Gilder, Cornelia Brook. *Views of the Valley: Tyringham 1739–1989.* Tyringham, Mass.: Hop Brook Community Club, 1989.

Giroux, Robert. "Meeting 'An Old and Valued Author,'" in J. H. Stape, ed., *E.M.Forster: Interviews and Recollections*, 91–98.

Gittings, Christopher E., ed. *Imperialism and Gender: Representations of Masculinity.* Hebden Bridge, U.K.: Dangaroo Press, 1996.

Goldman, Paul, and Brian Taylor, eds. *Retrospective Adventures: Forrest Reid, Author and Collector.* Oxford: Scolar Press, Ashmolean Museum, 1998.

Goodyear, Sara Suleri. *The Rhetoric of English India.* Chicago: University of Chicago Press, 1992.

Gorer, Geoffrey. "English Ideas About Sex." *Encounter*, Dec. 1953, 45–56.

——. *Exploring English Character*. New York: Criterion, 1955.

Grafftey–Smith, Laurence. *Bright Levant.* London: John Murray, 1970.

Grant Duff, Shiela. *The Parting of Ways: A Personal Account of the Thirties.* London: Peter Owen, 1982.

Green, W. C. *Memories of Eton and King's.* Eton College, U.K.: Spottiswoode and Co.,1905.

Grimes, Nancy. *Jared French's Myths.* San Francisco: Pomegranate Artbooks, 1993.

Grosskurth, Phyllis. *Havelock Ellis: A Biography.* London: Allen Lane, 1980.

——, ed. *The Memoirs of John Addington Symonds: The Secret Homosexual Life of a Leading 19th–Century Man of Letters.* New York: Random House, 1984.

——. *The Woeful Victorian: A Biography of John Addington Symonds.* New York: Holt Rinehart and Winston, 1964.

Gullace, Nicoletta F. "White Feathers and Wounded Men: Female Patriotism and the Memory of the Great War." *Journal of British Studies* 36:2（1997）, 178–206.

Haag, Michael. *Alexandria: City of Memory.* New Haven: Yale University Press, 2004.

Hall, Lesley A. " 'Disinterested Enthusiasm for Sexual Misconduct' : The British Society for the Study of Sex Psychology, 1913–1947." *Journal of Contemporary History* 30:4（1995）, 665–686.

——. " 'The English Have Hot–Water Bottles' : The Morganatic Marriage Between Sexology and Medicine in Britain since William Acton," in Roy Porter and Mikulás Teich, eds., *Sexual Knowledge, Sexual Science.* Cambridge: Cambridge University Press, 1994.

Hall, Radclyffe. *The Well of Loneliness.* New York: Blue Ribbon Books, 1928.

Haller, Gary. *Private Realisms: American Paintings, 1934–1949.* New Haven: Master's House, Jonathan Edwards College, Yale University, 2000.

Halperin, David. *Before Sexuality: The Construction of Erotic*

Experience in the Ancient Greek World. Princeton, N.J.: Princeton University Press, 1990.

——. "Forgetting Foucault: Acts, Identities and the History of Sexuality," in Martha Nussbaum and Juha Sihvola, eds., *The Sleep of Reason: Erotic Experience and Sexual Ethics in Ancient Greece and Rome*, 21–55.

——. *How to Do the History of Homosexuality*. Chicago: Chicago University Press, 2002.

——. *One Hundred Years of Homosexuality and Other Essays on Greek Love*. London: Routledge, 1990.

Hammond, Toby [pseud.]. "Paedikion: A Paiderastic Manuscript." *International Journal of Greek Love* 1:2 (1966), 28–37.

Hanquart, Evelyne. " 'Dearest my Joe' : une Lecture des lettres de E. M. Forster à J. R. Ackerley (1922–1966)." *Cahiers d' Études & de Recherches Victoriennes et Édouadiennes* (1977), 100–111.

Hardwick, Elizabeth. "Sex and the Single Man." *New York Review of Books*, Aug. 20, 1964, 4.

Hart–Davis, Rupert, ed. *Siegfried Sassoon Diaries, 1920–1922*. London: Faber, 1985.

Harvey, Denise, ed. *The Mind and Art of C. P. Cavafy: Essays on His Life and Work*. Athens: Denise Harvey, 1983.

Hauser, Katherine. "George Tooker, Surveillance, and Cold War Sexual Politics." *GLQ: A Journal of Lesbian and Gay Studies* 11:3 (2005), 391–425.

Headington, Christopher. Britten. London: Holmes and Meier, 1982.

——. *Peter Pears: A Biography.* London: Faber and Faber, 1992.

Heath, Chris. "Pete Townshend: The Rolling Stone Interview." *Rolling Stone*, July 19, 2002.

Heath, Jeffrey M., ed. *The Creator as Critic and Other Writings by E.M.Forster.* Toronto: Dundern Press, 2008.

Heidt, Sarah. "'Let J A S Words Stand': Publishing John Addington Symonds's Desires." *Victorian Studies* 46:1 (2003), 7–31.

Henry, George. *Sex Variants: A Study of Homosexual Patterns.* Vol. II. New York: Paul Hoeber, 1941.

Herz, Judith Scherer. "E.M.Forster and the Biography of the Self." *Prose Studies* 5:2 (1982), 326–335.

——. "Forster's Three Experiments in Autobiographical Biography." *Studies in the Literary Imagination* 13:1 (1980), 51–67.

Herz, Judith Scherer, and Robert K. Martin, eds. *E.M.Forster: Centenary Revaluations.* London: Macmillan, 1982.

——. *The Short Narratives of E.M.Forster.* London: Macmillan, 1988.

Higgins, Patrick. *Heterosexual Dictatorship: Male Homosexuality in Postwar Britain.* London: Fourth Estate, 1996.

Higham, Charles. *Charles Laughton: An Intimate Biography.* Garden City, N.Y.: Doubleday, 1976.

Hoberman, Ruth. *Modernizing Lives: Experiments in English Biography, 1918–1939.* Carbondale: Southern Illinois University Press, 1987.

Hodges, Andrew, and David Hutter. *With Downcast Gays: Aspects of Homosexual Self-Oppression.* Toronto: Pink Triangle Press, 1979.

Holland, Merlin. *The Real Trial of Oscar Wilde: The First Uncensored Manuscript of the Trial of Oscar Wilde vs. John Douglas, Marquess of Queensbury, 1895.* New York: Fourth Estate, 2003.

Horne, Peter, and Reina Lewis, eds. *Outlooks: Lesbian and Gay Sexualities and Visual Cultures.* New York: Routledge, 1996.

Houlbrook, Matt. *Queer London: Perils and Pleasures in the Sexual Metropolis, 1918–1957.* Chicago: University of Chicago Press, 2005.

Howgate, Sarah, and Barbara Stern Shapiro. *David Hockney: Portraits.* New Haven: Yale University Press, 2006.

Husein, Iqbal, ed. *Justice Syed Mahmood Papers.* Aligarh, India: Aligarh Muslim University, 2005.

Hyde, H.Montgomery, ed. *The Trials of Oscar Wilde: Regina v. Queensbury; Regina v. Wilde and Taylor.* London: William Hodge and Company, 1952.

Hynes, Samuel Lynn. "The Old Man at King's: Forster at 85," in *Edwardian Occasions: Essays on English Writing in the Early Twentieth Century.* New York: Oxford University Press, 1972.

Ibson, John. *Picturing Men: A Century of Male Relationships in Everyday American Photography.* Washington, D.C.: Smithsonian Institution Press, 2002.

Isherwood, Christopher. *Christopher and His Kind.* New York: Methuen, 1977.

——. *Down There on a Visit.* New York: Simon and Schuster, 1962.

——. *Exhumations: Stories; Articles; Verses.* London: Methuen, 1966.

——. *Lions and Shadows.* London: Hogarth Press, 1938.

——. *The Memorial* (1932). New York: Avon, 1974.

——. *A Single Man* (1964). Minneapolis: University of Minnesota Press, 2001.

Ives, [C.] George. *The Continued Extension of the Criminal Law.* London: J. B. Francis, 1922.

Jeffrey-Poulter, Stephen. *Peers, Queers and Commons: The Struggle for Gay Law Reform from 1950 to the Present.* London: Routledge, 1991.

Jeffreys, Peter. "Cavafy, Forster, and the Eastern Question." *Journal of Modern Greek Studies* 19 (2001), 61–87.

Jenkins, Nicholas, ed. *By with to & from: A Lincoln Kirstein Reader.* New York: Farrar, Straus and Giroux, 1991.

Johnson, David K. *The Lavender Scare: The Cold War Persecution of Gays and Lesbians in the Federal Government.* Chicago: University of

Chicago Press, 2004.

Jones, James H. *Alfred C. Kinsey: A Public/Private Life*. New York: Norton, 1997.

Jusdanis, Gregory. *The Poetics of Cavafy: Textuality, Eroticism, History.* Princeton, N.J.: Princeton University Press, 1987.

Kauffman, Stanley. "Death in Venice, Cal." *The New Republic*, Sept. 5, 1964, 23–25.

Keeley, Edmund. *Cavafy' s Alexandria*. Princeton, N.J.: Princeton University Press, 1996.

Keeley, Edmund, and Philip Sherrard, eds. *C.P.Cavafy: Collected Poems.* Princeton, N.J.: Princeton University Press, 1992.

Keynes, John Maynard. *Two Memoirs—"My Early Beliefs."* London: Rupert Hart–Davis, 1949.

Kidwai, Jalil Ahmad, ed. *Forster–Masood Letters.* Karachi: Education and Culture Society of Pakistan, 1984.

King, Francis. *Christopher Isherwood*. London: Longman, 1976.

——. *A Domestic Animal.* London: Longman, 1970.

——. *E.M.Forster and His World.* London: Thames and Hudson, 1978.

——, ed. *My Sister and Myself: The Diaries of J. R. Ackerley*. Oxford: Oxford University Press, 1990.

——. *Yesterday Came Suddenly.* London: Constable, 1993.

Kinsey, Alfred C., Wardell Baxter Pomeroy, and Clyde E. Martin. *Sexual Behavior in the Human Male.* Philadelphia: W. B. Saunders, 1948.

Kirkup, James. *A Poet Could Not but Be Gay: An Uninhibited Biography.* London: Peter Owen, 1991.

Kirstein, Lincoln. *Paul Cadmus*. New York: Chameleon Press, 1996.

——. *Quarry: A Collection in Lieu of Memoirs.* Pasadena: Twelvetrees Press, 1986.

Kynaston, David. *Austerity Britain, 1945–1951.* New York: Walker & Company, 2008.

Lago, Mary. *A Calendar of the Letters of E.M.Forster.* London: Mansell, 1985.

——. *E.M.Forster: A Literary Life.* London: Macmillan, 1995.

——. "E.M.Forster and the BBC." *Yearbook of English Studies* 20 (1990), 132–151.

Lago, Mary, and P. N. Furbank, eds. *Selected Letters of E.M.Forster.* 2 vols. Cambridge, Mass: Harvard: Belknap Press, 1985.

Lago, Mary, Linda K. Hughes, and Elizabeth MacLeod Walls, eds. *The BBC Talks of E.M.Forster, 1929–1960: A Selected Edition.* Columbia: University of Missouri Press, 2008.

Lagrange, Frederic. "Male Homosexuality in Modern Arabic Literature," in Mai Ghoussoub and Emma Sinclair–Webb, eds., *Imagined Masculinities: Male Identity and Culture in the Modern Middle East*, 169–199.

Lancaster, Mark. "Artist in Residence." *King's Parade* (2006), 16–17.

Lane, Christopher. *The Ruling Passion: British Colonial Allegory and the Paradox of Homo–sexual Desire.* Durham, N.C.: Duke University Press, 1995.

Law, Joe, and Linda K. Hughes, eds. *Biographical Passages: Essays on Victorian and Modernist Biography.* Columbia: University of Missouri, 2000.

Lawrence, A.W., ed. *T. E.Lawrence by His Friends.* London: Jonathan Cape, 1937.

Lawrence, T.E.*The Mint: A Day Book of the R.A.F. Depot Between August and December 1922, with Later Notes.* London: Jonathan Cape, 1955.

Leavitt, David. *The Man Who Knew Too Much: Alan Turing and the Invention of the Computer.* New York: Norton, 2005.

Leavitt, David, and Mark Mitchell, eds. *Pages Passed from Hand to Hand: The Hidden Tradition of Homosexual Literature in English from 1748* to 1914. New York: Houghton Miffl in, 1997.

Leddick, David. *Intimate Companions: A Triography of George Platt Lynes, Paul Cadmus, Lincoln Kirstein and Their Circle.* New York: St. Martin's Press, 2000.

——. *Naked Men: Pioneering Male Nudes, 1935–1955.* New York: Universe Publishing, 1997.

Leedham–Green, Elisabeth. *A Concise History of the University of Cambridge.* Cambridge: Cambridge University Press, 1996.

Lehmann, John. *Christopher Isherwood: A Personal Memoir.* New York: Henry Holt, 1988.

——. *In My Own Time.* Boston: Little, Brown & Co., 1969.

——. *In the Purely Pagan Sense*（1976）. London: GMP, 1985.

——. *The Whispering Gallery: Autobiography I.* New York: Harcourt Brace, 1955.

Lelyveld, David. *Aligarh's First Generation: Muslim Solidarity in British India.* Princeton, N.J.: Princeton University Press, 1978.

——. "Macaulay's Curse: Sir Syed and Syed Mahmood." Unpublished paper.

Leontis, Artemis, Lauren E. Talalay, and Keith Taylor, eds. *What These Ithakas Mean: Readings in Cavafy.* Athens: Hellenic Literary and Historical Archive, 2002.

Levine, June Perry. "The Tame in Pursuit of the Savage: The Posthumous Fiction of E.M.Forster." *PMLA* 85:1（1970）, 284–294.

Levine, Philippa. *Prostitution, Race, and Politics: Policing Venereal Disease in the British Empire.* London: Routledge, 2003.

Levy, Paul, ed. *The Letters of Lytton Strachey.* New York: Farrar, Straus and Giroux, 2005.

Lewis, Anthony. "E.M.Forster Homosexual Novel Due." *New York*

Times, Nov. 11, 1970, 1.

Lewis, Edward. *Edward Carpenter: An Exposition and an Appreciation.* New York: Macmillan, 1915.

Liddell, Robert. *Cavafy.* New York: Simon and Schuster, 1974.

——. *Unreal City* (1953). London: Peter Owen, 1995.

Livingstone, Marco, David Hockney, and Kay Heymer. *Hockney's Portraits and People.* London: Thames and Hudson, 2003.

Ludden, David. *India and South Asia: A Short History.* Oxford: Oneworld Publications, 2002.

Mahmud, S.F. *A Concise History of Indo-Pakistan.* Karachi: Oxford University Press, 1988.

Malik, Hafeez. *Sir Sayyid Ahmad Khan and Muslim Modernization in India and Pakistan.* New York: Columbia University Press, 1980.

Mandler, Peter. "New Towns for Old: The Fate of the Town Centre," in Frank Mort et al., eds., *Moments of Modernity: Reconstructing Britain, 1945–1964*, 208–227.

Mannin, Ethel. *Confessions and Impressions.* London: Jarrolds, 1930.

Martin, Kingsley. "The Abominable Crime." *The New Statesman and Nation*, Oct. 31, 1953, 508.

Martin, Robert K. "Appeals from Across Some Frontier: The Novels of John Lehmann," in A.T. Tolley, ed., *John Lehmann: A Tribute.* Ottawa: Carleton University Press, 1987.

——. "Edward Carpenter and the Double Structure of *Maurice*." *Journal of Homosexuality* 8:3/4 (1983), 35–46.

——. "The Paterian Mode in Forster's Fiction: *The Longest Journey* to *Pharos and Pharillon*," in Judith Scherer Herz and Robert K. Martin, eds., *E.M.Forster: Centenary Revaluations*, 99–112.

——. "Whitman and the Politics of Identity," in Ed Folsom, ed., *Walt*

Whitman: The Centennial Essays. Iowa City: University of Iowa Press, 1994.

Martin, Robert K., and George Piggford, eds. *Queer Forster.* Chicago: Chicago University Press, 1997.

Mascara, Tina, and Guido Santi, directors. *Chris and Don: A Love Story.* 2007.

Matthews, Geoffrey, and Kelvin Everest, eds. *The Poems of Shelley.* London: Longman, 1989.

Matthews, Kenneth. *Aleko.* London: Peter Davies, 1934.

Matthias, John. "The Haunting of Benjamin Britten: A Review of Humphrey Carpenter's *Benjamin Britten: A Biography.*" www.electronicbookreview.com/thread/electropoetics/prodigal.

Matz, Jesse. "Maurice in Time." *Style* 34:2 (2000), 188–211.

McDowell, Frederick P.W. "E.M.Forster and Goldsworthy Lowes Dickinson." *Studies in the Novel* V:4 (1973), 441–457.

McGuiness, Ilona. "The Collaborative Rhetoric of E.M.Forster's *Goldsworthy Lowes Dickinson*." *a/b: Auto/Biography Studies* 6:2 (1991), 253–271.

Meredith, Hugh Owen. *Week–Day Poems.* London: Edward Arnold, 1911.

Metcalf, Barbara D., and Thomas R.Metcalf. *A Concise History of Modern India.* 2nd, ed. Cambridge: Cambridge University Press, 2006.

Meyer, Richard. *Outlaw Representation: Censorship and Homosexuality in Twentieth–Century American Art.* Oxford: Oxford University Press, 2002.

Mitchell, Donald, Philip Reed, and Mervyn Cooke, eds. *Letters from a Life: Selected Letters of Benjamin Britten. Vol. 3: 1946–1951.* London: Faber and Faber, 2004.

Mitchison, Naomi. *You May Well Ask: A Memoir, 1920–1940.* London: Gollancz, 1979.

Moffat, Wendy. "*A Passage to India* and the Limits of Certainty." *Journal of Narrative Technique* 20:3 (1990), 331–341.

Lord Montagu of Beaulieu. *Wheels Within Wheels: An Unconventional Life*. London: Weidenfeld and Nicolson, 2000.

Moran, Leslie. *Homosexual (ity) of Law*. London: Routledge, 1993.

Morris, John. *Eating the Indian Air*. London: Hamilton, 1968.

——. *Hired to Kill: Some Chapters of Autobiography*. London: Rupert Hart–Davis, 1960.

——. "The Lawrence Enigma." *Encounter*, April 1955, 78–80.

Mort, Frank. "Mapping Sexual London: The Wolfenden Committee on Homosexual Offences and Prostitution, 1954–1957." *New Formations* 37 (1999), 92–113.

Mort, Frank, Betsy Conekin, and Chris Waters. *Moments of Modernity: Reconstructing Britain, 1945–1964*. London: Rivers Oram, 1999.

Munby, A.N.L., ed. *This Book Belongs to E. M. Forster—a Catalogue of Forster's Library*.

Cambridge: W. Heffer and Sons, 1971.

Murals by Jared French. New York: Julien Levy Gallery, 1939.

Murphy, Peter F., ed. *Fictions of Masculinity*. New York: New York University Press, 1994.

Nadel, Ira B. "Moments in the Greenwood: Maurice in Context," in Judith Scherer Herz and Robert K. Martin, eds., *E.M.Forster: Centenary Revaluations*, 177–190.

New York Times, "William Roerick Obituary," Dec. 7, 1995, B18.

Nicholson, Nigel, and Joanne Trautmann, eds. *The Letters of Virginia Woolf*. 6 vols. New York: Harcourt Brace Jovanovich, 1975–1980.

Nisetich, Frank (trans.). *The Poems of Callimachus*. Oxford: Oxford University Press, 2001.

Noble, R.W. " 'Dearest Forster' — 'Dearest Masood.' " *Encounter*, LVI:6 (1981), 61–72.

Nowell-Smith, Simon. "Postscript," in Nowell-Smith, ed., *The Autobiography of William Plomer*. London: Jonathan Cape, 1975.

Nussbaum, Martha, and Juha Sihvola, eds. *The Sleep of Reason: Erotic Experience and Sexual*

Ethics in Ancient Greece and Rome. Chicago: University of Chicago Press, 2002.

O' Brien, M. D. *Socialism and Infamy: The Homogenic Love Exposed*. Sheffi eld, U.K.: Dronenfield, 1909.

Panter-Downes, Mollie. "Kingsman." *New Yorker*, Sept. 19, 1959, 51–80.

Parker, Peter. *Ackerley: A Life of J. R. Ackerley*. London: Constable, 1989.

——. *Christopher Isherwood: A Life*. London: Picador, 2004.

Parkes, Adam. *Modernism and the Theater of Censorship*. New York: Oxford University Press,1996.

Parris, Matthew. " 'Heroic in Perversity.' A Review of Peter Wildeblood' s *Against the Law* Reissue." *Times* (London), Nov. 20, 1999, 22.

Partridge, Frances. *Life Regained: Diaries, 1970–1972*. London: Phoenix, 1998.

——. *Other People: Diaries, 1963–1966*. New York: HarperCollins, 1993.

Peacock, John. "A Kiss from a Sailor." Unpublished BBC radio play.

Phelps, Robert, with Jerry Rosco, eds. *Continual Lessons: The Journals of Glenway Wescott, 1937–1955*. New York: Farrar, Straus and Giroux, 1990.

Pinchin, Jane Lagoudis. *Alexandria Still: Forster, Durrell, and Cavafy*. Princeton, N.J.: Princeton University Press, 1977.

Plato. "Phaedrus," in Alexander Nahamus and Paul Woodruff, eds.,

Plato: Complete Works. Indianapolis: Hackett Publishing, 1997.

Plomer, William. *At Home: Memoirs*. London: Jonathan Cape, 1958.

——. *Borderline Ballads*. New York: Noonday, 1955.

——. *Double Lives: An Autobiography*. London: Jonathan Cape, 1943.

——. "Forster as a Friend," in Oliver Stallybrass, ed., *Aspects of E.M.Forster: Essays and Recollections Written for His Ninetieth Birthday, Jan. 1, 1969*, 99–107.

——. *A Message in Code: The Diary of Richard Rumbold, 1932–1960*. London: Weidenfeld and Nicolson, 1964.

——. *Sado*. London: Hogarth Press, 1931.

——. *Turbott Wolfe*. London: Hogarth Press, 1925.

Plummer, Kenneth. "Intimate Citizenship and the Culture of Sexual Storytelling," in Jeffrey Weeks, Janet Holland, and Matthew Waites, eds., *Sexual Cultures: Communities, Values, and Intimacy*, 34–53.

——. *The Making of the Modern Homosexual*. Totowa, N.J.: Barnes and Noble, 1981.

Pohorilenko, Anatole, and James Crump, eds. *When We Were Three: The Travel Albums of George Platt Lynes, Monroe Wheeler, and Glenway Wescott*. New York: Arena, 1988.

Pomeroy, Wardell. *Dr. Kinsey and the Institute for Sex Research*. New York: Thomas Nelson, 1972.

Porter, Kevin, and Jeffrey Weeks, eds. *Between the Acts: Lives of Homosexual Men, 1885–1967*. London: Routledge, 1991.

Portrait: Photographs of George Platt Lynes, 1927–1955. Santa Fe: Twin Palms Press, 1994.

Price, Martin. *Forms of Life: Character and Moral Imagination in the Novel*. New Haven: Yale University Press, 1983.

Proctor, Dennis, ed. *The Autobiography of Goldsworthy Lowes*

Dickinson. London: Duckworth,1973.

Pyron, Darden Asbury. *Liberace: An American Boy*. Chicago: University of Chicago Press, 2000.

Rama Rau, Santha. "Remembering E. M. Forster," in J. H. Stape, ed., *E.M.Forster: Interviews and Recollections*.

Rau, Petra. "John Lehmann (1907–1987)." *The Literary Encyclopedia*, Mar. 21, 2002. www. litencyc.com/php/s people.php?rec=true+UID=2681.

Reade, Brian, ed. *Sexual Heretics: Male Homosexuality in English Literature from 1850 to 1900: An Anthology*. London: Routledge and Kegan Paul, 1970.

The Rediscovery of Jared French. New York: Midtown Payson Galleries, 1992.

Reed, Philip. "Eric Crozier Obituary." *Guardian*, Sept. 8, 1994.

Rees, Jenny. *Looking for Mr. Nobody: The Secret Life of Goronwy Rees*. London: Weidenfeld and Nicolson, 1994.

Reid, Forrest. *The Garden God: A Tale of Two Boys*. London: Brilliance Books, 1986.

——. *Private Road*. London: Faber and Faber, 1940.

——. *Tom Barber*. New York: Pantheon, 1945.

——. *Young Tom, or Very Mixed Company*. London: Faber and Faber, 1944.

Reiss, Timothy. "Discourse, Politics and the Temptation of Enlightenment: Paris, 1935." *Annals of Scholarship* 8:1 (1991), 61–78.

Roberts, Warren, James T. Boulton, and Elizabeth Mansfield, eds. *The Letters of D.H.Lawrence: Vol. IV, June 1921–March 1924*. Cambridge: Cambridge University Press, 1987.

Robinson, Christopher. *C.P.Cavafy*. Bristol: Classical Press, 1988.

Robinson, Paul. *Gay Lives: Homosexual Autobiography from John*

Addington Symonds to Paul Monette. Chicago: University of Chicago Press, 1999.

——. *The Modernization of Sex: Havelock Ellis, Alfred Kinsey, William Masters and Virginia Johnson.* Ithaca, N.Y.: Cornell University Press, 1989.

Roerick, William. *Collection on a Shoestring.* Root Art Center, Hamilton College, 1964.

——. "Forster and America," in Oliver Stallybrass, ed., *Aspects of E.M.Forster: Essays and Recollections Written for His Ninetieth Birthday, Jan. 1, 1969*, 61–73.

——. "The Frame Alone". Unpublished ms., David Adkins collection.

——. "Where Shall John Go? A Reply to Anthony Bourne." *Horizon* 9:1 (1944), 204–207.

Roerick, William, and Thomas Coley. *The Happiest Year: A Comedy in Three Acts.* London: Samuel French, 1948.

Rosco, Jerry. *Glenway Wescott, Personally.* Madison: University of Wisconsin Press, 2002.

Rothblatt, Sheldon. *The Revolution of the Dons: Cambridge and Society in Victorian England.* New York: Basic Books, 1969.

Roueché, Burton. "Tourist." *New Yorker*, May 3, 1947, 27–28.

Rowbotham, Sheila. "In Search of Carpenter." *History Workshop* 3 (1977), 121–137.

Rowbotham, Sheila, and Jeffrey Weeks. *Socialism and the New Life: The Personal and Sexual Politics of Edward Carpenter and Havelock Ellis.* London: Pluto Press, 1977.

Rowson, Everett K. "The Categorization of Gender and Sexual Irregularity in Medieval Arabic Vice Lists," in Julia Epstein and Kristina Straub, eds., *Body Guards: The Cultural Politics of Gender Ambiguity.* New

York: Routledge, 1991.

Rugg, Linda Haverty. *Picturing Ourselves: Photography & Autobiography*. Chicago: University of Chicago Press, 1997.

Saunders, Frances Stonor. "What Have Intellectuals Ever Done for the World?" *Observer*, Nov. 28, 2004.

Sayle, Charles. *Cambridge Fragments*. Cambridge: Cambridge University Press, 1913.

——. *Erotidia*. Rugby: George Over, 1889.

——. "Musa Consolatrix" (1893), in Ian Fletcher and John Stokes, eds., *Degeneration and Regeneration: Texts of the Premodern Era*. New York: Garland, 1984.

Schlesinger, Peter. *Checkered Past: A Visual Diary of the '60s and '70s*. New York: Vendome, 2003.

Schuller, Herbert, and Robert L. Peters, eds. *The Letters of John Addington Symonds*. 3 vols. Detroit: Wayne State University Press, 1968.

Scott, Suzanne, and Lynne M. Constantine. "Bird Watchers (1948) / George Tooker (b. 1920)." *Journal of the American Pharmaceutical Association* 40:6 (2000), 880.

Scupham, Peter. "Shelf Lives 17: William Plomer." *PN* [*Poetry Nation*] *Review* 151, 36–39.

Sedgwick, Eve Kosofsky. *Between Men: English Literature and Male Homosocial Desire*. New York: Columbia University Press, 1985.

——. *Epistemology of the Closet*. Berkeley: University of California Press, 1990.

——. *Novel Gazing: Queer Readings in Fiction*. Durham, N.C.: Duke University Press, 1997.

Selfe, David W., and Vincent Burke. *Perspectives on Sex, Crime and Society*. London: Cavendish, 1998.

Seymour, Anne. *Marks on a Canvas: Junge Englander: Patrick Caulfield, Bernard Cohen, David Hockney, John Hoyland, Paul Huxley, Allen Jones, Mark Lancaster, Jeremy Moon, Bridget Riley, Richard Smith, John Walker.* Hannover, Germany: Hannover Kunstverein, 1969.

Shattuck, Roger. *The Innocent Eye: On Modern Literature and the Arts.* New York: Farrar, Straus and Giroux, 1984.

Sherrard, Philip. "Cavafy's Sensual City: A Question," in Denise Harvey. ed., *The Mind and Art of C.P.Cavafy: Essays on His Life and Work.*

Sinfield, Alan. *Gay and After.* London: Serpent's Tail, 1999.

——. *The Wilde Century: Effeminacy, Oscar Wilde, and the Queer Moment.* New York: Columbia University Press, 1994.

Slater, Montagu. *Peter Grimes: Libretto.* London: Boosey & Hawkes, 1945.

——. "The Plot of 'Peter Grimes.'" *Tempo* 9 (1941), 10–11.

Smith, Timothy D'Arch. *Love in Earnest: Some Notes on the Lives and Writings of English "Uranian" Poets from 1889 to 1930.* London: Routledge and Kegan Paul, 1970.

Smith, Zadie. "E.M.Forster, Middle Manager." *New York Review of Books* (2008), 8–12.

Soffer, Reba N. *Discipline and Power: The University, History, and the Making of an English Elite, 1870–1930.* Stanford, Calif.: Stanford University Press, 1994.

Souhami, Diana. *The Trials of Radclyffe Hall.* New York: Doubleday, 1999.

Spender, Stephen. *Letters to Christopher: Stephen Spender's Letters to Christopher Isherwood, 1929–1939, with "The Line of the Branch"—Two Thirties Journals*, ed. Lee Bartlett. Santa Barbara: Black Sparrow, 1980.

——. *World Within World.* New York: St. Martin's Press, 1994.

Spivak, Gayatri Chakravorty. "Can the Subaltern Speak?" in Cary Nelson and Lawrence Grossberg, eds., *Marxism and the Interpretation of Culture*. Champaign: University of Illinois Press, 1988, 271–316.

Spring, Justin. *Paul Cadmus: The Male Nude*. New York: Universe, 2002.

Sprott, W.J.H. *Science and Social Action*. London: Watts and Company, 1954.

Stallybrass, Oliver, ed. *Aspects of E.M.Forster: Essays and Recollections Written for His Ninetieth Birthday, Jan. 1, 1969*. New York: Harcourt Brace, 1969.

——, ed. *The Lucy Novels: Early Sketches for a Room with a View*. London: Edward Arnold, 1977.

——, ed. *The Manuscripts of Howards End*. London: Edward Arnold, 1973.

Stape, J. H. *An E.M.Forster Chronology*. New York: Macmillan, 1993.

——, ed. *E.M.Forster: Interviews and Recollections*. New York: St. Martin's Press, 1993.

——. "Leonard's 'Fatal Forgotten Umbrella': Sex and the Manuscript Revision of Howards End." *Journal of Modern Literature* 9:1 (1981–1982), 123–132.

Stein, Gertrude. *The Autobiography of Alice B. Toklas* (1933). New York: Random House, 1960.

Steward, Samuel M. *Chapters from an Autobiography*. San Francisco: Grey Fox, 1981.

——. "George Platt Lynes: The Man." *The Advocate*, Dec. 10, 1981, 22–24.

Swan, Tom. *Edward Carpenter: The Man and His Message*. London: Jonathan Cape, 1922. *Symbolic Realism in American Painting, 1940–1950*.

London: Institute of Contemporary Arts, 1950.

Symonds, John Addington. *A Problem in Greek Ethics: Being an Inquiry into the Phenomenon of Sexual Inversion Addressed Especially to Medical Psychologists and Jurists*. London: n.p., 1901.

Tambling, Jeremy. *Confession: Sexuality, Sin, the Subject*. Manchester: Manchester University Press, 1990.

——, ed. *E.M.Forster: New Casebook*. London: Macmillan, 1995.

Taylor, Brian. *The Green Avenue: The Life and Writings of Forrest Reid, 1875–1947*. Cambridge: Cambridge University Press, 1980.

Taylor, William R., ed. *Inventing Times Square*. New York: Russell Sage, 1991.

Thiele, Beverly. "Coming of Age: Edward Carpenter on Sex and Reproduction," in Tony Brown, ed., *Edward Carpenter and Late Victorian Radicalism*, 100–125.

Thomson, George, ed. *Albergo Empedocle and Other Writings by E.M.Forster*. New York: Liveright, 1971.

Tilby, Michael. "André Gide, E. M. Forster and G. Lowes Dickinson." *Modern Language Review* 80:4 (1985), 817–832. *Times Literary Supplement*. "George and Jim." Sept. 10, 1964, 837.

Tippins, Sherrill. *February House*. Boston: Houghton Miffl in, 2005.

Trilling, Lionel. *E.M.Forster*. New York: New Directions, 1943.

Waley, Arthur. *Translations from the Chinese*. New York: Knopf, 1941.

Walter, George, ed. In Flanders Fields: Poetry of the First World War. London: Allen Lane, 2004.

Waters, Chris. "Disorders of the Mind, Disorders of the Body Social: Peter Wildeblood and the Making of the Modern Homosexual," in Frank Mort et al., eds., *Moments of Modernity : Reconstructing Britain, 1945–1964*, 134–151.

——. "Havelock Ellis, Sigmund Freud and the State: Discourses of Homosexual Identity in Interwar Britain," in Lucy Bland and Laura Doan, eds., *Sexology in Culture: Labelling Bodies and Desires*, 165–179.

Weeks, Jeffrey. *Coming Out: Homosexual Politics in Britain, from the Nineteenth Century to the Present*. London: Quartet, 1977.

——. *Invented Moralities: Sexual Values in an Age of Uncertainty*. New York: Columbia University Press, 1995.

——. *Sex, Politics and Society: The Regulation of Sexuality Since 1800*. London: Longman, 1981.

——. *Sexuality and Its Discontents: Meanings, Myths, and Modern Societies*. London: Routledge and Kegan Paul, 1985.

Weeks, Jeffrey, Janet Holland, and Matthew Waites, eds. *Sexual Cultures: Communities, Values, and Intimacy*. New York: St. Martin's Press, 1996.

Weinberg, Jonathan. "Boy Crazy: Carl Van Vechten's Queer Collection." *Yale Journal of Criticism* 7:2 (1994), 25–49.

——. *Speaking for Vice: Homosexuality in the Art of Charles Demuth, Marsden Hartley and the First American Avant-Garde*. New Haven: Yale University Press, 1993.

Weininger, Otto. *Sex and Character*. New York: G. P. Putnam's Sons, 1908.

Weintraub, Stanley. "Review of Isherwood's *A Single Man*." Books Abroad, Summer 1965, 351.

Welch, Denton. *A Voice Through a Cloud* (1950). New York: E. P. Dutton, 1966.

Welty, Eudora. "The Life to Come." *New York Times Book Review*, May 13, 1973, 365.

Werth, Barry. *The Scarlet Professor: Newton Arvin—A Literary Life*

Shattered by Scandal. New York: Random House, 2001.

Wescott, Glenway. "A Dinner, a Talk, a Walk with E.M.Forster," in J. H. Stape, ed., *E.M.Forster: Interviews and Recollections*.

——. *The Babe's Bed*. Paris: Harrison, 1930.

——. *Images of Truth: Remembrances and Criticism*. London: Hamish Hamilton, 1963.

——. *The Pilgrim Hawk*. New York: Farrar, Straus and Giroux, 1940.

White, Chris. *Nineteenth Century Writings on Homosexuality: A Sourcebook*. London: Routledge, 1999.

Whitman, Walt. *Leaves of Grass; a Passage to India*. No publisher, 1872.

Wildeblood, Peter. *Against the Law* (Original American 1954, ed.). New York: Julian Messner, 1959.

Wilkinson, L. P. A *Century of King's, 1873–1972*. Cambridge: King's College, 1980.

——. "Forster and King's," in Oliver Stallybrass, ed., *Aspects of E.M.Forster: Essays and Recollections Written for His Ninetieth Birthday, Jan. 1, 1969*, 13–29.

——. *Kingsmen of a Century*. Cambridge: King's College, 1981.

Williams, Raymond. *Culture and Society: 1780–1950*. New York: Columbia University Press, 1958.

Willis, Deborah, ed. *Picturing Us: African American Identity in Photography*. New York: New Press, 1994.

Wilson, Jean Moorcroft. *Siegfried Sassoon: A Journey from the Trenches–a Biography*. Vol. II. New York: Routledge, 2003.

Windham, Donald. *The Dog Star*. Signet: New York, 1950.

——. *E.M.Forster's Letters to Donald Windham*. Verona: n.p., 1975.

——. "The Hitchhiker." Private printing.

——. *Tanaquil*. New York: Holt Rinehart, 1977.

——. *Two People*. New York: Coward–McCann, 1965.

——. *The Warm Country*. New York: Scribner and Sons, 1948.

——. "Which Urges and Reasonably So the Attraction of Some for Others." *Yale Review* 86:4（1998）, 18–31.

Winstanley, D.A.*Later Victorian Cambridge*. Cambridge: Cambridge University Press, 1947.

Wolfenden, John. *Report of the Committee on Homosexual Offenses and Prostitution*. New York: Stein and Day, 1963.

——. *Turning Points: A Memoir*. London: Bodley Head, 1976.

Wolff, Charlotte. *Magnus Hirschfeld: A Portrait of a Pioneer in Sexology*. London: Quartet Books, 1986.

Woody, Jack, ed. *Collaboration: The Photographs of Paul Cadmus, Margaret French, and*

Jared French. Santa Fe: Twelvetrees Press, 1992.

Woolf, Leonard. *Sowing: An Autobiography of the Years 1880 to 1904*. New York: Harcourt,Brace and Company, 1960.

Woolf, Virginia. *The Diaries of Virginia Woolf*, ed. Anne Olivier Bell. 5 vols. London: Hogarth Press, 1977–1984.

Wright, Adrian. *John Lehmann: A Pagan Adventure*. London: Duckworth, 1998.

Yagoda, Ben. *About Town*: The New Yorker *and the World It Made*. New York: Da Capo Press, 2000.